사진과 영상을
나만의 추억 동영상으로

베가스
프로 14

양두석 지음

영상 편집의 기초를 다질 수 있도록 상세한 설명과 예제 수록

★ 엄선된 따라하기 방식의 예제로 초보자도 영상 편집을 마스터
★ 간단한 기초 영상 편집부터 화려한 테크닉까지 한번에 정복
★ 책에 수록된 실습 파일은 인투북스 출판사 홈페이지
 (www.intobooks.co.kr)에서 다운로드 할 수 있습니다.

네이버 음향, 영상 분야
파워 블로그
하늘지기 영상 공방
공식 서적

inTo Books

■ 저자 소개

양 두 석

- 네이버 영상 편집 전문 블로그 [하늘지기 영상 공방] 운영 중
- 2009년, 2010, 2013년 네이버 음향, 영상 부문 파워 블로그로 선정

대표 저서

■ 질의응답 블로그

http://blog.naver.com/7andsoul (하늘지기 영상 공방) 블로그의 메모 게시판

■ 문의 메일

질의응답 : 7andsoul@naver.com

■ 실습 파일 다운로드

www.intobooks.co.kr의 [자료실]

실습 예제 사용법

실습에 사용되는 데이터 파일은 [인투북스 홈페이지의 자료실]에서 다운로드해서 사용합니다.

인투북스 홈페이지(www.intobooks.co.kr)의 [자료실]

실습 파일의 구성은 다음과 같습니다.

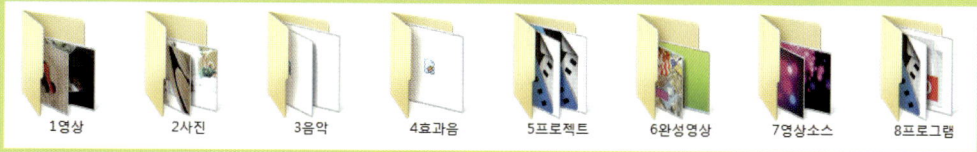

폴 더	설 명
[1영상]	예제에 사용된 동영상 파일
[2사진]	예제에 사용된 사진 파일
[3음악]	예제에 사용된 음악 파일
[4효과음]	예제에 사용된 효과음 오디오 파일
[5프로젝트]	예제의 결과물로 만들어진 프로젝트 파일
[6완성영상]	예제를 통해 만들어진 최종 결과의 프로젝트를 렌더링한 동영상 파일
[7영상소스]	예제에 사용된 영상 소스 파일
[8프로그램]	예제에 사용된 예문과 프로젝트 파일

Part 01 베가스 프로 14 시작하기

Lesson 01 베가스 프로 14의 특징과 설치하기 — 13

1. 베가스 프로 14의 주요 특징 살펴보기 — 13
2. 베가스 프로 14 다운로드 및 설치하기 — 19
   베가스 프로 14 설치를 위한 시스템 사양 — 19
   베가스 프로 14 설치하기 — 20

Lesson 02 베가스 프로 14의 화면 구성과 주요 기능 살펴보기 — 27

1. 베가스 프로 14의 레이아웃 살펴보기 — 27
2. 기본 툴 바의 명칭과 기능 — 28
3. 편집용 툴 바의 명칭과 기능 — 29
4. 윈도우 도킹 영역(Window Docking Area) 명칭과 기능 — 31
5. 트리머(Trimmer) 편집 창 — 34
6. 프리뷰 윈도우(Preview Window) 명칭과 기능 — 35
7. 트랙 리스트(Track List) 명칭과 기능 — 37
8. 트랜스포트 컨트롤 바(Transport Bar) 명칭과 기능 — 38
9. 레이아웃 설정하기 — 39
   ■ 최초의 레이아웃으로 초기화시키기 — 42

Lesson 03 영상 편집의 시작에서 완성까지 훑어보기 — 43

1. 프로젝트 생성 및 환경 설정하기 — 43
2. 사진 파일 불러오기 — 45
3. 영상 파일 불러오기 — 46
4. 장면 전환을 자연스럽게! 크로스페이드 적용하기 — 47
5. 장면 전환 효과 사용하기(Transitions) — 47
6. Video FX 효과 사용하기 — 49
7. 음악 파일 불러오기/잘라 내기 — 50
8. 자막 넣기 — 51

9. 영상의 시작과 끝을 자연스럽게, 페이드(Fade) 효과 처리하기	53
10. 동영상(WMV) 파일로 저장하기(렌더링)	54
11. 프로젝트 저장하기	58
12. 프로젝트 불러오기	60
프로젝트 환경 설정하기	61

Part 02 영상 편집 기초 다지기

Lesson 04 영상 편집의 기본! 이벤트 트리밍   64

1. 영상 탐색과 트리밍하기	64
2. 트랙 삭제와 추가하기	68
3. 미디어 파일 자르기와 삭제	69
S 키를 이용하여 자르기	69
구간을 지정해서 삭제하기	70
잘린 파일 이어 붙이기	70
영상과 오디오 따로 자르기(Ignore Event Grouping)	71
4. 파일 복사하기	72

Lesson 05 장면 전환 효과! 트랜지션스   74

1. 트랜지션스(Transitions) 효과 사용하기	74
2. 트랜지션스 효과 수정 및 삭제하기	76
3. 트랜지션스 효과 변경과 속도 조절하기	77
4. 트랜지션스 효과의 종류와 기능	78

Lesson 06 키 프레임 기본 기능 익히기   80

다양한 키 프레임	80
키 프레임 컨트롤러	81
키 프레임 생성하기	81
키 프레임 삭제하기	81
키 프레임 위치 이동시키기	82
키 프레임 복사하기	82

Lesson 07 장면 효과! Video FX — 83

1. Video FX 사용하기 — 83
2. 적용한 Video FX 효과의 수정 및 삭제하기 — 85
3. Video FX 효과 중복 적용하기 — 86
4. Video FX 효과에서 키 프레임 사용하기 — 87
   곡선 형태의 키 프레임 변화 주기 — 89
5. Video FX 효과 일괄 적용하기 — 90
   영상 전체에 Video FX 효과 일괄 적용하기 — 90
   특정 트랙에 Video FX 효과 일괄 적용하기 — 90
   일괄 적용된 Video FX 효과의 수정 및 삭제 — 91
   Video FX 효과를 복사하여 적용하기 — 91
   Video FX 종류와 기능 — 92

Lesson 08 영상에 자막 넣기 — 96

1. 일반 자막(Legacy Text) 사용하기 — 96
   자막 수정하기 — 97
   영상 위에 자막 넣기 — 98
   자막 입력 창 세부 설정 — 99
   자막 위치 조정하기 — 101
   자막의 키 프레임을 이용한 자막 효과 주기 — 105
2. 애니메이션 자막 Titles & Text 사용하기 — 109
   Titles & Text 사용하기 — 109
   Titles & Text의 세부 설명 — 112

Lesson 09 영상 편집에 도움을 주는 기본 기능들 — 114

1. 미디어를 정확히 이어 붙이는 인에이블 스냅핑 — 114
2. 겹치기(Automatic Crossfades) — 115
3. 페이드 인/페이드 아웃 — 116
4. 영상 삽입과 삭제 간격을 조정하는 Auto Ripple — 117
5. 파일 일부를 선택해서 이동시키기 — 119
6. 영상 파일의 전체 구간 프리뷰 활성화시키기 — 120
7. 적용한 효과를 다른 파일에 동일하게 적용하기 — 122
8. 오디오 볼륨 조절하기 — 123

9. 영상을 빠르게 또는 느리게 속도 조절하기	125
10. 영상 속도 변화 주기	127
11. 영상을 역재생시키기	130
12. 이미지 파일의 기본 길이 조정하기	131

Lesson 10 고화질 렌더링과 배치 렌더링 — 133

1. 고화질의 MP4 렌더링 설정하기	133
2. 부분 렌더링과 배치 렌더링(Batch Rendering)	136
지정한 구간만 렌더링하기	136
배치 렌더링하기	137

Lesson 11 이벤트 팬/크롭 기능 배우기 — 140

1. 이벤트 팬/크롭 사용하기	140
2. 이벤트 팬/크롭 기본 기능 익히기	144
화면 확대와 축소	144
3. Lock Aspect Ratio()와 Size About Center() 설정	145
4. 화면 비율에 사진 파일 맞추기	147
사진을 자동으로 꽉 찬 화면으로 불러오기	150
비율과 상관없이 꽉 찬 화면 만들기	152
5. 이벤트 팬/크롭의 키 프레임 효과	153

Lesson 12 트랙 모션 기능 배우기 — 155

1. 트랙 모션 사용법 및 화면 크기 조절하기	155
2. 3D Source Alpha 트랙 모션 배우기	159
3. 3D 트랙 모션 응용하기	164

Lesson 13 마스크 기능 배우기 — 169

1. 마스크(Mask) 기본 사용법	169
2. 마스크(Mask)를 처리할 영역 지정하기	171
3. 마스크 응용하기	173

Lesson 14 고급 자막! 프로타입 타이틀러 익히기 — 180

1. 프로타입 타이틀러(ProType Titler) 기본 사용법 — 181
2. 자막 입력 창의 도구 버튼 살펴보기 — 182
3. 프로타입 타이틀러의 Span Properties 살펴보기 — 184
4. 프로타입 타이틀러의 Text Block Properties 설정 살펴보기 — 185
5. Effects 탭의 그레이디언트를 사용한 자막 만들기 — 186
6. 프로타입 타이틀러의 기본 액션 자막 효과 사용하기 — 188

Lesson 15 베가스 합성 기능 배우기 — 196

1. Make Compositing Child 합성 기능 이해하기 — 196
2. Compositing Mode 합성 모드 — 201
   3D Source Alpha — 202
3. 자막에 영상 나오게 하기 — 204
   텍스처 이미지를 활용한 합성 자막 만들기 — 208
4. 크로마키(Chroma Keyer) 합성하기 — 209
5. 영상 소스를 사용하여 합성하기 — 212
   유튜브에서 영상 소스 다운로드하기 — 213
   영상과 영상을 합성하기 — 215

Part 03 베가스 실전 영상 기법

Lesson 16 움직이는 물체에 모자이크 처리하기 — 217

물체의 형태에 따라 모자이크 처리 — 221

Lesson 17 화면 속의 화면(PIP) 만들기 — 222

Lesson 18 분할 화면 만들기   226

    1280×720의 화면에서 사진을 9분할하여 배치할 때의 크기 및 위치 값   230
    트랙의 최대/최소화   231
    분할 화면에 가이드라인 넣기   232
    1280×720 화면에서 4장의 사진을 이용한 분할 화면 만들기   236

Lesson 19 모서리가 라운딩된 영상 만들기   237

    테두리 없는 라운딩 처리   241
    분할 화면에 라운딩 적용   242

Lesson 20 지도 위에 라인이 그려지는 효과 만들기   243

Lesson 21 예능 자막 만들기   251

    자막에 그림자/테두리/두께 넣기   255

Lesson 22 영상의 엔딩 크레디트(스텝 롤) 만들기   258

    ProType Titler 스탭 롤 스피드 조절   262
    스탭 롤 옆에 사진 넣기   263

Lesson 23 자막 바 만들기   265

    Track Motion을 이용한 투명한 자막 바 만들기   265
    Track Motion에서 자막 바 크기 조절하기   269
    Video FX로 라운딩된 자막 바 만들기   270

Lesson 24 정사각형 3D 큐브 만들기   272

    3D 큐브 값의 이해   278
    3D 트랙 모션의 효과를 계속해서 나타나게 하기   284
    동일한 효과 복사해서 사용하기   285
    트랙 모션 효과를 처음이 아닌 원하는 지점부터 나타나게 하기   286

Lesson 25 어둡게 찍힌 사진/영상을 밝게 보정하기   287

Lesson 26 렌즈 플레어 이펙트 활용하기   290

Lesson 27 사진 틀을 이용한 영상 만들기   296

    포토샵에서 사진 틀(*.PNG) 만들기   296
    사진 틀을 베가스에서 활용하기   301

Lesson 28 마스크를 이용한 분할 화면 만들기   307

Lesson 29 액자 합성 효과 만들기   316

Lesson 30 포커싱 라이트 효과 만들기   323

Lesson 31 마이 리틀 텔레비전의 캐릭터 점핑 효과 만들기   332

Part 04 베가스 문제 해결 및 활용 Tip

Lesson 31 베가스에서 자주 발생하는 문제 해결법 — 339

베가스에서 영상이 불러와지지 않을 때 — 339
베가스 초기화하기 — 339
베가스 기본 화면 레이아웃 초기화하기 — 340
프리뷰 화면이 사라졌을 때 — 341
빠져 나온 창을 원래 위치에 넣고자 할 때 — 341
적용한 효과가 프리뷰 화면에 나타나지 않을 때 — 342
트랙이 갑자기 A-B 트랙으로 나눠졌을 때 — 342
트랙이 검게 잠기더니 프리뷰 화면에 아무 것도 나오지 않을 때 — 343
파일에 있어야 할 아이콘들이 사라졌을 때 — 343
이벤트 팬/크롭 화면에서
    [F] 화면이 좌우 또는 위아래 한쪽 방향으로만 움직일 때 — 344
프리뷰 화면이 선명하지 않고 깨져 보이고 더듬거림이 심할 때 — 345
트랙 아래에 별도의 트랙 창이 생겼을 때 — 345

Lesson 32 베가스 활용을 위한 꿀 Tip — 346

1. 베가스에서 지원하지 않는 영상과 오디오 사용하기 — 346
   팟 인코더를 이용한 동영상 변환 — 346
   팟 인코더를 이용한 오디오 변환 — 349
   동영상에서 원하는 부분만을 변환시키기 — 350
2. 화면 녹화 프로그램 반디캠 활용하기 — 351
3. 프로젝트 파일 활용하기 — 353
   포지션 [F] 설정을 초기화시키기 — 357
4. 플러그인 활용하기 — 358
   영상 보정 플러그인 - Film Looks — 358
   AAV ColorLab 플러그인 — 362

Part 01

베가스 프로 14 시작하기

Vegas Pro 2014

Lesson 01 베가스 프로 14의 특징과 설치하기

 베가스 프로 14의 주요 특징 살펴보기

베가스는 베가스 프로 13 버전까지 SONY에서 제작하여 판매했던 영상 편집 프로그램이었으나 2016년 5월경 독일의 영상 편집 프로그램 제작사인 MAGIX에 베가스 프로그램 일체를 매각하면서 새로운 주인을 만나게 되었습니다.

그 후 리뉴얼된 모습의 베가스 프로 14 버전이 출시되었는데 진정한 4K(Ultra High Definition) 편집을 위한 HEVC(H.265)와 ProRes 코덱 지원으로 화질 열화 없는 고화질의 영상 출력이 가능해졌습니다. 또한 이전 버전보다 빠르고 안정화된 개선이 이루어져서 영상 편집에 입문하는 사용자들에게 전문가 수준의 영상 제작을 할 수 있는 환경을 제공할 수 있도록 변신하였습니다.

■ 간편한 인터페이스와 전문가 수준의 4K 편집을 한번에

베가스 프로 14는 영상 편집 전문가를 꿈꾸는 입문자들에게 다가가기 쉬운 인터페이스 화면과 장면 편집과 효과 적용을 간편하게 할 수 있는 영상 편집 프로그램입니다. 본격적인 전문가 수준의 4K 편집을 위한 4,096×2,304 해상도 지원과 고화질의 영상 출력이 가능한 HEVC (H.265) 코덱 지원으로 최상의 결과물을 얻을 수 있습니다.

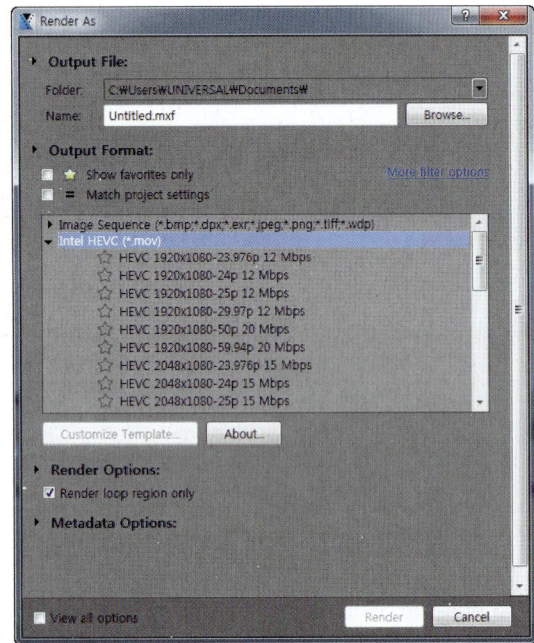 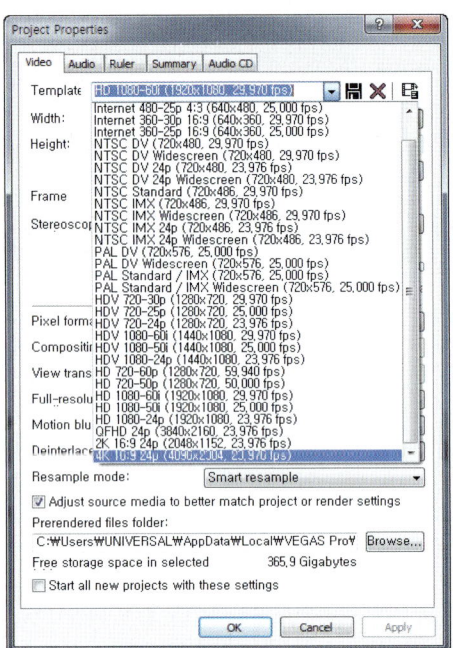

■ 화려한 비디오 이펙트와 트랜지션 효과

전문가 수준의 다양한 비디오 이펙트 효과를 내장하고 있어서 수준 높은 연출과 표현이 가능하며 2D, 3D의 다양한 스타일의 장면 전환 효과인 트랜지션 지원으로 고급스럽고 매끄러운 화면 연출을 할 수가 있습니다.

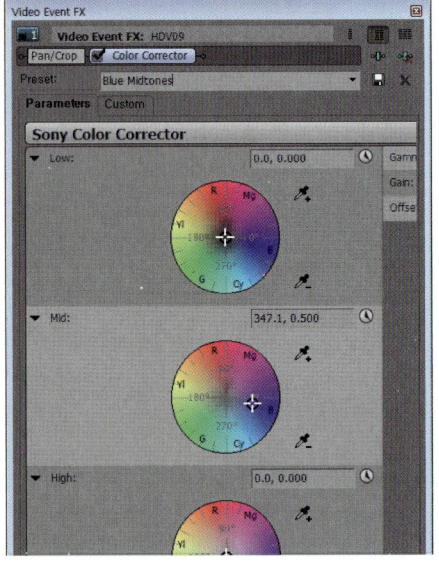

■ 강력한 렌즈플레어 플러그인 기본 내장

영화 오프닝 타이틀에서 볼 수 있는 고급스러운 스타일의 렌즈플레어 효과를 기본 내장하고 있어서, 간단한 조작으로 화려한 스타일의 타이틀 효과와 영상을 만들 수 있습니다.

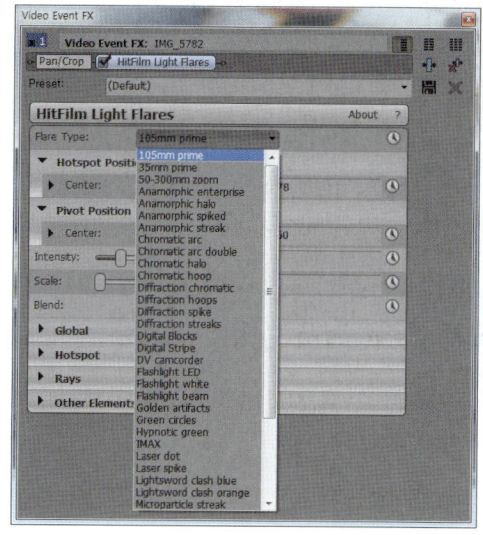

■ 방송 예능 자막을 만들 수 있는 간편한 자막 툴 지원

베가스 프로 14에서는 방송 예능처럼 개성 넘치면서 화려한 스타일의 자막을 만들 수 있는 기본 애니메이션 자막 툴과, 입체적인 표현이 가능한 ProType Titler를 사용해서 누구나 쉽게 다양한 자막 효과를 만들 수 있습니다.

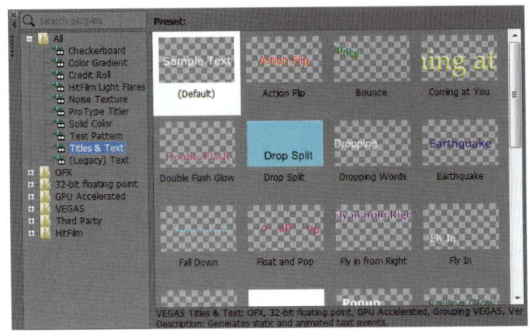
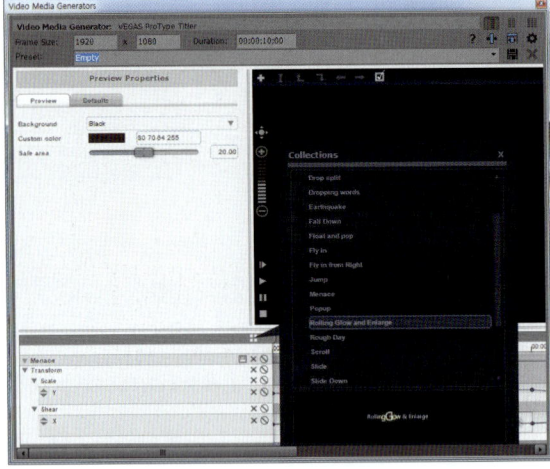

■ 3D 입체 모드를 사용한 다양한 영상 효과

베가스에서는 3D Source Alpha 모드를 사용해서 영상을 3D 공간에 배치해서 줌 인, 줌 아웃, 애니메이션 모션과 자막을 3D 형태로 나타나게 할 수가 있어서 좀 더 다양한 느낌의 화면 구성과 연출을 가능하게 해줍니다.

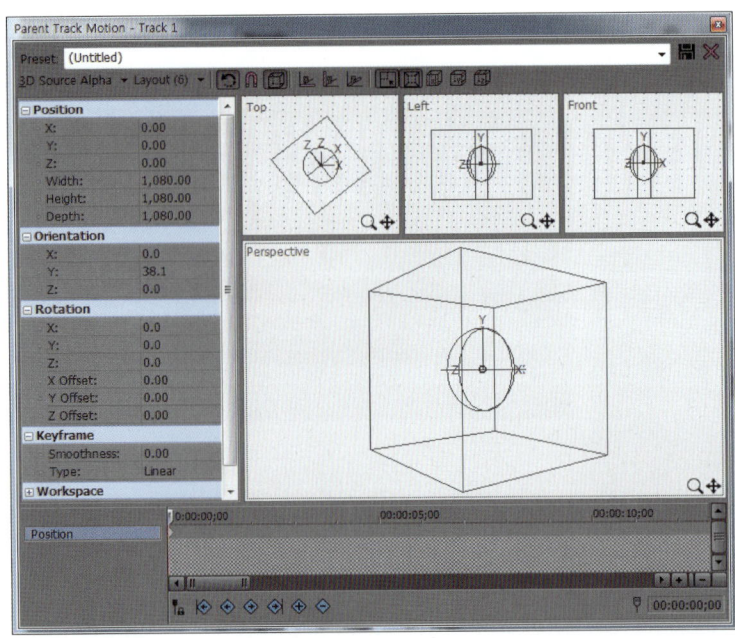

■ 영상을 자유롭게 오리고 자를 수 있는 마스크 툴 지원

마스크 모드를 사용해서 영상을 가위로 자르는 것처럼 잘라 다른 영상과 합성을 시키거나 분할 화면을 만드는 등으로 영상의 특정 영역을 자유롭게 자를 수가 있어서 보다 전문가적인 영상 합성을 할 수가 있습니다.

■ 간편한 색상 보정 기능으로 뮤직비디오 같은 영상 보정을 한번에!

Color Corrector와 같은 영상 보정 이펙트와 함께 벡터스코프, 웨이브 폼, 히스토그램 등의 도구를 사용해서 전문가 수준의 정밀한 영상 보정을 할 수 있습니다.

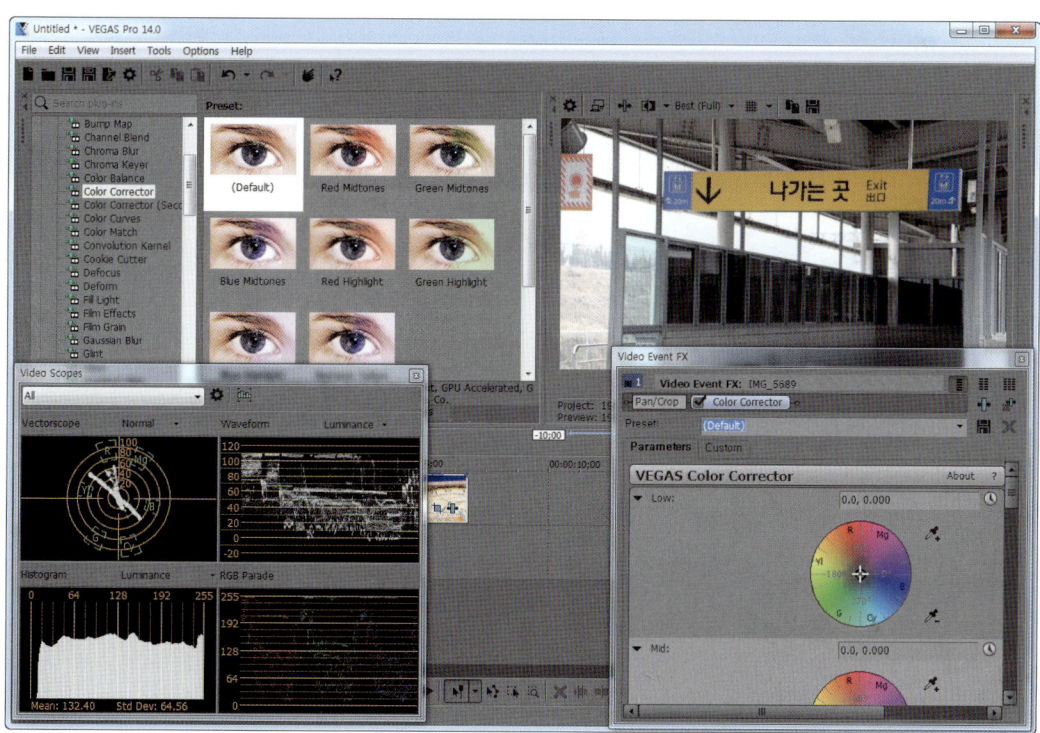

미디어 제너레이터를 통한 배경 효과

Noise Texture, Color Gradient, Solid Color 등의 텍스처 효과부터 컬러 배경을 만들 수 있는 다양한 이펙트를 지원하고 있어서, 단순한 배경부터 애니메이션 효과가 들어간 영상 배경을 만들 수 있습니다.

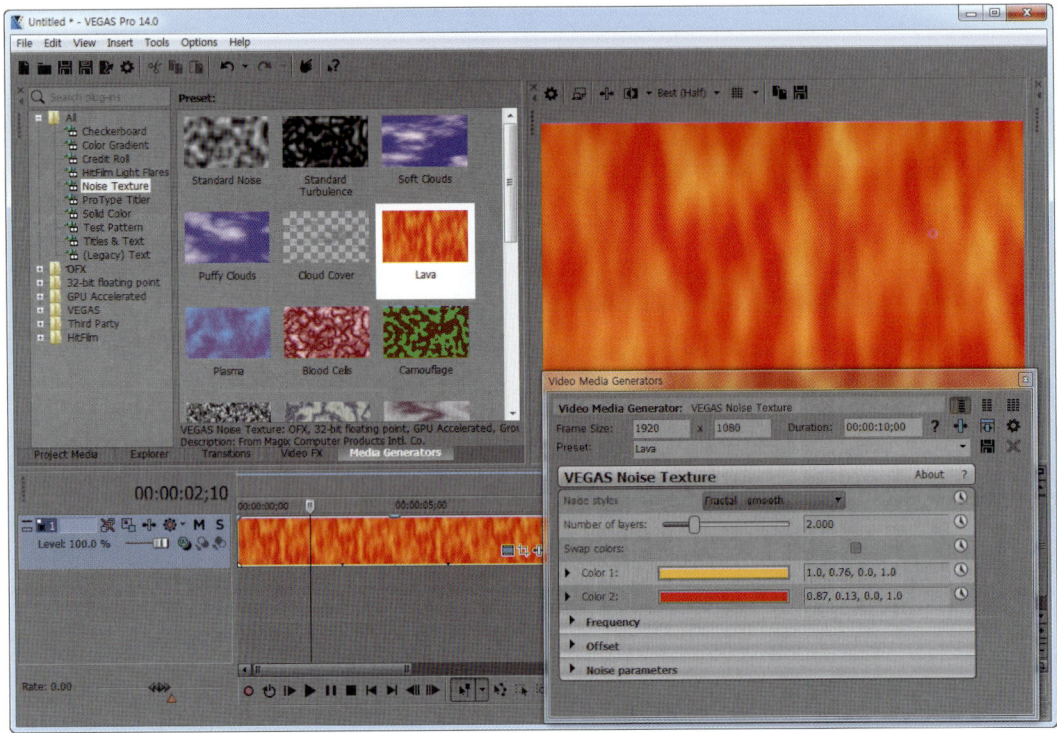

2 베가스 프로 14 다운로드 및 설치하기

베가스 프로 14는 메직스(http://www.magix.com)의 공식 홈페이지를 통하여 무료로 제공되는 트라이얼 버전을 다운 받아 사용할 수 있습니다. 단, 트라이얼 버전은 설치 후, 30일까지 무료로 사용할 수 있는 버전으로 30일이 지나면 더 이상 사용할 수 없습니다.

> 메직스의 공식 홈페이지 : www.magix.com

■■ 베가스 프로 14 설치를 위한 시스템 사양

- **운영체제** : Windows 7 64-bit, Windows 8 64-bit, Windows 10 64-bit 운영 체제
- **프로세서** : 2GHz 이상의 CPU(HD 또는 입체 3D 권장 CPU 멀티 코어 또는 다중 프로세서) 4K 작업 시 8코어 권장
- **RAM** : 4GB RAM(8GB 권장, 4K 작업시 16GB RAM 권장)
- **HDD** : 프로그램 설치를 위한 500MB 이상의 하드디스크 공간
- **그래픽카드** : 최소 메모리 512MB의 NVIDIA, AMD, 인텔 그래픽 카드(4K 작업시 1GB GPU 가속 그래픽 카드 권장)
- **인터넷 연결** : 프로그램 다운로드 및 등록

베가스 프로 14를 사용하기 위한 운영 체제

> **Note** 베가스 프로 14는 윈도우 7 이상의 **64bit** 운영 체제에서만 사용할 수 있습니다. 따라서 '윈도우 XP'나 '윈도우 7'의 32bit에서는 사용할 수 없기 때문에 자신의 운영체제가 베가스 프로 14를 사용할 수 있는지를 반드시 확인해야 합니다.

본 도서의 샘플 예제 다운로드

> **Note** 베가스 프로그램은 메직스 홈페이지에서 다운로드 하여 사용하지만, 본서에서 사용하는 예제 파일은 인투북스 홈페이지(www.intobooks.co.kr)의 [자료실]에서 다운로드하여 사용합니다.

베가스 프로 14 설치하기

1 베가스를 다운 받기 위해서 주소 창에 www.magix.com을 입력해서 사이트에 접속한 후 [Video] 탭에서 [VEGAS Pro]를 클릭합니다.

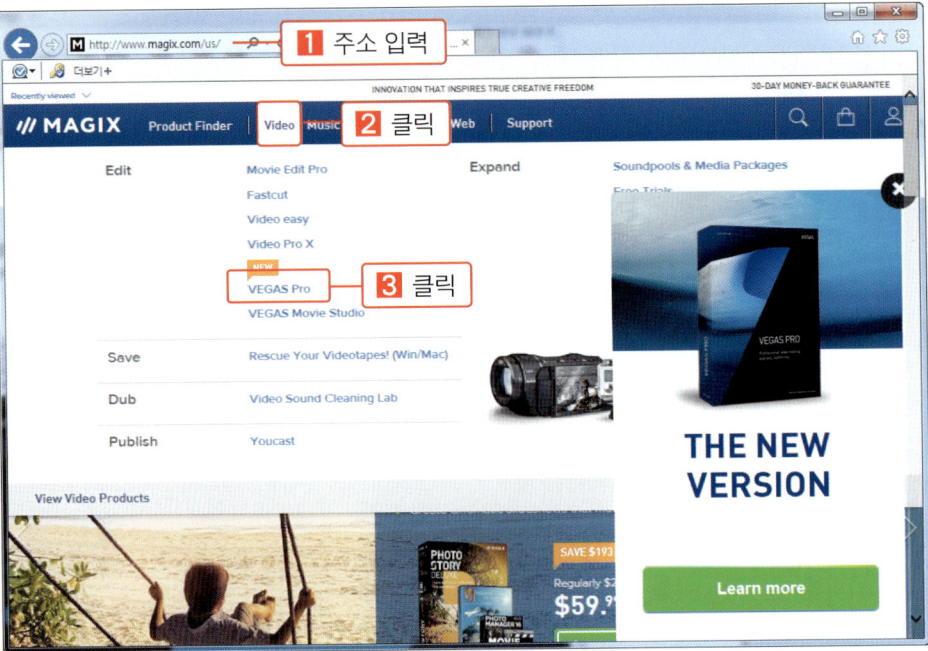

2 그런 후 나오는 화면에서 [30-DAY FREE TRIAL]을 클릭합니다.

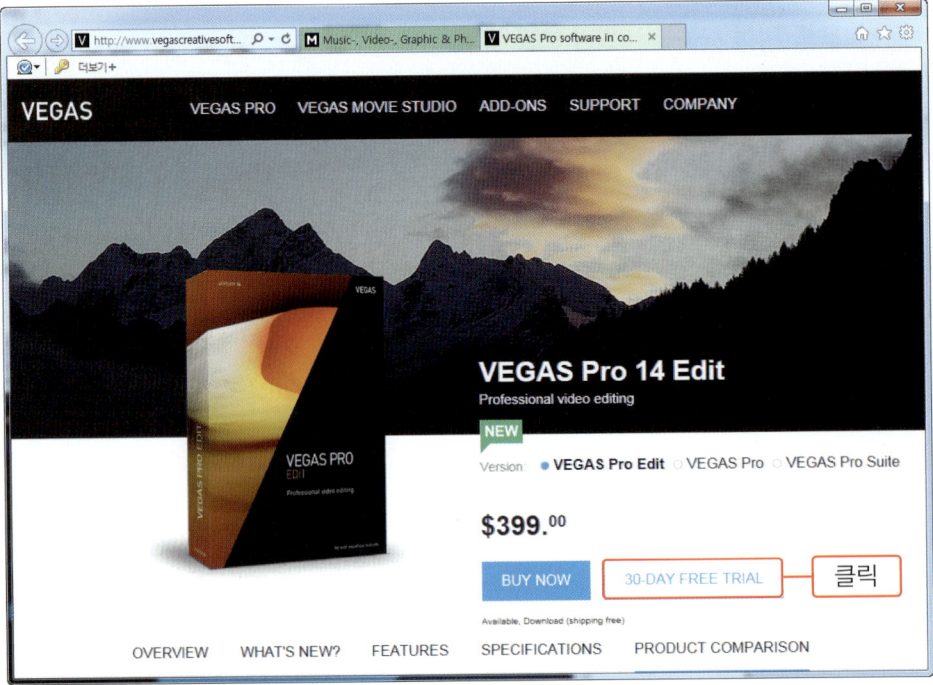

3 그러면 다운로드 코드 입력 창이 나오게 되는데 모눈종이에 나온 숫자를 [Enter security code here] 란에 동일하게 입력하고, [Download]를 클릭합니다.

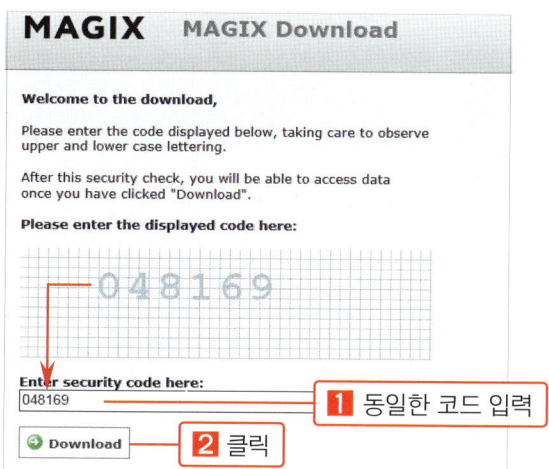

4 익스플로러 창 하단에 나오는 [저장(S)]을 클릭한 후, 다운로드가 완료되면 [실행(R)]을 클릭합니다.

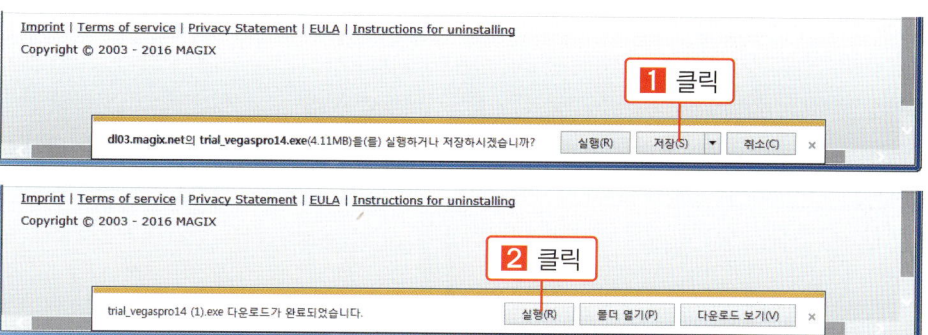

5 설치 언어 선택 창에서 [English(US)]를 선택하고 [계속]을 클릭하면 베가스 설치가 진행됩니다.

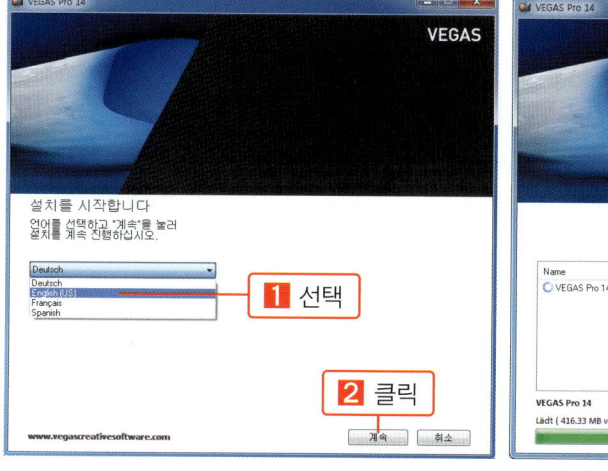
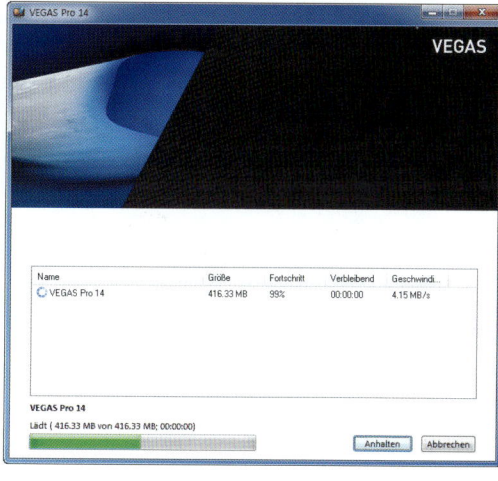

6 다시 언어 선택 창에서 [English]를 선택한 후 [Next] 버튼을 클릭하고, 라이선스를 동의하는 부분에 체크한 후 [Next]를 클릭합니다.

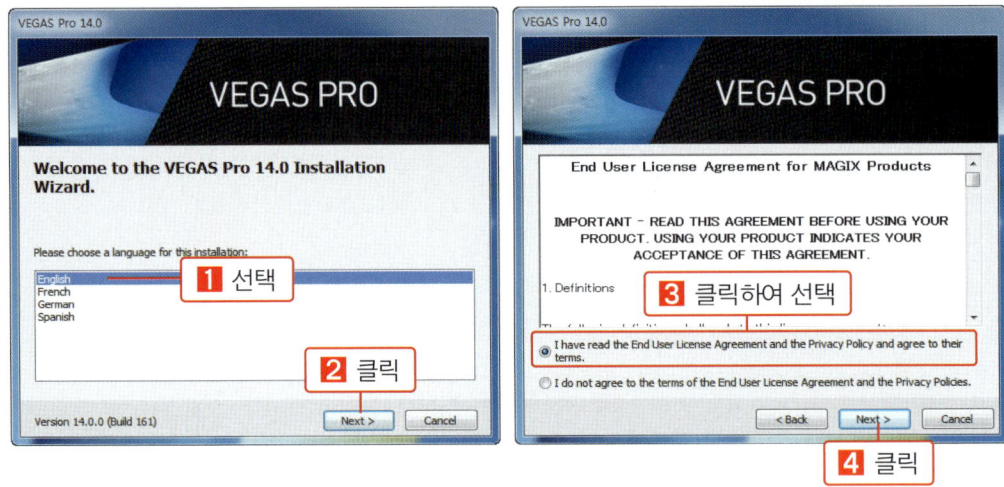

7 설치 준비가 완료되면 바탕 화면에 베가스 프로14의 단축 아이콘이 생성되도록 [Create a shortcut on the desktop]에 체크하고 [Install] 버튼을 클릭합니다. 설치 완료 창이 나타나면 [Finish] 버튼을 클릭합니다.

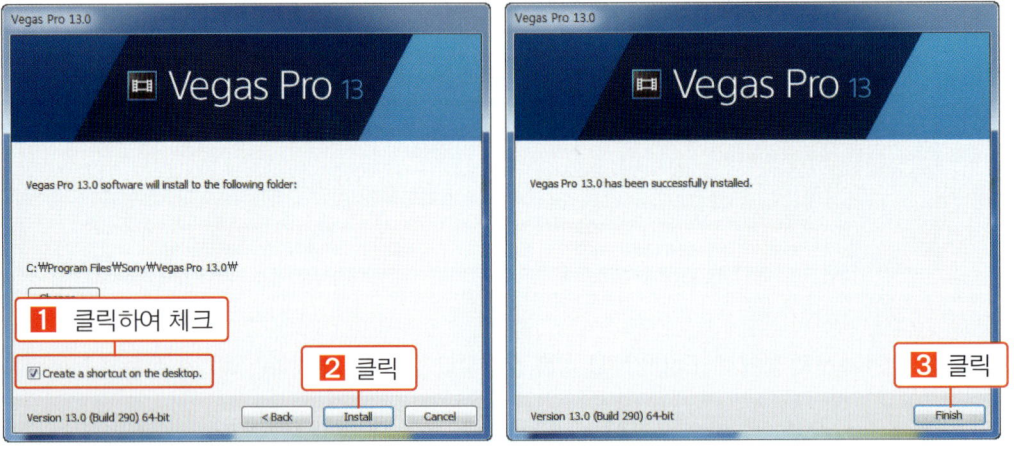

8 설치를 완료한 후 바탕 화면의 [Vegas Pro 14.0] 실행 아이콘을 더블 클릭합니다.

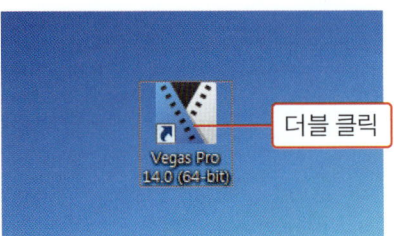

9 그런 후 나온 창에서 [Continue using trial]을 클릭하고 [Extend trial]을 클릭합니다.

10 회원 가입 창이 나오면 [Proceed]를 클릭합니다.

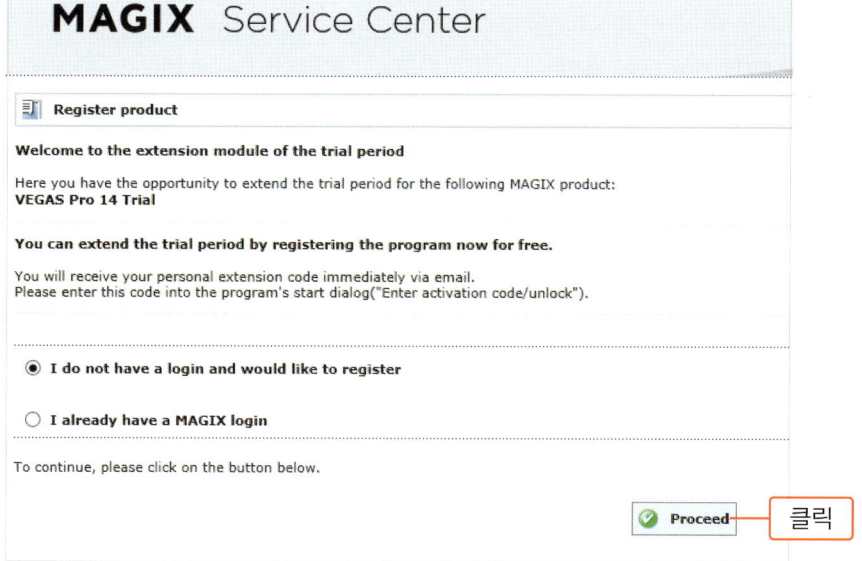

11 회원 가입을 위한 개인 정보 입력 창에서 [First name, Last name, Country, Email address, Password] 부분을 입력한 후 아래쪽에 있는 [Complete the registration] 버튼을 클릭합니다.

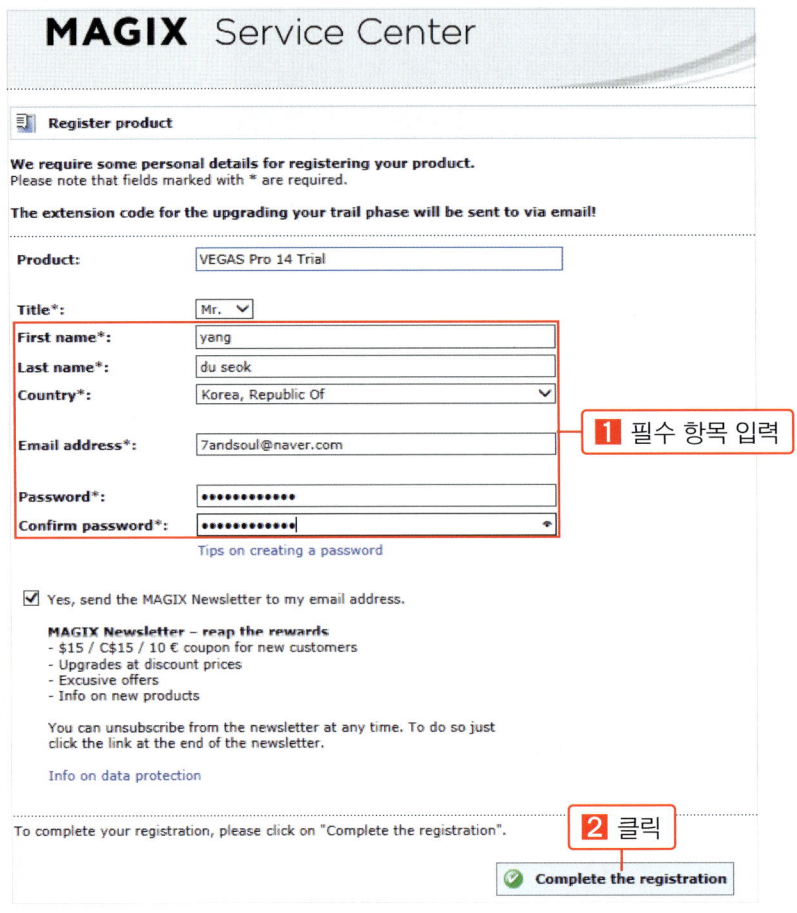

체험판을 사용하기 위한 유의 사항

> Note: 패스워드 입력 시 특수 기호를 포함해야 하며, Email address에는 체험판 사용을 위한 시리얼 키를 받기 위해서 실제 사용 중인 이메일을 등록해야 합니다.

12 메일을 확인하라는 창이 나오면 이 창을 그대로 둔 채, 앞서 입력한 이메일을 확인할 곳으로 이동합니다.

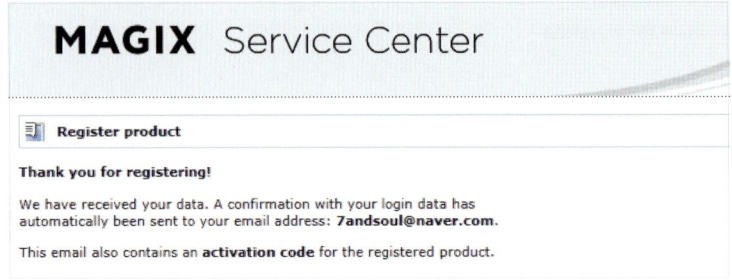

13 입력한 메일 주소로 접속(예: naver.com)하여 [Your product registration at www.magix.com] 로부터 온 메일을 클릭합니다. 그런 후 메일 내용 중 [Activation code]의 [TRIALC-] 이후를 드래그 하여 복사(Ctrl+C)합니다. 만약 메일함에 보이지 않을 경우 스팸 메일함을 확인해 봅니다.

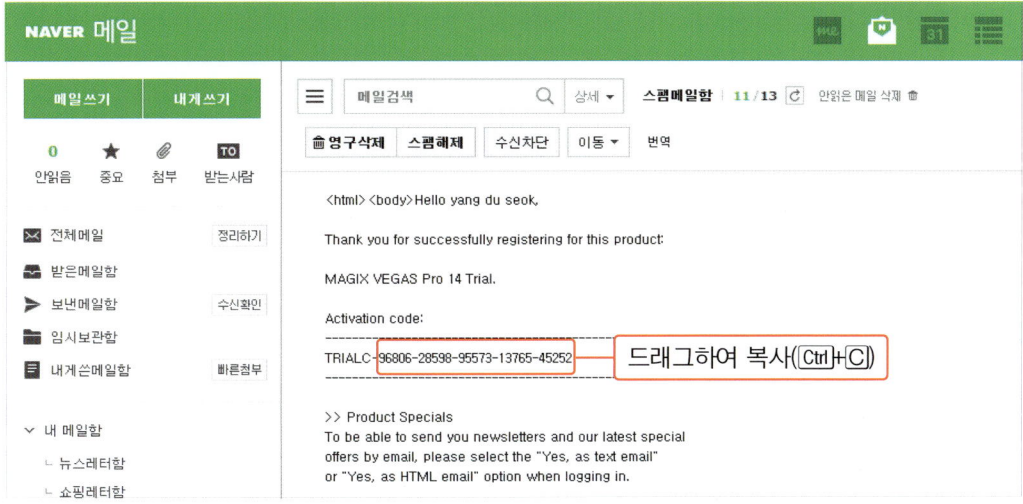

14 복사한 [Activation code]를 베가스 창의 TRIALC 부분에 붙여넣기(Ctrl+V)를 하고, [Extend trial] 을 클릭합니다.

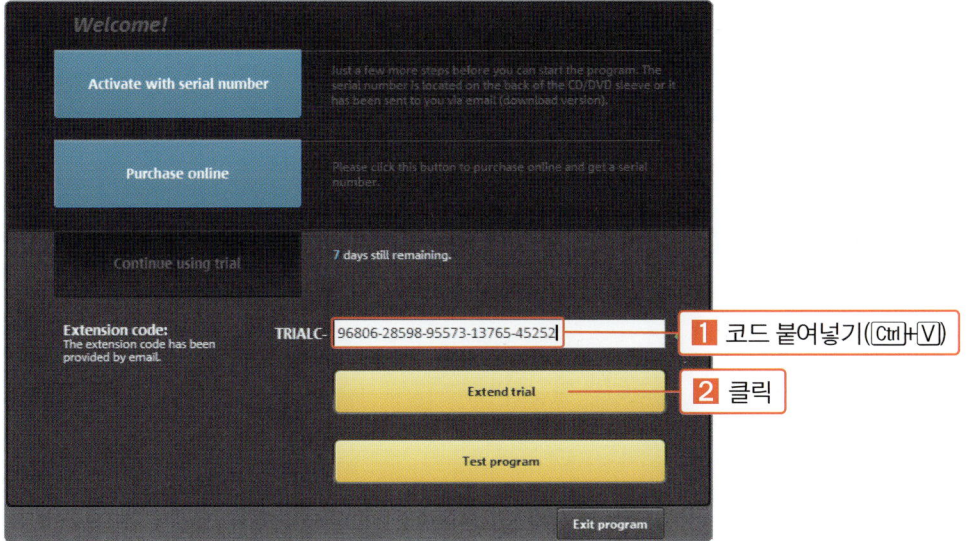

15 그러면 등록 완료 창이 나오고 [OK]를 클릭한 후, [Test program]을 클릭해서 베가스를 실행합니다.

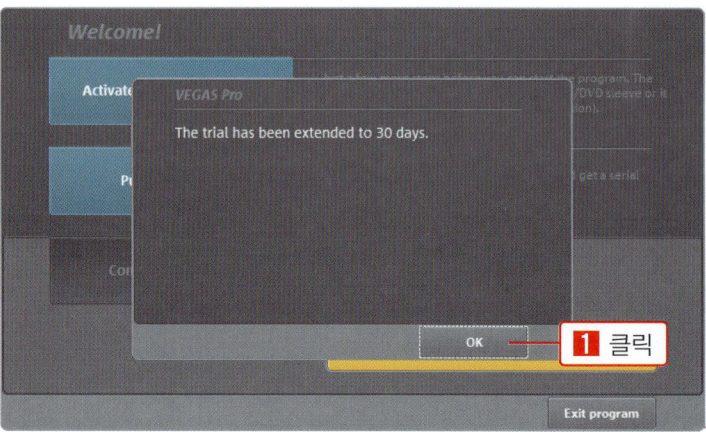

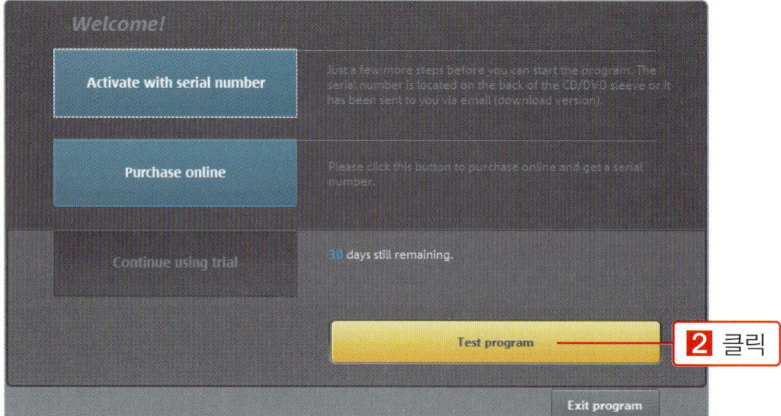

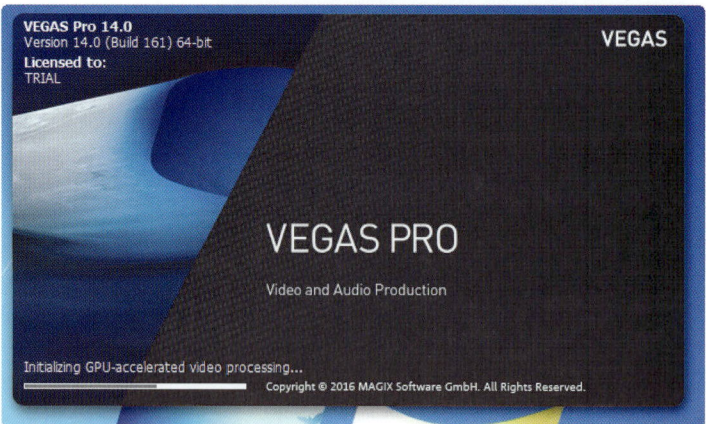

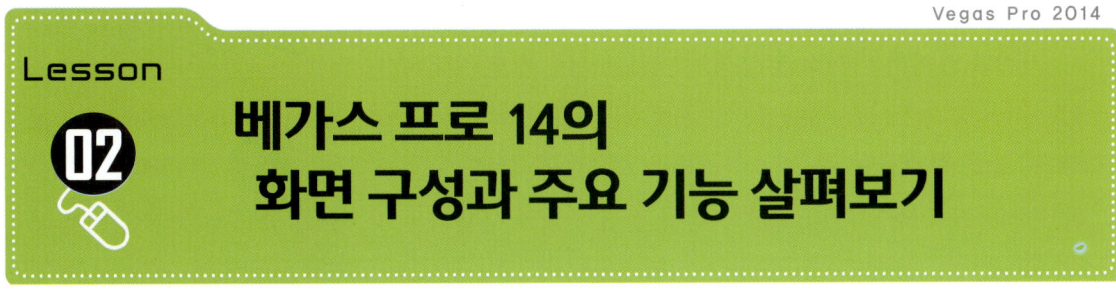

Lesson 02
베가스 프로 14의 화면 구성과 주요 기능 살펴보기

 **베가스 프로 14의 레이아웃 살펴보기**

베가스 프로 14의 메인 화면은 영상 편집시 필요한 주요 기능들이 배치되어 있기 때문에 어떤 역할을 하는 부분인지 자세하게 익혀 두는 것이 좋습니다.

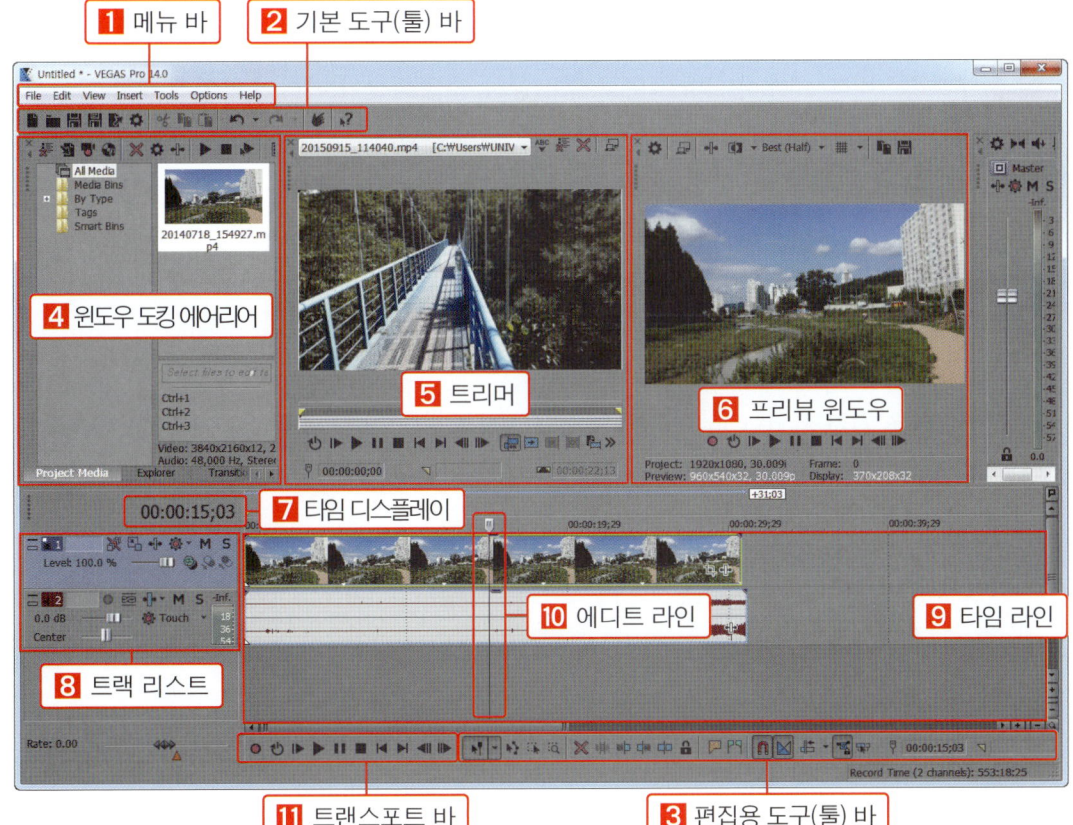

■1 메뉴 바(Menu Bar) : 파일, 편집, 보기 설정에 관한 메뉴로, 해당 주 메뉴는 각각 하위 메뉴를 가지고 있어서 베가스의 전체적인 기본 설정을 할 수 있습니다.

■2 기본 도구(툴)바(Tool Bar) : 새 프로젝트 시작, 저장, 렌더링 등의 기능들을 아이콘 형태로 모아 놓은 것입니다.

■3 편집용 도구(툴)바(Tool Bar) : 영상 편집시 주로 사용되는 기능들을 아이콘 형태로 모아 놓은 것입니다.

■4 윈도우 도킹 에리어(Window Docking Area) : Project Media, Explore, Transitions, Video FX, Media Generators 등의 주요 기능이 탭별로 구분되어 있습니다.

■5 트리머(Trimmer) : 파일에서 필요한 구간을 잘라 내어 트랙에 삽입하는 편집기입니다.

■6 프리뷰 윈도우(Preview Window) : 영상 편집의 결과를 미리 볼 수 있는 창입니다.

■7 타임 디스플레이(Time Display) : 타임 라인에서 에디트 라인 커서가 위치한 시간을 알려줍니다.

■8 트랙 리스트(Track List) : 프로젝트 상에 있는 각각의 미디어 파일 트랙을 제어할 수 있는 각종 버튼이 위치해 있습니다.

■9 타임 라인(Time Line) : 미디어 파일의 배치 및 편집에 필요한 모든 작업이 수행 되는 곳입니다.

■10 에디트 라인(Edit Line) : 편집되는 위치를 표시해 줍니다.

■11 트랜스포트 바(Transport Bar) : 프로젝트 상의 편집 대상의 미디어 파일에 대한 재생을 제어합니다.

2 기본 툴 바의 명칭과 기능

새 프로젝트를 시작 하거나 편집 중인 내용을 저장하는 등의 기본적으로 사용하는 기능들을 아이콘 형태로 만들어서 제공하는 기본 툴 바 버튼의 기능을 알아보도록 하겠습니다.

아이콘	아이콘 이름	설 명
	새 프로젝트(New)	새 프로젝트를 만듭니다.
	파일 열기(Open)	편집에 사용할 미디어 파일과 프로젝트를 엽니다.
	파일 저장(Save)	프로젝트 파일을 저장합니다.
	다른 이름으로 저장(Save As)	프로젝트 파일을 다른 이름으로 저장합니다.

아이콘	아이콘 이름	설명
	렌더링하기(Render As)	편집이 완료된 프로젝트를 동영상 파일로 변환합니다.
	속성 설정(Properties)	비디오, 오디오 편집 작업에 관한 속성을 설정합니다.
	잘라 내기(Cut)	선택한 미디어 파일을 삭제합니다.
	복사하기(Copy)	선택한 미디어 파일이나 적용한 효과를 복사합니다.
	붙여넣기(Paste)	복사한 미디어 파일이나 효과를 붙여 넣습니다.
	되돌리기(Undo)	실행한 편집 작업의 바로 전 단계로 되돌립니다.
	재실행하기(Redo)	되돌린 편집 작업의 바로 다음 단계로 갑니다.
	매뉴얼(Interactive Tutorials)	사용자 매뉴얼을 볼 때 사용합니다.
	도움말(What's this Help)	클릭한 상태로 원하는 곳을 클릭하면 해당 설명이 표시됩니다.

3 편집용 툴 바의 명칭과 기능

편집 중에 주로 사용하는 툴 바 버튼의 기능을 알아보도록 하겠습니다.

아이콘	아이콘 이름	설명
	일반 편집(Normal Edit Tool)	일반적인 편집 작업 시 클릭합니다.
	인벨롭 편집(Envelope Edit Tool)	일반적인 편집은 할 수 없고 인벨롭 값만 설정할 수 있습니다.
	선택 툴(Selection Edit Tool)	미디어 파일들을 한꺼번에 선택할 때 사용합니다.
	확대 툴(Zoom Edit Tool)	특정 부분을 확대할 때 사용합니다.
	삭제 툴(Delete)	선택한 미디어 파일을 타임 라인에서 삭제할 때 사용합니다.
	잘라 내기 툴(Trim)	선택한 영역을 뺀 나머지 부분을 잘라 낼 때 사용합니다.
	잘라 내기 시작(Trim start)	에디트 라인이 위치한 곳의 앞부분을 잘라 낼 때 사용합니다.
	잘라 내기 끝(Trim End)	에디트 라인이 위치한 곳의 뒷부분을 잘라 낼 때 사용합니다.
	분리 툴(Split)	미디어 사이를 분리할 때 사용합니다.
	이벤트 잠그기(Lock Events)	선택한 미디어 파일을 이동하거나 편집할 수 있도록 잠글 때 사용합니다.
	마커 생성(Insert Marker)	위치 표시를 위한 마커를 삽입할 때 사용합니다.
	태그 삽입(Insert Region)	선택한 구간의 양쪽 끝부분에 경계를 표시하기 위한 태그를 삽입할 때 사용합니다.

	달라붙기(Enable Snapping)	미디어 파일 간의 끝과 시작점이 정확하게 달라붙도록 도와줍니다.
	자동 페이드 (Automatic Crossfades)	미디어 파일끼리 겹쳤을 때 자동으로 페이드 인/아웃을 적용시켜 줍니다.
	자동 간격 조절(Auto Ripple)	미디어 파일 삭제나 이동시 자동으로 파일 간의 간격을 유지시켜 줍니다.
	이벤트 묶기 (Lock Envelopes to Events)	미디어 파일 이동시 적용된 모든 효과들이 함께 이동 될 수 있게 합니다.
	영상과 오디오 분리시키기 (Ignore Event Grouping)	그룹으로 묶여 있는 영상 미디어 파일의 영상과 오디오 부분을 따로 분리시켜 줍니다.

■ Normal Edit Tool의 서브 기능

Normal Edit Tool을 클릭하면 나오는 서브 편집 툴이 나타납니다.

- **Normal Edit Tool** : 기본 편집 툴입니다.

- **Shuffle Tool** : 두 개의 파일을 앞뒤로 자동으로 위치를 바꿔 주는 기능입니다.

- **Slip Tool** : 파일 위를 드래그로 슬라이드를 해서 파일 길이를 물리적으로 줄이거나 늘리지 않고 파일 속 영상 구간을 탐색 편집하는 편집 툴입니다.

- **Slide Tool** : 영상 파일 위를 슬라이드 해서 좌우 사이드 파일 끝의 길이를 줄여서 편집하는 툴입니다. 파일 위를 좌우로 슬라이드 하면 파일 끝이 줄어들고 늘어납니다.

- **Time Stretch./Compress Tool** : 베가스에서 영상의 스피드를 조절 방법으로 사용하는 기능 중 하나인 Ctrl 키를 누른 상태로 파일 끝을 드래그해서 스피드를 빠르게 또는 느리게 적용하는 기능이 기본 툴로 만들어져 있습니다.

- **Split Trim Tool** : 영상 자르기 전용 툴입니다. 툴을 선택 후 파일 위를 클릭하면 그 부분이 잘려집니다. 칼로 두부를 썰 듯 클릭하는 곳이 잘려집니다.

윈도우 도킹 영역 (Window Docking Area) 명칭과 기능

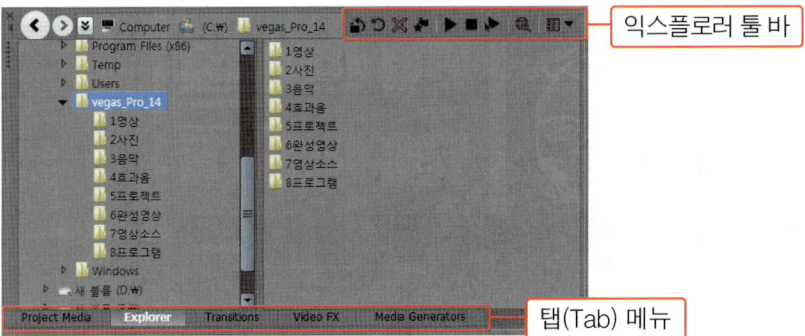

익스플로러 툴 바

탭(Tab) 메뉴

■ 탭(Tab) 메뉴

- **프로젝트 미디어(Project Media)** : 트랙에 삽입한 미디어 파일을 모아서 보여주는 탭입니다.

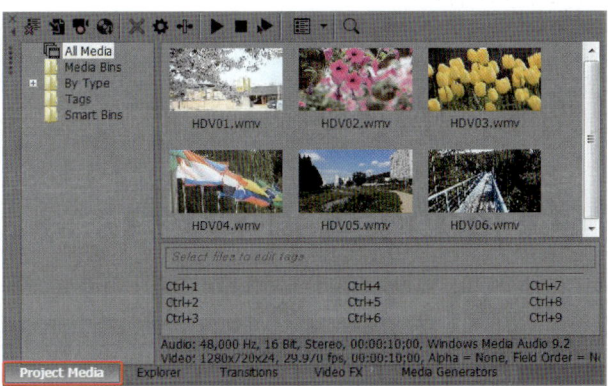

- **익스플로러(Explorer)** : 컴퓨터에 저장된 미디어 파일을 탐색하거나 확인하는 탭입니다.

- **트랜지션(Transitions)** : 영상에서 장면이 전환될 때 사용되는 효과를 모아 놓은 탭입니다.

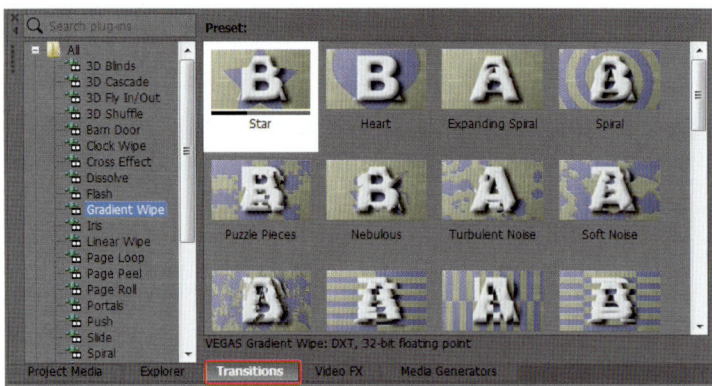

- **비디오 FX(Video FX)** : 영상 장면에 사용되는 효과를 모아 놓은 탭입니다.

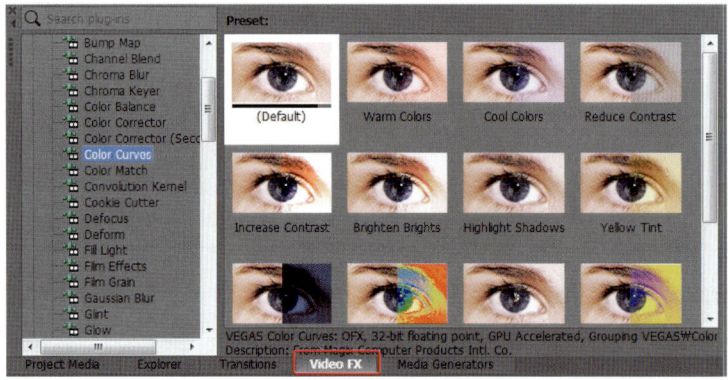

- **미디어 제너레이터스(Media Generators)** : 자막 효과나 배경색 등의 영상에 사용되는 다양한 효과를 모아 놓은 탭입니다.

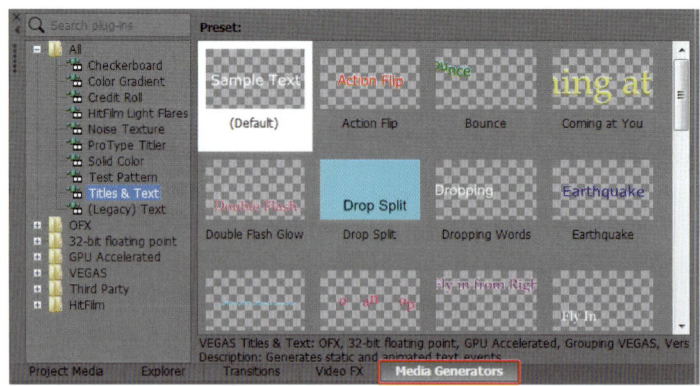

■ 익스플로러 툴 바(Explorer Toolbar)

아이콘	아이콘 이름	설 명
	상위 폴더(Up one level)	한 단계 위의 폴더로 이동합니다.
	새로 고침(Refresh)	변경된 파일이 있을 때 새로 고침 하면 변경된 상태로 보여줍니다.
	삭제(Delete)	선택한 파일을 삭제합니다.
	패이보릿츠(Favorites)	베가스 상에서만 보이는 즐겨찾기 폴더에 선택한 폴더를 담을 수 있습니다.
	스타트 프리뷰(Start Preview)	Explorer 탭에서 선택한 파일을 재생합니다.
	스톱 프리뷰(Stop Preview)	Explorer 탭에서 선택한 파일의 재생을 멈춥니다.
	오토 프리뷰(Auto Preview)	클릭된 상태에서 파일을 선택하면 자동으로 프리뷰 윈도우를 통해 재생이 되어 파일을 미리 확인해 볼 수 있습니다.
	Get Media From the Web	미디어 파일 자료를 받을 수 있는 MAGIX 웹사이트에 연결됩니다.
	뷰즈(Views)	Explorer 탭의 파일 보기 방식을 설정합니다.

익스플로러 툴 바의 아이콘 중 Views( ) 버튼을 클릭하면 파일 보기 방식을 [리스트로 보기], [파일 정보 표시], [썸네일] 등으로 설정할 수 있습니다. 이중 [썸네일 보기]로 설정하면 영상 장면이 미리 보이므로 파일 탐색을 편리하게 할 수 있습니다.

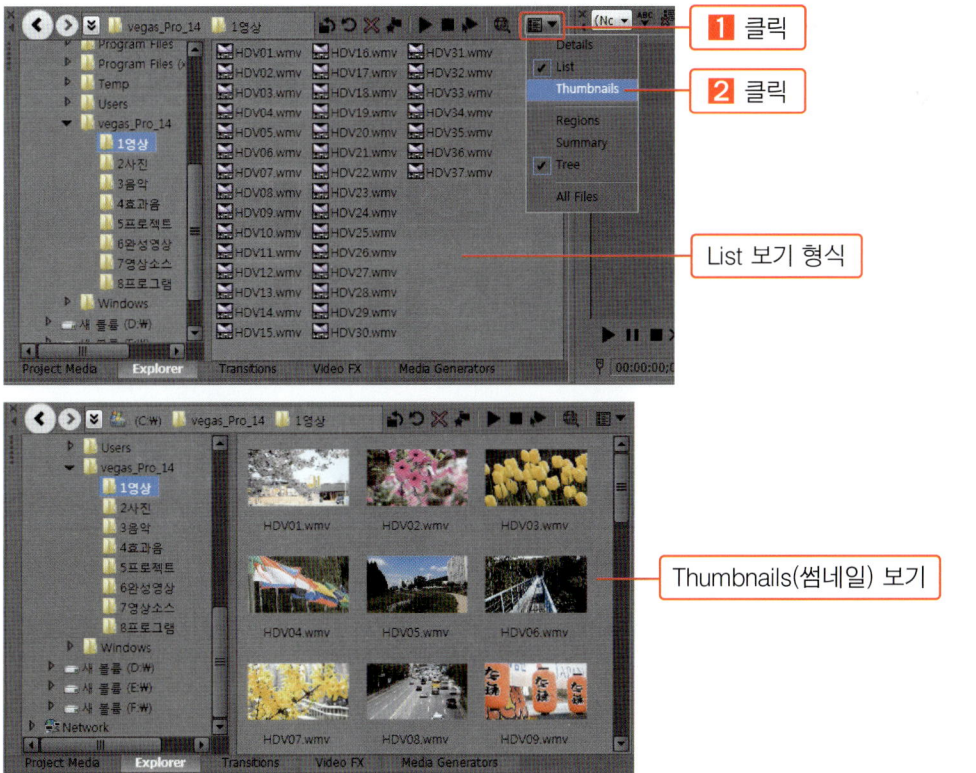

5 트리머(Trimmer) 편집 창

트리머 편집 창은 타임 라인 작업 창에 영상이나 오디오 파일을 넣기 전에 미리 편집해서 원하는 부분을 삽입할 수 있게 해주는 간이 편집기이며, 영상 프리뷰와 자르기 편집을 동시에 수행할 수가 있습니다.

■ 파일 선택 창

트리머 창에 동시에 여러 개의 영상을 넣어 편집이 가능한데, 파일 선택 창에서 트리머 창에 등록된 파일은 선택할 수가 있습니다.

■ 파일 관리 툴

아이콘	아이콘 이름	설 명
ABC	Soft Trimmer	트리머 창에 등록된 파일을 a, b, c 순으로 정렬합니다.
	Clear Trimmer	트리머 창에 등록된 영상을 모두 제거합니다.
X	Remover Trimmer	현재 작업 중인 동영상 파일을 제거합니다.
	외부 모니터 출력	트리머 창의 화면을 외부 모니터로 출력합니다. 외부 모니터가 연결되어 있지 않을 때는 모니터 화면 전체에 풀 화면으로 출력됩니다. 전체 화면에서 나올 때는 Esc 키를 누르면 됩니다.

■ 트리머 편집 툴

아이콘	아이콘 이름	설 명
	Enable Timeline Overwrite	파일 삽입 방식 선택 ON: 파일 교체, OFF: 파일에 겹치기
	Add To Timeline from cursor	타임 라인 에디터 라인의 오른쪽에 붙여넣기
	Add To Timeline up to cursor	타임 라인 에디터 라인의 왼쪽에 붙여넣기
	Fit to Fill	타임 라인 영상의 스피드 조절 속성을 이어받아 동일하게 붙여넣기 합니다.
	Create Subclip	트리머 창에서 선택한 부분을 별도의 영상 클립으로 저장합니다.
	Sent in Point	편집 시작점을 설정합니다.
	Set out Point	편집 종료 시점을 선택합니다.
	Insert Marker	트리머 창에 마커를 생성합니다.
	Insert Region	편집 지점을 여러 개 만들 때 사용합니다.
	Save	마커와 편집 범위 선택을 원본 영상에 저장합니다.

 프리뷰 윈도우 (Preview Window) 명칭과 기능

프리뷰 윈도우 버튼
트랜스포트 컨트롤 바
프리뷰 정보

■ 프리뷰 윈도우(Preview Window) 버튼

아이콘	아이콘 이름	설명
⚙	프로젝트 프로퍼티즈 (Project Video Properties)	프로젝트의 환경을 설정합니다.
🖵	프리뷰 외부 모니터 (Preview on External Monitor)	클릭하면 전체 화면으로 볼 수 있습니다.
	비디오 아웃풋 이펙트 (Video Output FX)	프리뷰 화면에만 Video FX 효과를 적용합니다.
	스플릿 스크린 뷰 (Split Screen View)	효과의 적용 전후를 확인할 수 있습니다.
Preview (Auto) ▼	프리뷰 퀄리티(Preview Quality)	프리뷰 화면의 화질을 선택합니다.
▦	오버레이즈(Overlays)	프리뷰 화면에 기준선을 표시합니다.
	스냅샷 복사 (Copy SnapShot To Clipboard)	클립보드에 스냅샷을 복사합니다.
💾	스냅샷 저장 (Save Snapshot To File)	프리뷰 화면에 보이는 영상의 장면을 이미지 파일로 저장합니다.

■ 프리뷰 화질 설정

베가스에서는 영상 편집 과정을 원활하게 보여주기 위해 PC의 사양에 따라서 자동으로 프리뷰 화질을 보여줍니다. Preview (Auto) 버튼을 클릭하여 사용자가 프리뷰 화질을 직접 선택해서 사용하는 것이 가능합니다.

Draft : 저화질, Preview : 보통 화질, Good : 중화질, Best : 고화질로 선택할 수 있고, 세부 항목 별로 다시 서브 메뉴가 나와서 화질을 선택할 수 있습니다.

■ 프리뷰 정보

- Project : 프로젝트의 가로, 세로(Pixel) 크기와 초당 보이는 프레임 수가 표시됩니다.
- Preview : 프리뷰 화면 창의 가로, 세로(Pixel) 크기와 초당 보이는 프레임 수가 표시됩니다.
- Frame : 에디트 라인(Edit Line)이 위치한 곳의 프레임이 표시됩니다.
- Display : 베가스 화면에서 프리뷰 화면 창의 가로, 세로(Pixel) 크기가 표시됩니다.

 트랙 리스트 (Track List) 명칭과 기능

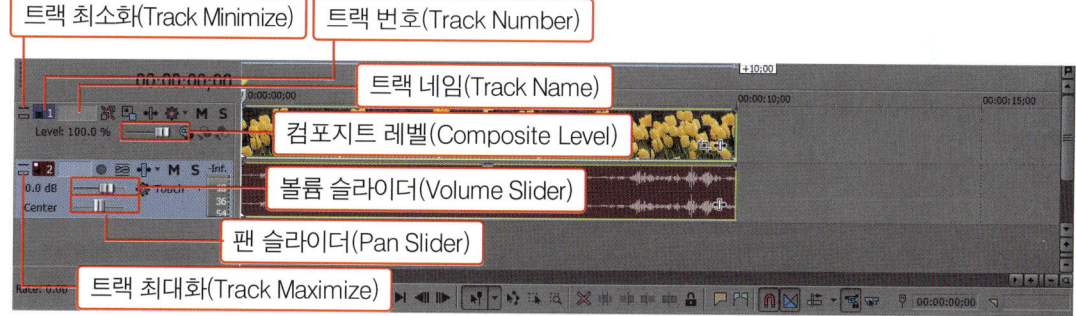

- 트랙 최소화(Track Minimize) : 트랙 리스트 세로 폭 크기를 최소화시킵니다. 다시 클릭하면 원상 복귀됩니다.

- 트랙 최대화(Track Maximize) : 트랙 리스트 세로 폭 크기를 최대화시킵니다. 다시 클릭하면 원상 복귀됩니다.

- 트랙 번호(Track Number) : 미디어 파일 삽입 시 마다 순차적으로 트랙 번호가 생성됩니다.
- 트랙 네임(Track Name) : 더블 클릭해서 트랙 이름을 원하는 이름으로 입력할 수 있습니다.
- 컴포지트 레벨(Composite Level) : 조절 바를 움직여서 비디오 트랙의 투명도를 조절합니다.
- 볼륨 슬라이더(Volume Slider) : 오디오 트랙의 볼륨을 조절합니다.
- 팬 슬라이더(Pan Slider) : 오디오 트랙의 좌우 스피커 볼륨 비율을 조절합니다.

■ 트랙 리스트의 아이콘 기능

아이콘	아이콘 이름	설 명
	바이 패스 모션 블러 (By Pass Motion Blur)	모션 블러 효과를 비활성화 시킵니다.
	트랙 모션(Track Motion)	비디오 트랙을 움직이거나 크기 조절, 기울기 등의 입체적인 화면을 만들 때 사용합니다.
	트랙 FX(Track FX)	트랙에 비디오 FX를 적용합니다.
	오토메이션 셋팅 (Automation Settings)	비디오 트랙의 미디어 파일에 대한 밝기와 어둡기를 자동 또는 수동으로 조절합니다.
	컴포지팅 모드 (Compositing Mode)	다양한 합성 모드를 사용합니다.
	합성 차일드 (Make Compositing Child)	복수의 트랙을 하나로 묶어서 parent Motion을 활성화 시킵니다.
	합성 페어런트 (Make Compositing parent)	합성 차일드로 하나로 묶어진 트랙을 독립적인 트랙으로 복귀시킵니다.
	뮤트(Mute)	비디오, 오디오 트랙을 잠그는 기능입니다.
	솔루(Solo)	해당 트랙의 아이콘을 클릭하면 해당 트랙의 미디어 파일만 나타나게 됩니다.
	Invert Phase	오디오 파형을 위아래로 뒤집습니다.
	Automation Settings Touch	오디오 볼륨을 자동 또는 수동으로 조절합니다.

트랜스포트 컨트롤 바(Transport Bar) 명칭과 기능

아이콘	아이콘 이름	설 명
	녹음(Record)	컴퓨터에서 나는 모든 소리를 녹음합니다.
	반복 재생(Loop Playback)	선택 바(, Marker bar)로 드래그해서 지정한 영역을 반복 재생시킬 수 있습니다.
	플레이 스타트(Play From Start)	타임 라인의 맨 처음부터 재생합니다.
	재생(Play)	편집 중인 내용을 재생합니다.
	일시 정지(Pause)	재생을 일시 정지합니다.
	정지(Stop)	재생을 정지합니다.

⏮	처음으로(Go to Start)	타임 라인의 에디트 라인을 맨 처음으로 이동시킵니다.
⏭	끝으로(Go to End)	미디어 파일의 끝으로 에디트 라인을 이동시킵니다.
⏴⏴	이전 프레임(Previous Frame)	에디트 라인을 1프레임씩 이전 프레임으로 이동시킵니다.
⏵⏵	다음 프레임(Next Frame)	에디트 라인을 1프레임씩 다음 프레임으로 이동시킵니다.

> **키보드 컨트롤 단축키**
>
> Note
> - **스페이스바**: 재생/정지(정지시킨 후 다시 누르면 에디트 라인이 위치한 곳부터 다시 재생됨)
> - **Enter↵ 키**: 재생/정지(정지시킨 후 다시 누르면 정지된 시점부터 다시 재생됨)
> - **J 키**: 뒤로 재생   • **L 키**: 앞으로 재생   • **K 키**: 멈춤

9 레이아웃 설정하기

■ 경계선 크기 조절

베가스 각 창의 경계선 부분에 마우스를 위치시키면 경계선 조절 아이콘()이 나오는데, 이때 좌우 또는 위아래로 움직여서 사용자가 레이아웃의 크기를 조절해서 사용할 수 있습니다.

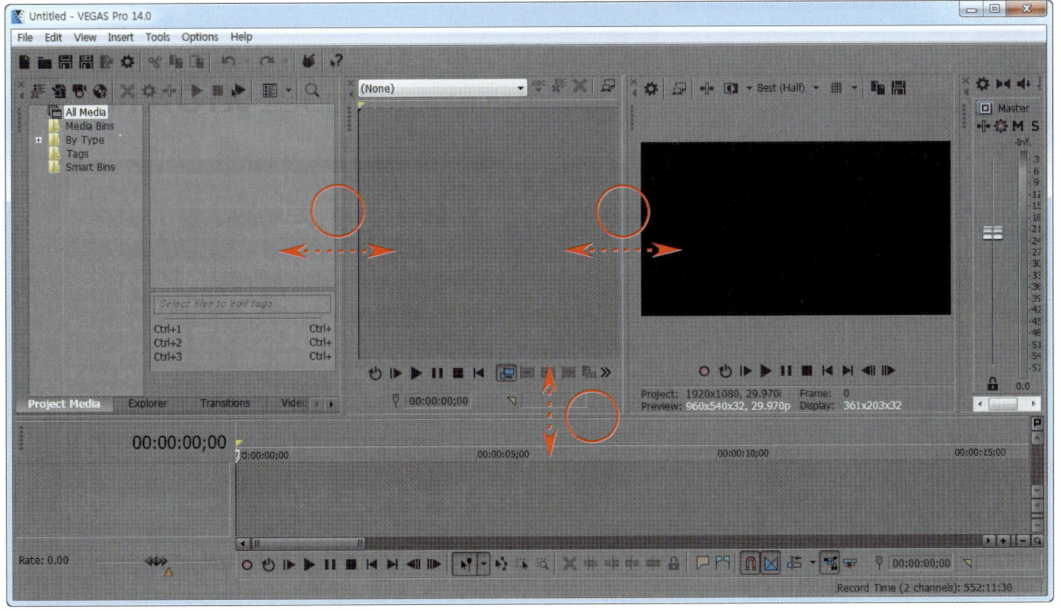

■ 윈도우 도킹 에리어 설정

윈도우 도킹 영역의 각 탭은 탭을 클릭해서 좌우로 드래그하여 사용자가 편리한 곳으로 위치를 변경해서 사용할 수 있습니다.

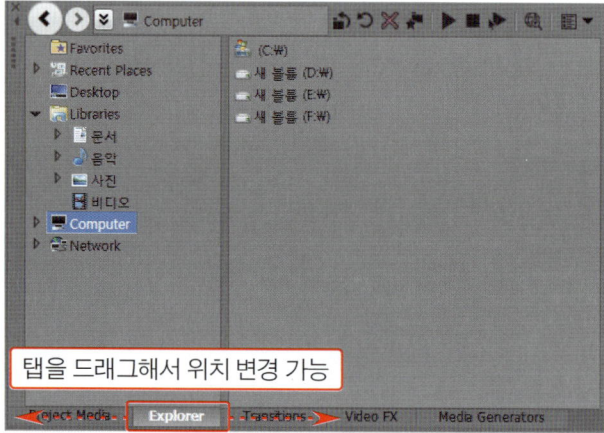

■ 윈도우 창 분리하기

베가스의 각창의 가장 자리에 일렬로 6개의 점이 찍혀 있는 무브 핸들이 있는데 이 부분을 클릭해서 움직이면 창을 분리해서 원하는 곳에 임의로 배치해서 사용할 수 있습니다.

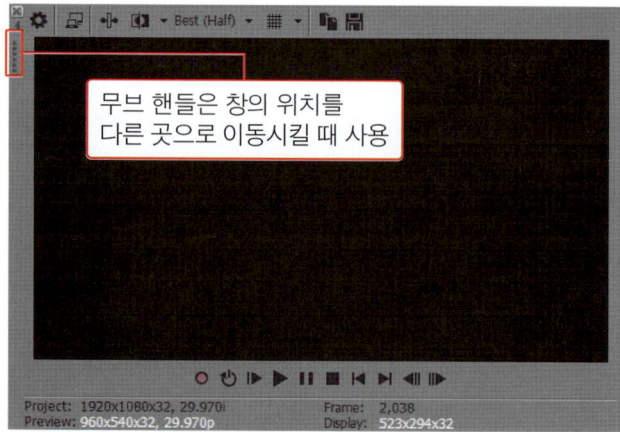

창을 원래로 되돌리려면 Ctrl 키를 누르고 창 상단의 제목줄을 이동하고자 하는 공간으로 드래그해서 넣어 주면 됩니다. 베가스를 사용 중 원치 않게 창이 다른 곳에 들어갔을 경우 점선으로 되어 있는 무브 핸들을 클릭해서 창을 빼내고 Ctrl 키를 눌러 원위치 시키면 됩니다.

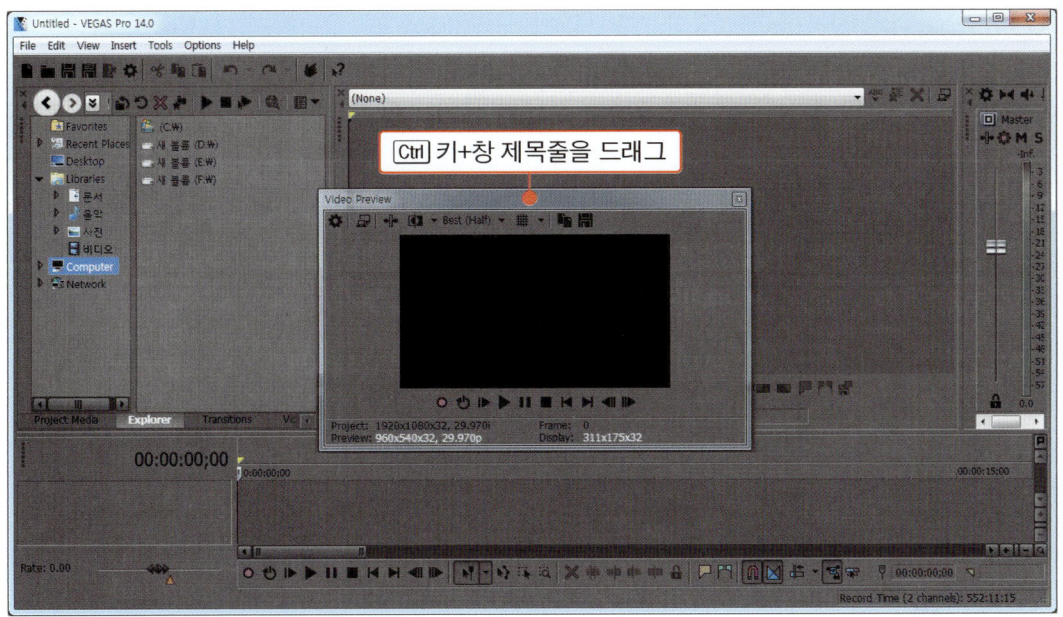

■ 사용하지 않는 창 제거하기 또는 불러오기

사용자에 따라서 베가스의 기본 레이아웃 중 사용하지 않는 창이 있을 수 있습니다. 예를 들어 트리머 창을 사용하지 않는다면 그 창을 제거해서 작업 공간을 넓게 사용하는 것이 좋습니다. 각 창의 상단에 있는 ▨ 아이콘을 눌러 주면 해당 창을 제거할 수 있습니다.

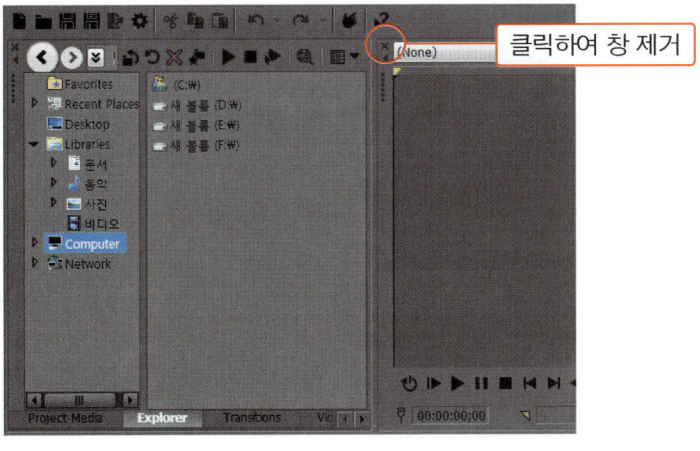

제거한 창을 다시 사용하려면 상단 메뉴 [View]-[Window]을 클릭하여 나타낼 창 이름을 클릭하여 선택해 주면 됩니다.

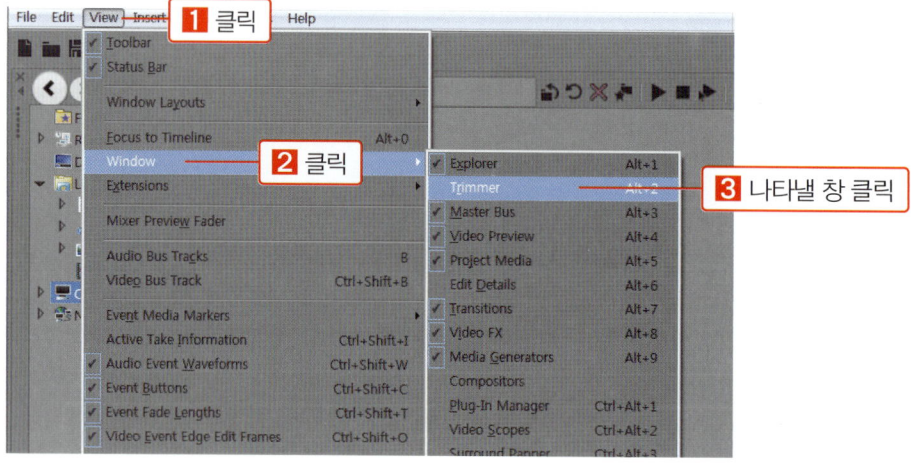

최초의 레이아웃으로 초기화시키기

작업 중 윈도우 창의 레이아웃이 어지러워져서 처음 상태의 기본 레이아웃으로 초기화하려면 [View]-[Window Layouts]-[Default Layout]를 클릭합니다.

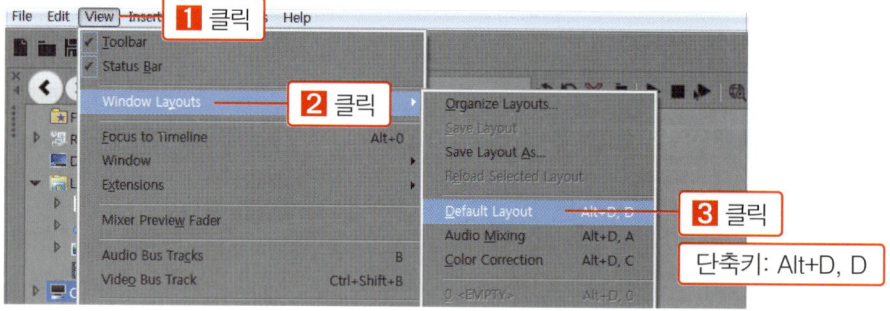

영상 편집의 시작에서 완성까지 훑어보기 ｜ Lesson 03

Vegas Pro 2014

Lesson 03 영상 편집의 시작에서 완성까지 훑어보기

베가스에서 편집의 기본 과정은 영상, 사진, 음악 파일 등을 불러오는 것부터 시작해서 자막을 넣거나 다양한 장면 효과 등을 사용해서 최종적으로 영상 파일로 만드는 렌더링 과정을 거쳐 하나의 완성된 영상이 만들어집니다. 이런 과정을 차례대로 진행해 보면서 베가스의 영상 편집 과정이 어떻게 이루어지는지 살펴보도록 하겠습니다.

 **프로젝트 생성 및 환경 설정하기**

베가스에서 영상 편집을 할 때 맨 처음으로 작업해야 하는 것이 프로젝트 설정입니다. 프로젝트란 영상을 만들기 위한 기본 틀을 만드는 것입니다.

1 베가스를 실행한 후 상단 메뉴의 [File]-[New]를 클릭합니다.

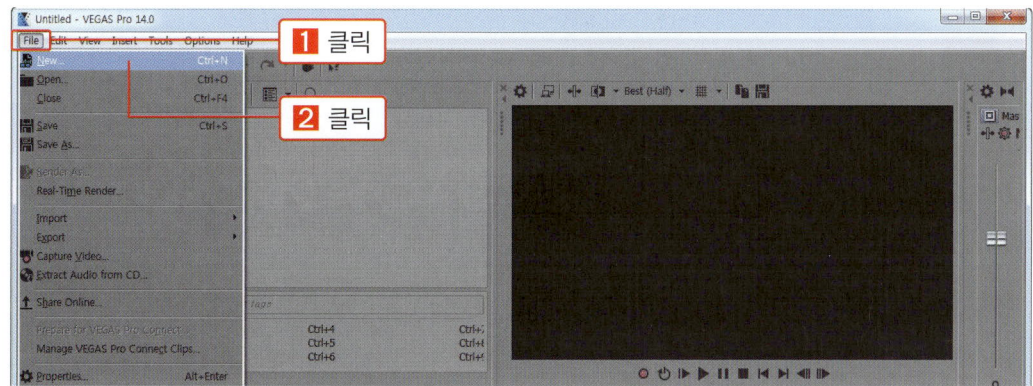

2 [New Project] 창이 나타나면 [Video] 탭의 [Template]에서 [HDV 720-30p (1280x720, 29.970 fps)]를 선택한 후, [OK] 버튼을 눌러 프로젝트를 생성합니다.

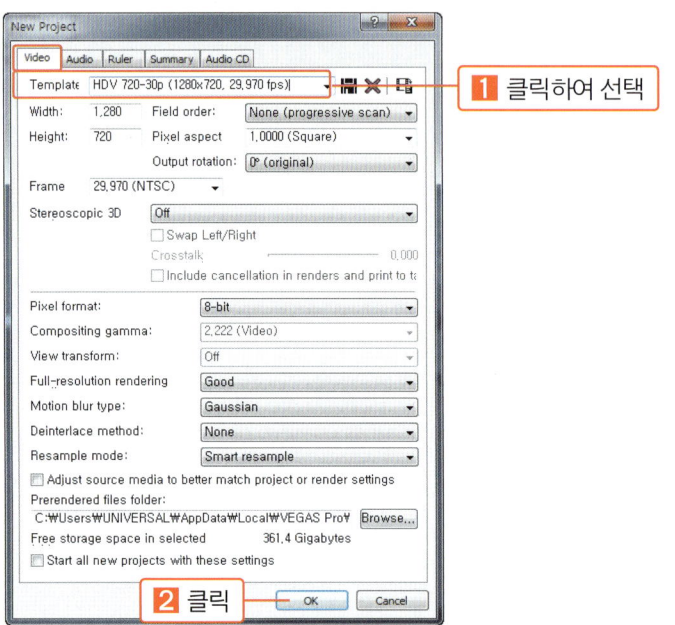

작업 해상도 및 프로젝트 설정 바꾸기

- **작업 해상도 설정**
  베가스 프로 14의 프로젝트 기본 해상도는 1920×1080(1080P)의 HD 해상도로 설정되어 있습니다. HD 영상을 작업할 경우에는 기본 해상도나 1280×720(720P)로 설정하고, 일반적인 영상을 만들 때는 DVD 해상도인 720×480으로 설정하는 것이 좋습니다.

- **프로젝트 설정 바꾸기**
  작업 중인 프로젝트의 설정을 변경하려면 메뉴의 [File]-[Properties]를 선택하거나 프리뷰 윈도우의 Project Video Properties(⚙) 버튼을 누르면 프로젝트의 설정을 언제든지 변경할 수 있습니다.

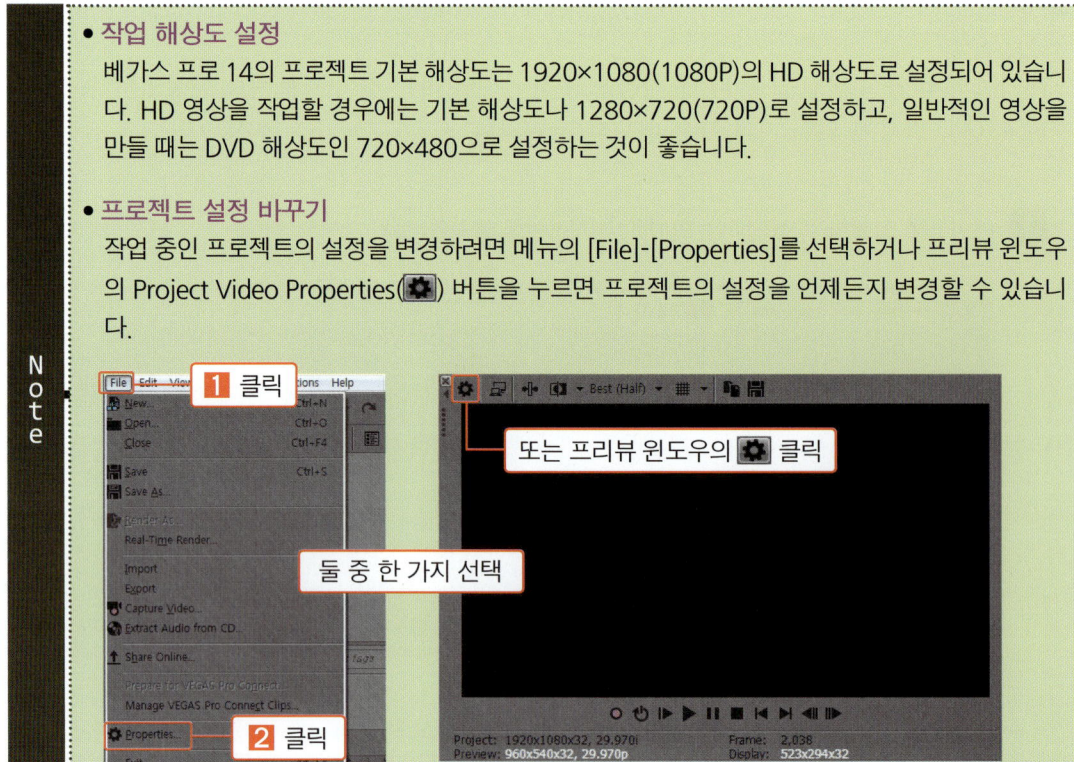

2 사진 파일 불러오기

베가스에서 파일을 불러올 때 가장 많이 사용하는 방법은 [Explorer] 탭에서 파일을 찾아 불러오는 것입니다. [Explorer] 탭을 클릭한 후 [vegas_Pro_14]-[2사진] 폴더에서 [IMG_01.jpg] 파일을 마우스로 드래그하여 타임 라인에 넣어 주면 됩니다.

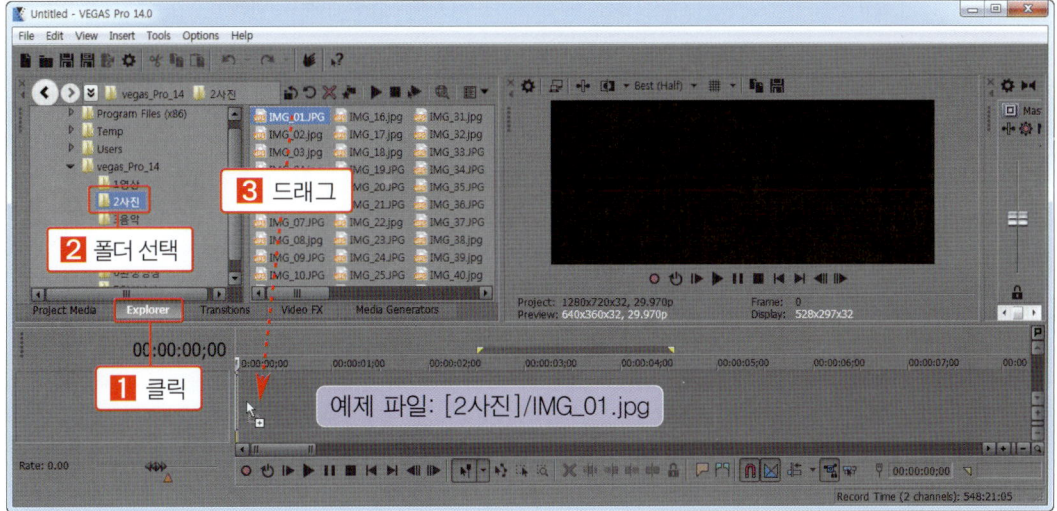

또 다른 방법은 윈도우에서 해당 폴더를 열어서 원하는 파일을 직접 베가스 창으로 드래그하여 가져오는 것입니다.

 **영상 파일 불러오기**

1 [Explorer] 탭의 [vegas_Pro_14]-[1영상] 폴더에서 [HDV01.wmv] 파일을 타임 라인으로 드래그하여 사진 파일 뒤에 붙여서 넣어 줍니다.

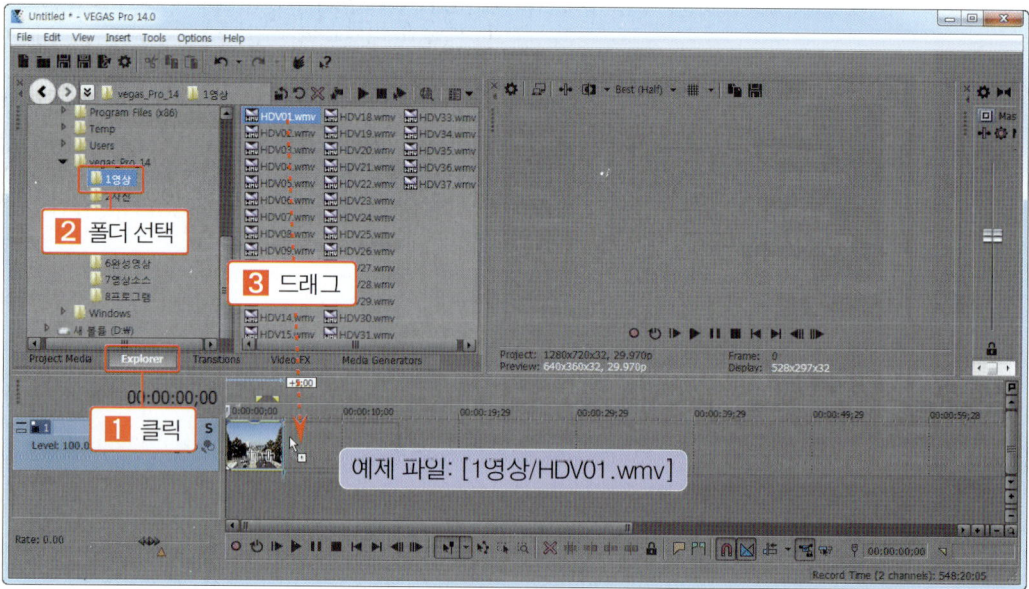

2 사진 파일과는 다르게 영상 파일에는 비디오와 오디오를 포함하고 있기 때문에 각각 비디오 트랙과 오디오 트랙으로 분리되어 적용됩니다.

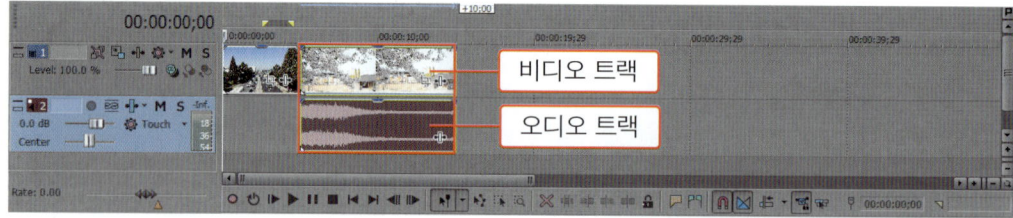

3 불러온 [HDV01.wmv] 파일 뒤에 [HDV02.wmv, HDV03.wmv] 파일을 반복해서 마우스로 드래그하여 붙여 줍니다.

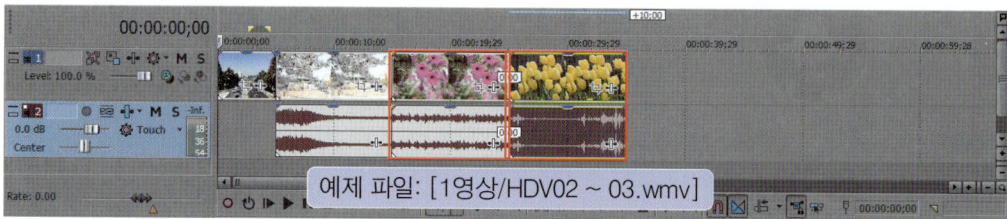

 ## 장면 전환을 자연스럽게! 크로스페이드 적용하기

불러온 [HDV01.wmv] 파일을 왼쪽으로 드래그해서 사진 파일과 겹치게 해서 크로스페이드를 적용시킵니다. 나머지 뒤에 있는 파일도 앞쪽의 파일과 겹치게 왼쪽으로 드래그해서 이동시킵니다. 이렇게 파일을 겹쳐지게 처리해 주는 것을 크로스페이드라 하며, 영상과 영상이 바뀌는 부분을 부드럽게 연결시켜 줍니다. 단, 파일을 드래그 할 때 하단 툴 바의 Automatic Crossfades(▨) 버튼이 클릭되어 있어야 크로스페이드가 적용됩니다.

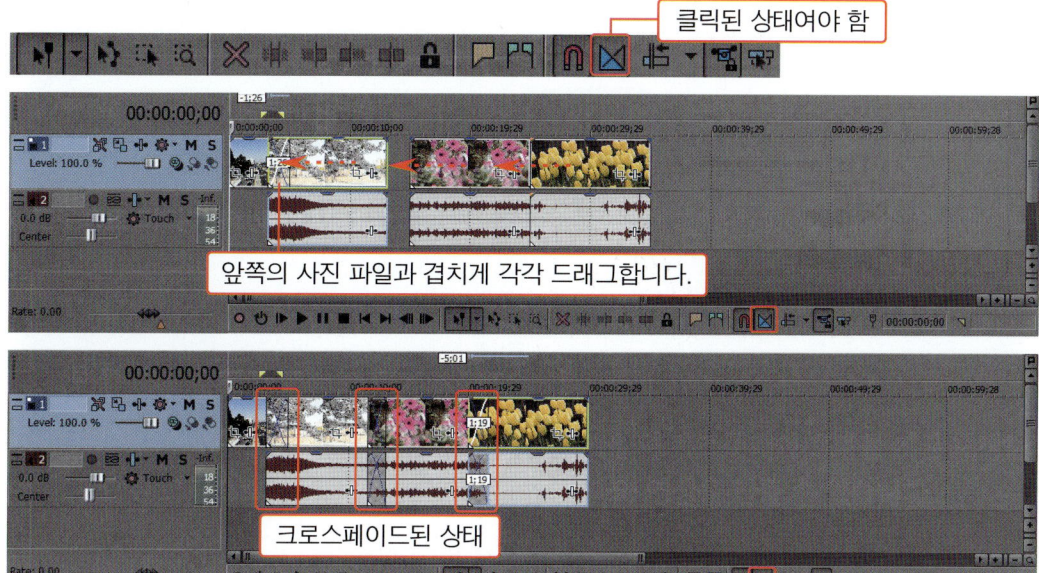

 ## 장면 전환 효과 사용하기 (Transitions)

Transitions 효과는 영상에서 장면과 장면 사이를 연결시켜 줄 때 영상 파일이 서로 겹쳐진 크로스페이드 구간과 페이드 인, 페이드 아웃을 적용한 부분에만 사용할 수 있는 효과입니다.

먼저 [Transitions] 탭을 클릭하여 [Barn Door]에서 [Horizontal, Out, No Border] 프리셋을 사진과 영상이 겹친 크로스페이드 부분에 드래그하여 넣어 줍니다. 그러면 해당[Video Event FX] 설정 창이 뜨는데 여기서 닫기 (▨)를 눌러서 창을 닫아 줍니다.

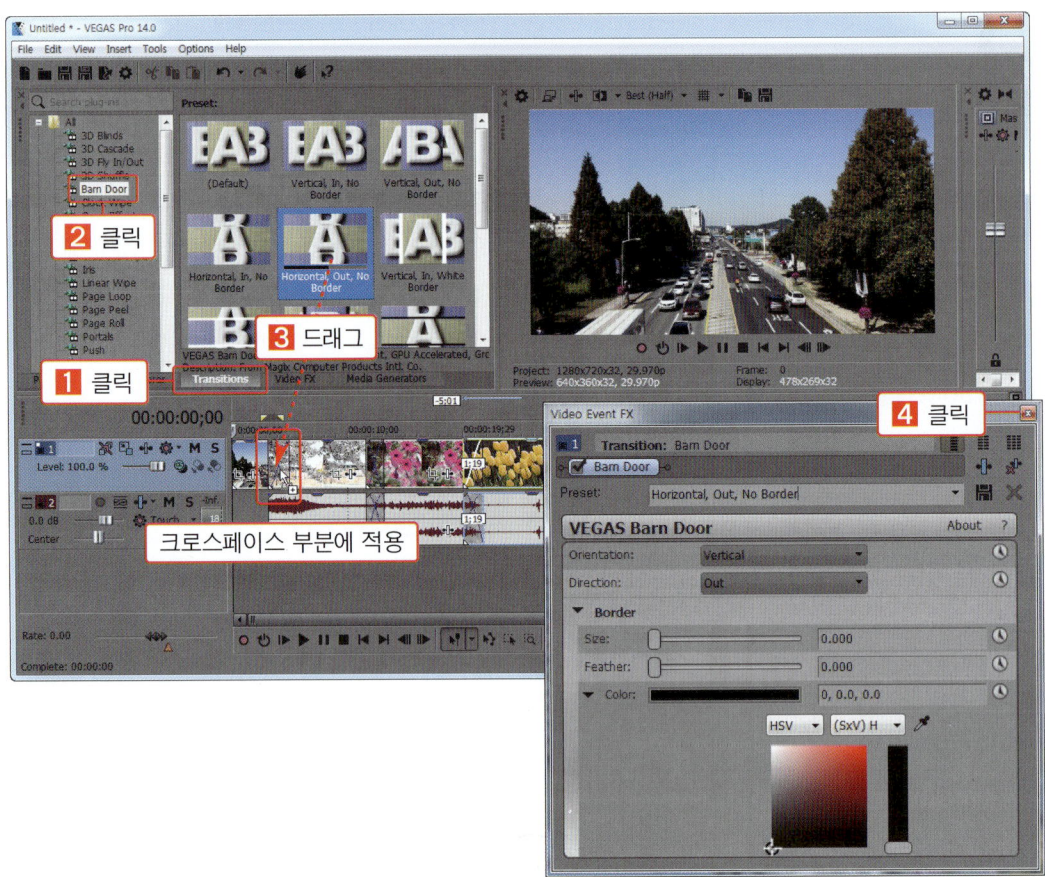

트랜지션스(Transitions) 효과

트랜지션스(Transitions) 효과는 영상, 사진, 자막 등의 비디오 미디어 파일의 페이드 인, 페이드 아웃, 크로스페이드 구간에만 적용할 수 있는 효과입니다.

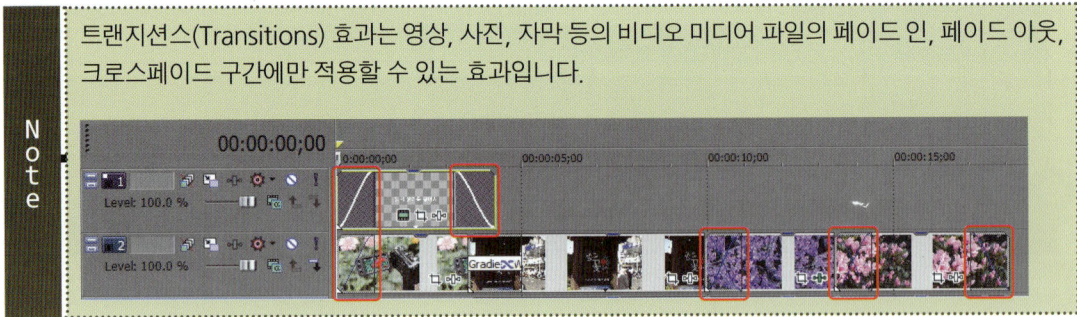

6 Video FX 효과 사용하기

Video FX 효과는 영상의 색감을 흑백으로 처리하거나 원하는 부분에 모자이크 처리를 하는 등, 영상에서 원하는 장면에 사용합니다.

먼저 [Video FX] 탭을 클릭해서 영상을 영화나 뮤직비디오 같은 색상으로 만들 수 있는 [Color Corrector]의 [Blue Midtones] 프리셋을 드래그하여 영상 파일 위에 가져다가 놓습니다. 그러면 해당 [Video Event FX] 설정 창이 뜨는데 여기서(❌)를 눌러서 창을 닫아 줍니다. 그러면 Video FX 효과가 적용됩니다.

적용한 Transitions 효과와 Video FX 효과 삭제하기

> Transitions와 Video FX 효과를 적용할 때 나타나는 설정 창 상단 우측에 버튼이 보입니다.
>
> • Plug-In Chooser( ) 버튼: 다른 Transitions이나 Video FX 효과를 선택
> • Remove Selected Plug-In( ) 버튼: 적용한 Transitions 효과나 Video FX 효과를 삭제하는 버튼

음악 파일 불러오기/잘라 내기

[Explorer] 탭의 [vegas_Pro_14]-[3음악] 폴더에서 [Bgm 01.mp3] 파일을 마우스로 드래그하여 타임 라인 2번 트랙 아래에 넣습니다.

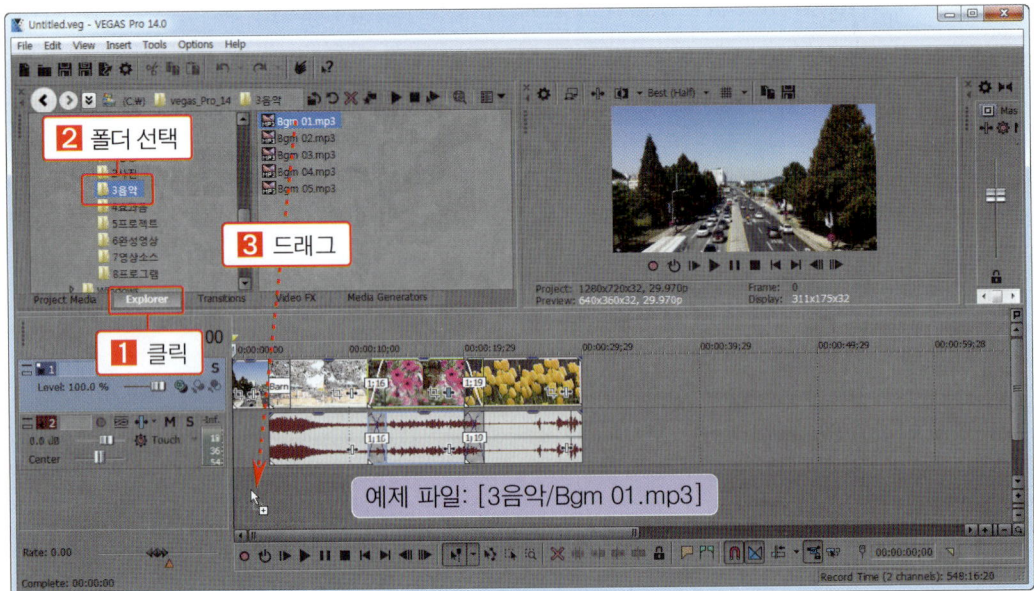

■ 음악 파일 잘라 내기

영상에 사용할 음악 파일을 불러온 후 영상 끝에 맞춰서 필요 없는 부분을 잘라 내보도록 하겠습니다. 먼저 영상 끝 쪽을 클릭해서 에디트 라인(Edit line)의 위치를 잡아 줍니다. 그런 후 키보드 S 키를 눌러 주면 음악이 잘리게 됩니다.(키보드 한/영키가 영문으로 되어 있어야 합니다.) 그 다음 잘려진 음악 파일의 뒤쪽을 선택한 후 키보드 Delete 키를 눌러 주면 필요 없는 부분이 삭제됩니다.

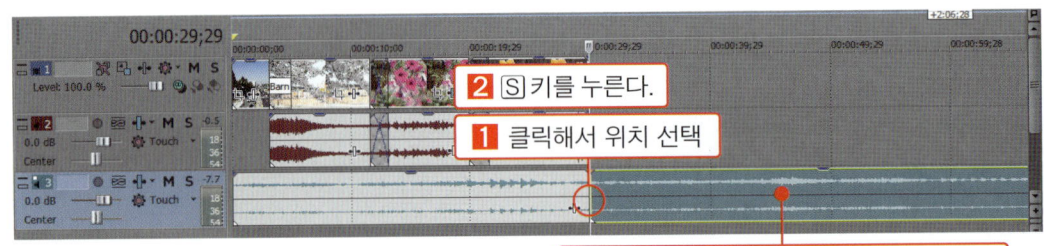

 음악 파일과 영상 파일의 자르기/삭제하기

 음악 파일뿐만 아니라 영상 파일도 필요 없는 부분을 제거할 때는, 자를 위치를 클릭한 후, [S] 키를 눌러 자르고 삭제할 곳을 선택한 후 [Delete] 키로 삭제하는 방법을 사용합니다.

8 자막 넣기

영상 위에 자막이 나오도록 하려면 키보드 [Ctrl]+[Shift]+[Q]를 눌러 상단에 트랙을 하나 추가합니다. 또는 1번 트랙의 빈 곳에서 마우스 우측 버튼을 클릭하여 [Insert Video Track]을 선택해도 됩니다.

그러면 영상이 들어간 트랙 위에 빈 트랙 하나가 생성되는데 이곳에 [Media Generators] 탭의 [Titles & Text]에서 [Action Flip] 프리셋을 드래그하여 넣어 줍니다.

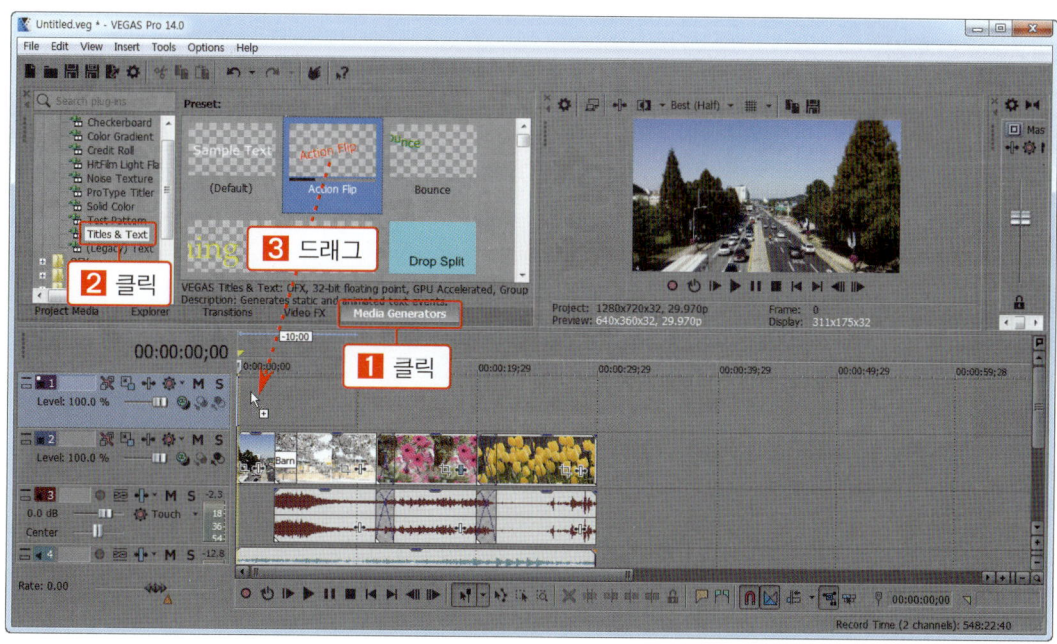

영상 파일과 자막 파일의 트랙 순서

> 영상 위에 자막이 나오게 하려면, 영상 트랙 위에 자막 트랙이 위치해야 합니다. 영상 트랙보다 자막이 아래에 있으면 영상 파일에 가려서 보이지 않게 됩니다.

그러면 자막 설정(Video Media Generators) 창이 열리게 됩니다. 기본 글자인 Action Flip을 드래그하여 선택한 후 원하는 자막을 입력하고 글자 모양과 글자 크기를 선택합니다. 그런 후 닫기(🗙) 버튼을 눌러 창을 닫아 주면 자막 입력이 완료됩니다.

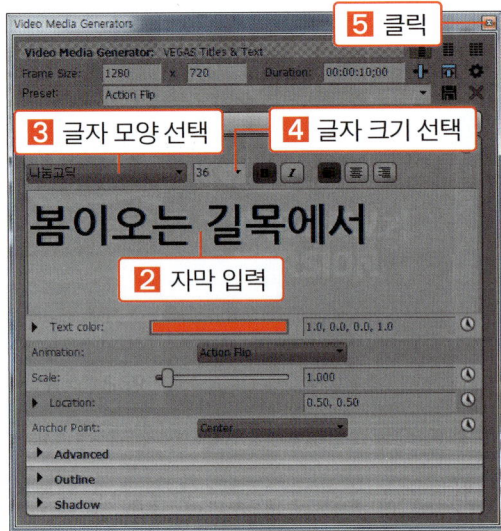

■ 자막 수정하기

자막을 수정하려면 자막 파일에 있는 Generated Media(🖼) 버튼을 클릭하여 수정할 수 있습니다.

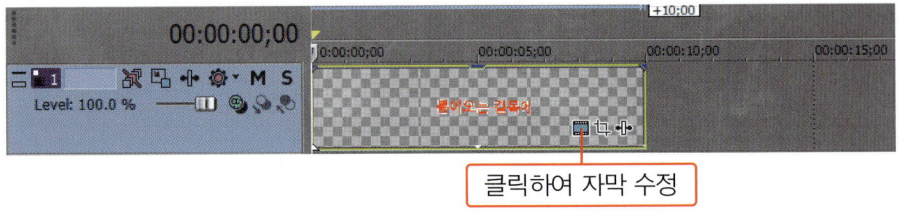

영상의 시작과 끝을 자연스럽게, 페이드(Fade) 효과 처리하기

영화나 드라마가 시작할 때 점점 밝아지면서 시작하거나 점점 어두워지면서 자연스럽게 끝나는 것을 볼 수 있는데 이런 것을 페이드(Fade) 효과라 합니다. 페이드 처리는 사진 파일의 앞쪽 상단의 작은 모서리에 마우스를 위치시키면 모양으로 바뀌는데 이를 클릭해서 우측으로 드래그하면 페이드 인(Fade in) 효과가 적용됩니다. 페이드 인은 영상이 점점 밝아지면서 시작되는 효과를 뜻합니다.

반대로 파일 끝부분의 상단에 마우스를 위치시켜 모양으로 바뀔 때 좌측으로 드래그하면 페이드 아웃(Fade out)이 적용되고 영상이 점점 어두워지면서 끝나게 됩니다.

위와 같은 방법으로 트랙에 있는 영상이나 음악에 페이드 처리를 해줍니다. 그러면 영상이나 음악이 갑자기 시작하거나 끝나는 부분 없이 자연스럽게 시작되고 끝나게 됩니다.

동영상 (WMV) 파일로 저장하기 (렌더링)

베가스에서 영상 편집 작업이 끝나면 일반 동영상 플레이어에서 볼 수 있게 영상 파일로 만들어야 하는데 이런 작업을 렌더링이라 하며, 영상 편집의 최종 단계에 해당합니다.

먼저 타임 라인 시간 눈금이 표시된 위쪽 공간을 더블 클릭하여 처음부터 끝 부분까지 전체 선택을 합니다.

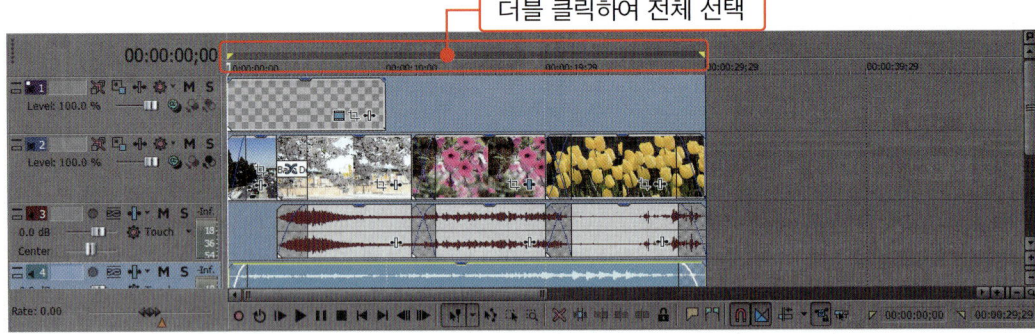

더블 클릭하여 전체 선택

렌더링 범위 지정

> Note
> - 렌더링 범위 지정은 타임 라인의 시간 눈금이 표시된 위쪽 공간을 더블 클릭하거나, 직접 드래그하여 지정할 수 있습니다.
> - 범위 지정을 하지 않고 렌더링을 하면 필요 없는 부분도 렌더링되기 때문에, 반드시 범위를 지정해서 렌더링을 해야 합니다.

그런 후 메뉴 [File]-[Render As]를 클릭하거나 툴 바의 Render As( ) 버튼을 클릭합니다.

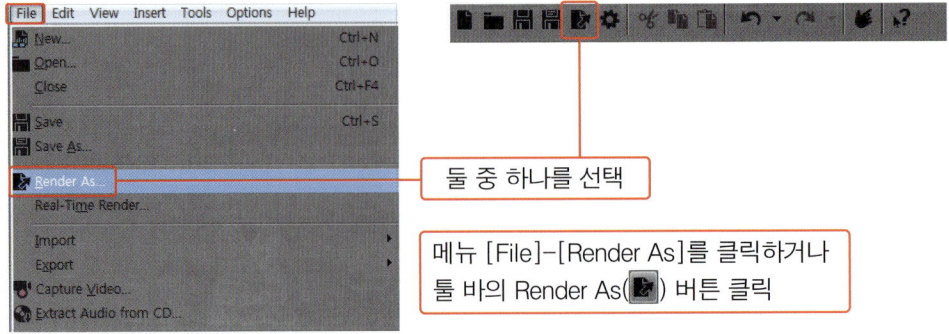

둘 중 하나를 선택

메뉴 [File]-[Render As]를 클릭하거나 툴 바의 Render As( ) 버튼 클릭

렌더링 창(Render As)이 나타나면 [Windows Media Video V11(*.wmv)] 항목을 더블 클릭합니다. 그러면 아래쪽에 렌더링 옵션 항목이 나오는데 [6Mbps HD 720-30p Video]를 클릭한 후 아래쪽에 활성화된 [Customize Template] 버튼을 클릭합니다.

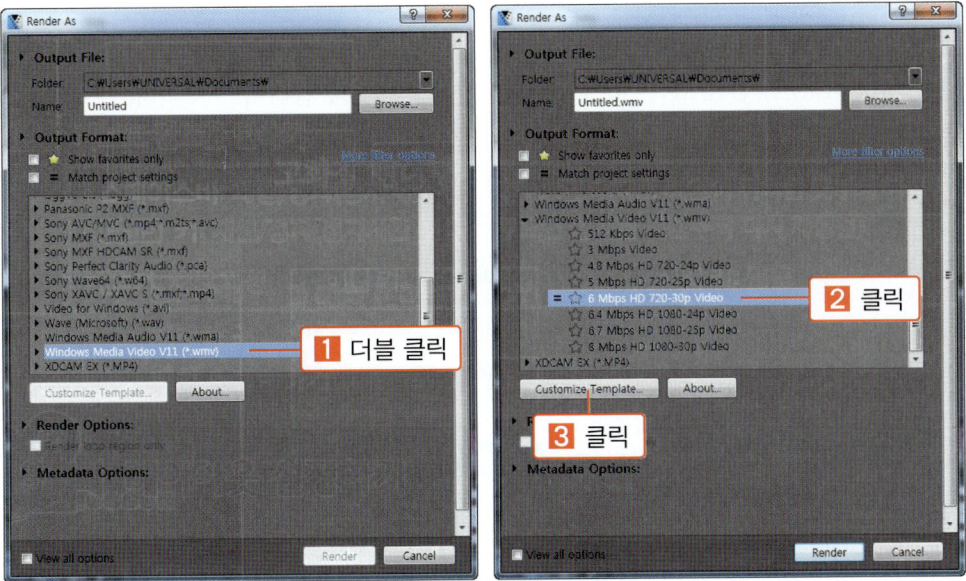

나타나는 [Audio] 탭에서 [Attributes] 항목을 클릭해서 오디오 음질 설정 값 중 [192 kbps,48 kHz, stereo(A/V) CBR]을 선택하고 [Video] 탭을 클릭합니다.

[Video] 탭이 나타나면 [Mode]에서 [CBR(Tow-pass)]를 선택한 후 [Image size]에서 [(Keep Original Size)]를 선택합니다. 그런 후 [Video smoothness] 스크롤 바를 우측 끝까지 밀어서 100으로 적용시킨 후 [Bit rate] 탭을 클릭합니다.

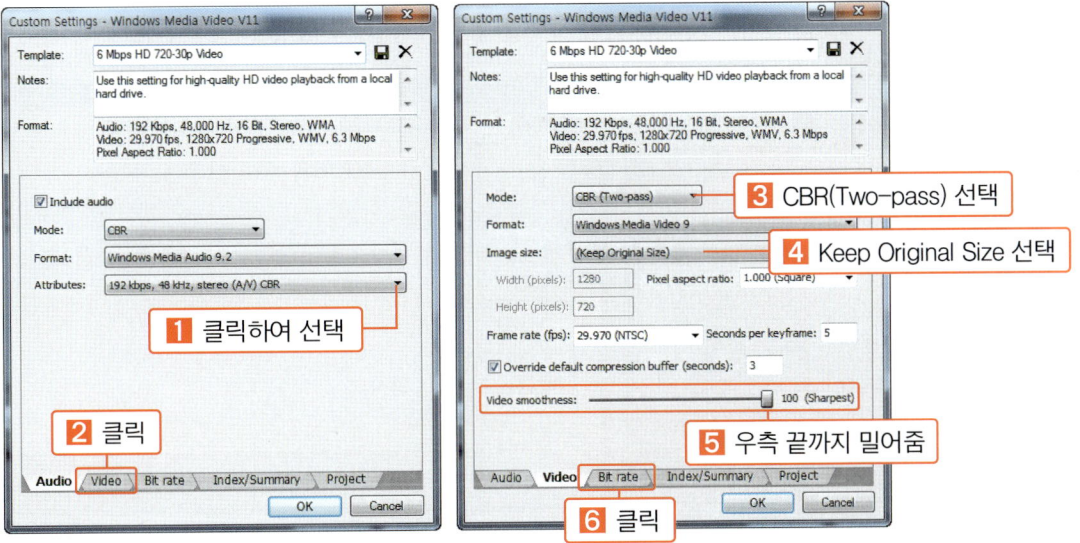

Keep Original Size

[Video] 탭 항목 중 [Image size]의 [Keep Original Size]는 프로젝트 설정 시 적용한 해상도 값과 동일하게 설정하는 것이며, 만약 자신이 원하는 영상 해상도로 크기를 입력하려면 [Custom]을 선택하여 활성화 되는 곳에서 Width(pixels), Height(pixels)의 값을 입력하면 됩니다.

[Bit rate] 탭에서 [Internet/LAN]은 영상의 화질을 설정하는 곳입니다. 기본 [6M]으로 되어 있는 곳에 원하는 값을 입력해서 화질을 좀 더 좋게 설정할 수 있습니다. 이어서 [Project] 탭을 클릭한 후 [Video rendering quality]에서 [Best]를 선택하고 [OK]를 클릭합니다.

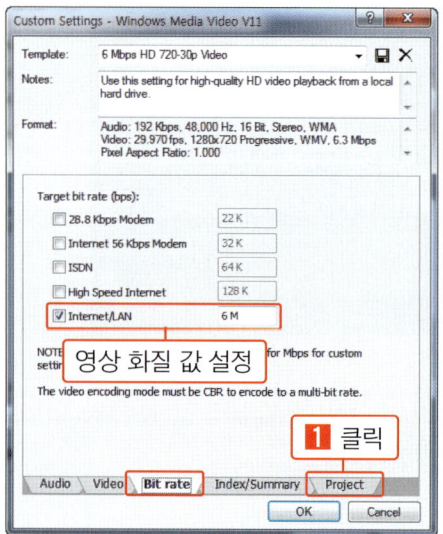
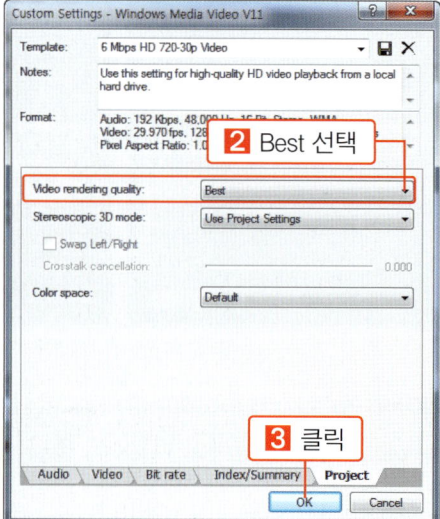

이어서 나타나는 화면에서 [Name]에 저장할 파일명을 입력한 후 [Browse]를 클릭합니다. [다른 이름으로 저장] 창이 나오면 저장할 폴더를 지정하고 [저장(S)]을 클릭한 후 다시 나타난 [Render As] 창에서 [Render] 버튼을 클릭하면 렌더링 과정이 진행됩니다.

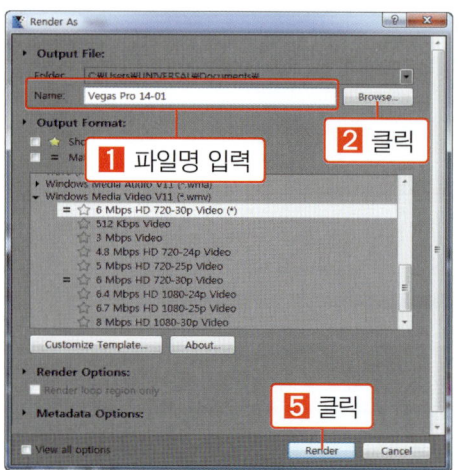
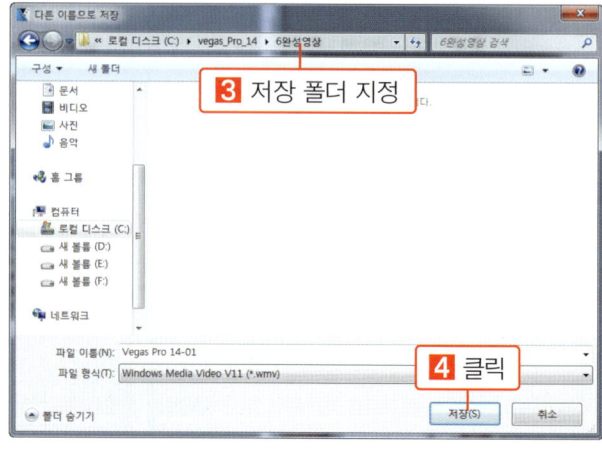

렌더링이 100% 완료되었을 때 [Open Folder]를 클릭하면 파일이 저장된 폴더가 열립니다. 이때 폴더에 저장된 파일을 더블 클릭하면 완성된 영상을 플레이하여 확인할 수 있습니다.

또는 [Close] 버튼을 누른 후, 저장 위치로 지정한 폴더를 열어 완성된 영상을 더블 클릭해서 실행할 수도 있습니다.

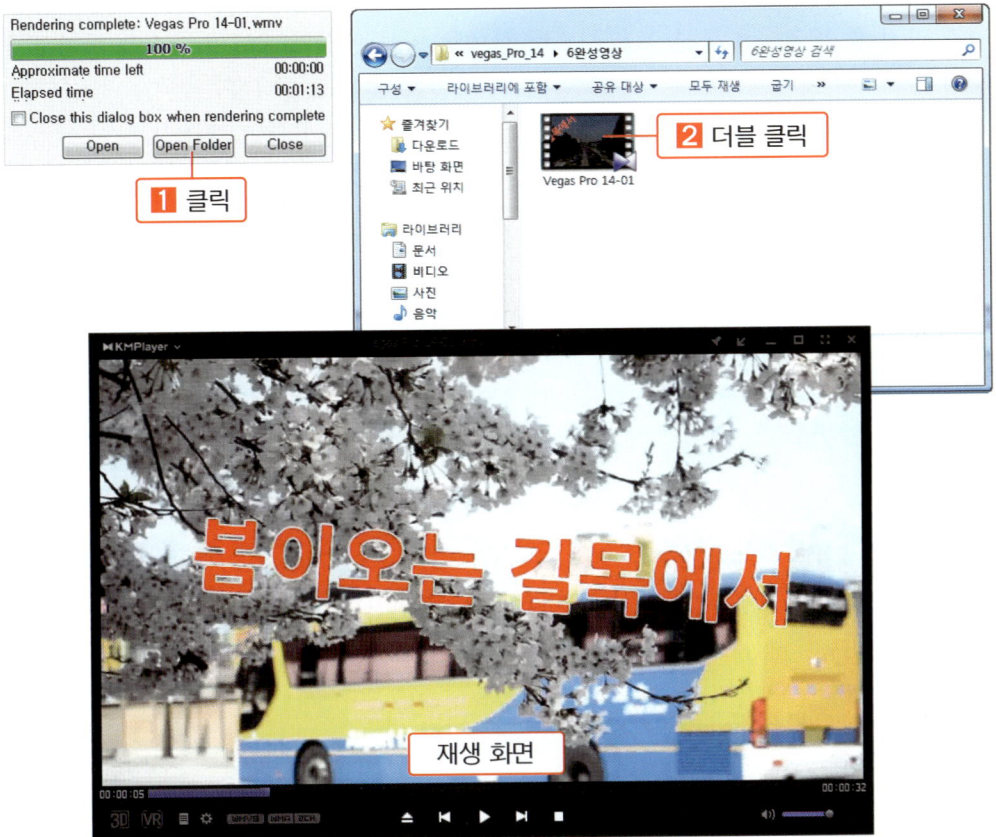

렌더링 팝업창 설명

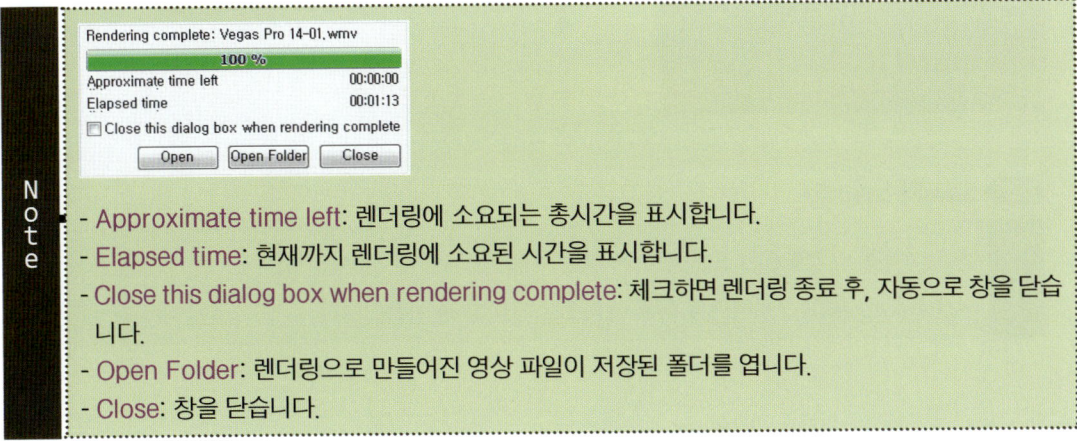

- Approximate time left: 렌더링에 소요되는 총시간을 표시합니다.
- Elapsed time: 현재까지 렌더링에 소요된 시간을 표시합니다.
- Close this dialog box when rendering complete: 체크하면 렌더링 종료 후, 자동으로 창을 닫습니다.
- Open Folder: 렌더링으로 만들어진 영상 파일이 저장된 폴더를 엽니다.
- Close: 창을 닫습니다.

프로젝트 저장하기

렌더링은 작업한 것을 동영상 파일로 만드는 것이지만 제작 과정(사용된 사진, 음악, 자막, 등…)의 모든 정보를 저장하여 차후 수정 등에 이를 활용하려면 프로젝트를 저장해야 합니다. 영상 편집 과정 중 프로그램 오류 또는 시스템 장애로 인한 편집 데이터의 상실을 방지하기 위해서 작업 중에 수시로 프로젝트를 저장하는 습관을 갖는 것이 좋습니다.

렌더링과 프로젝트 저장의 차이점

> **Note**
> - 렌더링으로 만들어진 최종 동영상은 사진, 영상, 자막 등의 수정이 불가능합니다.
> - 프로젝트 파일은 동영상 편집에 관한 정보를 저장해 두는 파일입니다. 최종 영상에 사용된 사진, 영상, 음악, 자막 등의 정보와 사용한 효과가 수록되어 있습니다. 이런 프로젝트 파일의 목적은 '재편집', 즉 '수정'에 있습니다. 따라서 프로젝트 파일뿐만 아니라 작업에 사용된 사진, 영상, 음악 등을 작업했던 경로에 그대로 보관해 두는 것이 좋습니다. 작업했던 경로가 아닌 곳에 보관되면 경로를 새롭게 설정해야 하는 번거로움이 뒤따르게 됩니다.

프로젝트를 저장하려면 메뉴 [File]-[Save] 또는 [Save As]를 눌러 '저장 위치'와 '파일 이름'을 입력하고 [저장] 버튼을 누릅니다. 또는 툴 바의 Save(🖫) 또는 Save As(🖫) 버튼을 사용합니다.

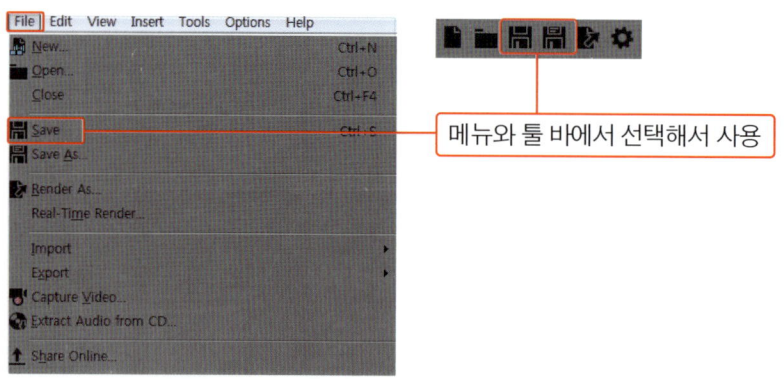

Save와 Save As

> **Note**
> - Save(🖫): 작업 중인 프로젝트 상태를 그대로 저장할 때 사용합니다.
> - Save As(🖫): 프로젝트를 다른 이름으로 저장할 때 사용합니다.

툴 바의 Save(📄) 또는 Save As(📄) 버튼을 눌러 나타나는 [다른 이름으로 저장] 창에서 저장할 위치와 파일명을 입력하고 [저장(S)] 버튼을 클릭합니다.

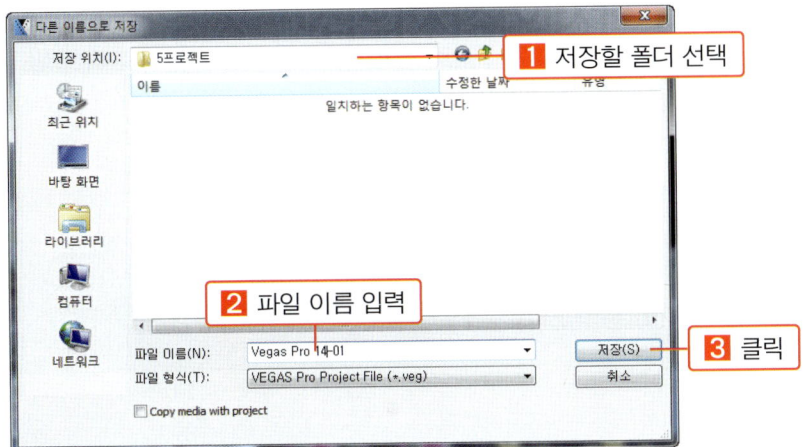

그러면 저장할 폴더로 지정한 곳에 베가스 아이콘으로 된 [Vegas Pro 14-01.veg] 프로젝트 파일이 만들어 집니다. 영상 편집 중인 상태 그대로 저장되기 때문에 나중에 다시 작업하거나 수정하고자 할 때 저장한 프로젝트 파일을 불러와서 계속 편집 작업을 할 수 있습니다.

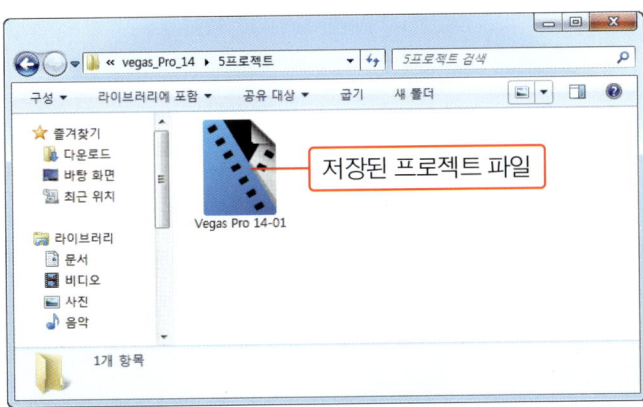

프로젝트 불러오기

영상 편집을 진행하다 프로젝트로 저장한 후, 다시 편집 작업을 하려면 저장한 프로젝트 파일을 불러오면 됩니다. 상단 툴 바의 Open(■) 버튼을 클릭합니다.

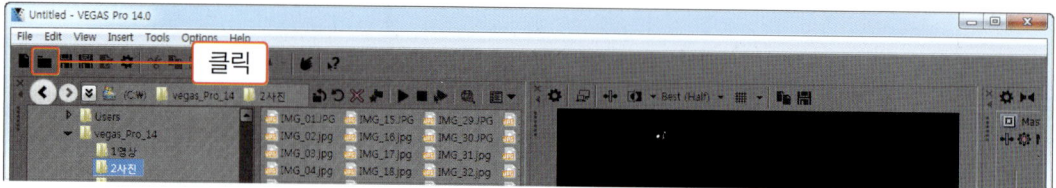

프로젝트를 저장한 폴더를 연후 프로젝트 파일을 클릭해서 선택한 후 [열기(O)]를 클릭합니다.

그러면 저장해 두었던 시점의 상태로 편집 내용이 불러와지며 영상 편집을 이어서 수행할 수 있습니다.

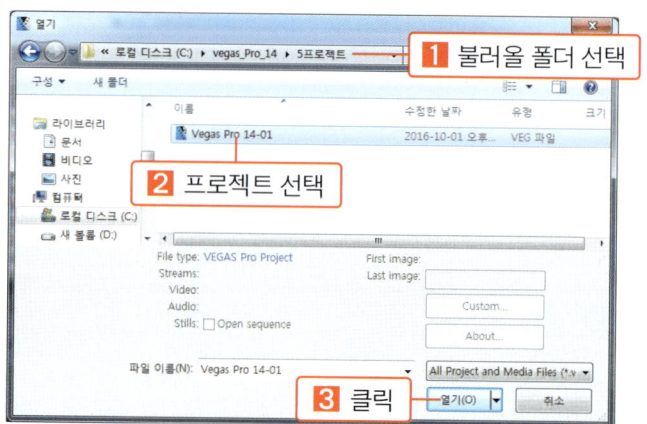

■ 프로젝트 환경 설정하기

편집 중에도 프로젝트의 설정 변경이 가능하며 프로젝트 속성 창을 열려면 메뉴의 [File]-[Properties]를 선택하거나 프리뷰 윈도우의 Project Video Properties (⚙)를 누르면 됩니다.

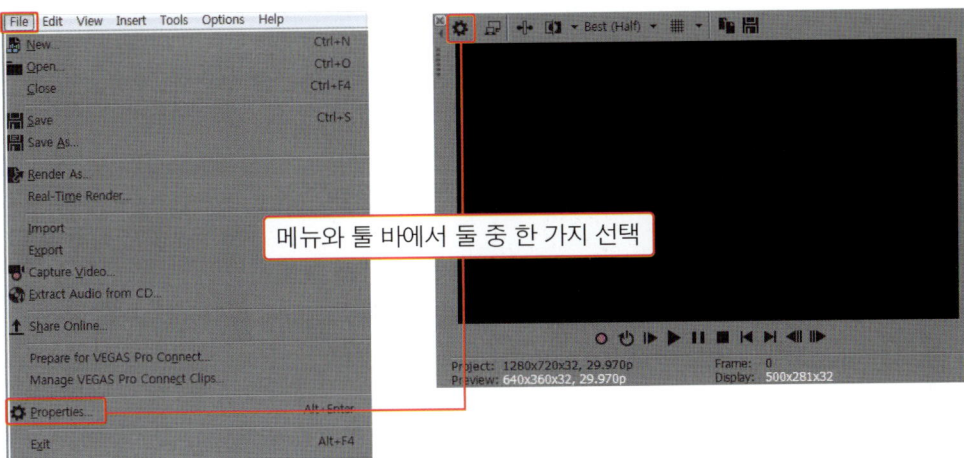

■ [Project Properties] 창의 각 항목을 살펴보기

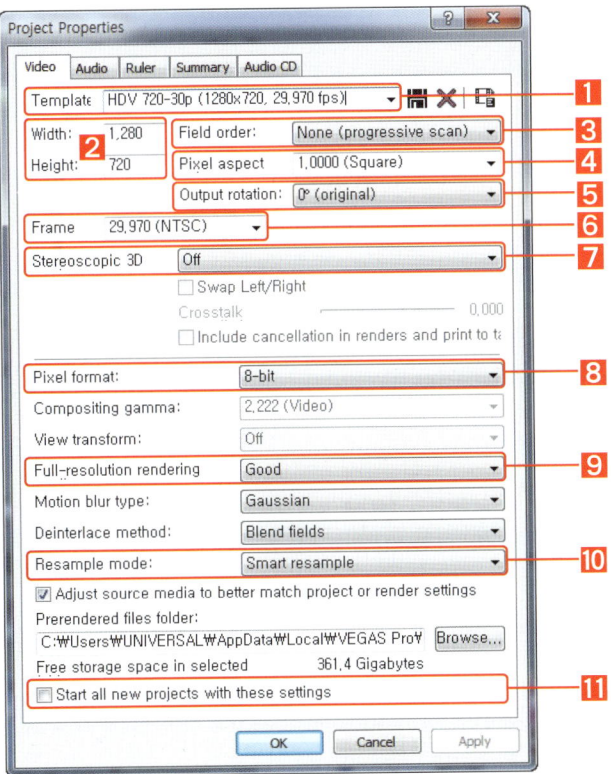

1 **템플릿(Template)** : 이미 설정되어 있는 프로젝트의 영상 규격을 선택해서 사용할 수 있는 목록입니다. 해당 프로젝트 포맷을 선택하면 자동으로 설정된 값이 적용됩니다.

2 **가로 세로 크기(Width, Height)** : 사용자가 원하는 프로젝트의 가로(Width), 세로(Height) 해상도 크기를 임의로 입력하여 적용합니다.

3 **필드 오더(Field order)** : TV에 따른 주사선 방식을 설정하는 항목입니다.

우리나라 TV는 NTSC 방식을 사용하므로 TV용 영상 포맷을 만들 경우 Lower field first를 선택합니다. PC용 멀티미디어 파일로 만들 경우에는 None(progressive scan)를 선택합니다. Lower field first를 사용할 경우 화면에 가로 줄이 나타날 수 있습니다.

4 **픽셀 종횡비(Pixel aspect)** : 영상에서 프레임을 이루고 있는 픽셀의 종횡비를 말합니다.(즉, 가로와 세로의 비율을 뜻함) 일반적으로 1.0000(Square)로 선택합니다.

5 **아웃풋 로테이션(Output rotation)** : 출력된 영상의 회전 각도입니다.

6 **프레임(Frame)** : 표준 방식인 29.970(NTSC)를 그대로 사용하면 됩니다.

초당 화면에 뿌려지는 화면 수를 의미하며 프레임 값이 높을수록 화면은 부드러워지고 값이 낮을수록 화면이 뚝뚝 끊어지는 것처럼 화면의 부드러움이 줄어들게 됩니다.

7 **스테레오스코픽 3D(Stereoscopic 3D)** : 입체 3D 영상을 만들 때 3D 영상을 표시해 주는 기술 방식을 선택하는 옵션입니다.

8 **픽셀 포맷(Pixel Format)** : 18bit와 32bit가 있으나 큰 차이를 느끼기 힘들기 때문에 기본 값 그대로 사용하는 것이 좋습니다.

9 **렌더링 화질(Full-resolution rendering)** : 렌더링 시 화질을 선택하는 곳입니다. Best로 설정하면 가장 좋은 화질로 설정됩니다.

10 **리샘플 모드(Resample mode)** : 영상 프레임을 부드럽게 처리하는 Resample을 on/off 할 수 있습니다. 기본 값은 Smart resample이며 Disable resample 선택 시 기능이 영상이 끊어져 보이게 됩니다.

11 **스타트 프로젝트 세팅(Start all new projects with these settings)** : 새 프로젝트를 열 때마다 사용자가 설정한 프로젝트 설정 값과 동일하게 적용되게 합니다. 항목에 체크하면 설정이 적용됩니다.

Part 02

영상 편집 기초 다지기

Lesson 04

영상 편집의 기본! 이벤트 트리밍

1 영상 탐색과 트리밍하기

편집의 기본은 파일을 자르거나 필요 없는 부분은 삭제하는 것입니다. 이를 트리밍(Trimming)이라 하며 영상 편집에 있어서 기초가 되는 작업입니다.

파일을 불러온 후 마우스를 파일 끝에 위치시키면  로 바뀌게 되는데 이때 클릭해서 왼쪽으로 드래그하면 파일의 길이가 줄어들고 오른쪽으로 드래그하면 파일의 길이가 늘어납니다. 이를 통하여 동영상, 사진, 음악, 자막 등에서 길게 또는 짧게 파일 길이를 조절해서 정밀한 편집 작업을 수행할 수 있습니다.

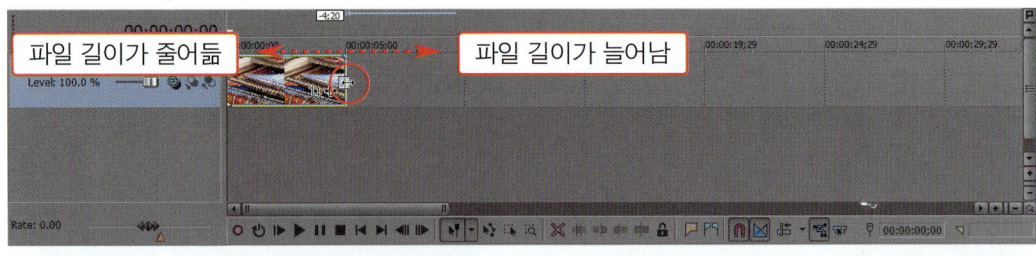

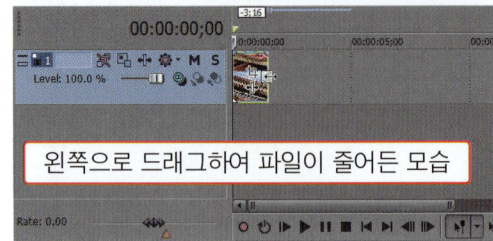

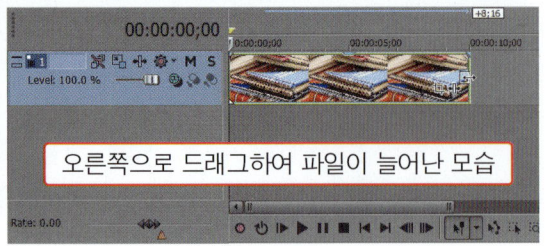

자막 파일도 길이를 늘이거나 줄여서 원하는 영상 위치에 자막이 나타나게 할 수 있습니다.

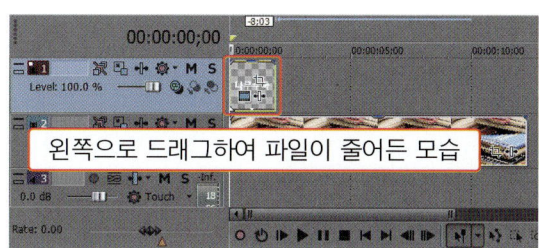 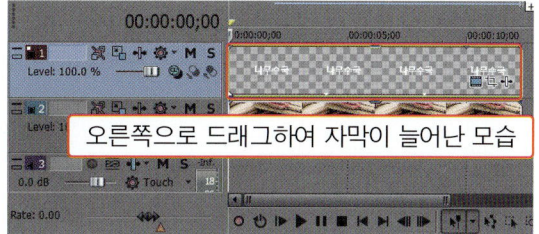

영상 구간 탐색 및 편집하기

영상 파일을 타임 라인에 불러 옵니다. 그런 후 파일의 원하는 부분을 클릭하면 에디트 라인이 위치하며 프리뷰 화면에 에디트 라인이 위치한 곳의 장면이 나오게 됩니다.

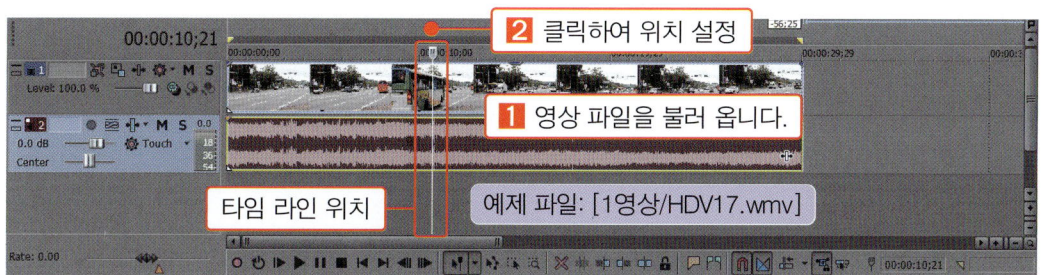

타임 라인에서 위치를 지정했으면 키보드의 스페이스바를 누르거나 컨트롤 패널의 플레이(▶) 버튼을 누르면 에디트 라인이 이동하면서 프리뷰 화면에 영상 화면이 나오게 되는데, 이를 통하여 편집하고자 하는 영상 구간을 탐색할 수 있습니다. 또는 원하는 부분을 클릭해 가면서 탐색할 수도 있습니다.

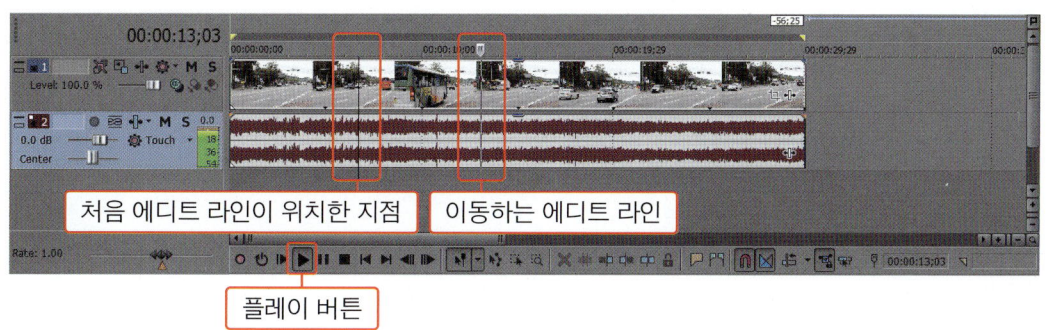

이때 일시 정지(⏸) 버튼이나 키보드의 Enter 키를 누르면 이동하는 에디트 라인이 위치한 곳에서 멈추게 되고, 멈춤(⏹) 버튼이나 키보드 스페이스바를 누르면 이동하던 에디트 라인이 처음 위치한 지점으로 돌아가서 멈추게 됩니다.

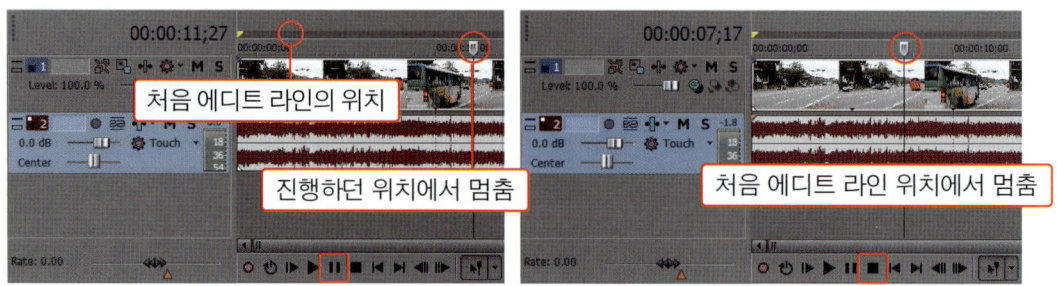

일시 정지(⏸) 버튼 또는 Enter 키 　　　　　　　 멈춤(⏹) 버튼 또는 스페이스바

영상 탐색을 통하여 편집할 위치를 어느 정도 파악했다면 클릭해서 에디트 라인을 위치시킵니다. 그런 후 방향키 ← →를 사용해서 움직이면 에디트 라인이 1 프레임 단위로 이동하게 됩니다. 방향키로 에디트 라인을 움직여서 프리뷰 화면에 편집하고자 하는 정확한 장면이 나오는 위치로 이동시켜 줍니다.

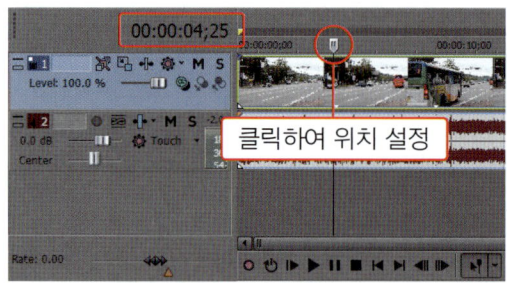 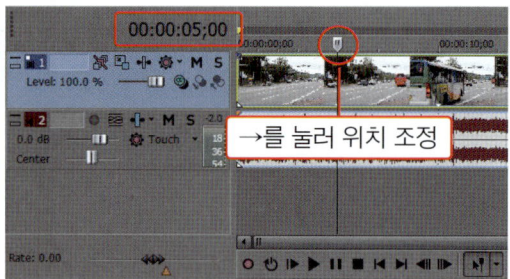

대략 04;25초 부분을 클릭한 상태 　　　　　　　 방향키로 05;00초 부근으로 이동시킨 상태

처음 시작하는 부분에 마우스를 위치시켜 커서 모양이 ⇄로 바뀔 때 클릭해서 오른쪽으로 드래그하여 에디트 라인이 위치한 곳까지 파일을 삭제합니다.

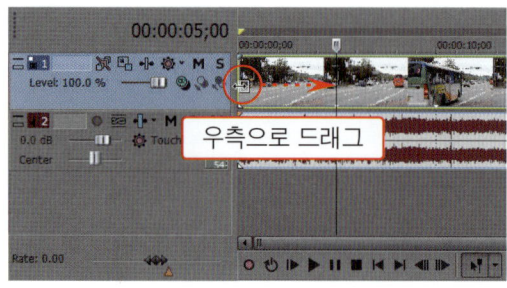 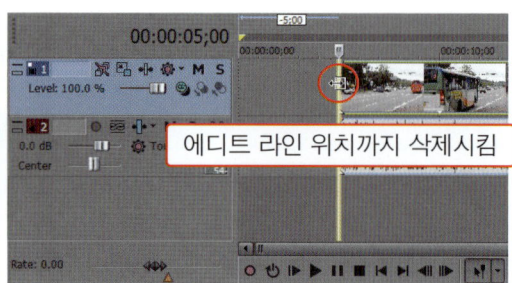

우측으로 드래그 　　　　　　　　　　　　　　　 에디트 라인 위치까지 삭제시킴

다시 파일의 10초 부근을 클릭한 후 방향키로 에디트 라인을 움직여서 정확히 10초에 맞춰 줍니다. 또는 시간 표시 부분에 10:00을 입력하고 Enter↵를 눌러도 됩니다.

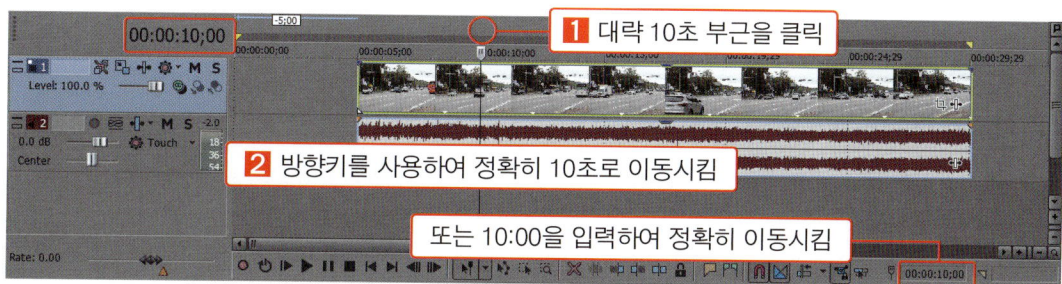

영상 파일의 끝에 마우스를 위치시켜 커서 모양이 ↔로 바뀔 때 클릭해서 왼쪽으로 드래그해서 에디트 라인까지 삭제합니다.

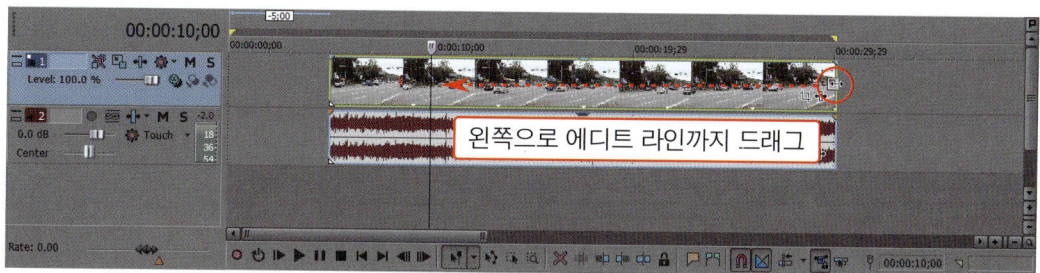

위의 작업들을 통해서 영상 파일에서 필요한 부분만 남겼습니다. 이제 영상 파일의 중앙 부근을 클릭해서 선택한 후, 처음 시작하는 위치로 옮겨 줍니다. 이렇게 하면 편집된 부분에서 영상이 시작되며 이와 같은 방법이 베가스의 기본 파일 편집 방법입니다.

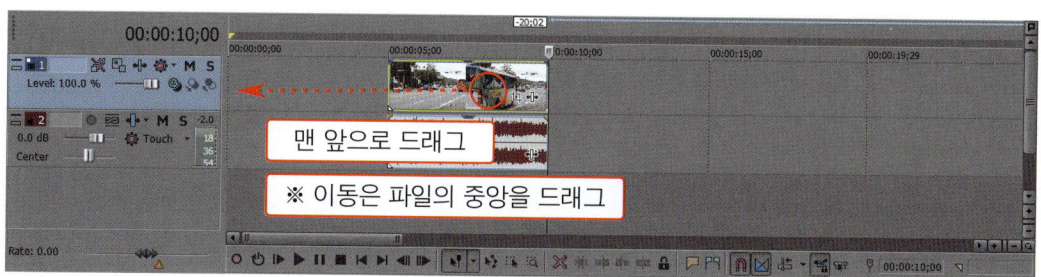

에디터 라인 위치 조정

> **Note** 파일 구간을 클릭해서 대략적인 에디트 라인을 위치시킨 후 방향키로 세밀하게 움직여서 편집할 위치를 찾거나 타임 라인 우측 하단에 직접 값을 입력하여 정밀한 위치를 설정하여 편집할 수 있습니다.

트랙 삭제와 추가하기

트랙 삭제하기

필요 없는 트랙을 삭제하는 방법은 좌측의 트랙 리스트에서 삭제할 트랙을 클릭하여 활성화시킨 후 키보드의 Delete 키를 누르면 됩니다.

아래 그림은 영상을 불러온 후 필요 없는 오디오 트랙을 삭제하는 모습입니다.

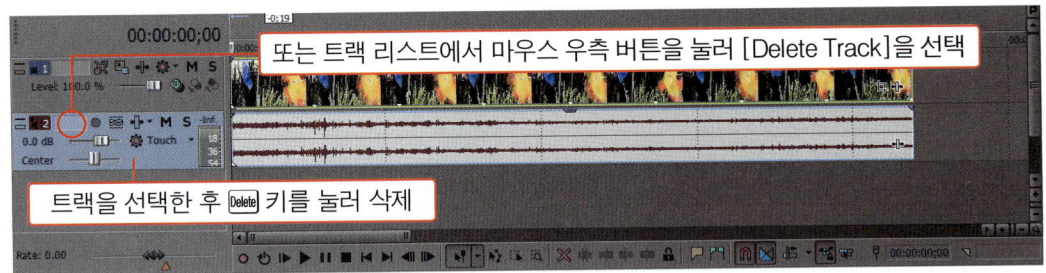

트랙 추가하기

영상 위에 자막을 넣거나 효과음을 넣고자 할 때 비디오 트랙과 오디오 트랙을 추가해 줘야 하는데 좌측의 트랙 리스트에서 마우스 우측 버튼을 클릭해서 [Insert Audio Track]을 선택하면 오디오 트랙이 추가되고, [Insert Video Track]을 선택하면 비디오 트랙을 추가할 수 있습니다.

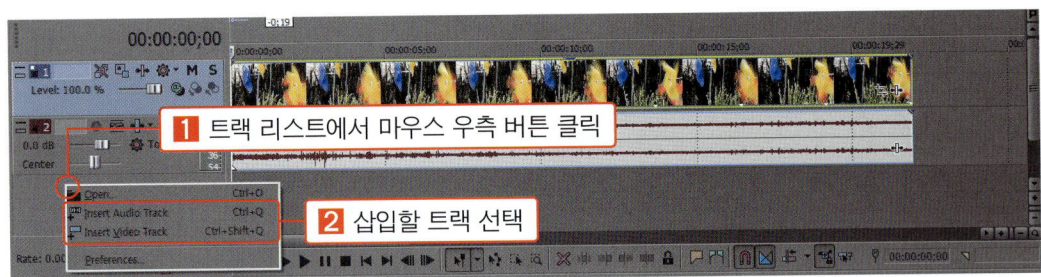

> **비디오/오디오 트랙 추가 단축키**
>
> - 비디오 트랙 추가 단축키: Ctrl + Shift + Q
> - 오디오 트랙 추가 단축키: Ctrl + Q

3. 미디어 파일 자르기와 삭제

S 키를 이용하여 자르기

파일을 자르고 필요 없는 부분을 삭제해서 하나의 영상으로 만드는 것 또한 영상 편집의 기본 작업입니다. 먼저 불러온 영상 파일에서 자르고자 하는 위치를 지정하고, 키보드의 S 키를 눌러 자릅니다. 잘려진 부분 중 필요 없는 곳을 선택하고, 키보드의 Delete 키를 눌러 주면 삭제가 됩니다.

1 클릭하여 위치 지정
2 키보드 S 키를 눌러 자른다.
3 삭제할 곳을 선택한 후 Delete

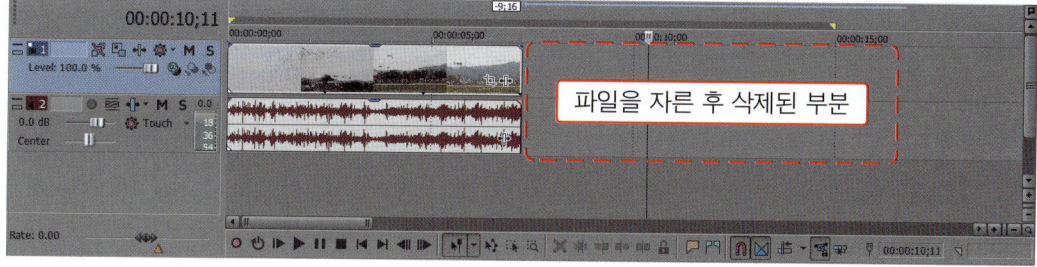

파일을 자른 후 삭제된 부분

S 키를 눌러서 자르기가 안 될 때?

Note 자를 위치를 지정한 후 키보드의 S 키를 눌렀는데 잘리지 않는다면 키보드 [한/영] 키가 영문 상태로 되어 있는지 확인합니다. 반드시 영문 상태에서 S 키를 눌러야 파일이 잘리게 됩니다.

작업 취소하기/재실행하기

Note 영상 편집 과정 중 현재 실행한 작업을 취소하고 이전 단계로 돌아가려면 상단 툴 바의 Undo(↶)를, 취소한 작업을 다시 실행시키려면 Redo(↷) 툴을 사용하면 됩니다.

- Undo(취소, ↶): 실행한 작업을 취소합니다.
- Redo(재실행, ↷): Undo 툴로 취소한 작업을 다시 재실행합니다.

구간을 지정해서 삭제하기

타임 라인의 시간 눈금 위쪽의 마커 바(Maker bar)에 마우스를 올리면 로 바뀝니다. 이때 마우스로 클릭 & 드래그해서 자르기 할 구간을 지정하고, 키보드 ⓢ 키를 누릅니다. 그러면 선택한 구간의 양쪽 끝이 잘리게 되며, 삭제할 구간을 선택하고 키보드 Delete 키를 눌러 주면 해당 구간이 삭제됩니다.

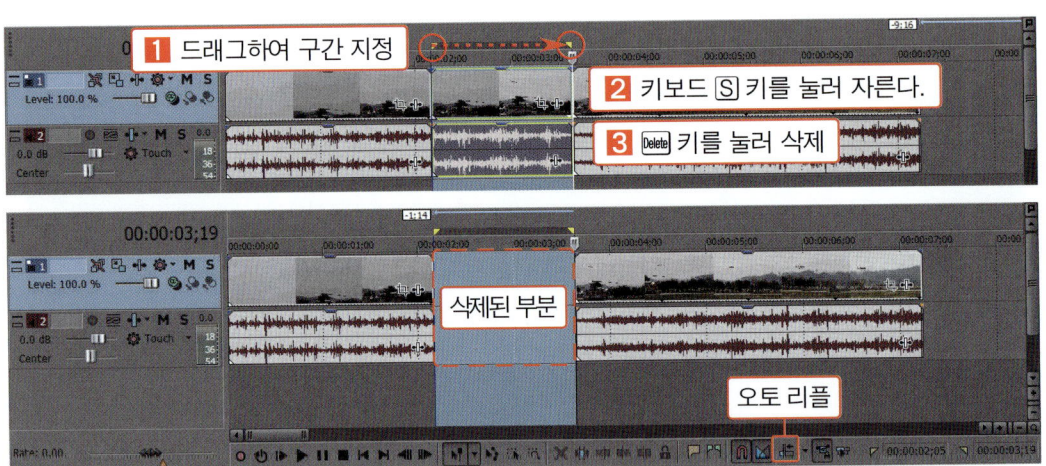

오토 리플( )

> **Note**
> 미디어의 중간 부분을 삭제할 때 삭제한 곳이 빈 공간으로 남을 수도 있고 뒤쪽 파일이 당겨져 올 수도 있습니다. 오토 리플이 눌려져 있으면 뒤쪽 파일이 당겨지고, 비활성화되어 있으면 삭제된 곳이 빈 공간으로 남습니다.

잘린 파일 이어 붙이기

영상이 비어 있으면 재생할 때 아무런 영상도 나오지 않습니다. 때문에 비어 있는 곳은 서로 이어 붙여 줘야 하는데, 뒤쪽 파일을 클릭해서 앞쪽 파일 끝으로 드래그해서 이동시켜 주면 됩니다.

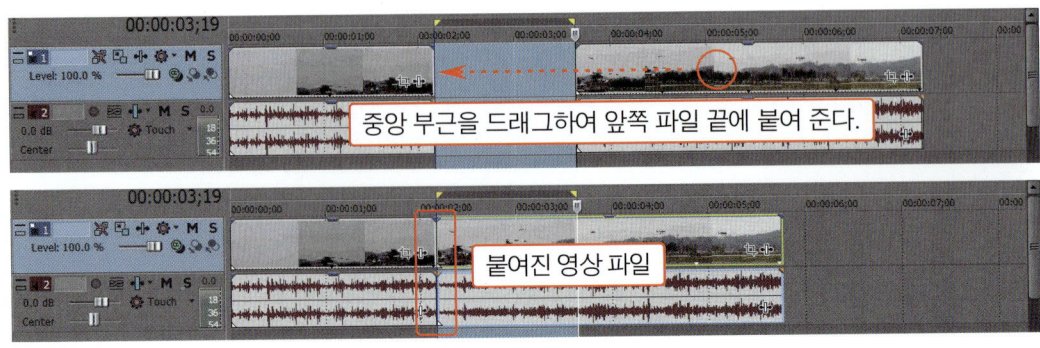

▇▇ 영상과 오디오 따로 자르기(Ignore Event Grouping)

영상 파일에는 비디오와 오디오가 같이 들어 있는데, 영상에서 오디오만을 삭제하거나 또는 비디오만을 편집하고자 할 때는 영상과 오디오를 분리시켜 줘야 합니다.

먼저 하단 툴 바에서 Ignore Event Grouping( ) 버튼을 클릭해서 눌러져 있는 상태(활성화)를 만듭니다. 그러면 영상과 오디오가 분리된 상태가 되어 편집시 비디오나 오디오만 선택하여 편집할 수 있습니다. 반대로 버튼이 눌러져 있는 것을 해제(비활성화)시키면 영상과 오디오가 함께 편집이 이루어집니다.

- Ignore Event Grouping( ) 활성화 : 영상 파일에서 비디오와 오디오를 분리
- Ignore Event Grouping( ) 비활성화 : 영상 파일에서 비디오와 오디오 부분이 함께 편집됨

작업을 위해 Ignore Event Grouping( ) 버튼을 클릭하여 활성화(비디오와 오디오를 분리) 시킨 후, 영상이나 오디오 중 자를 위치의 트랙을 클릭한 후 키보드 S 키를 누릅니다.

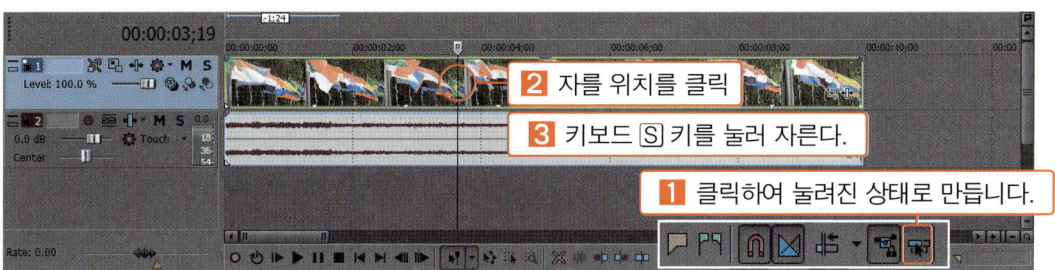

비디오 트랙(파일)을 클릭해서 자르면 영상만 잘라지고, 오디오 트랙(파일)을 클릭해서 자르면 오디오만 잘라지게 됩니다.

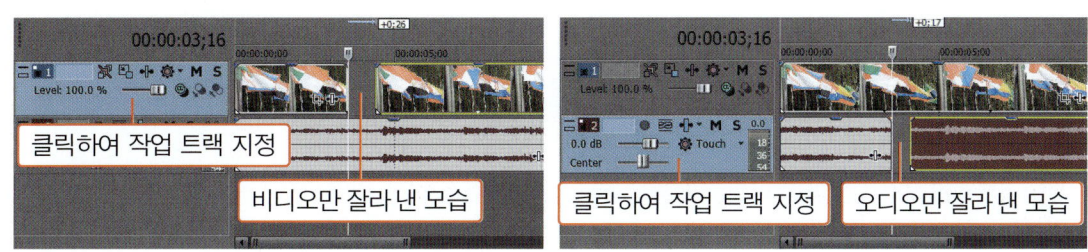

 **Ignore Event Grouping( ) 버튼**

> Note
> - Ignore Event Grouping( ) 버튼이 눌려져 있으면 영상 파일의 비디오와 오디오를 따로 따로 선택할 수 있습니다.
> - 반대로 해제된 상태이면 영상 파일의 비디오와 오디오가 함께 편집이 이루어집니다.

파일 복사하기

■ 개별 파일 복사하기

영상 자막 등 동일한 파일을 복사해서 사용할 때는 원하는 파일을 선택한 후 키보드의 Ctrl+C를 눌러서 복사합니다. 또는 해당 파일에서 마우스 우측 버튼을 눌러 [Copy]를 선택합니다.

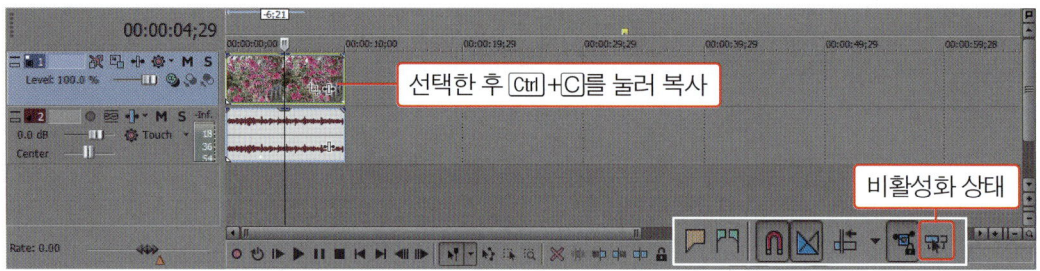

복사를 했으면 붙여 넣을 위치를 클릭하고 Ctrl+V를 눌러 붙여넣기 합니다. 또는 해당 위치에서 마우스 우측 버튼을 눌러 [Paste]를 선택합니다.

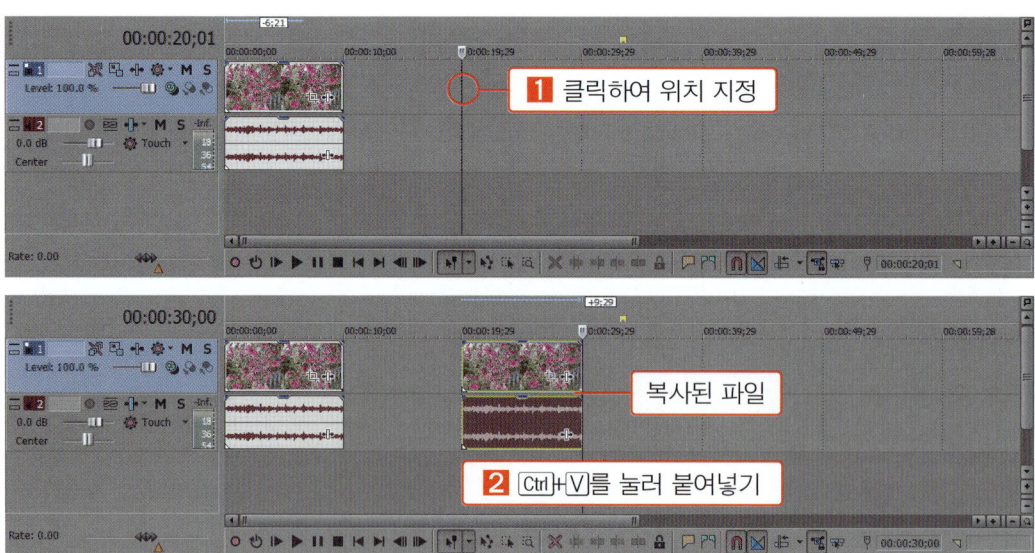

영상 파일에서 비디오/오디오만 따로 복사하기

> Note 영상 파일에서 비디오나 오디오만 따로 복사하려면 툴 바의 Ignore Event Grouping( ) 버튼을 클릭해서 활성화시키고 원하는 비디오/오디오를 선택하여 복사하면 됩니다.

하나의 파일을 한 번에 여러 개 복사하기

하나의 파일을 한 번에 여러 개를 복사하려면 Ctrl+C를 눌러서 복사 붙여 넣을 위치를 클릭하고 Ctrl+B를 누릅니다.

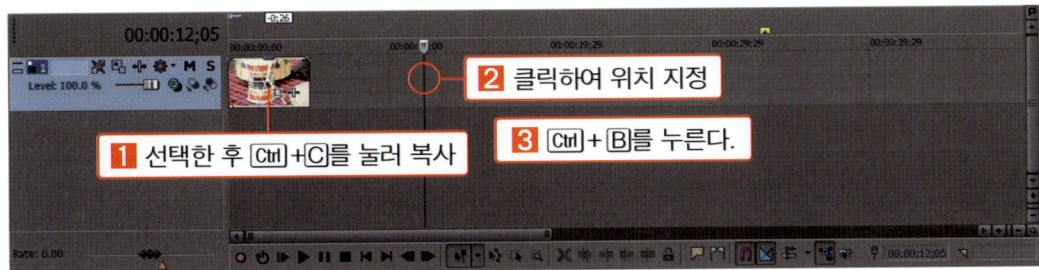

[Paste Repeat 창이 나오면 [Number of times to]에 복사할 파일 개수를 입력하고 [OK]를 클릭합니다.

그러면 한 번에 여러 개의 파일을 복사할 수 있습니다.

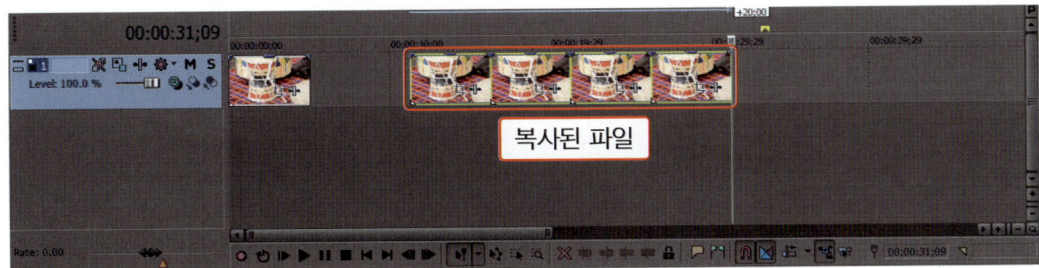

Lesson 05 장면 전환 효과! 트랜지션스

Vegas Pro 2014

 트랜지션스 (Transitions) 효과 사용하기

트랜지션스란 영상에서 장면과 장면이 넘어가는 부분에 사용하는 효과로 자연스럽게 다른 장면으로 바뀌는 화면 연출이나 임팩트 있는 장면 전환을 할 때 사용하는 효과들로 구성되어 있습니다.

1 트랜지션스 효과를 적용하기 위해 먼저 사진끼리 겹쳐지도록 뒤에 있는 사진을 클릭해서 앞쪽으로 드래 그합니다. 겹쳐진 구간이 트랜지션스 효과를 적용할 수 있는 크로스페이드 구간입니다.

앞쪽 사진과 겹쳐지도록 앞쪽으로 드래그하여 크로스페이드 적용

 트랜지션스 효과

> Note
> 트랜지션스 효과는 장면과 장면이 전환될 때 사용하는 효과입니다.
> 이 트랜지션스 효과는 사진이나 영상 등이 겹치는 크로스페이드 구간과 사진과 영상의 앞과 뒤쪽에 적용된 페이드 인/페이드 아웃 구간에만 적용할 수 있습니다. 따라서 미리 사진이나 영상을 겹쳐 놓거나 페이드 인/페이드 아웃을 적용하고 트랜지션스 효과를 사용해야 합니다.

장면 전환 효과! 트랜지션스 | Lesson 05

2 [Transitions] 탭을 클릭하여 [3D cascade]의 [Top to Bottom] 효과 프리셋을 사진이 겹쳐진 크로스페이드 구간에 드래그해서 넣어 줍니다. 그런 후 설정 창이 뜨면 닫기(❌) 버튼을 클릭합니다.

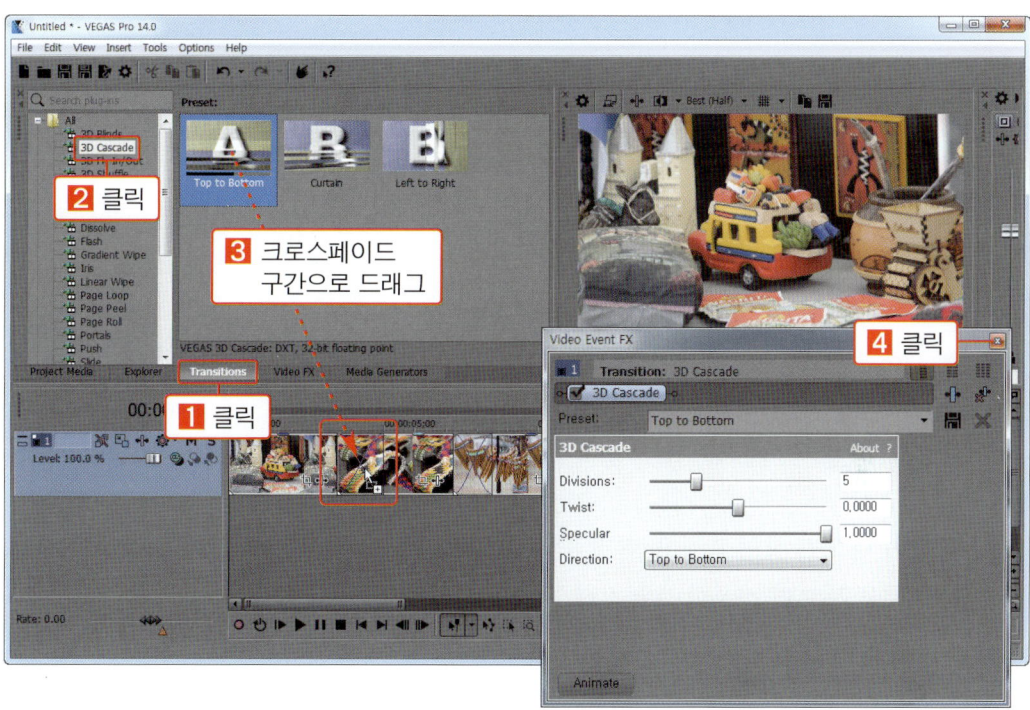

3 그러면 크로스페이드 구간에 적용된 트랜지션스 효과 이름과 트랜지션 설정(Transition Properties, ✂) 버튼이 만들어 집니다.

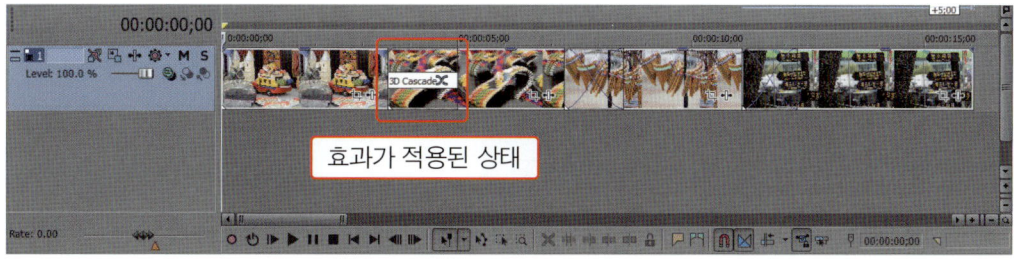

트랜지션스 효과 적용

> Note
> 트랜지션스 효과는 사진이나 영상이 겹쳐진 크로스페이드 구간뿐만 아니라 페이드 인/아웃이 적용된 곳에도 사용 가능합니다.

트랜지션 효과 수정 및 삭제하기

적용한 트랜지션 효과를 수정하거나 삭제하려면 트랜지션 효과가 적용된 부분의 Transition Properties( ) 버튼을 클릭합니다.

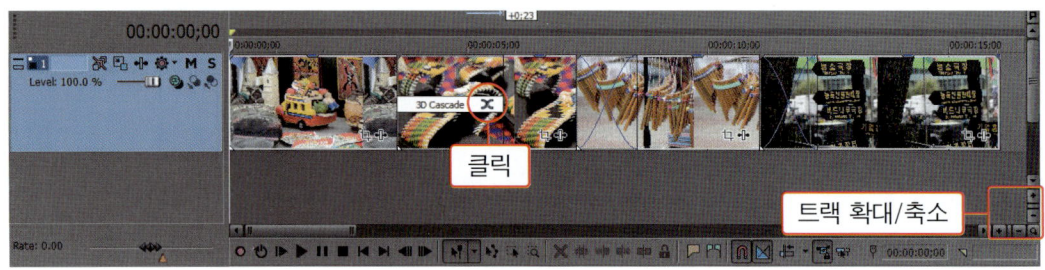

설정 창이 나오면 설정 값들을 변경한 후 닫기( ) 버튼을 누르면 효과가 수정되며, 효과 삭제 ( ) 버튼을 누르면 적용한 트랜지션 효과가 삭제됩니다.

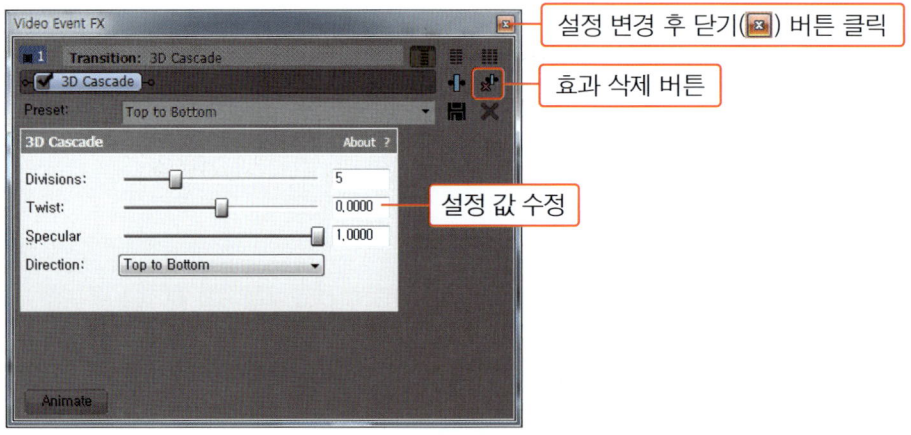

> **트랜지션 설정( ) 버튼이 안 보일 때**
>
> 트랜지션 효과를 수정하려 할 때, 트랙에서 설정( ) 버튼이 안 보일 때는 트랙 화면의 간격 설정이 좁기 때문입니다. 트랙 화면에서 마우스 휠을 앞으로 돌려 간격을 넓히면 크로스페이드 구간이 넓어져서 보이지 않던 버튼이 나타나게 됩니다.
>
> 또는 트랙 하단의 버튼을 사용하면 트랙 화면 간격을 넓힐 수 있습니다.

 ## 트랜지션스 효과 변경과 속도 조절하기

■ 트랜지션스 효과 변경하기

적용한 트랜지션 효과를 수정하는 것이 아니라 아예 다른 효과로 변경하고자 할 때는, 효과를 적용한 기존 위치에 새로운 트랜지션스 효과 프리셋을 드래그하여 넣어 주면 됩니다.

■ 트랜지션스 효과 속도 조절

트랜지션스 효과가 적용된 크로스페이드 구간의 우측에 마우스를 위치시키면 로 바뀌는데 이를 클릭해서 왼쪽으로 드래그하면 크로스페이드 구간이 좁아지고(**장면 전환 속도가 빨라짐**), 오른쪽으로 드래그하면 크로스페이드 구간이 넓어(**장면 전환 속도가 느려짐**)집니다. 이렇게 크로스페이드 구간의 간격 조절을 통하여 트랜지션스 효과(장면 전환)의 속도를 조절할 수 있습니다.

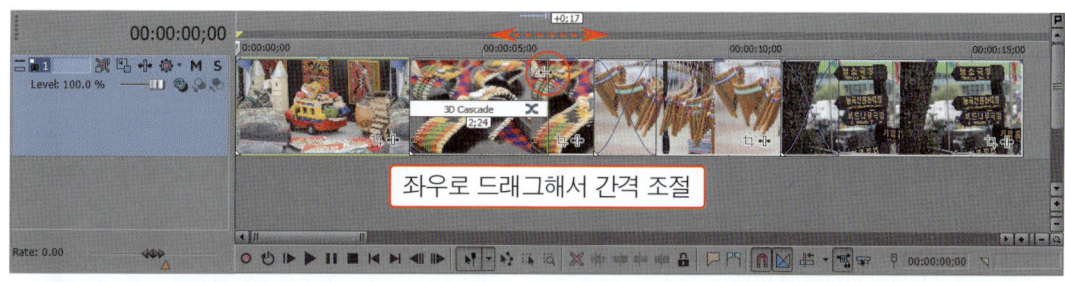

좌우로 드래그해서 간격 조절

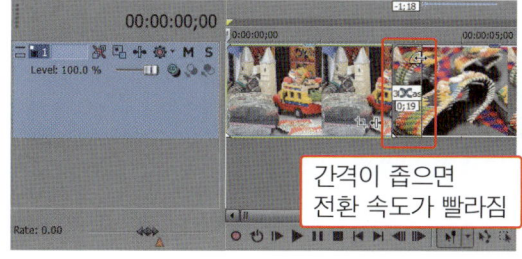

간격이 좁으면 전환 속도가 빨라짐

간격이 넓으면 전환 속도가 느려짐

4 트랜지션스 효과의 종류와 기능

트랜지션스 효과는 장면 전환 효과이므로 대부분 움직임이 있는 것들입니다. 그림으로 살펴보는 것보다는 직접 [Transitions] 탭을 클릭하고 각각의 효과에 마우스를 위치시켜 그 움직임을 살펴 어떤 효과인지를 알아두는 것이 좋습니다.

장면 전환에 사용하는 트랜지션스는 [Transitions] 탭에 총 25개로 구성되어 있습니다.

3D Blinds

여러 개로 갈라지는 블라인드 창 형태

3D Cascade

가로 방향으로 잘려진 화면이 위에서 아래로 폭포수처럼 떨어지는 형태

3D Fly In/Out

영상이 날아오면서 장면 전환

3D Shuffle

카드를 바꾸는 것처럼 영상과 영상의 자리를 바꾸는 형태의 장면 효과

Barn Door

문을 열고 닫는 형태의 장면 전환

Clock Wipe

자동차 와이퍼처럼 시계방향 또는 반시계방향으로 닦아지면서 장면 전환

Cross Effect

두 개의 영상이 교차하는 효과

Dissolve

색상이 포함된 형태로 장면 전환

Flash

카메라 플래시처럼 밝은 광원이 나타나면서 장면 전환

Gradient Wipe

하트, 별, 퍼즐 등의 다양한 도형 모양

Iris

원, 사각형, 커튼 모양으로 장면 전환

Linear Wipe

와이퍼로 닦아내는 듯한 장면 전환

Page Loop

페이지가 펼쳐지듯 장면 전환

Page Peel

책의 페이지를 넘기는 듯한 효과

Page Roll

페이지가 둘둘 말리는 효과

Portals

사각형 패턴으로 여러 개의 분할된 장면들이 나타나면서 장면 전환

Push

밀어 내리거나 밀어 올리는 것처럼 장면 전환

Slide

앞 쪽의 영상 위로 뒤쪽에 있는 영상이 특정 방향에서 나타나면서 장면 전환

Spiral

영상 화면이 빙빙 돌면서 장면 전환

Split

십자 모양으로 화면이 갈라지거나 모아지면서 장면 전환

Squeeze

영상을 압착하여 밀어내는 형태로 장면 전환

Star Wipe

별, 마름모, 원, 방사형 등의 다양한 형태로 장면 전환

Swap

카드를 섞는 것과 같은 장면 전환

Venetian Blinds

여러 개의 블라인드가 열리는 효과로 장면 전환

Zoom

영상 화면이 확대되어 나타나거나 축소되어 사라지는 효과로 장면 전환

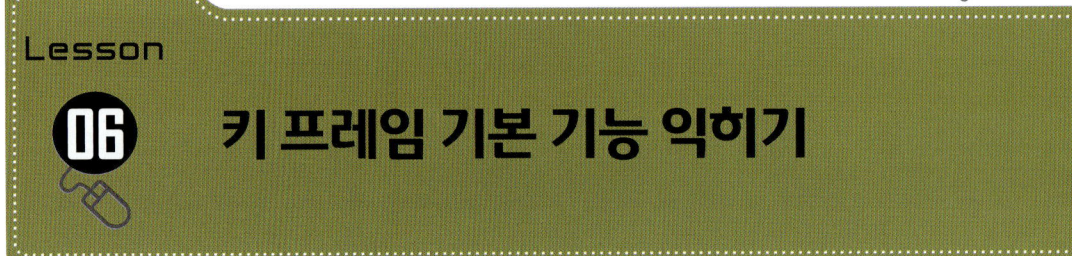

Lesson 06 키 프레임 기본 기능 익히기

키 프레임 기능이란 시간의 흐름에 따라서 효과의 변화를 주고자 할 때 사용하는 기능으로 이벤트 팬/크롭, 트랙 모션, 마스크, 비디오 FX, 트랜지션, 자막 등에 모두 사용됩니다. 키 프레임을 사용해서 속성 값에 변화를 주면 다양한 효과가 만들어집니다. 가장 많이 사용하는 것은 위치와 크기의 변화를 들 수 있으며, 글자가 써지는 효과나 화면 이동 등의 다양한 모션 효과를 만들 수 있습니다.

 키 프레임 기본 기능 사용하기

■ 다양한 키 프레임

키 프레임 기능은 이벤트 팬/크롭, 트랙 모션, 마스크, 비디오 FX, 트랜지션스, 자막 등에 사용되며, 그 기능은 모두 유사하기 때문에 기능을 익혀 두면 다양한 곳에서 사용할 수 있습니다.

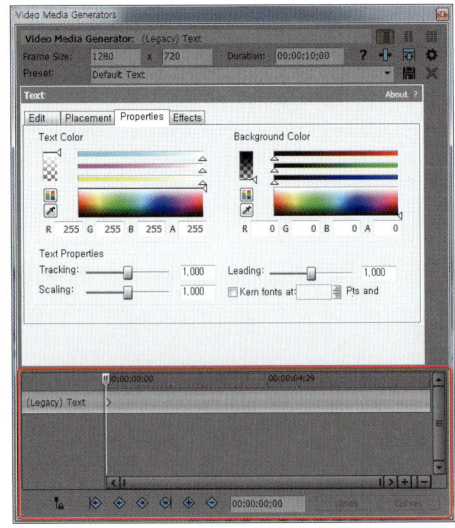

자막의 키 프레임의 예

이벤트 팬/크롭의 키 프레임의 예

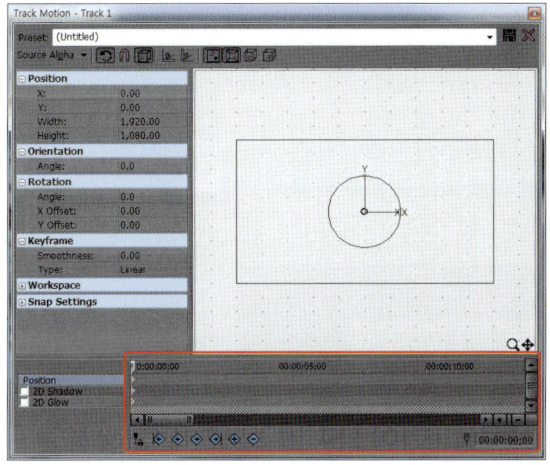
트랙 모션의 키 프레임의 예

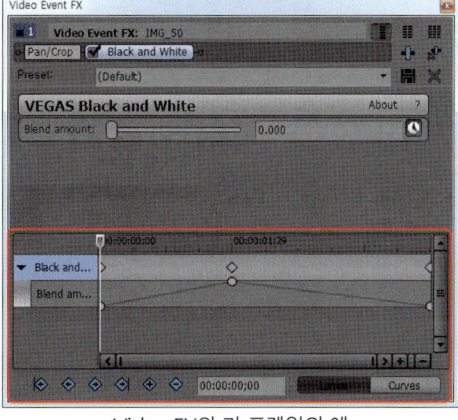
Video FX의 키 프레임의 예

■ 키 프레임 컨트롤러

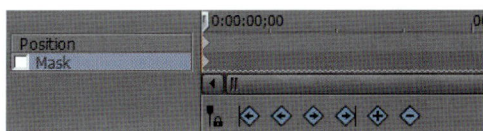

- 맨 앞( )/맨 마지막( ) 키 프레임으로 이동
- 이전( )/이후( ) 프레임으로 이동
- 키 프레임을 생성( )/삭제( )

• Sync Cursor( ) : 타임 라인의 트랙과 에디트 라인을 동기화시켜 줍니다.

■ 키 프레임 생성하기

효과의 변화를 주기 위해 키 프레임을 생성하려면 타임 라인의 원하는 지점을 클릭해서 에디트 라인을 위치시킨 후 더블 클릭하거나, 키 프레임 생성( ) 버튼을 누릅니다.

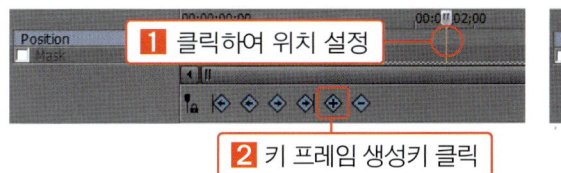
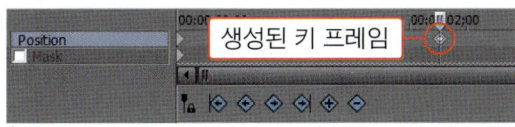

■ 키 프레임 삭제하기

삭제할 키 프레임을 선택한 후, 키보드 Delete 키를 누르거나 하단의 키 프레임 삭제( ) 버튼을 눌러 줍니다.

■ 키 프레임 위치 이동시키기

키 프레임의 위치를 이동시키려면 원하는 위치로 드래그해서 옮기면 됩니다.

키 프레임의 간격이 넓을수록 애니메이션 효과의 속도가 느려지고, 키 프레임 간격이 좁을수록 속도가 빨라집니다. 이를 조절해서 변화되는 효과의 속도를 조절할 수 있습니다.

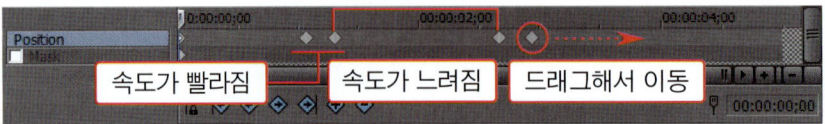

■ 키 프레임 복사하기

동일한 효과의 키 프레임을 사용하려면 효과를 새로 만드는 것보다는 이전 키 프레임을 복사해서 사용하는 것이 효과적입니다. 원하는 키 프레임에서 마우스 우측 버튼을 클릭하여 [Copy]를 선택해서 복사(단축키: Ctrl+C)합니다.

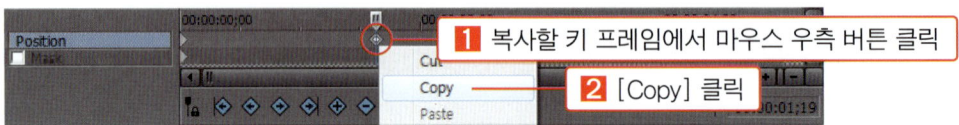

이어서 원하는 위치를 클릭한 후, 마우스 우측 버튼을 클릭하여 [Paste]를 선택하면 복사한 키 프레임을 붙여넣기(단축키: Ctrl+V) 할 수 있습니다.

키 프레임 실습하기

> **Note**
> 이번 레슨에서는 키 프레임의 기능에 대한 것만 알아보았습니다. 이어지는 레슨(장면 전환, Video FX, 자막 넣기, 이벤트 팬/크롭, 트랙 모션 등)에 키 프레임에 대한 실습을 수록하였으니 자세한 사항은 그 때 살펴보기 바랍니다.

장면 전환 효과! Video FX — Lesson 07

Lesson 07 장면 효과! Video FX

Vegas Pro 2014

Video FX란 영상에 노이즈를 적용하거나 TV 뉴스에서 흔히 볼 수 있는 특정 부분을 가리는 모자이크 처리 등 영상 자체에 특수 효과를 줄 때 사용합니다. 트랜지션스 효과는 장면과 장면의 전환 효과를, Video FX는 영상 장면의 전체 또는 일부분에만 사용하는 비디오 효과입니다.

1 Video FX 사용하기

1 [Video FX] 탭을 클릭하여 원하는 효과 프리셋을 파일 위로 드래그해서 넣어 줍니다. 이후 효과 설정 창이 나오면 닫기() 버튼을 클릭하면 Video FX 효과가 적용됩니다.

2 트랜스포트 컨트롤 의 플레이(▶) 버튼을 누르거나 키보드의 스페이스 바를 눌러 재생하면 적용된 효과를 확인할 수 있습니다.

적용 전

적용 후

■ [Video Event FX] 창의 공통 기능

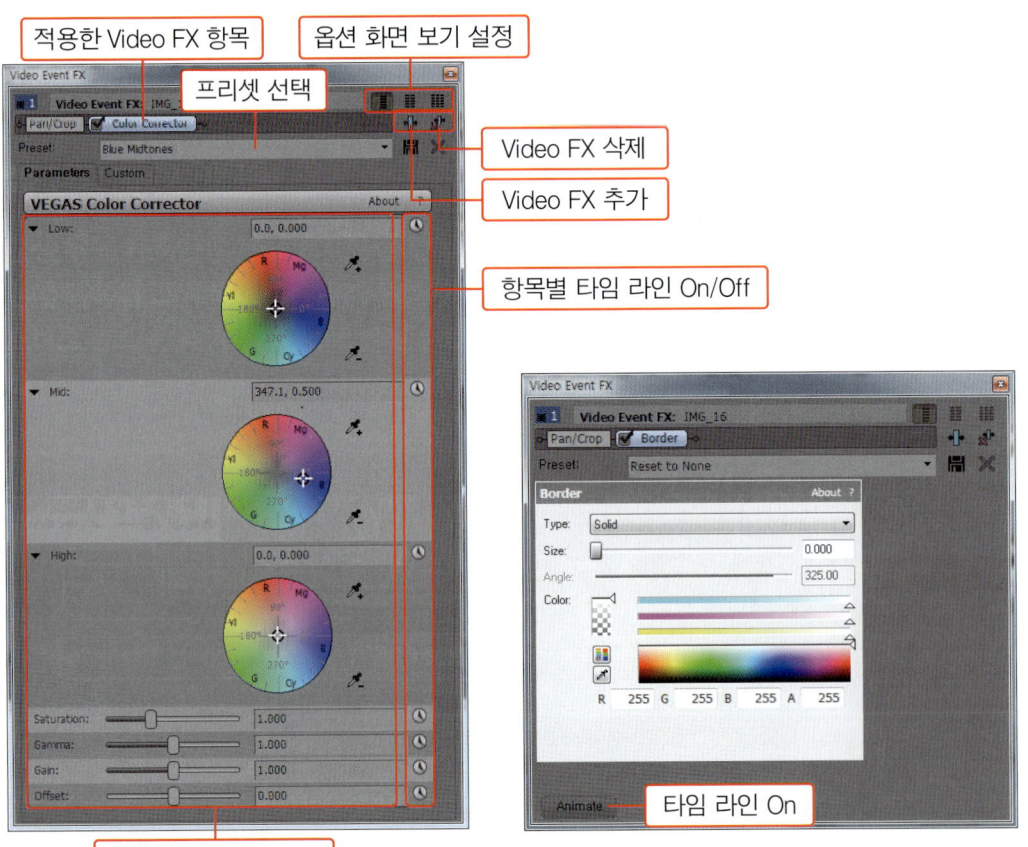

장면 전환 효과! Video FX — Lesson 07

2. 적용한 Video FX 효과의 수정 및 삭제하기

Video FX 효과를 수정하거나 삭제하려면 적용된 Event FX() 버튼을 클릭합니다.

나타나는 효과 설정 창에서 옵션 항목을 수정한 후 닫기( ) 버튼을 눌러 나가면 효과가 수정되며, 효과 삭제( ) 버튼을 누르면 적용한 효과가 삭제됩니다.

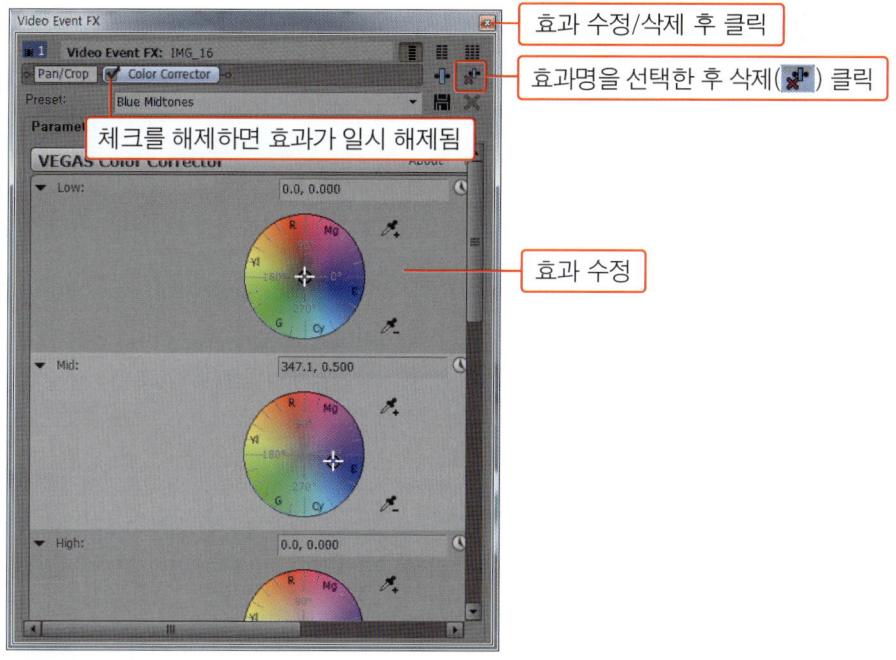

Video FX 적용 여부

Note
Video FX 효과가 적용되어 있으면 Event FX 버튼이 녹색( )으로 표시되고, 적용되어 있지 않은 상태면 흰색( )으로 나타납니다.

Video FX 효과 중복 적용하기

Video FX 효과는 여러 개의 효과를 동시에 적용해서 사용할 수 있습니다. 성격이 다른 효과를 복합적으로 사용하면 기본 효과로는 만들 수 없는 색다른 효과를 연출할 수 있습니다.

Video FX 효과를 선택해서 적용하고자 하는 파일에 드래그하여 넣어 준 후 닫기(❎) 버튼을 클릭하고 또 다른 Video FX 효과 프리셋을 파일의 같은 위치에 드래그해서 적용시킨 후 닫기(❎) 버튼을 클릭합니다. 그러면 두 개의 효과가 적용되어 나타나는 걸 볼 수 있습니다.

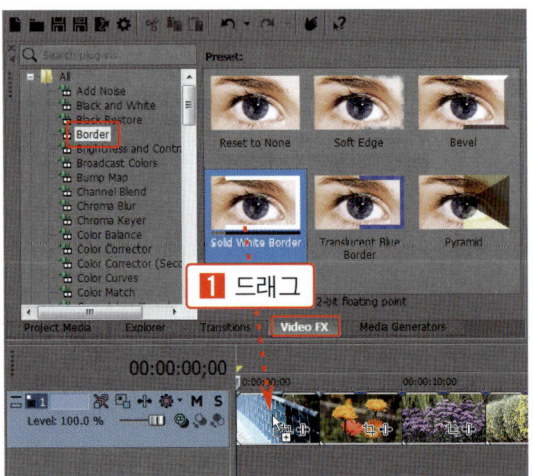
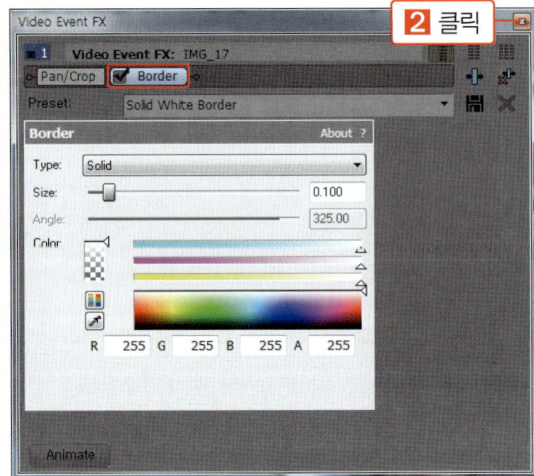
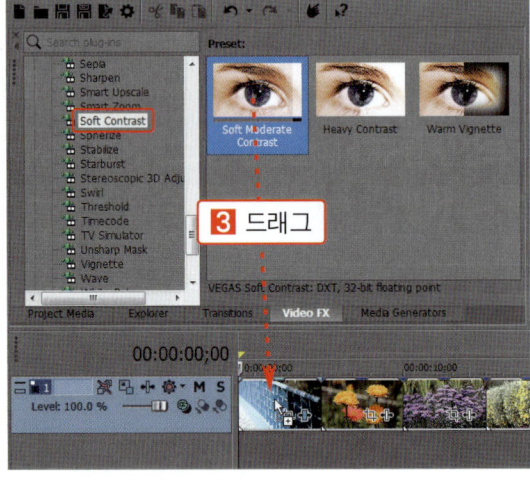
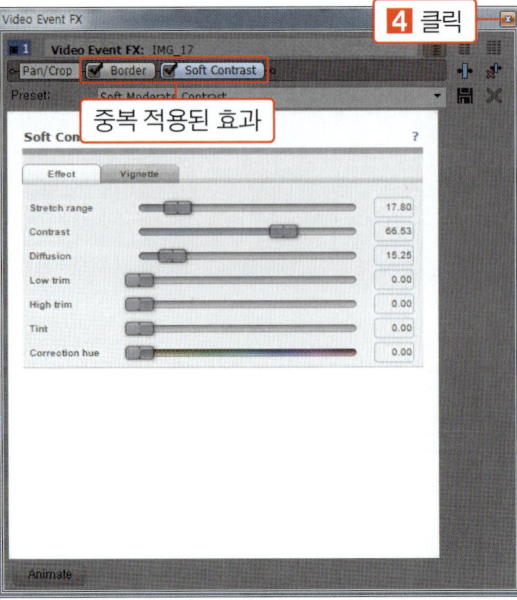

장면 전환 효과! Video FX ─ Lesson 07

Video FX 효과에서 키 프레임 사용하기

키 프레임은 [Video FX] 뿐만 아니라 [이벤트 팬/크롭], [자막], [트랙 모션] 등 여러 곳에서 공통적으로 나타납니다. 키 프레임이란 특정 위치(시간)에 대해 효과를 부여해서 재생시 시간 변화에 따라 지정한 효과의 움직임이나 크기 등 다양한 변화를 부여하는 곳입니다.

1 타임 라인에 사진 파일(2사진/IMG_50.jpg)을 불러온 후 [Video FX] 탭에서 영상을 흑백 화면으로 만들어 주는 [Black and White]의 프리셋 중 [(Default)]를 드래그해서 적용합니다.

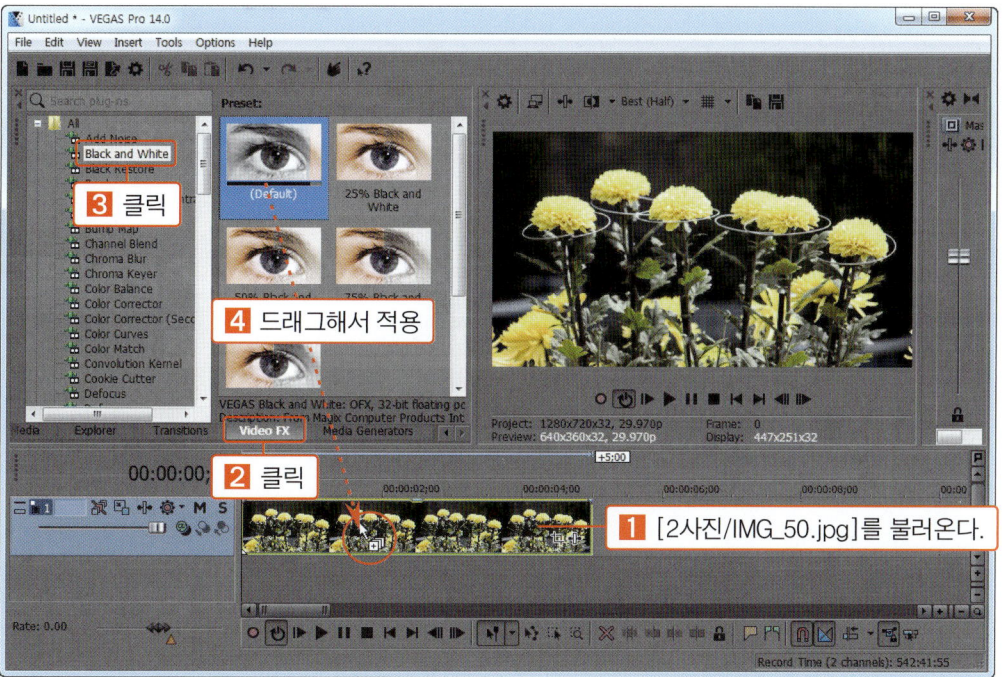

2 [Video Event FX]의 Animate( ) 버튼을 클릭해서 타임 라인이 나오게 합니다.

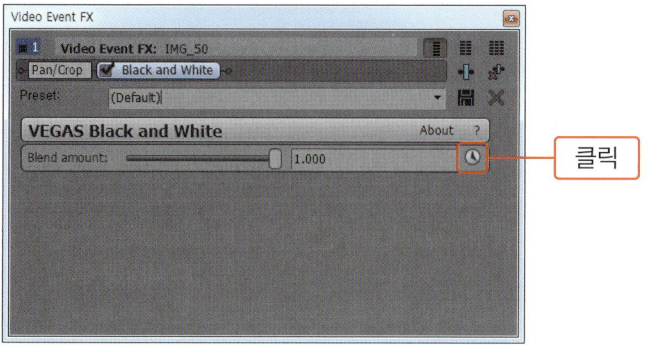

3 [Blend amount]의 스크롤 바를 좌측 끝으로 옮겨서 설정 값을 0.000으로 적용합니다.

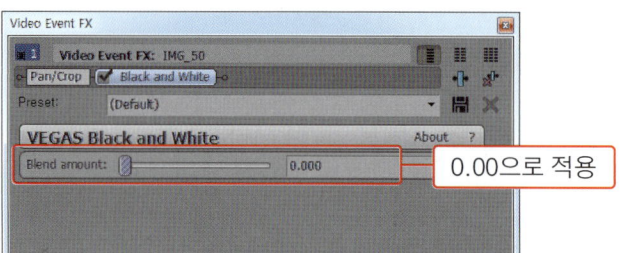

4 타임 라인의 02;00초 부분을 클릭한 후, [Blend amount]의 스크롤 바를 우측 끝으로 옮겨서 설정 값을 1.000으로 적용합니다.

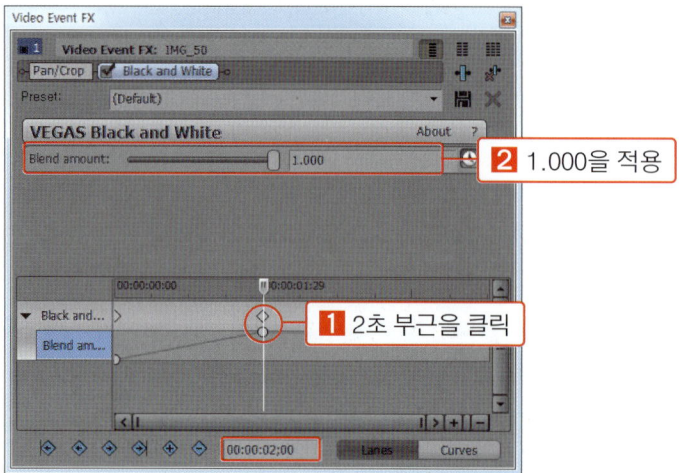

5 타임 라인 끝을 클릭한 후 [Blend amount]의 스크롤 바를 좌측 끝으로 옮겨 0.000으로 적용하고 창을 닫습니다.

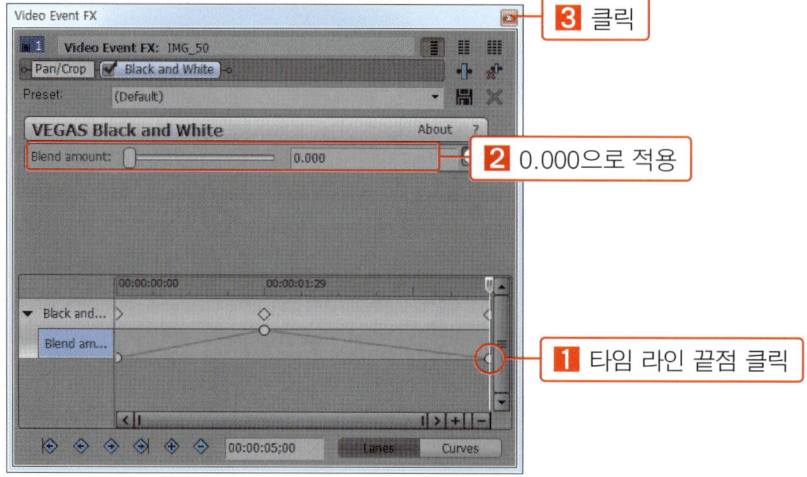

6 재생해서 최종 결과물을 확인해 보면, 컬러 사진이 점점 흑백 사진으로 변한 후 다시 컬러 사진으로 돌아오는 것을 볼 수 있습니다.

✔ 최종 결과 파일: [5프로젝트/Vegas Pro 14-02.veg]
　　　　　　　　[6완성영상/Vegas Pro 14-02.wmv]

■ 곡선 형태의 키 프레임 변화 주기

Video FX 효과의 타임 라인 우측의 [Curves]는 키 프레임을 곡선 형태로 조정할 때 사용하는 기능입니다.

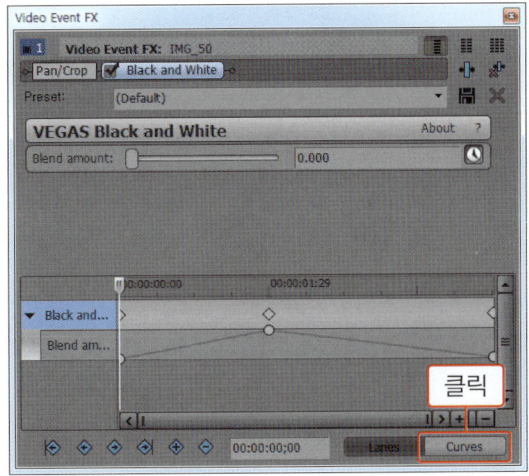

[Curves]를 눌러 나타난 효과 선을 클릭하면 키 프레임이 표시됩니다. 키 프레임을 좌우 또는 위아래로 움직여서 조정할 수 있으며, 라인을 더블 클릭하면 키 프레임이 생성되는데, 조정선에 변형을 주어 Video FX 효과의 다양한 편집이 가능합니다.

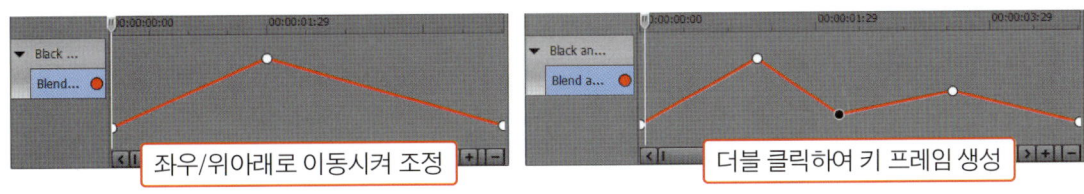

Video FX 효과 일괄 적용하기

같은 효과를 여러 장의 사진이나 영상에 적용시켜야 할 때 각각의 파일에 일일이 효과를 넣어 주려면 시간도 오래 걸리고 손이 많이 가서 효율적이 작업이 어렵습니다. 이런 경우 간단하게 동일한 효과를 모든 파일에 일괄적으로 적용하는 방법을 알아보도록 하겠습니다.

■ 영상 전체에 Video FX 효과 일괄 적용하기

선택한 Video FX 효과 프리셋을 타임 라인의 특정 사진이나 영상이 아닌 프리뷰 윈도우 (Preview Window) 화면에 드래그해서 넣어 줍니다. 그러면 프로젝트에서 사용 중인 모든 파일에 동일한 효과가 일괄적으로 적용됩니다.

■ 특정 트랙에 Video FX 효과 일괄 적용하기

특정 트랙에만 Video FX 효과를 적용하려면 Video FX 효과 프리셋을 비디오 트랙 리스트에 드래그해서 넣어 줍니다. 그러면 해당 트랙의 모든 파일에 효과가 일괄적으로 적용됩니다.

■ 일괄 적용된 Video FX 효과의 수정 및 삭제

전체 영상에 적용된 Video FX 효과는 프리뷰 윈도우 화면의 Video Output FX(　) 버튼을, 해당 트랙 리스트에 적용된 Video FX 효과는 트랙 리스트에 있는 Track FX(　) 버튼을 클릭하여 수정 및 삭제합니다.

프로젝트 전체에 적용된 효과의 수정 및 삭제

해당 트랙 전체에 적용된 효과의 수정 및 삭제

■ Video FX 효과를 복사하여 적용하기

이미 적용한 Video FX 효과를 다른 사진에도 같이 적용하려면, 먼저 효과가 적용된 사진에서 마우스 우측 버튼을 클릭하여 [Copy]를 선택하고, 그 효과를 적용할 사진 위에서 마우스 우측 버튼을 클릭하여 [Paste Event Attributes]를 선택해 주면 됩니다.

1 복사할 곳에서 마우스 우측 버튼 클릭
2 [Copy] 클릭

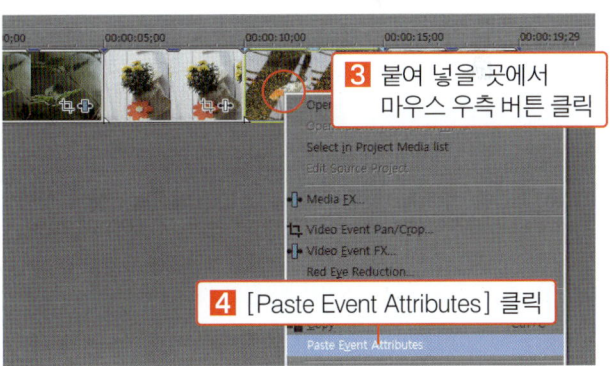

3 붙여 넣을 곳에서 마우스 우측 버튼 클릭
4 [Paste Event Attributes] 클릭

이렇게 이미 적용된 효과를 다른 곳에 복사해서 사용하는 방법은, Video FX 효과뿐만 아니라 Event Pan/Crop의 효과도 동일하게 적용됩니다.

> **Note** 여러 사진 선택
>
> 효과를 적용할(붙여넣기 할) 사진을 여러 개를 선택할 때는 아래 방법을 사용하면 편리합니다.
> - 연속되지 않은 사진들을 여러 장 선택할 때 : Ctrl+클릭
> - 연속된 사진을 선택할 때 : 연속된 사진의 첫 번째를 클릭한 후, 마지막 사진을 Shift+클릭

■ Video FX 종류와 기능

베가스 프로 14에서는 70개의 Video FX를 제공하고 있습니다. 각각의 효과를 사용해서 다양한 화면 연출을 할 수 있고 임의로 설정 값을 조정하여 기본 효과 이외의 다양한 형태의 효과를 만들 수 있습니다.

간단하게 효과가 적용된 이미지를 통하여 어떤 효과들인지 살펴보도록 하겠습니다.

Add Noise

노이즈 효과를 발생시켜 거친 느낌

Black and White

영상을 흑백으로

Black Restore

어두운 영역을 검정색으로

Border

영상 가장 자리에 테두리

Brightness and Contrast

밝기(Brightness)와 대비를 조절

Broadcast Colors

TV는 200만, 모니터는 1600만 컬러를 표시할 수 있는데 이 차이를 보정할 때 사용

Bump Map

조명을 추가해서 특정 방향으로 빛과 특별한 질감을 부여

Channel Blend

Red, Green, Blue, Alpha의 각 채널을 조절해서 영상의 색을 변경

Chroma Blur

크로마키나 컬러 컬렉터 등을 적용하여 얻어진 마스크 경계 면을 부드럽게 처리

Chroma Keyer

크로마키 합성 작업용 이펙트로 상위 트랙에 놓은 이벤트의 특정 색상을 마스크 처리하여 하위 트랙의 이벤트를 나타나게 함

Color Balance

영상의 컬러 밸런스를 조절

Color Corrector

Low, Meddle, High의 컬러 휠(Wheel)을 사용해서 보정

Color Corrector(Secondary)

스포이트 툴로 특정 영역의 색만을 다른 색으로 보정

Color Curves

R, G, B 각 색상의 채널을 조절해서 영상의 밝기와 콘트라스트 등의 색상을 보정

Color Match

사용자의 선택한 색상 톤으로 만들어 주는 FX

Convolution Kernel

경계면 부분을 튀어 나오게 하는 엠보싱, 날카롭게 하는 샤픈 등의 효과를 적용

장면 전환 효과! Video FX — Lesson 07

Cookie Cutter

원형, 마름모, 사각형, 삼각형 등의 특정한 형태로 만듦

Defocus

초점이 맞지 않은 것 같은 효과를 적용

Deform

영상을 잡아당기거나 휘게 하는 형태로 영상을 변형

Fill Light

대비 차가 큰 영상에서 대비 차를 줄여 주는 용도로 사용

Film Effects

빛이 바랜 오래된 필름 효과

Film Grain

옛날 필름에 잡티가 낀 것 같은 효과를 적용

Gaussian Blur

영상을 흐리게 만들어 부드럽게 나타나도록 만듦

Glint

영상에 반짝이는 효과를 적용

Glow

영상 색상을 밝게 확산시키는 효과

Gradient Map

두개 이상의 색상을 혼합해서 영상을 보정

HitFilm Bleach Bypass

색감 농도를 탈색된 것처럼 처리

HitFilm Light Flares

자연스러운 렌즈플레어 및 조명 효과

HitFilm Scan Lines

모니터에 보이는 스캔 라인

HitFilm Three Strip Color

오래된 필름 컬러 효과

HitFilm TV Damage

고장 난 TV의 주파수 간섭 같은 효과

HitFilm Vibrance

영화 같은 색감으로 명암과 채도를 향상

HitFilm Witness Protection

원하는 부분을 모자이크 처리

HSL Adjust
색조, 채도, 휘도를 조절

Invert

색상을 반전시켜 네거티브 필름 효과

LAB Adjust

영상의 밝기와 색상을 보정

Layer Dimensionality

글자나 PNG 이미지에 적용시켜 음각/양각 효과

Lens Flare

광원이 반사되어 나타나는 렌즈플레어 효과

Levels

밝기/대비를 조절해서 영상을 밝고 진하게 만듦

Light Rays

광채를 중심으로 빛이 퍼지는 효과

Linear Blur
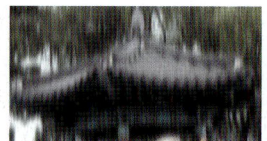
영상에 특정 방향으로 줄 모양의 블러 적용

Mask Generation

선택한 색상 채널에 마스크를 적용하고 다른 영역은 투명하게 처리

Median

픽셀을 뭉개 수채화 같은 느낌의 효과

Min and Max

Median과 비슷한 픽셀을 뭉개는 FX이지만 굵은 픽셀을 나타나게 해서 왜곡시킴

Mirror

거울에 비친 것처럼 반사된 형태의 대칭 되는 영상

News Print

영상에 도트(Dot)를 추가하여 신문 사진에서 볼 수 있는 흑백 컬러 형태의 인쇄물 같은 느낌의 효과를 만듭니다.

Pinch/Punch

영상을 오목렌즈나 볼록 렌즈로 보는 것처럼 튀어나오게 하거나 들어가게 만듭니다.

Pixelate

영상의 픽셀을 크게 만들어 모자이크 처리된 것처럼 저해상도 픽셀의 영상처럼 만듭니다.

Quick Blur

간단하게 사용할 수 있는 불러 효과로 선명도를 낮출 때 사용

Radial Blur

방사형으로 퍼지는 블러 효과를 만들어 집중되는 효과를 만듭니다.

Radial Pixelate

픽셀을 방사형 모양으로 퍼지게 합니다.

Rays

레이저 빛이 뿜어 나오는 효과를 만들 수 있습니다. 키 프레임을 생성해서 독특하면서 입체적인 타이틀 자막 효과를 만들 수 있습니다.

Saturation Adjust

영상의 채도를 조절

Sepia

원본 영상을 단조로운 단색 톤의 세피아 색상으로 만듭니다.

Sharpen

픽셀의 경계를 날카롭게 하여 영상의 선명도를 조절

Smart Upscale

선명하면서 윤곽선이 뚜렷하게 조절

Smart Zoom

확대할 때 선명도를 유지하기 위해 해상도 조절

Soft Contrast

콘트라스트와 비네팅 효과를 적용

Shperize

영상을 원형으로 튀어 나오게 하거나 오목하게 들어가게 하는 FX

Stabilize

촬영한 영상에 흔들림이 있을 때 Stabilize FX를 적용해서 흔들림 보정

Starbust

빛이 갈라지는 사진과 비슷한 반짝이는 별 모양 적용

Stereoscopic 3D Adjust

입체 3D 영상을 만들 때 사용하는 FX

Swirl

소용돌이 형태로 왜곡

Threshold

영상의 밝기를 조절

Timecode

타임 코드 삽입

TV Simulator

주사선 효과

Unsharp Mask

강렬한 샤픈 효과를 적용

Vignette

가장자리에 비네트 효과

Wave

물결치는 모양의 효과

White Balance

영상을 보정하여 원래 색으로 만들어 주는 FX

Lesson 08 영상에 자막 넣기

영상의 원하는 곳에 글자를 넣는 것을 자막이라고 합니다. 베가스에서는 일반적인 자막(Legacy Text)과 애니메이션이 적용된 자막(Titles & Text)을 간편하게 넣을 수 있는 기능을 지원하고 있습니다. 이번 레슨에서는 이 두 가지 자막 기능을 살펴보겠습니다.

1 일반 자막 (Legacy Text) 사용하기

1 [Media Generators] 탭을 클릭하여 [(Legacy) Text]에서 [Default Text] 프리셋을 드래그하여 타임 라인에 넣어 줍니다.

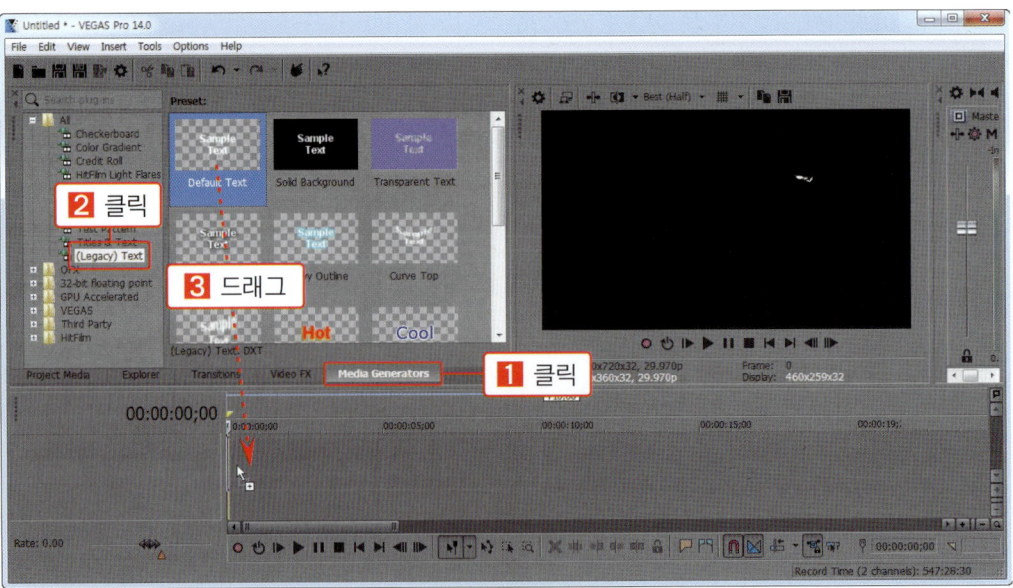

2 [Video Media Generators] 창이 열리면 기본 글자인 "Sample Text"를 드래그로 선택한 후, 원하는 자막을 입력해서 글자 모양과 글자 크기를 지정합니다. 그런 후 닫기(■) 버튼을 클릭합니다.

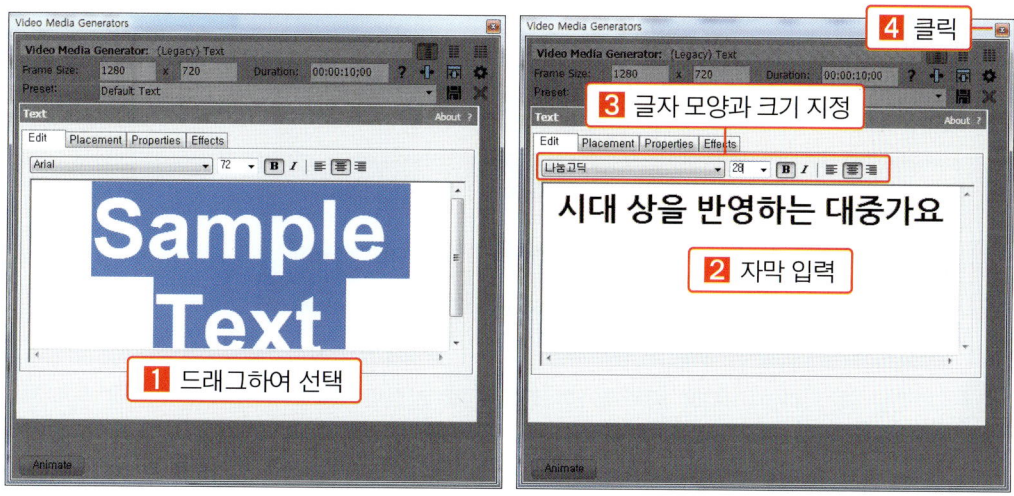

자막 수정하기

자막을 수정하려면 자막 파일에 있는 Generated Media(■) 버튼을 클릭하여, 창이 열리면 자막을 수정하고 닫기(■) 버튼을 눌러 완료합니다.

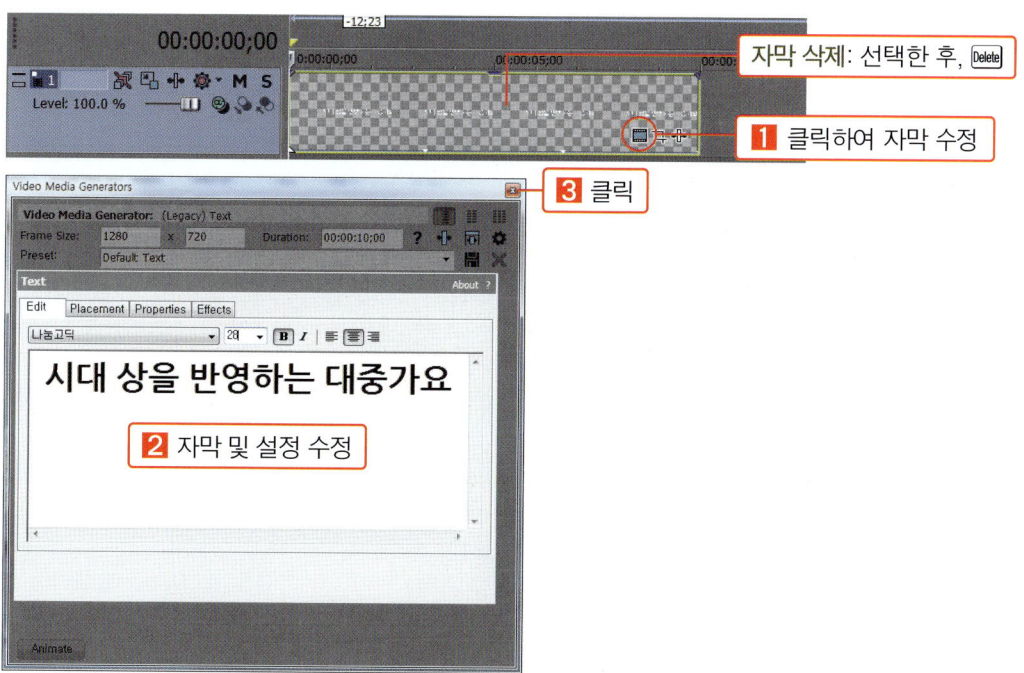

영상 위에 자막 넣기

동영상 위에 자막이 나오게 하려면 영상 트랙 위에 트랙을 하나 추가(Ctrl+Shift+Q)해서 자막을 넣어야 합니다. 즉, 자막이 영상 위쪽에 위치해야 합니다. 자막이 영상 파일에 겹쳐 있거나 영상 트랙 아래에 있으면 가려서 자막이 보이지 않습니다.

1 자막을 영상 파일 위쪽에 위치시키기 위해 트랙 리스트에서 마우스 우측 버튼을 클릭하여 [Insert Video Track]을 선택하여 영상 파일 트랙 위에 비디오 트랙을 추가합니다. 또는 키보드 Ctrl+Shift+Q를 눌러 줍니다.

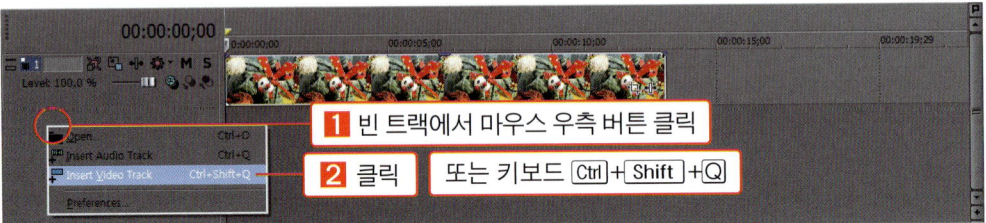

2 [Media Generators] 탭을 클릭하여 [(Legacy) Text]에서 [Default Text] 프리셋을 드래그하여 추가한 비디오 트랙에 넣어 줍니다.

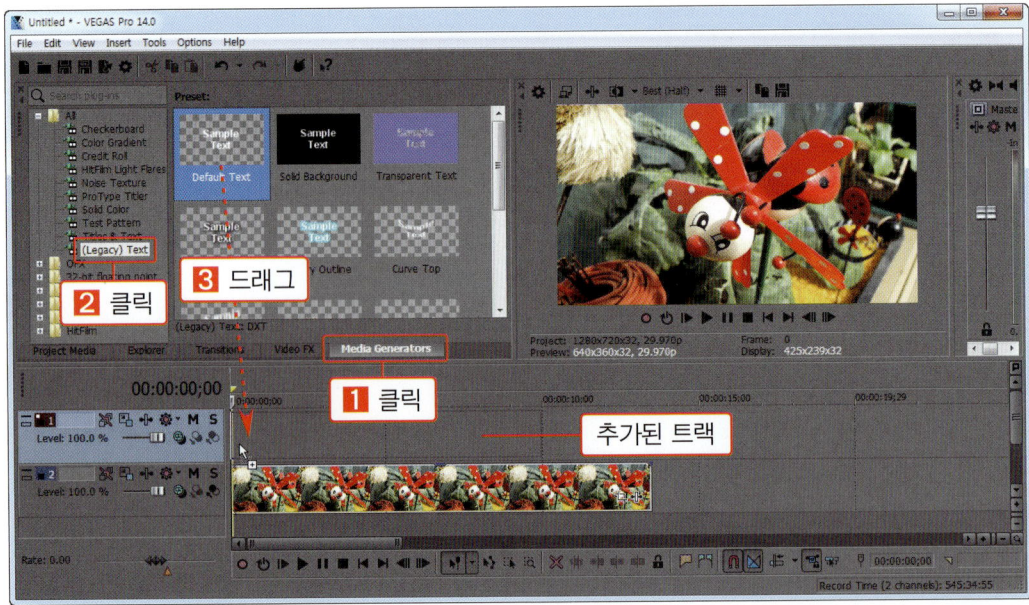

3 창이 열리면 원하는 자막을 입력하고 닫기(❎) 버튼을 눌러 줍니다. 그러면 영상 위에 자막이 나오게 됩니다.

자막 입력 창 세부 설정

- [Edit 탭] : 자막 입력, 글씨체, 글꼴 크기, 진하게/기울임, 문단 배열을 설정합니다.

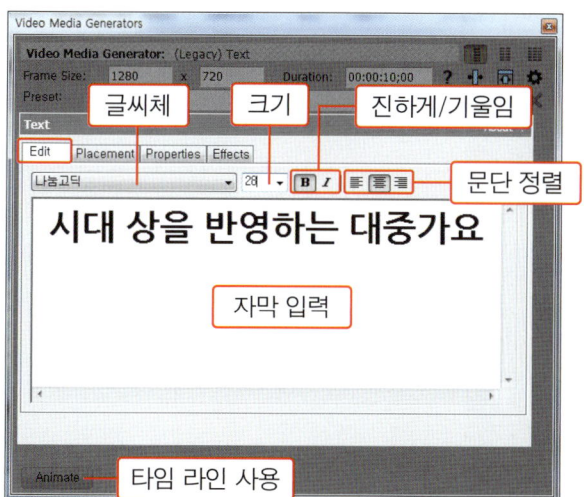

자막에 움직임 부여하기

> Note
>
> 예를 들어 영상의 좌측에 위치한 자막이 우측으로 흐르듯 이동하는 움직임을 주려면 아래의 2가지 방법 중 하나를 선택하여 사용합니다.
>
> **방법1**: 프리셋의 다양한 타임 라인 호출 버튼을 눌러 타임 라임에서 키 프레임을 설정하여 위치 지정
>
> **방법2**: 자막의 이벤트 팬/크롭(🔳) 버튼을 눌러 [Position]에서 키 프레임을 설정하여 위치 지정

- [Placement 탭] : 자막의 위치 조정

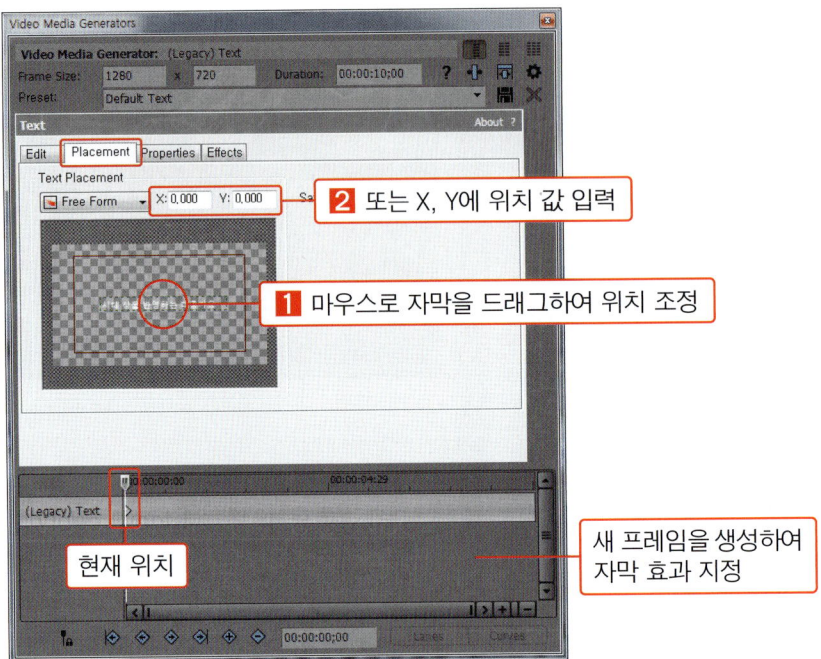

- [Properties 탭] : 자막의 색상, 투명도, 배경색, 줄 간격, 글자 간격을 설정합니다.

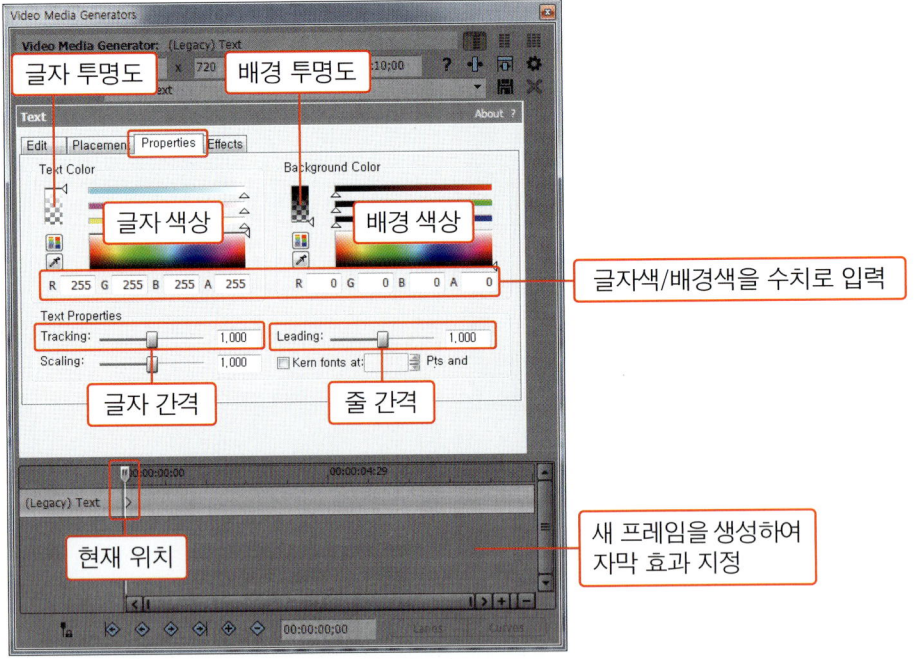

- [Effects 탭] : 자막의 테두리, 그림자를 설정합니다.

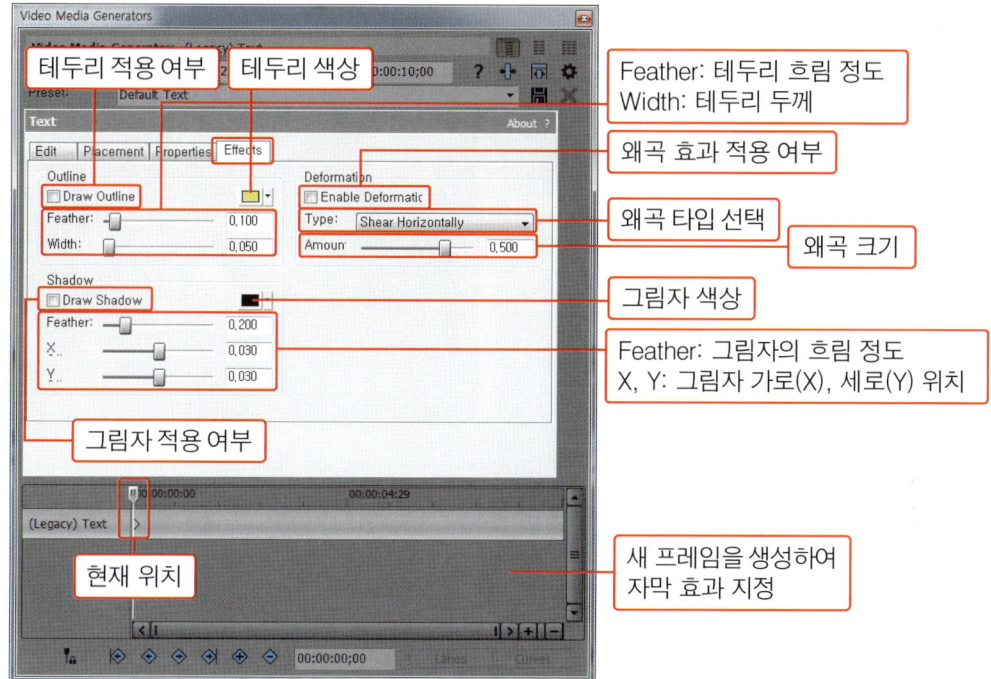

자막 위치 조정하기

자막을 영상 화면의 원하는 위치에 배치하는 방법은 기본 자막 툴, 이벤트 팬/크롭 등을 주로 사용합니다.

- **기본 자막 툴에서의 자막 위치 조정** : 단순히 화면의 원하는 위치로 조정
- **이벤트 팬/크롭에서의 자막 위치 조정** : 단순 위치뿐만 아니라 자막에 움직임, 확대/축소 등의 애니메이션 효과를 줄 수 있습니다.

기본 자막 툴에서 자막 위치 조정

자막을 단순히 화면의 원하는 위치로 조정하려면, 자막 파일에 있는 Generated Media(▦) 버튼을 클릭합니다.

자막 설정 창이 나오면 [Placement] 탭을 클릭합니다. 그런 후 네모 박스 안의 자막을 드래그해서 움직이면 영상에서 원하는 부분에 자막의 위치를 조절할 수 있습니다.

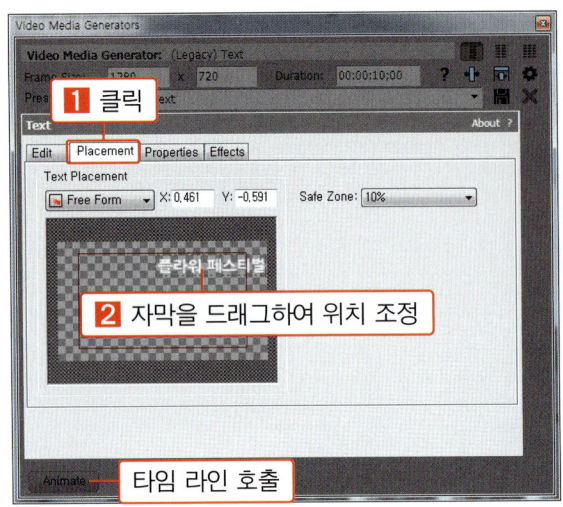

■ 이벤트 팬/크롭에서의 자막 위치 조정 및 효과 주기

자막의 단순 위치뿐만 아니라 자막의 움직임, 확대/축소 등의 애니메이션 효과를 주려면 자막 파일의 이벤트 팬/크롭을 사용합니다.

자막 파일에 있는 Event Pan/Crop() 버튼을 클릭합니다.

그런 후 나오는 [Video Event FX] 창에서 점선으로 되어 있는 [F] 화면을 드래그해서 움직이면 자막의 위치를 조절할 수 있습니다. 그리고 점선으로 된 원을 클릭해서 돌리면 자막을 회전시킬 수 있고 사각형 모서리에서 크기를 조절하여 자막의 크기를 조절할 수 있습니다.

영상에 자막 넣기 | Lesson 08

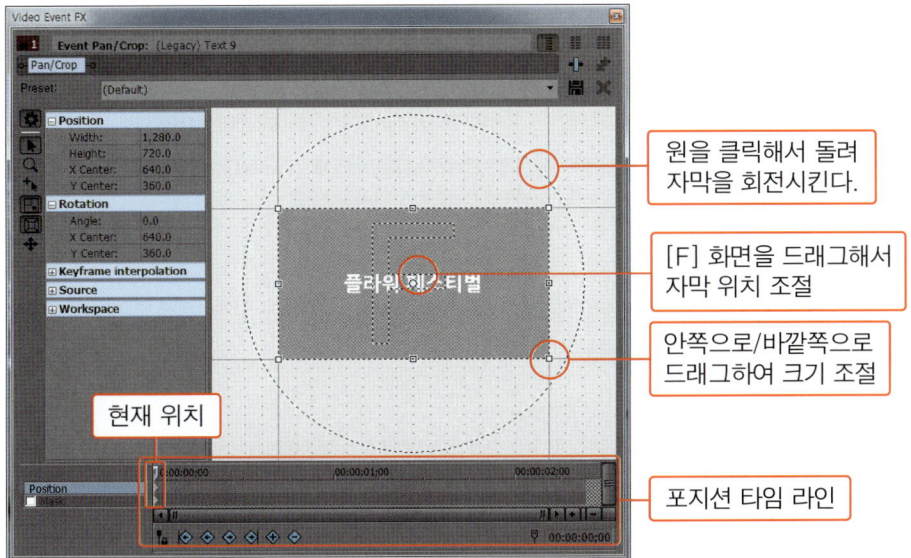

Event Pan/Crop( ) 버튼을 눌러 나오는 [Video Event FX] 창의 하단에는 포지션 타임 라인이 있습니다.

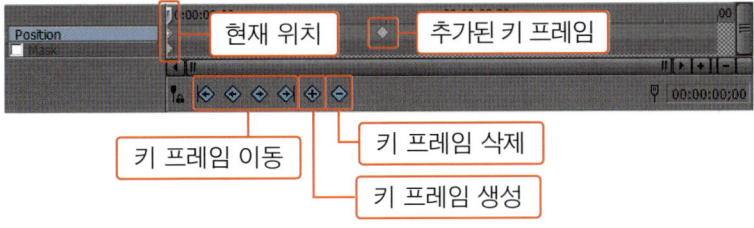

[Video Event FX] 창의 포지션 프레임은 현재 키 프레임이 위치한 곳에 대한 작업입니다.

예를 들어, 맨 앞에 키 프레임을 위치시키고 자막 위치를 지정한 후, 2초 부근에 새로운 키 프레임을 추가하고 자막의 위치나 크기를 변경하면, 실제 플레이시 맨 앞 키 프레임 위치에서 2초 부근에서 지정한 위치로 이동하면서 자막 크기가 변경되는 모습을 볼 수 있습니다.

■ 긴 자막 손쉽게 입력하기

기본 자막 툴에서 한글로 자막을 입력하면 입력이 잘 안 되는 문제가 발생할 수 있습니다. 자막이 몇 글자 안 된다면 몰라도 자막 내용이 많을 경우 불편한 점이 많습니다. 이때는 메모장을 열어서 자막 글자를 입력하고 입력한 글자를 드래그하여 선택한 후 Ctrl+C 키를 눌러 복사한 다음, 베가스의 자막 입력 창에 Ctrl+V 키를 눌러 붙여 넣기 하여 사용하는 것이 좋습니다.

1 메모장에 자막 내용을 입력하고 그 내용을 드래그하여 선택한 후, 마우스 우측 버튼을 클릭하여 [복사(C)]를 선택하거나 키보드에서 Ctrl+C를 눌러 복사합니다.

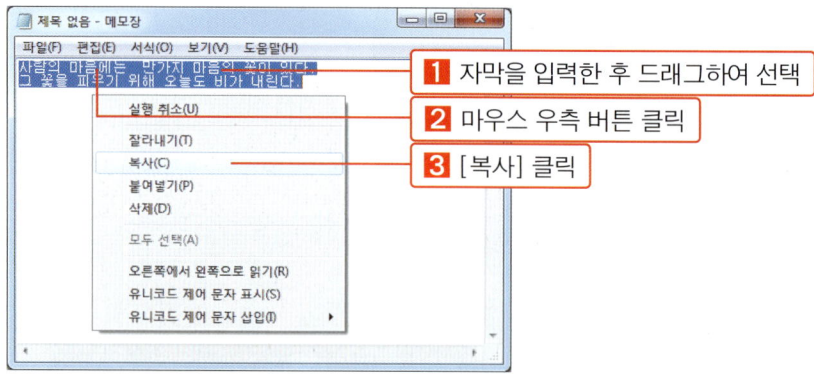

2 자막 입력 창에서 마우스 우측 버튼을 클릭하여 [Paste]를 선택하거나 키보드에서 Ctrl+V를 눌러 메모장에서 복사한 자막을 붙여넣기 합니다.

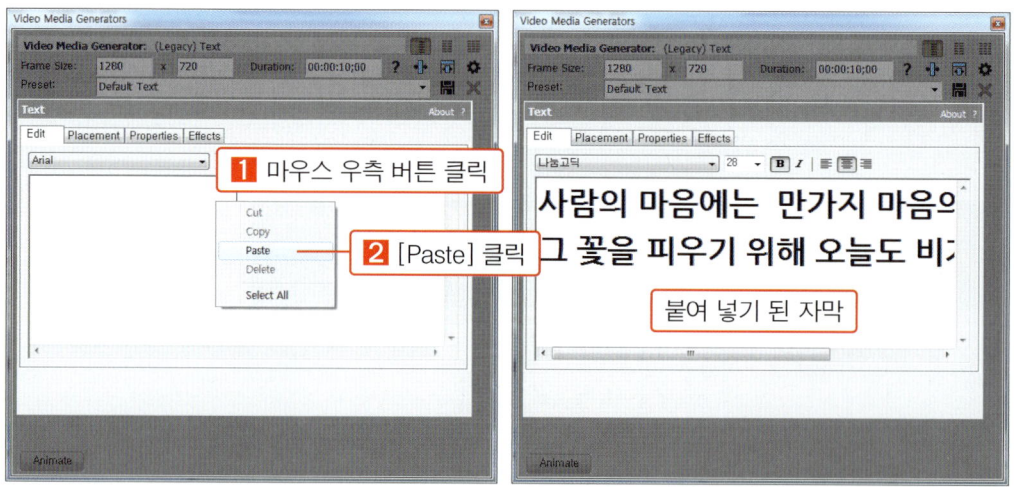

자막의 키 프레임을 이용한 자막 효과 주기

자막에서 새로운 키 프레임을 생성하여 그곳에 자막 위치나 크기 등을 변경하면 시간 변화에 따라 자막에 다양한 효과를 부여할 수 있습니다.

1 [Media Generators] 탭에서 [(Legacy)Text]의 [Default Text] 프리셋을 드래그하여 타임 라인에 넣어 줍니다.

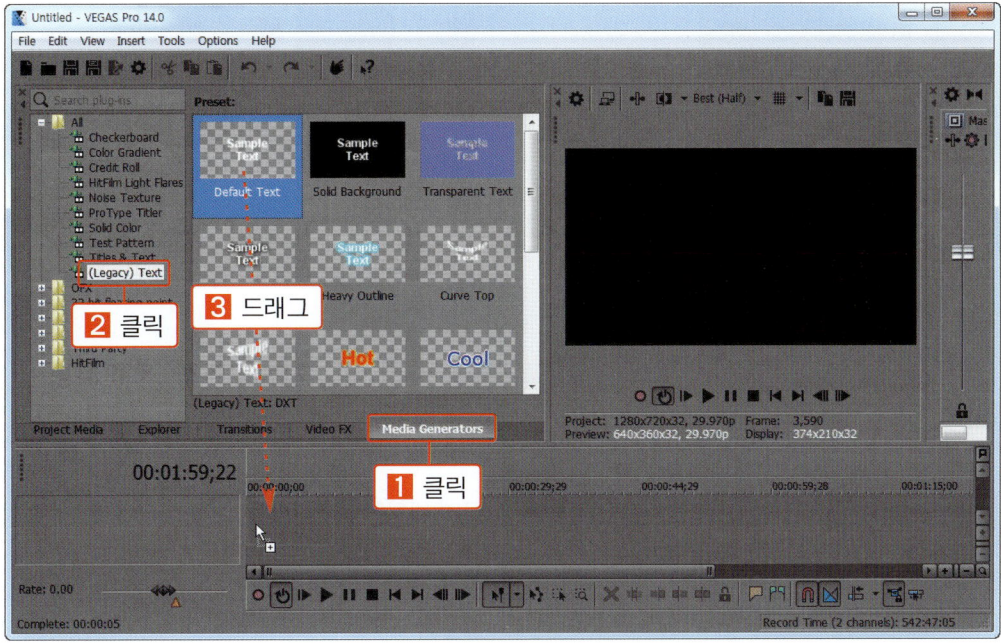

2 자막 입력 속성 창이 나오면 원하는 자막 입력과 폰트 크기 설정을 마치고, 자막 입력 창의 타임 라인 활성화 버튼인 Animate(Animate) 버튼을 클릭합니다. 그런 후 [Placement] 탭을 클릭합니다.

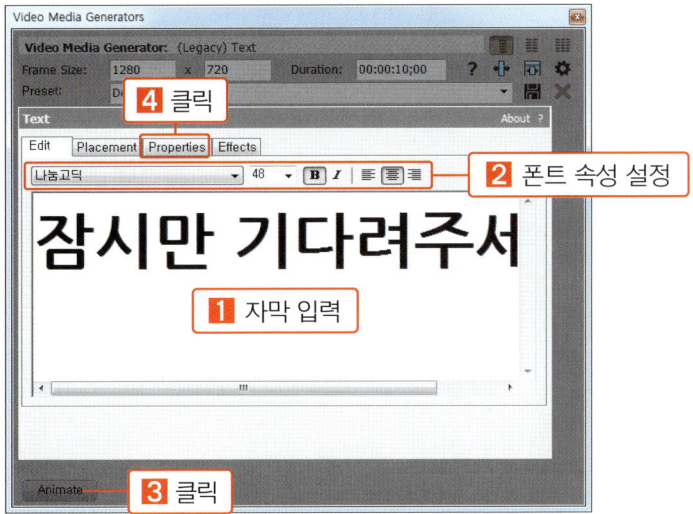

3 화면에 보이는 자막을 클릭해서 체크무늬 배경을 벗어나도록 좌측 끝으로 이동시켜 프리뷰 화면에 보이지 않게 적용해 줍니다. 이때 Y값은 변화가 없어야 하므로 값이 바뀌면 0,000을 다시 입력해 줍니다.

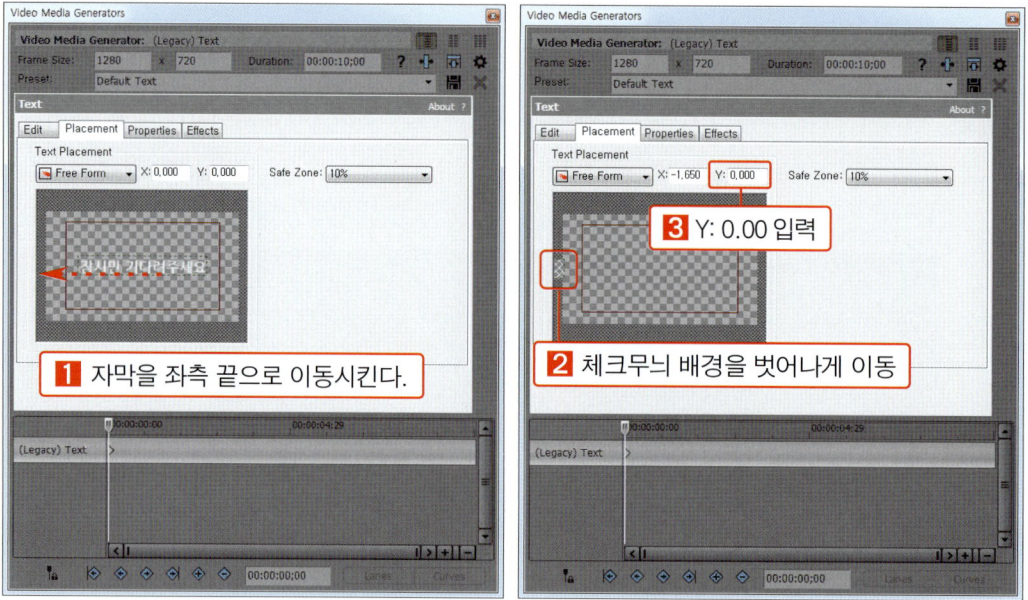

4 타임 라인의 03;00초 부근을 클릭한 후 좌측 끝에 위치한 자막을 클릭해서 화면 가운데로 이동시키거나 X: 0,000을 입력합니다. 이때도 Y값 0.000에 변화가 없어야 합니다.

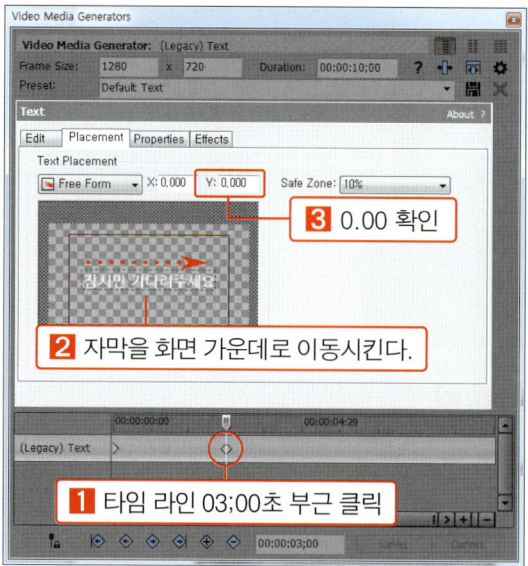

5 타임 라인의 05;00초 부근을 클릭하고, 키 프레임 생성(Create Keyframe, ◈) 버튼을 클릭해서 키 프레임을 생성합니다.

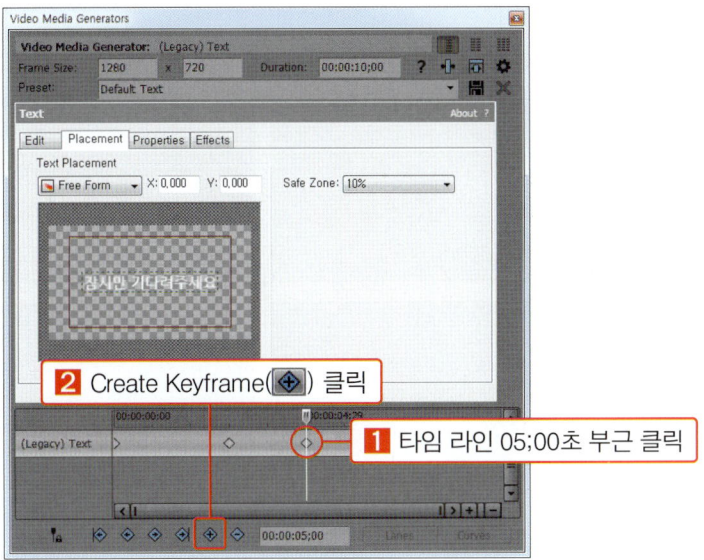

앞쪽 키 프레임 속성 이어받기

> **Note** 앞에 있는 키 프레임에 이어서 뒤쪽에 키 프레임만을 생성하면, 효과에 변화를 주지 않는 한 앞에 있는 키 프레임의 속성이 그대로 이어져서 변화가 없는 일정한 구간이 만들어 집니다.

6 타임 라인 끝 부분을 클릭한 후 자막을 우측 끝으로 이동시켜 프리뷰 화면에 자막이 보이지 않게 위치시 킵니다. 이때도 Y값 0,000에 변화가 없어야 합니다. 마지막으로 창을 닫아 줍니다.

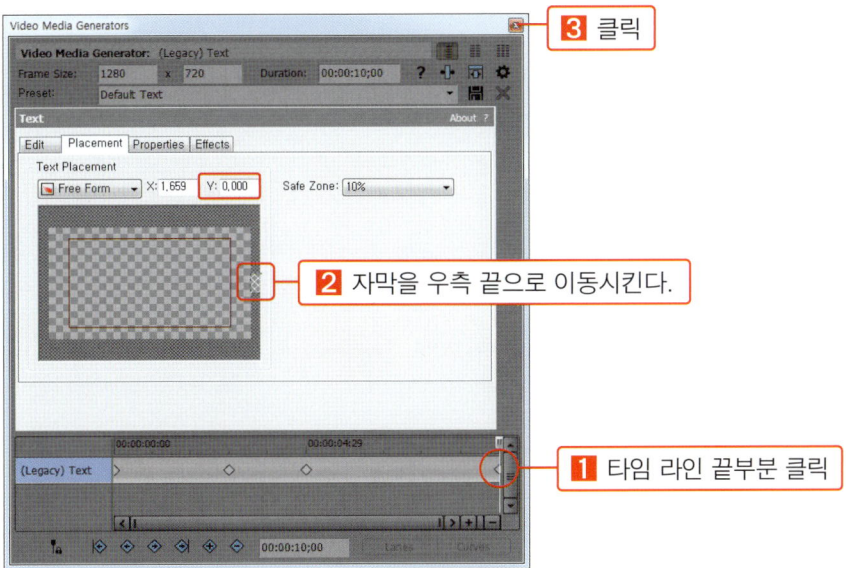

7 최종 결과물을 프리뷰 화면으로 확인하면, 좌측 화면 밖에서 자막이 나와 가운데에서 잠시 멈춰 있다가 우측으로 이동하면서 화면 밖으로 사라지는 걸 볼 수 있습니다.

✔ 최종 결과 파일: [5프로젝트/Vegas Pro 14-03.veg]
　　　　　　　　[6완성영상/Vegas Pro 14-03.wmv]

[이벤트 팬/크롭]과 [트랙 모션] 창에서 자막 애니메이션

> Note
> 자막의 애니메이션 효과는 [이벤트 팬/그롭]과 [트랙 모션] 창에서 키 프레임을 사용해서 동일하게 적용할 수 있습니다. 단, [트랙 모션]에서의 키 프레임은 해당 트랙 전체에 적용된다는 점을 유의해야 합니다. 따라서 [트랙 모션]에서는 특정 자막 하나만 위치시켜서 작업하는 것이 일반적입니다.

 애니메이션 자막 Titles & Text 사용하기

[(Legacy) Text] 프리셋이 일반적인 자막 작업을 한다면, [Titles & Text] 프리셋은 일반 자막과 애니메이션 효과가 적용된 자막을 간편하게 만들 수 있습니다. 어떤 프리셋을 사용하느냐는 작업 상황에 따라 선택하여 사용하면 됩니다.

Titles & Text 사용하기

1 적당한 영상 파일을 타임 라인에 넣은 후 Ctrl+Shift+Q를 눌러 트랙을 추가합니다.

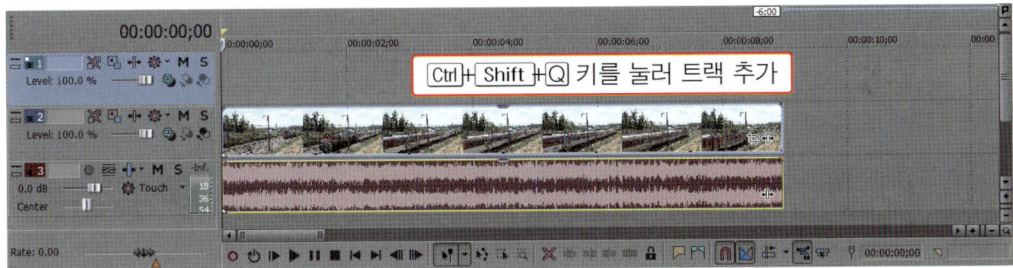

2 [Media Generators] 탭을 클릭하여 [Titles & Text]에서 [(Default)] 프리셋을 드래그하여 타임 라인에 넣어 줍니다.

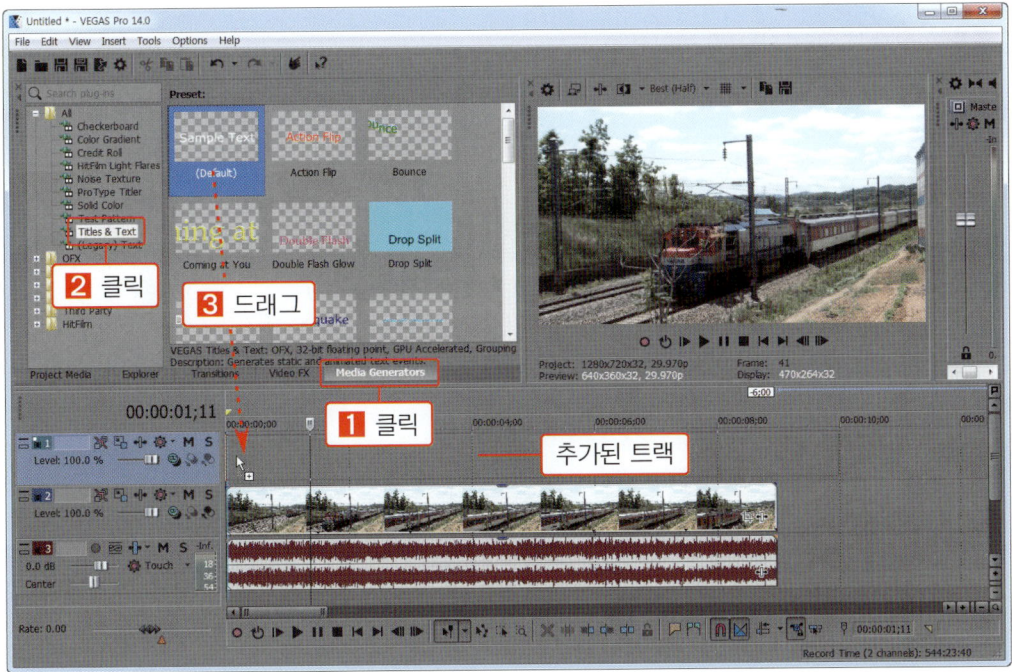

3 [Video Media Generators] 창이 나오면 "Sample Text" 글자를 드래그하여 선택한 후, 원하는 자막을 입력합니다.

 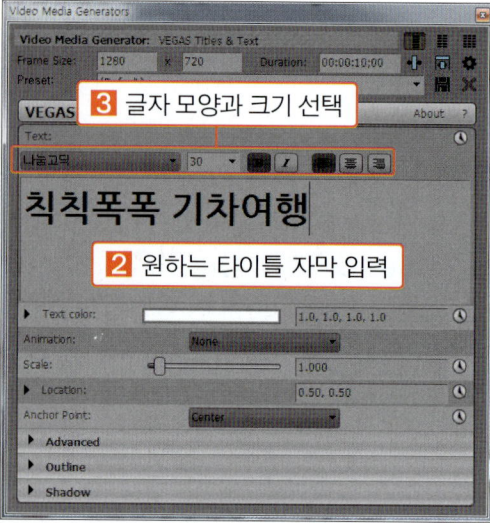

Titles & Text에서의 특정 글자 속성 변경

Note Titles & Text의 자막 글자 중 일부의 서체, 글자 크기 등을 수정할 때는 반드시 수정할 글자를 드래그하여 선택한 후, 수정해야 변경한 설정이 적용됩니다.

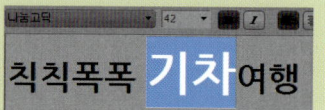

4 이어서 [Text Color]를 클릭한 후 색상 모드를 클릭해서 [HSV]로 변경한 후 원하는 자막 색상을 지정합니다. 이후 [Animation] 모드를 클릭하여 26개의 애니메이션 타입 중 원하는 효과를 선택합니다.

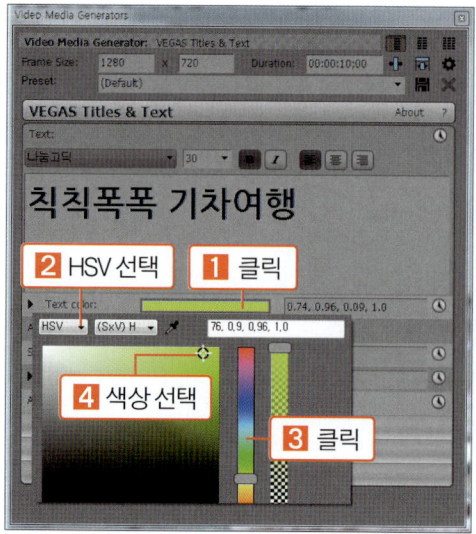 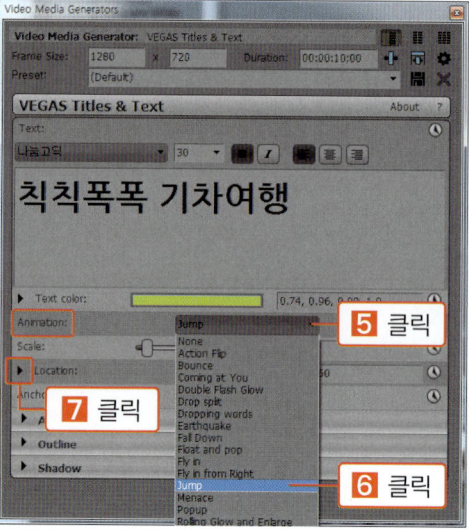

5 그러면 타이틀 자막의 위치를 조정할 수 있는 창이 나오는데 [Location(▶)]을 클릭하여 위치 조정 포인트를 드래그하거나 프리뷰 화면의 자막을 직접 드래그해서 원하는 위치에 자막이 위치하도록 조정합니다. 그런 후 닫기(⊠) 버튼을 클릭합니다.

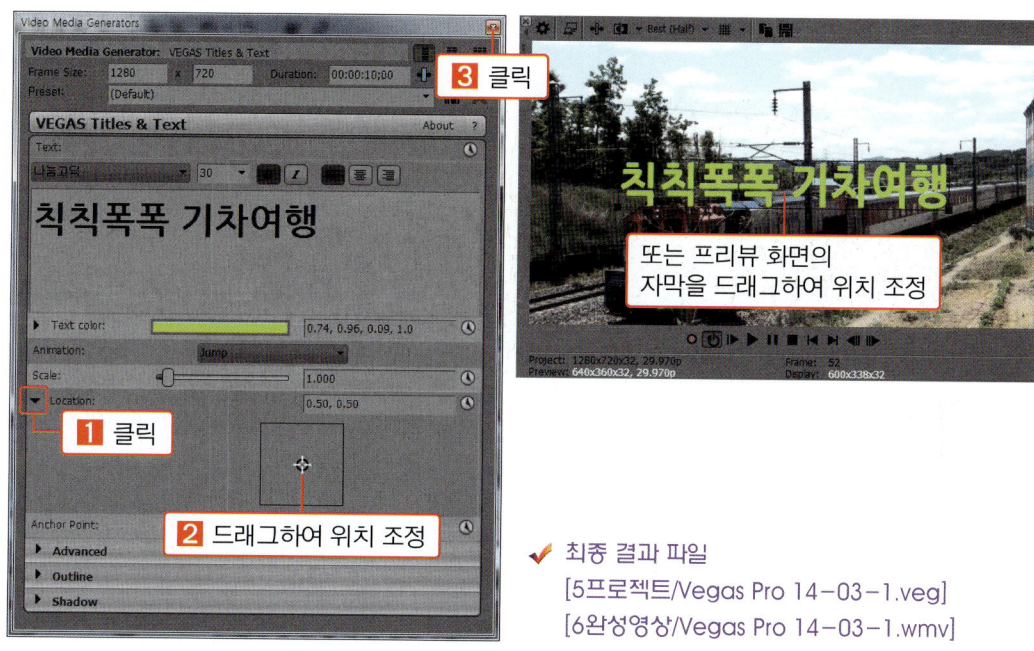

✔ 최종 결과 파일
[5프로젝트/Vegas Pro 14-03-1.veg]
[6완성영상/Vegas Pro 14-03-1.wmv]

6 재생해서 확인하면 선택한 애니메이션 효과가 적용된 타이틀 자막 효과를 볼 수 있습니다.

Titles & Text 프리셋에서의 자막 위치 조정

[Titles & Text] 프리셋에서의 자막 위치 조정은 [Location]의 위치 조정 포인트나 직접 프리뷰 화면의 타이틀 자막을 드래그해서 지정할 수 있습니다.

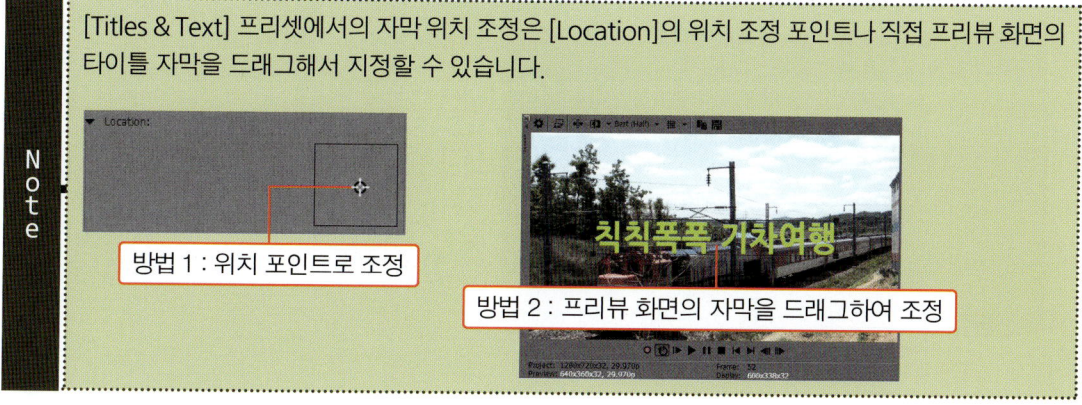

Titles & Text의 세부 설명

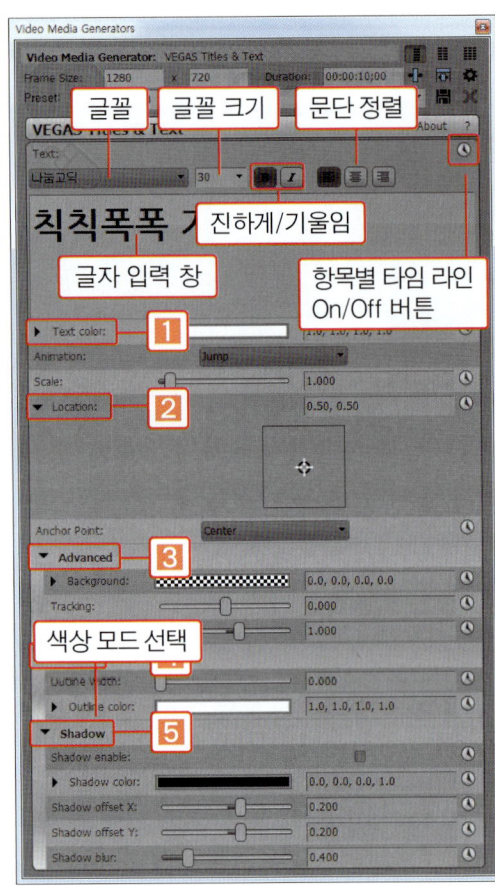

1 Text Color

글자의 색상을 선택하고 각종 애니메이션 프리셋을 적용합니다.

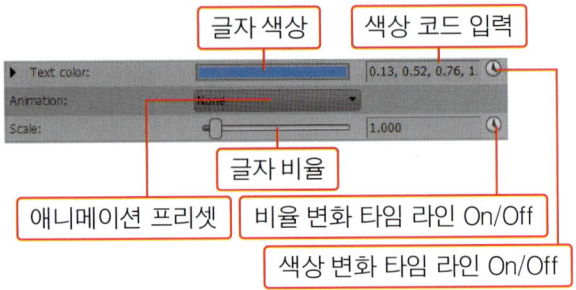

글자 색상 버튼을 클릭하면 아래와 같은 창이 나와서 원하는 글자 색상을 선택할 수 있습니다.

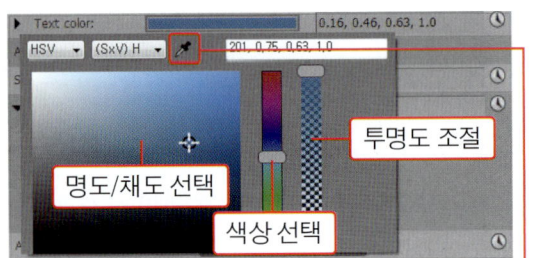

- 스포이트: 영상에서 원하는 부분을 클릭하면 그 부분의 색을 글자색으로 가져옵니다.

색상 변화 타임 라인 On/Off 버튼을 클릭하면 설정 창 하단에 타임 라인 창이 나옵니다. 이때 원하는 부분을 클릭해서 타임 라인 커서를 위치시키고, 키 프레임 생성(◆) 버튼을 클릭한 후 색상에 변화를 주면 시간에 따라 변화되는 애니메이션 효과가 만들어 집니다.

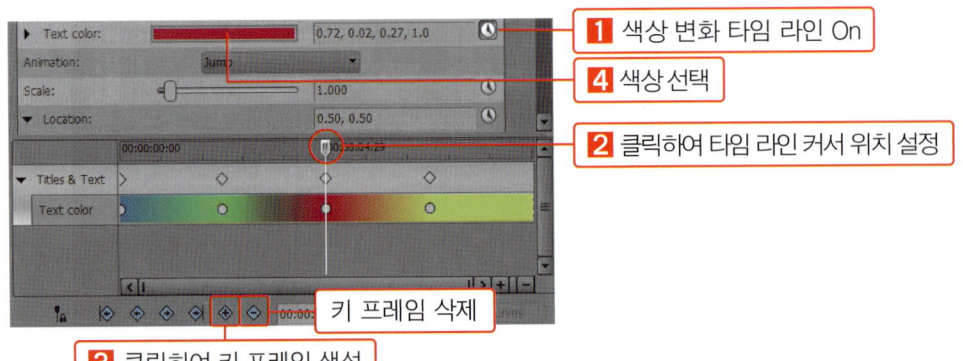

2 Location

글자의 위치를 조정합니다. 글자의 타임 라인 On 버튼을 눌러 글자 위치를 변경해서 움직임을 적용한 애니메이션을 만들 수 있습니다.

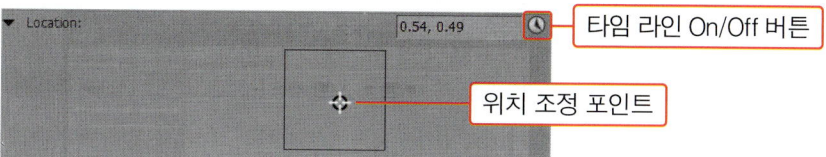

3 Advanced

글자의 배경색을 지정하고 글자 간격, 줄 간격을 설정할 수 있습니다.

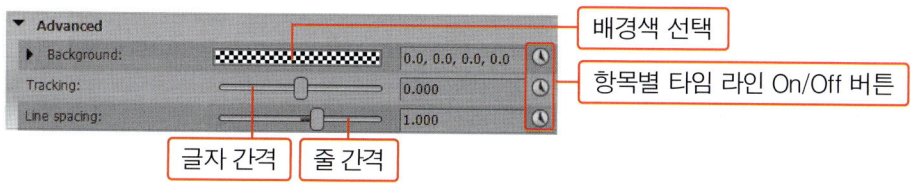

4 Outline

글자에 테두리를 적용합니다. 애니메이션 버튼을 사용하여 시간에 따라 변화되는 효과를 만들 수도 있습니다.

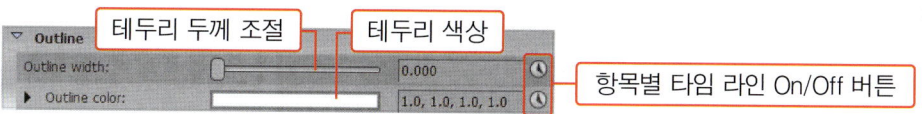

5 Shadow

글자에 그림자를 적용해 주는 항목입니다.

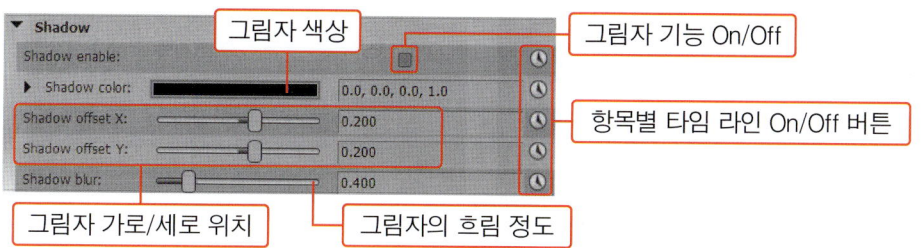

Lesson 09 영상 편집에 도움을 주는 기본 기능들

이번 레슨에서는 영상 편집시 기초가 되는 기본 기능들을 살펴보도록 하겠습니다.

1 미디어를 정확히 이어 붙이는 인에이블 스냅핑

하단 툴 바의 Enable Snapping() 버튼은 기본적으로 클릭되어 있는 상태로 있는데, 파일과 파일을 정확히 이어 붙여 주는 기능을 합니다. 파일을 클릭해서 이어 붙이고자 하는 영상 쪽으로 움직이면 파란 형광선이 자동으로 달라붙으면서 정확하게 영상을 이어 붙여 줍니다.

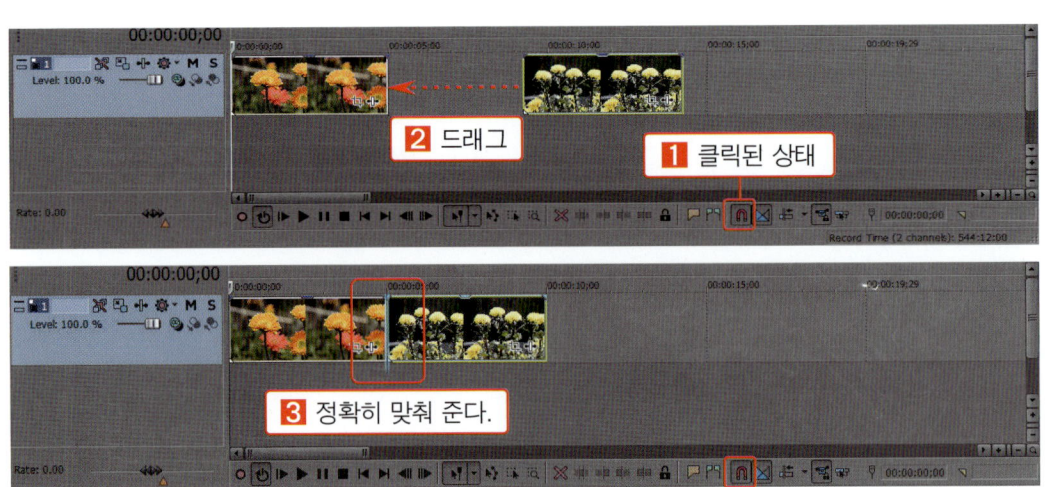

인에이블 스냅핑 - Enable Snapping()

Note Enable Snapping()이 활성화되어 있으면 미디어 파일을 드래그하여 붙일 때 딱 달라붙게 해주는 기능을 합니다.

2 겹치기 (Automatic Crossfades)

툴 바의 Automatic Crossfades() 버튼 또한 기본적으로 클릭되어 활성화가 되어 있는 상태에 있는데, 영상을 앞쪽으로 드래그하여 겹쳐 주면 겹친 부분에 X 표시가 나타나면서 파일끼리 겹쳐지게 만들어 주는 기능입니다. 이렇게 겹친 부분을 플레이 해보면 자연스럽게 화면과 음성이 전환 되며 트랜지션스 효과를 사용 할 수 있게 만들어 줍니다.

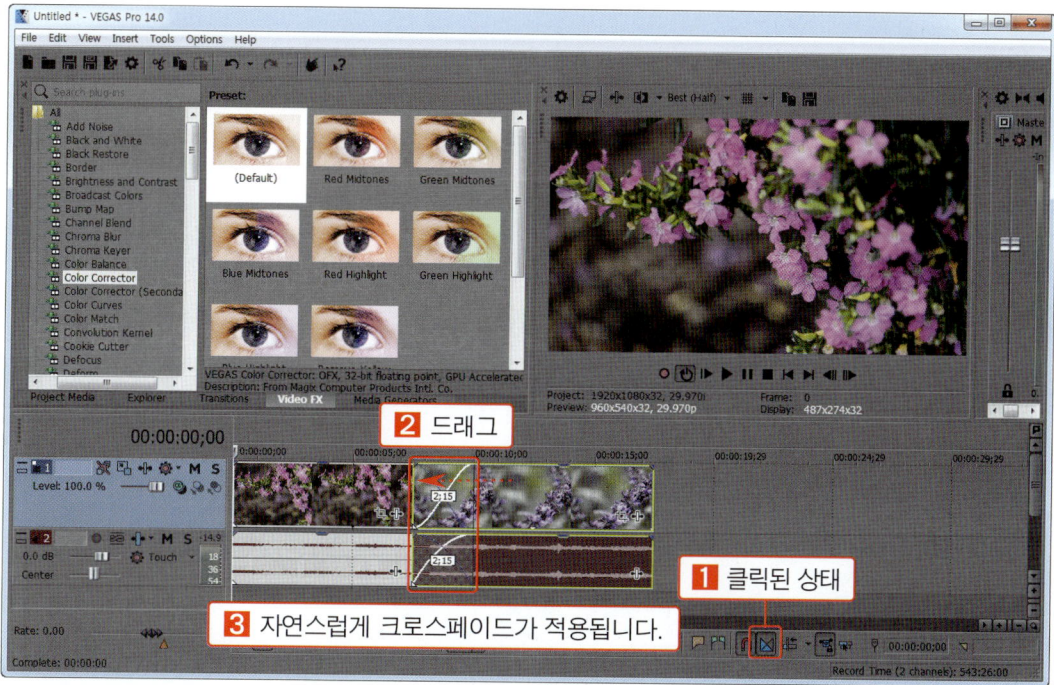

Automatic Crossfades(☒)

> **Note**
> Automatic Crossfades(☒)가 클릭된 상태에서 파일끼리 겹쳐 주면 겹친 부분에 X 표시가 나타납니다. 플레이해서 확인해 보면 자연스럽게 장면 전환이 되는 걸 볼 수 있는데 이렇게 겹쳐 주는 것만으로 기본 디졸브 트랜지션스 효과가 적용됩니다.

페이드 인/페이드 아웃

영상의 시작과 끝을 점점 밝게/점점 어둡게 하고, 소리는 점점 크게/점점 작게 적용하는 효과를 페이드 인, 페이드 아웃이라고 합니다. 영상이 처음 시작 하는 부분의 위쪽 모서리에 마우스를 위치시키면 마우스 커서가 모양으로 바뀌게 됩니다. 이때 오른쪽으로 드래그하면 사선(/) 표시가 적용되는 것을 볼 수 있는데 이렇게 하면 영상이 점점 밝아지면서 시작되는 페이드 인 처리가 됩니다.

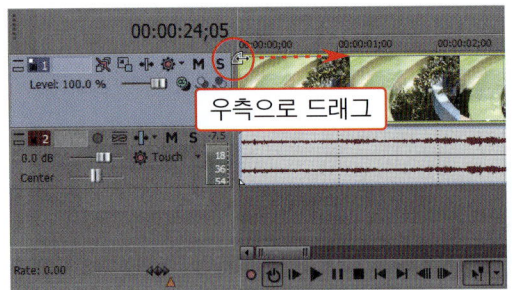
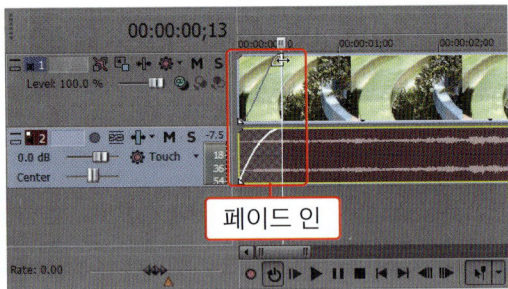

반대로 파일 끝의 모서리 부분을 클릭하여 좌측으로 드래그하면 페이드 아웃이 적용됩니다.

> **페이드 인/페이드 아웃**
>
> 오디오와 자막 파일에도 동일한 방법으로 적용할 수 있습니다.
> - **페이드 인(Fade in)**: 영상 시작 시 화면이 점점 밝아지면서 나타나고, 오디오는 점점 볼륨이 커집니다.
> - **페이드 아웃(Fade out)**: 영상이 점점 어두워지면서 끝나고, 오디오는 볼륨이 점점 줄어듭니다.

■ 페이드 타입 고르기

페이드 인/아웃 효과가 생성된 영역에서 마우스 우측 버튼을 클릭한 후, [Fade Type]에서 페이드 타입을 선택할 수 있습니다.

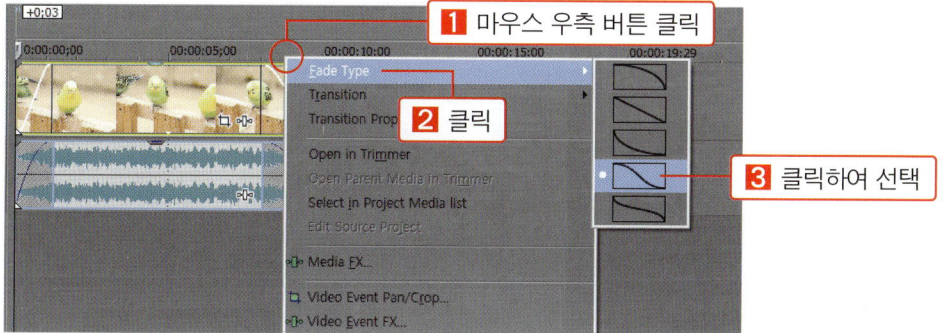

4 영상 삽입과 삭제 간격을 조정하는 Auto Ripple

오토 리플(Auto Ripple)은 타임 라인에 있는 미디어 파일을 삭제하거나 삽입할 경우 미디어 파일의 일정한 간격을 해제/유지시켜 주는 기능입니다. 사용법은 툴 바의 Auto Ripple() 버튼이 눌러진 상태를 확인하면서 파일들을 이동시키거나 삭제해 보면 쉽게 알 수 있습니다.

■ 삭제 작업시 오토 리플의 역할

타임 라인 중간에 배치된 사진을 선택한 후 키보드의 Delete 키를 눌러 삭제하는 작업을 해보면 오토 리플( ) 버튼의 역할을 쉽게 이해할 수 있습니다.

- 오토 리플(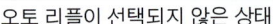)을 사용하지 않을 때(눌러져 있지 않을 때)는 삭제된 미디어 공간이 그대로 남아 있습니다.

- 오토 리플(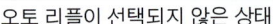)을 사용할 때(눌러져 있는 상태)는 삭제된 미디어의 공간은 사라지고 뒤쪽의 미디어 파일이 모두 앞쪽으로 따라 붙어 빈 공간을 메워 줍니다.

오토 리플이 선택되지 않은 상태

오토 리플이 선택된 상태

■ 삽입 작업시 오토 리플의 역할

오토 리플을 활성화된 상태에서 빈 공간에 사진 파일을 삽입하면 기존 공간은 그대로 둔 채 뒤쪽의 미디어 파일들이 공간만큼 거리를 두어 뒤로 밀려 나게 됩니다.

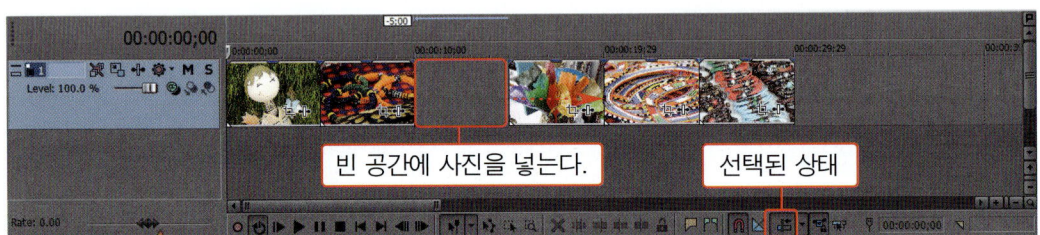

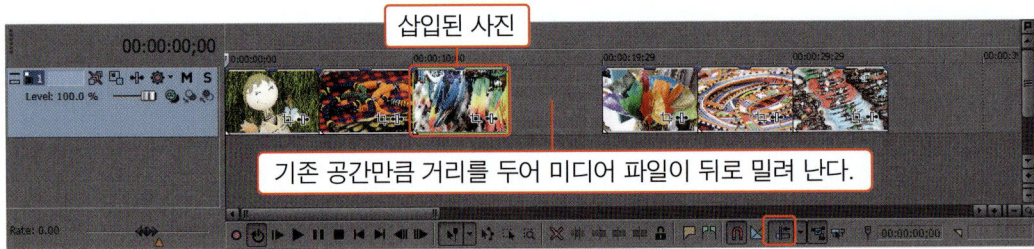

📝 파일 이동시 Auto Ripple

> **Note** 트랙에 놓인 편집된 파일 전체를 뒤로 밀거나 또는 앞으로 옮기고자 한다면 Auto Ripple( ) 버튼이 선택된 상태에서 옮기고자 하는 부분의 첫 번째 파일을 드래그해서 이동시킵니다. Auto Ripple 버튼이 선택되어 있으면 뒤에 있는 파일들과 함께 한꺼번에 이동됩니다.

파일 일부를 선택해서 이동시키기

영상 편집 과정 중 불러온 파일 전체를 한꺼번에 앞으로 가져오거나 위치를 옮겨야 할 때가 있습니다. 이럴 때는 실렉션 에디트 툴(Selection Edit Tool,)을 사용해서 파일을 재배치시킬 수 있습니다.

클릭하여 활성화

1 아래쪽 툴 바의 Selection Edit Tool( ) 버튼을 클릭하여 활성화 시킨 후, 이동시킬 파일을 드래그하여 선택합니다.

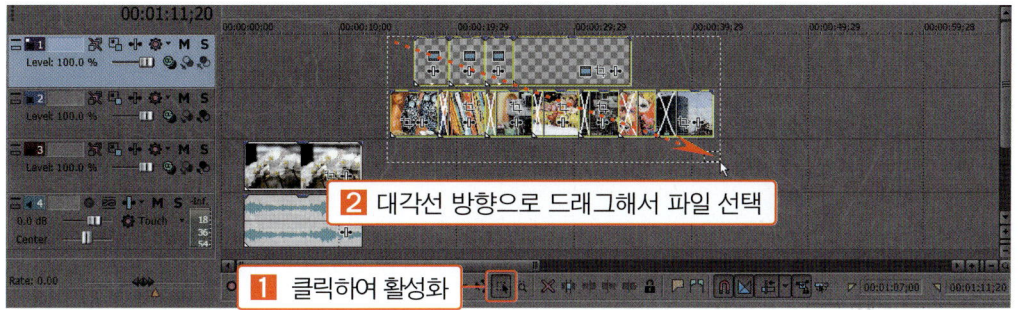

1 클릭하여 활성화
2 대각선 방향으로 드래그해서 파일 선택

2 선택한 파일 위에서 마우스 우측 버튼을 클릭한 후, [Group]-[Create New]을 클릭하여 선택된 파일 전체를 그룹으로 지정합니다.

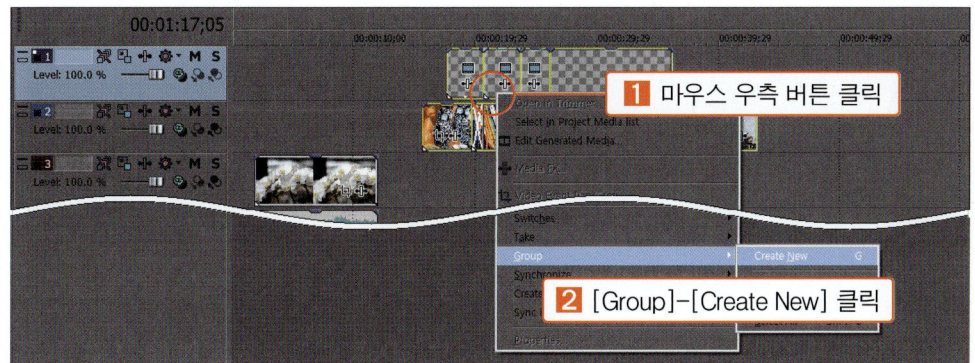

1 마우스 우측 버튼 클릭
2 [Group]-[Create New] 클릭

3 파일을 그룹으로 지정한 후, 선택한 파일을 드래그해서 움직이면 한꺼번에 이동됩니다.

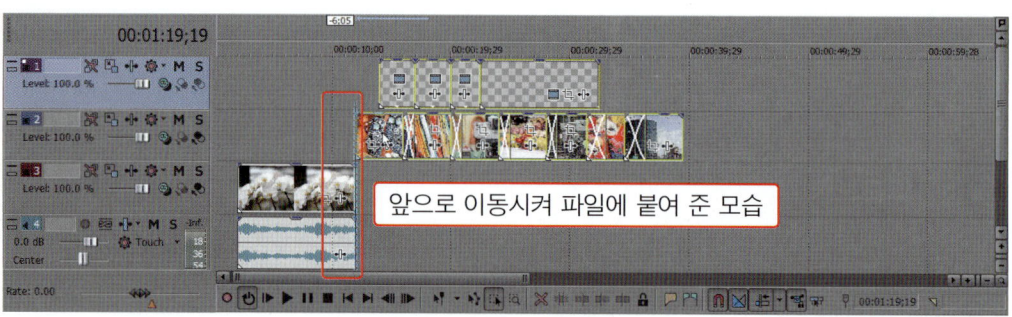
앞으로 이동시켜 파일에 붙여 준 모습

그룹 지정 해제/Selection Edit Tool 모드 해제

Note
- **그룹 지정 해제**: 그룹으로 지정된 것을 해제하려면 그룹으로 지정된 파일에서 마우스 우측 버튼 클릭하여 [Group]-[Clear]을 선택합니다.
- **Selection Edit Tool 모드 해제**: 실렉션 에디트 툴로 작업하다가 이를 해제 하려면 Normal Edit Tool( ) 버튼을 클릭하면 됩니다.

6. 영상 파일의 전체 구간 프리뷰 활성화시키기

영상 파일을 타임 라인에 불러오게 되면 처음 부분하고 중간 중간의 장면만 보여주도록 기본 설정이 되어 있습니다. 파일 보는 방식을 전체 구간 장면을 모두 볼 수 있게 활성화시켜 주면 영상을 확인하는데 편리합니다.

기본 모드는 프리뷰 중간 중간의 장면만 나타남

전체 구간을 활성화시키기 위해서 먼저 상단 메뉴의 [Options]- [Preferences]을 클릭합니다.

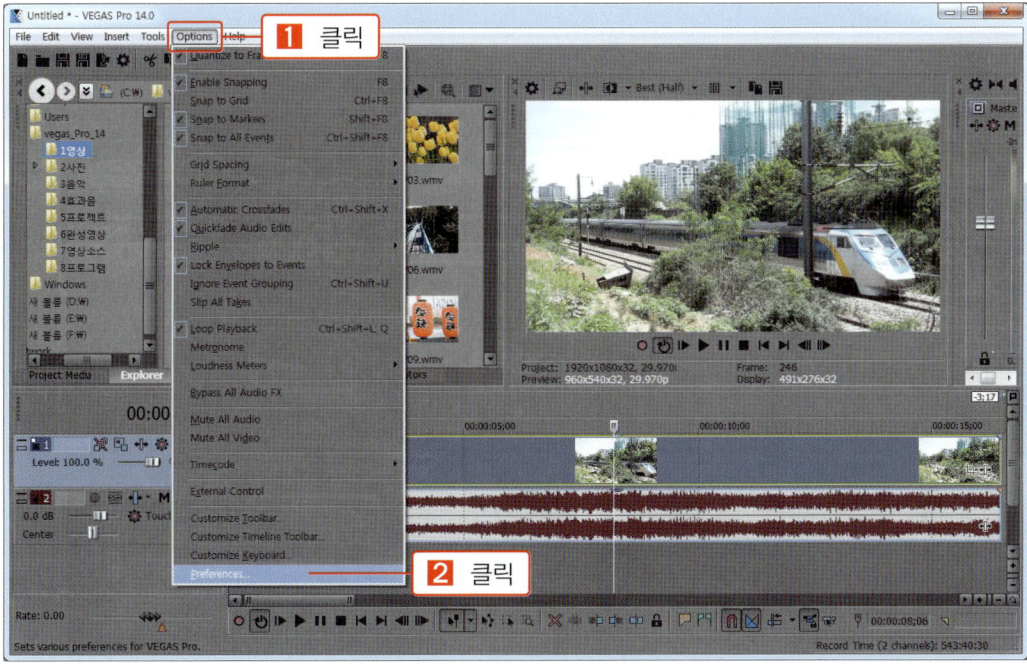

[Preferences] 창이 나오면 [Video] 탭을 클릭한 후 [Thumbnails to show in video events] 항목에서 [All]를 선택한 후 [OK]를 클릭합니다.

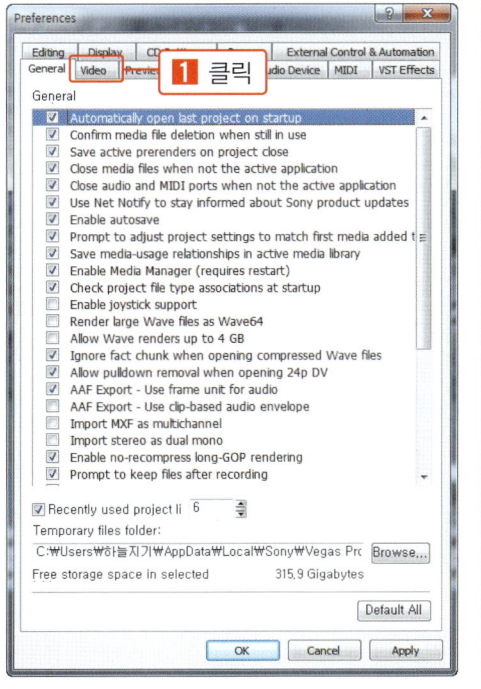
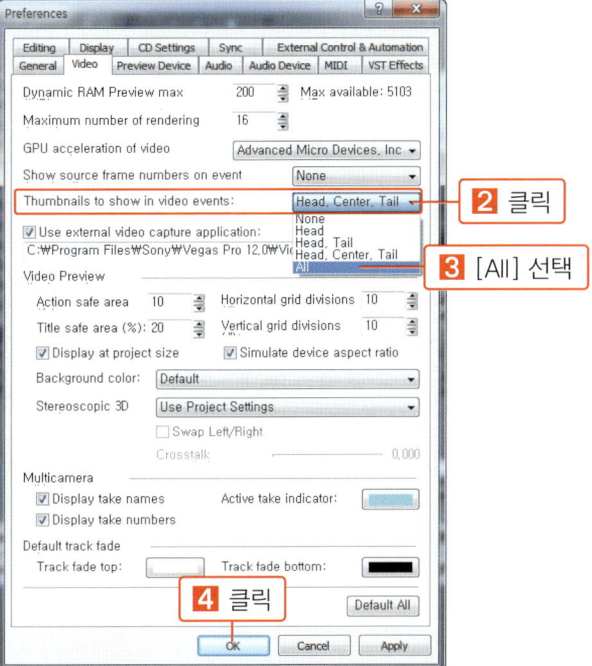

그러면 중간 장면만 보여주던 것에서 파일 전체 구간의 장면을 확인할 수 있게 변경됩니다.

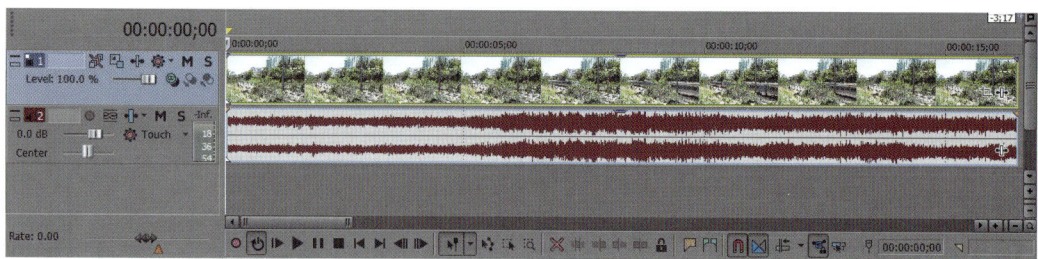

7 적용한 효과를 다른 파일에 동일하게 적용하기

파일에 적용한 Video FX, 마스크, 이벤트 팬/크롭 등의 효과를 다른 파일에도 동일하게 적용하고자 할 때는 효과가 적용된 파일 위에서 마우스 우측 버튼을 클릭하여 [Copy]를 선택합니다.

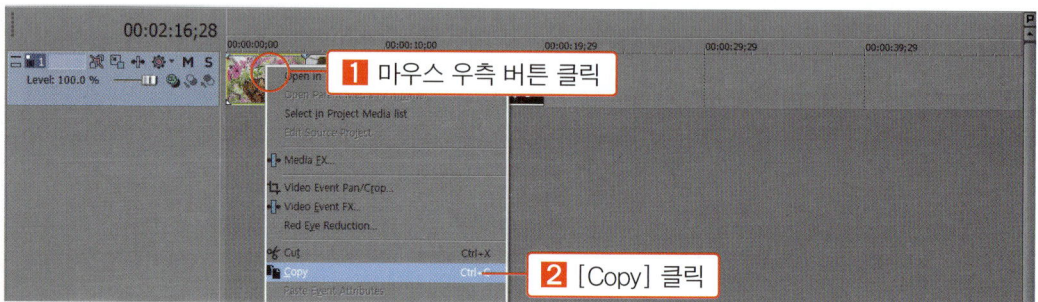

그런 후 같은 효과를 적용할 파일에서 마우스 우측 버튼을 눌러 [Paste Event Attributes]를 선택합니다. 그러면 복사했던 파일에 적용되어 있는 효과들이 동일하게 적용됩니다.

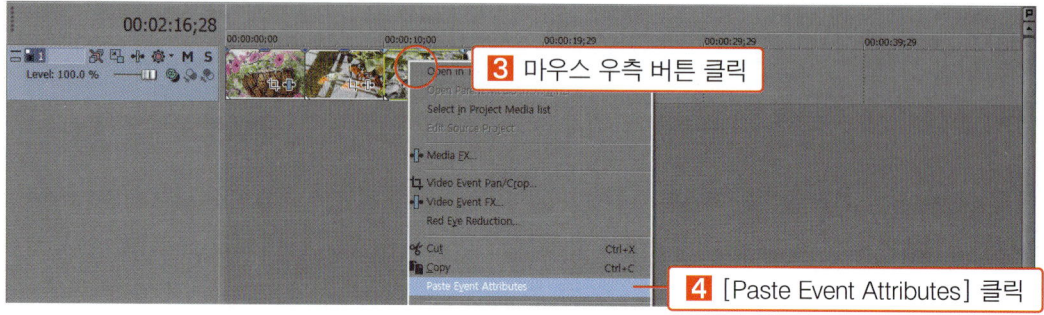

영상 편집에 도움을 주는 기본 기능들 — Lesson 09

오디오 볼륨 조절하기

베가스에서 오디오 볼륨을 조절하는 방법으로 조정선을 사용하는 방법과 개별 파일의 볼륨 조절, 트랙 전체의 볼륨을 조절하는 방법이 있습니다.

■ 조정선을 사용하여 부분 볼륨 조절

부분 볼륨을 조절하려면 오디오 미디어를 클릭하여 선택한 후, 메뉴 [Insert]-[Audio Envelopes]-[Volume]을 클릭하여 볼륨 조정선을 나타낸 후 작업합니다.

1 조정선을 사용해서 볼륨을 조절하기 위해서 오디오 파일을 클릭하여 선택한 후, 상단 메뉴 [Insert]-[Audio Envelopes]-[Volume]을 클릭합니다.

2 오디오 파일에 볼륨 조정선이 나타나면, 조정선에 마우스 포인터를 위치시켜 모양으로 바뀔 때 더블 클릭하여 조정점(■)을 3개 만들어 줍니다.

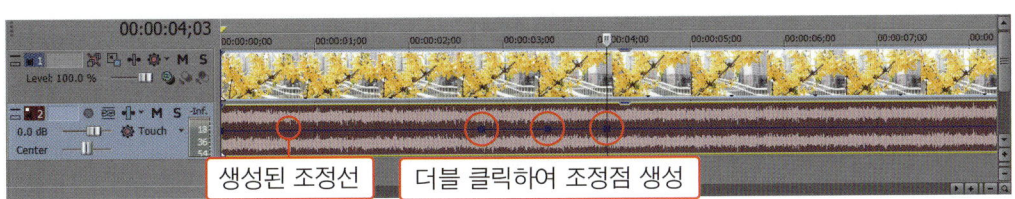

3 조정점 3개 중 가운데 점을 아래로 드래그해서 내립니다. 그러면 A에서 B지점을 지나면서 소리가 점점 줄어들었다가 B에서 C지점을 지나면서 소리가 다시 점점 커지면서 원래대로 돌아가게 됩니다.

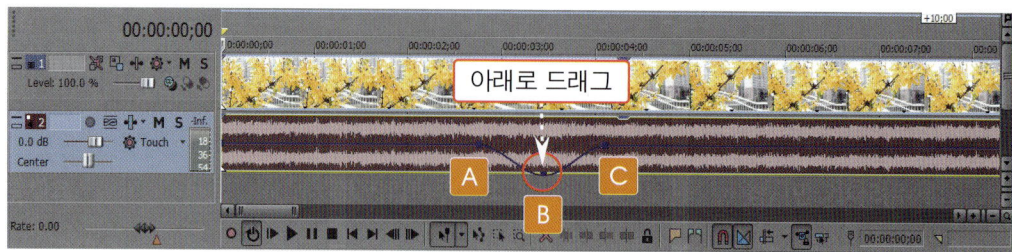

정상적인 볼륨에서 일정 구간을 다른 볼륨을 유지하다 다시 정상적인 볼륨으로 돌아오게 하고자 한다면, 먼저 조정점을 A, B와 C, D로 서로 붙여서 4개의 조정점을 생성합니다. 그 후 B와 C사이의 선을 아래로 내려 주면 A에서 B지점을 지나면서 소리가 점점 줄어들었다가 B에서 C지점 까지 일정한 볼륨 상태를 유지하다 C에서 D지점을 지나면서 소리가 다시 점점 커지면서 원래대로 돌아가게 됩니다.

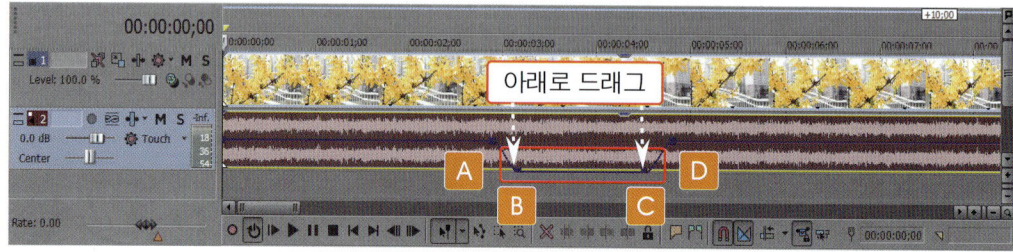

볼륨 조정선 제거

> **Note** 볼륨 조정선은 오디오 파일을 제거하더라도 트랙에 그대로 남아 있기 때문에, 조성선을 제거할 때는 해당 오디오 트랙을 선택한 후, Delete 키를 눌러 삭제해 주면 됩니다.

■ 오디오 트랙 볼륨 조절

오디오 트랙 전체의 볼륨을 조절하려면 해당 오디오 트랙의 볼륨 슬라이더로 조절할 수 있습니다.

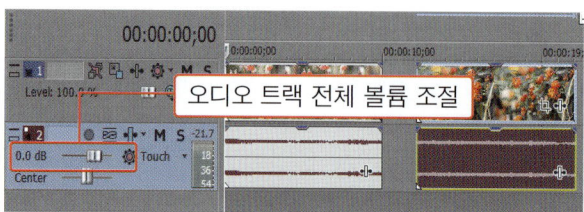

■ 원하는 오디오 파일만 볼륨 조절하기

볼륨을 조절하고자 하는 오디오 파일의 맨 위쪽에 마우스 포인터를 위치시키면 모양으로 바뀌는데 이때 드래그해서 아래쪽으로 내리면 선 하나가 나오면서 선택한 오디오 파일의 전체 소리가 줄어들게 됩니다.

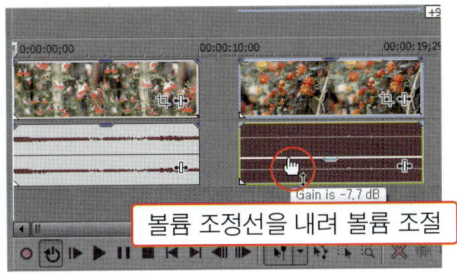

9 영상을 빠르게 또는 느리게 속도 조절하기

■ 파일 전체에 대한 속도 조절

타임 라인에 불러온 영상 파일 뒤쪽 끝에 마우스를 위치시키면 모양으로 바뀝니다.

그런 후 키보드의 Ctrl 키를 누르면 모양으로 다시 바뀌게 되는데, Ctrl 키를 누른 상태로 왼쪽으로 드래그하면 영상 파일 길이가 줄어들면서 영상 속도가 빨라지고, 오른쪽으로 드래그하면 영상 파일 길이가 늘어나면서 속도가 느려집니다. 이렇게 해서 빠른 영상과 슬로우 모션 영상을 만들 수 있습니다.

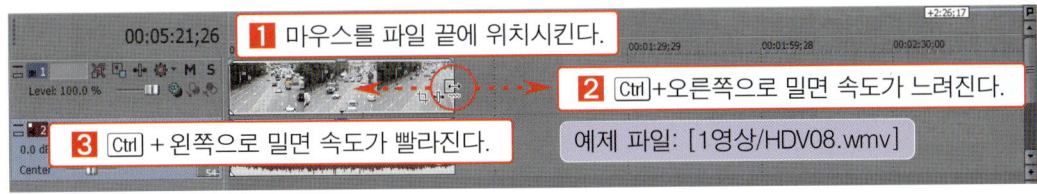

■ 속도 적용 취소하기

Ctrl 키를 사용해서 속도를 빠르게 또는 느리게 적용한 후 그 효과를 취소하려면, 파일에서 마우스 우측 버튼을 클릭하여 [Properties]를 클릭합니다. 이어서 나타난 [Properties] 창의 [Video Event] 탭에서 [playback rate]에 1.0(초기값)을 입력한 후 [OK]를 클릭합니다.

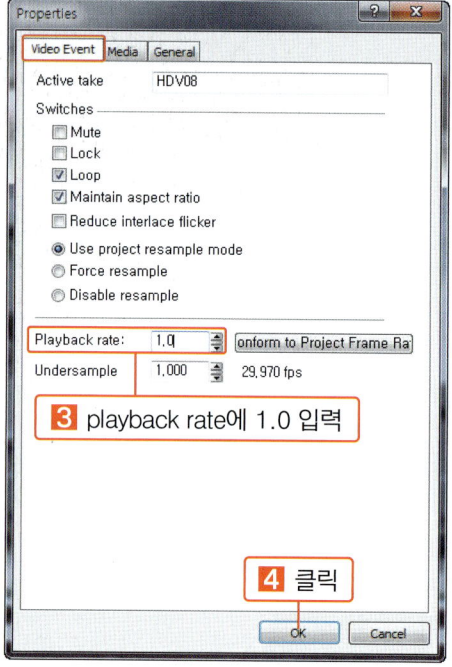

비디오/오디오의 속도 조절

> Note
> 앞에서 설명한 것처럼 속도를 빠르게 느리게 처리할 경우 영상의 속도와 함께 오디오 또한 마찬가지로 느려지거나 빨라지게 됩니다. 이때 오디오는 그대로 두고 영상 속도만 변화를 주고자 한다면 툴 바의 Ignore Event Grouping( ) 버튼을 클릭해서 영상과 오디오를 분리시킨 후 속도 조절을 하면 됩니다.

영상 속도 변화 주기

하나의 영상에서 속도가 빨라졌다가 느려지고, 다시 빨라지는 등의 다이내믹한 속도 변화를 주는 방법을 알아보도록 하겠습니다.

■ 기본 속도 조절법

영상 파일 위에서 마우스 우측 버튼을 클릭한 후 나오는 항목에서 [Insert/Remove Envelope]-[Velocity]를 클릭합니다.

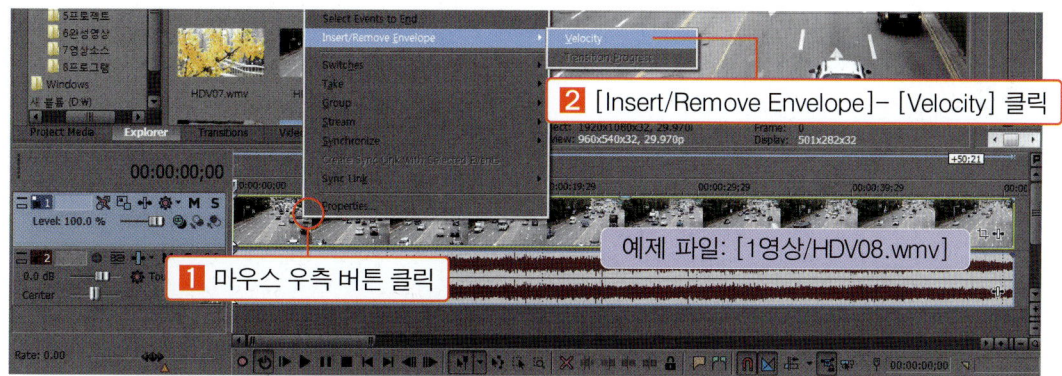

그러면 영상 파일에 속도를 조정하는 녹색의 Velocity선이 생성됩니다.

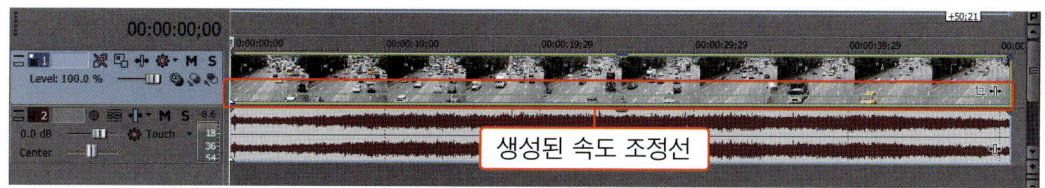

속도 조정선이 처음 위치한 곳이 Velocity 값이 100%이며, 이를 기준으로 속도 조정선을 위로 올리면(Velocity 값이 100% 이상이면) 영상 속도가 빨라지고, 아래로 내리면 (Velocity 값이 100% 이하이면) 영상 속도가 느려집니다.

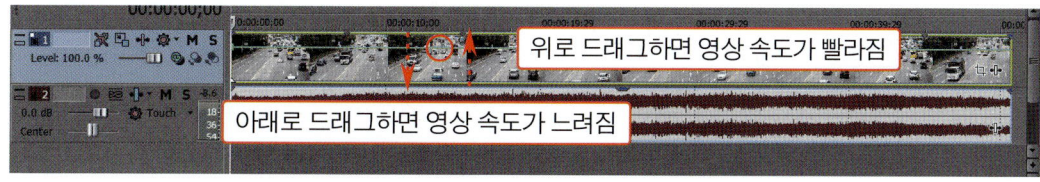

■ 영상 역재생

속도 조정선을 맨 아래(Velocity 값이 -100%)에 놓으면 영상이 역재생됩니다.

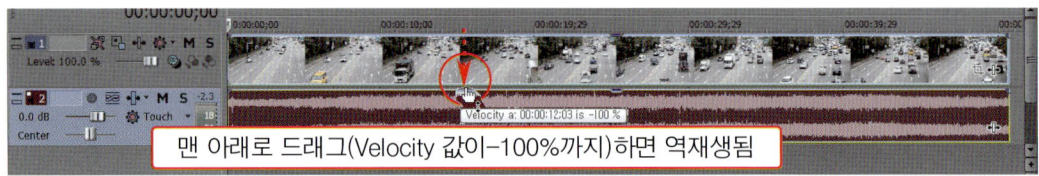

■ 특정 부분의 영상 속도 변화 주기

영상의 A지점에서 B지점까지는 점점 빠르게 플레이되다가 B지점부터 C지점까지는 점점 느리게 가는 등의 특정 부분에 속도 변화를 적용하는 방법을 알아보겠습니다.

영상 파일 위에서 마우스 우측 버튼을 클릭한 후 나오는 항목에서 [Insert/Remove Envelope]-[Velocity]를 클릭하여 속도 조정선이 나타나면 일정한 간격으로 더블 클릭하여 4개의 조정점(Point)을 생성해 줍니다.

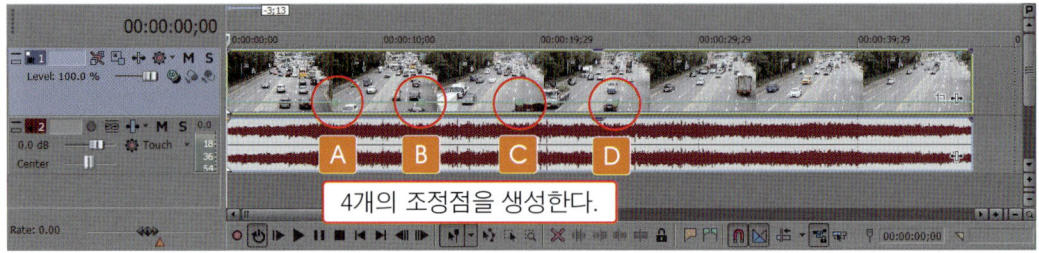

조정점 중 2번째 조정점(B)을 Velocity 값이 300%에 가깝게 되도록 위로 올립니다.
그리고 조정점 중 3번째 조정점(C)을 Velocity 값이 -30%에 가깝게 되도록 내립니다.

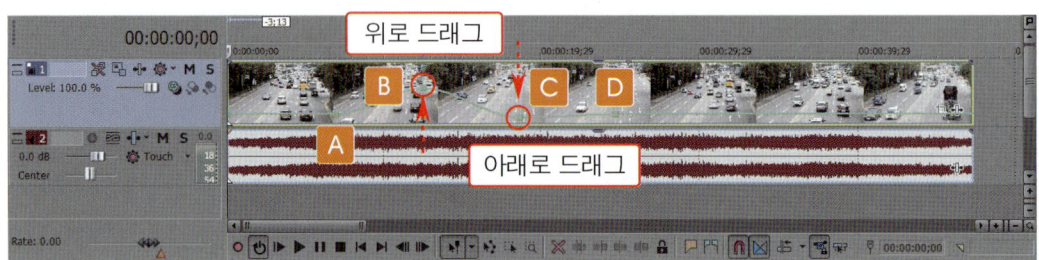

지금까지 작업한 구간별 속도 변화는 다음과 같습니다.

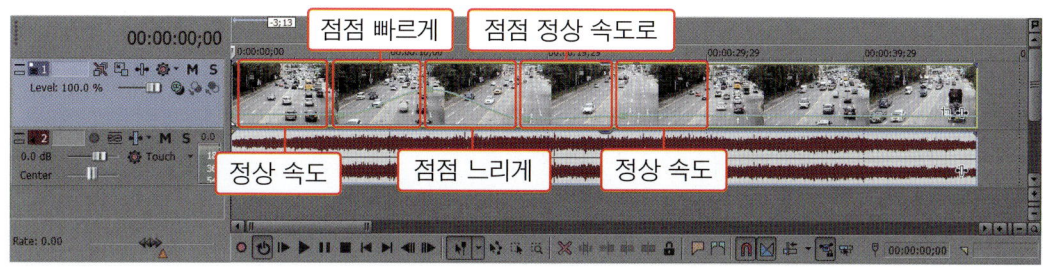

속도 조절시 파일의 V 홈

속도 조정선을 위쪽으로 올리면(빠르게 하면) 영상 파일에 역삼각형 모양으로 패인 부분이 나타나는데 이것은 영상 속도를 빠르게 하면서 영상의 재생 시간이 줄어들었다는 걸 나타내며, 패인 부분 뒤부터는 영상이 반복되어 나타납니다.

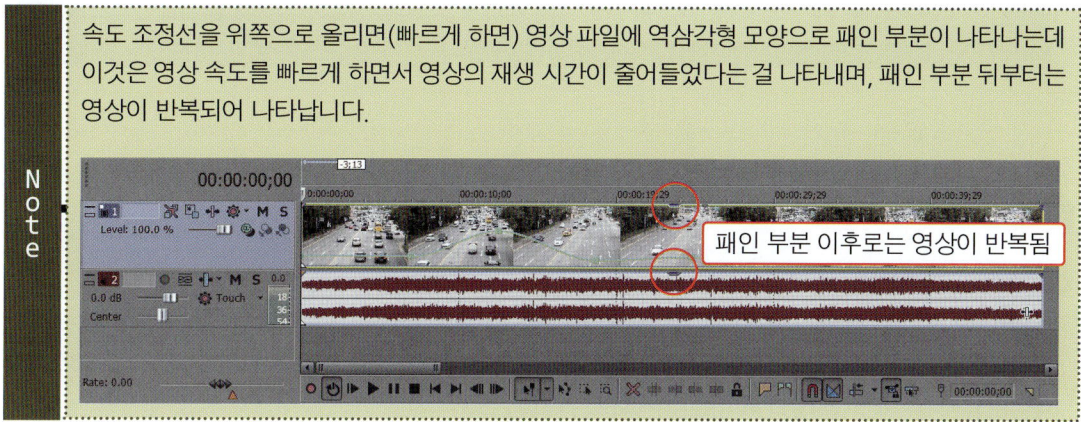

■ Velocity 설정 초기화 및 선 제거하기

설정한 속도 조정선 설정 값을 초기화하려면 Velocity 조정선 위에서 마우스 우측 버튼을 클릭하여 [Reset All]을 클릭합니다. 그러면 적용한 설정이 초기화됩니다.

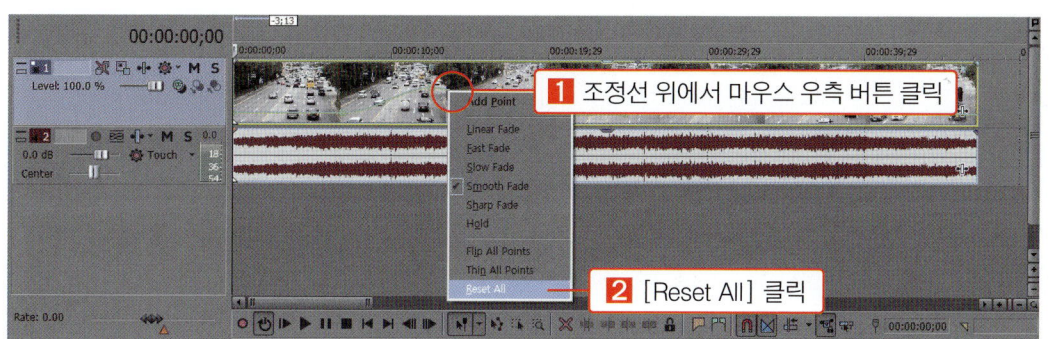

영상 파일 위에 적용한 Velocity 선을 사용하지 않을 때는 파일 위에서 마우스 우측 버튼을 클릭하여 [Insert/Remove Envelope]-[Velocity]를 선택하여 체크를 해제하면 적용한 Velocity 선이 제거됩니다.

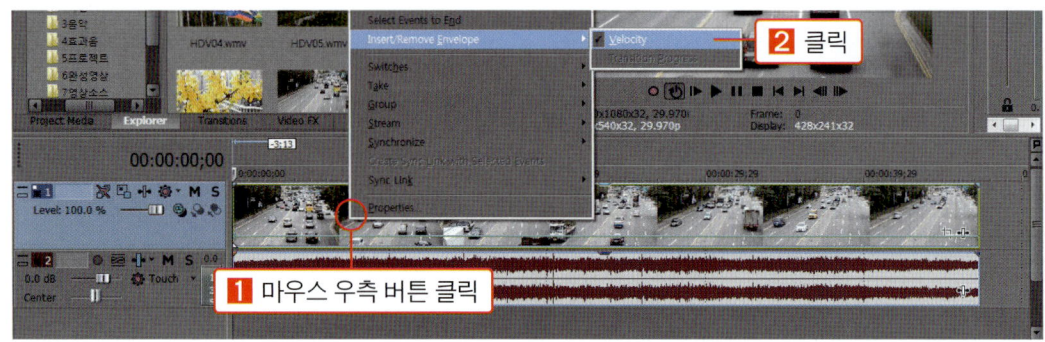

 영상을 역재생시키기

역재생은 재생되는 영상을 거꾸로 돌아가게 만드는 기법으로, 사람이 걸어가는 영상에 역재생을 적용하면 뒤로 걸어가는 효과가 나타납니다.

역재생을 적용할 영상 파일에서 마우스 우측 버튼을 클릭하여 나오는 항목에서 [Reverse]를 선택하면 영상이 처음 재생되는 맨 앞쪽에 역방향(◀) 화살표가 생기면서 역재생이 적용됩니다.

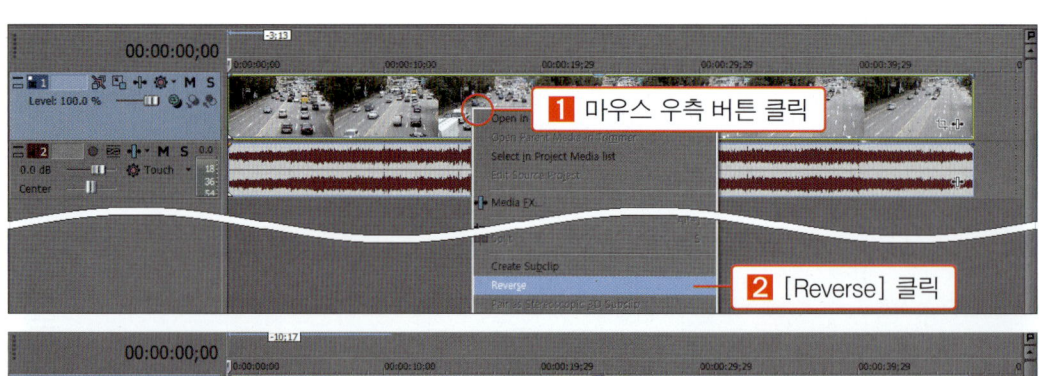

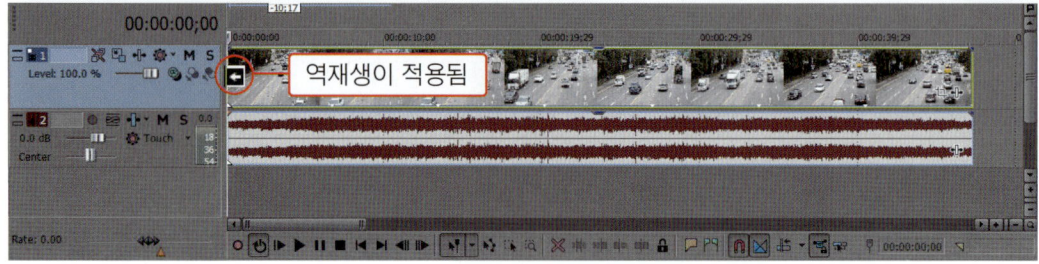

역재생의 해제

Note
- 역재생된 영상을 원상태로 돌리려면 역재생이 적용된 영상 파일에서 마우스 우측 버튼을 클릭하여 [Reverse]를 선택하여 체크되어 있는 것을 해제시켜 주면 역재생이 해제됩니다.
- 오디오 파일 또한 역재생이 가능합니다. 오디오 파일에서 마우스 우측 버튼을 클릭하여 [Reverse]를 적용해 줍니다. 그러면 오디오 파일의 맨 앞쪽에 ◀ 모양이 생기면서 역재생이 적용됩니다.

12 이미지 파일의 기본 길이 조정하기

베가스에서 사진 파일을 불러오면 기본적으로 5프레임 길이로 되어 있습니다. 불러온 후 길이를 늘리거나 줄이는 작업이 뒤따르게 되는데 사진 개수가 많으면 상당히 번거로워집니다. 이를 처음부터 설정한 파일 길이로 불러와지게 만드는 방법을 알아보도록 하겠습니다.

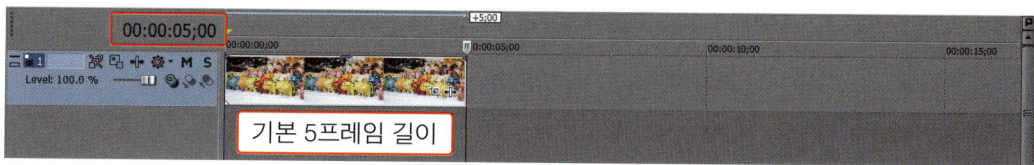

기본 5프레임 길이

1 상단 메뉴의 [Options]-[Preferences]를 클릭합니다.

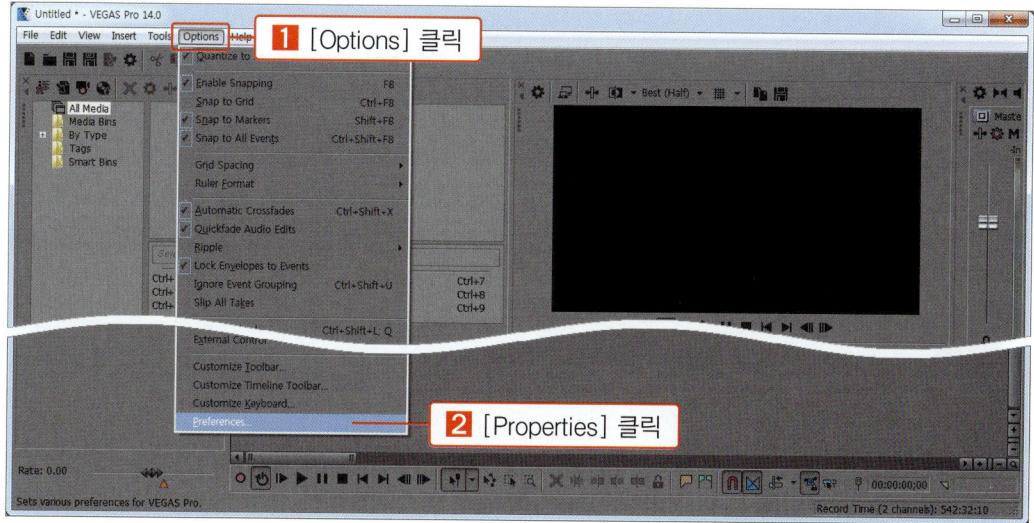

2 그런 후 설정 창에서 [Editing] 탭을 클릭하여 [New still image length (seconds)]의 5.000으로 되어 있는 기본 값을 10.000 등으로 입력한 후 [OK]를 클릭합니다.

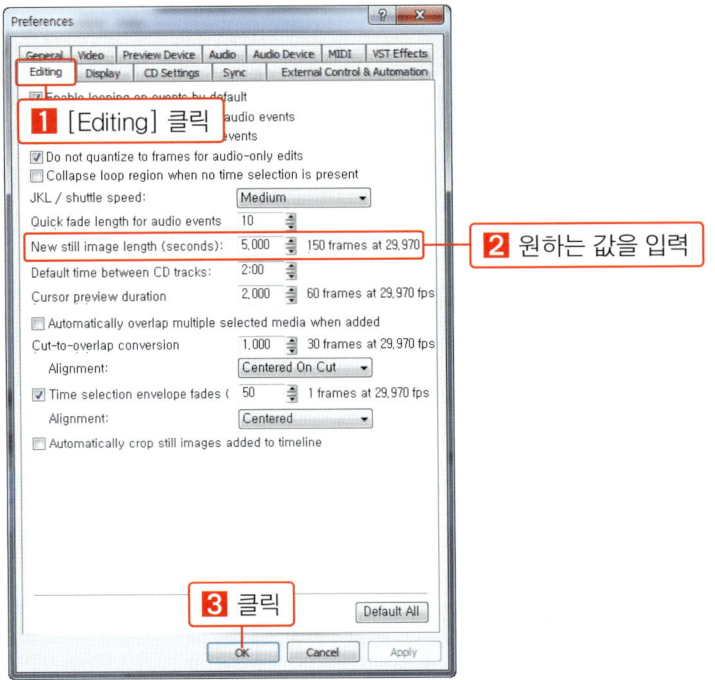

3 10.000으로 지정한 후, 이후 사진이 10 프레임(10초) 길이로 불러와진 모습입니다.

기본 10프레임 길이로 변경된 모습

> **[Options]-[Preferences]**
>
> - **Automatically overlap multiple selected media when added**: 체크하면 사진 파일을 여러 개 선택해서 불러올 때 자동으로 크로스페이드가 적용되어 불러와 집니다.
> - **Cut-to-overlap conversion**: 기본 값 1.000에 원하는 값을 입력하면 크로스페이드 구간이 설정한 값으로 지정됩니다.
> - **Automatically crop still images added to timeline**: 현재 작업 화면에 사진이 꽉 차게 비율을 조정하여 불러 옵니다.

고화질 렌더링과 배치 렌더링 | Lesson 10

Lesson 10 고화질 렌더링과 배치 렌더링

Vegas Pro 2014

책의 초반에서 WMV 렌더링 과정으로 통하여 WMV 렌더링 방법을 익혔다면 이번 과정에서는 고화질 영상 파일로 많이 사용하는 MP4 파일 포맷의 렌더링 방법을 알아보겠습니다.

1. 고화질의 MP4 렌더링 설정하기

과거에는 고화질 포맷으로 AVI가 많이 사용되었으나 용량 대비 월등한 화질을 가진 차세대 코덱 H.264가 등장한 이후로는 MP4 형식이 HD 영상은 물론 일반 영상에도 가장 보편적으로 많이 사용됩니다. 이번 레슨에서는 AVI보다 고화질의 영상으로 출력할 수 있고 최근 많이 사용하는 MP4 형식의 렌더링 방법을 알아보도록 하겠습니다.

H264 MP4 렌더링하기

1 타임 라인의 시간 눈금이 표시된 위쪽 공간을 더블 클릭하여 처음부터 끝부분까지 선택해서 렌더링 구간을 지정한 후, 메뉴 [File]-[Render As]를 클릭하거나 툴 바의 Render As() 버튼을 클릭합니다.

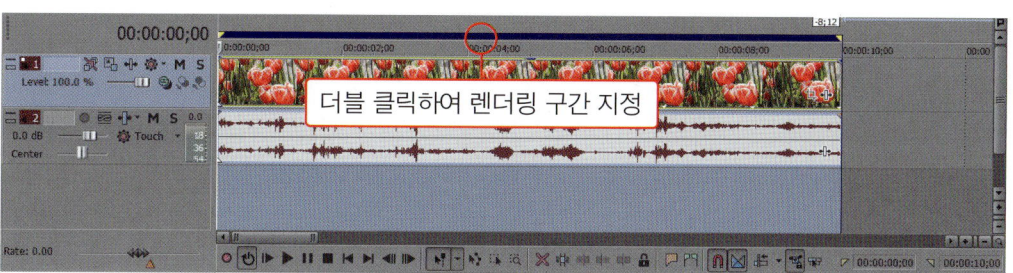

2 렌더링 설정 창에서 [Sony AVC/MVC(*.mp4,*.mt2s,*.avc)]를 더블 클릭해서 [Internet 1920x1080]을 선택한 후 [Customize Template] 버튼을 클릭합니다.

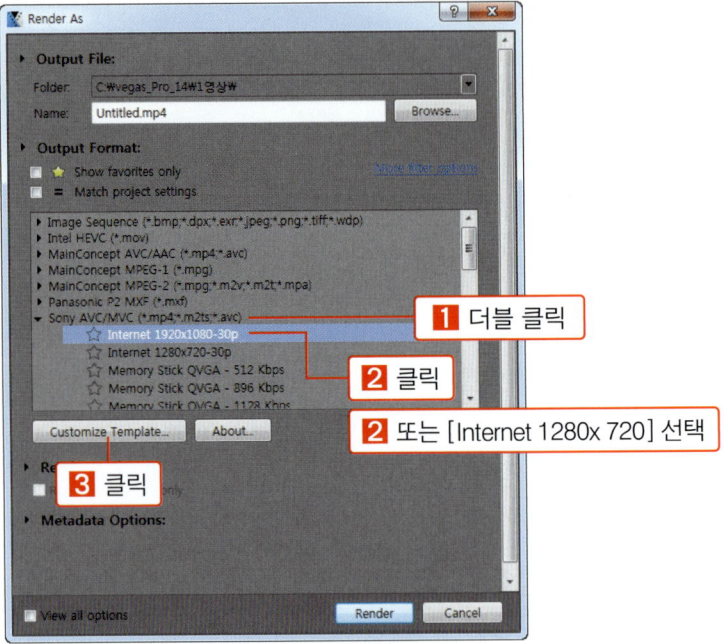

3 [Video] 탭에서 다음과 같이 설정합니다.

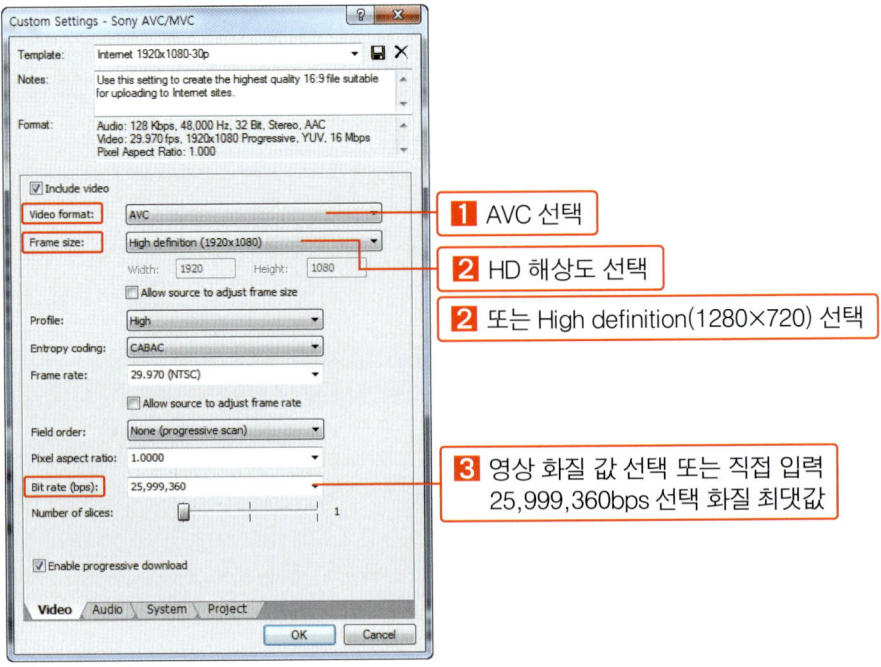

고화질 렌더링과 배치 렌더링 — Lesson 10

4 [Audio] 탭을 클릭하여 음질을 설정하는 [Bit rate(bps)]에서 192를 선택합니다. [Project] 탭을 클릭하여 [Video rendering quality]를 Best로 선택하고 [OK]를 클릭합니다.

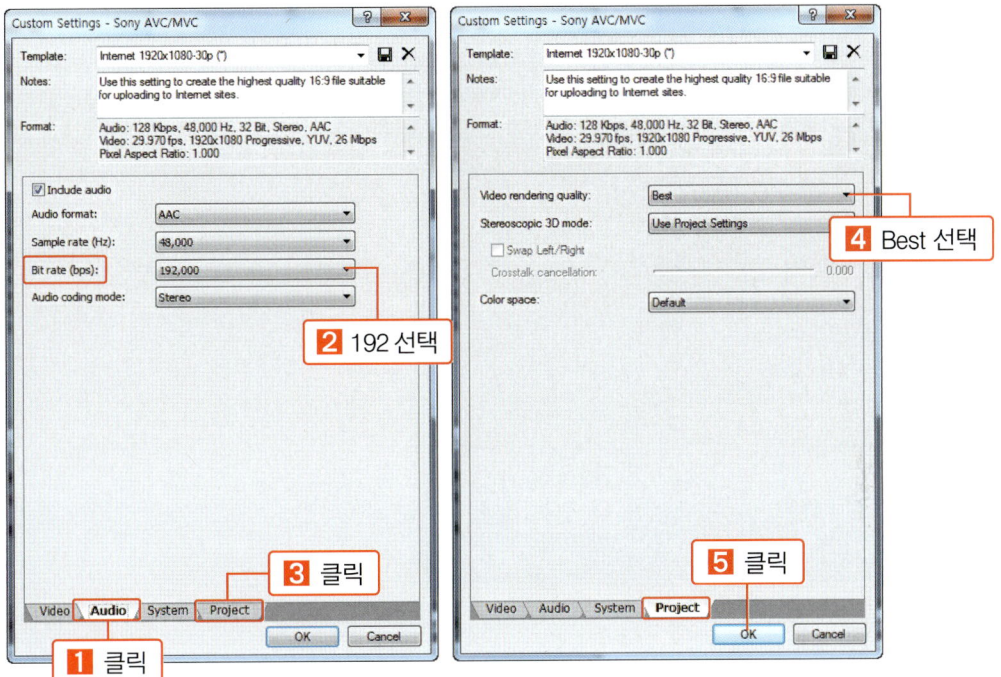

비트 레이트(Bit rate)와 영상 화질

> 영상의 화질을 결정하는 것은 화질 값인 비트 레이트입니다. 화질을 좋게 하려면 비트 레이트 값이 높을수록 고화질의 영상이 만들어 집니다. 다만 화질이 좋아지는 만큼 용량도 배로 늘어나게 됩니다.
>
> - **원본과 동일한 화질**: 카메라로 촬영한 원본 영상의 화질과 동일하게 렌더링하려면 원본 영상의 화질 비트 레이트 값과 동일한 비트 레이트로 설정해서 렌더링을 해야 원본과 비슷한 화질로 렌더링이 가능합니다.
>
> - 원본 영상 화질이 좋지 않으면 아무리 비트 레이트 값을 올려 렌더링을 하더라도 화질이 좋아지지 않습니다.

5 그런 후 다시 [Render As] 창에서 [Name]에 파일명을 입력한 후 [Browse]를 클릭해서 저장할 폴더를 지정합니다. 이후 [Render] 버튼을 클릭하면 렌더링이 진행됩니다.

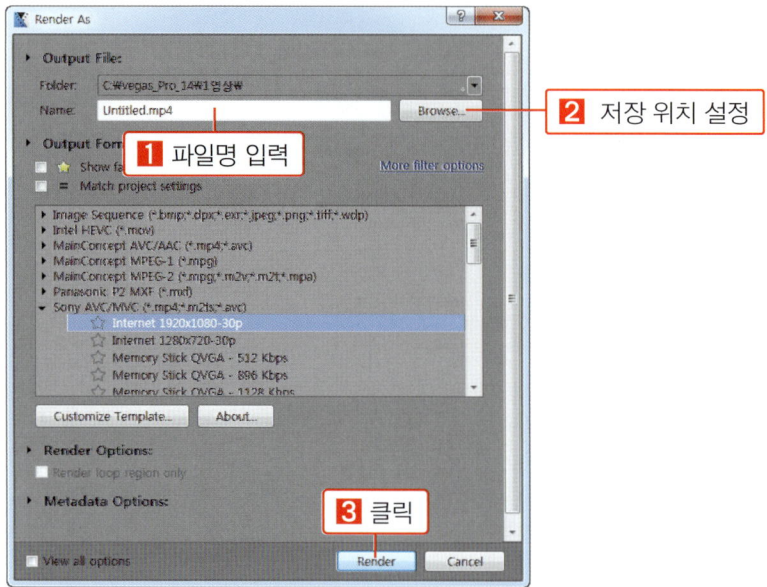

 부분 렌더링과 배치 렌더링(Batch Rendering)

편집 중인 내용 중 원하는 구간만을 선택해서 렌더링하는 방법과 여러 구간에 렌더링 구간을 지정 후 한꺼번에 렌더링하는 방법을 알아보도록 하겠습니다.

■ 지정한 구간만 렌더링하기

1 영상 파일로 만들고자 하는 부분만 눈금 표시 위쪽을 드래그해서 렌더링 구간으로 지정합니다.

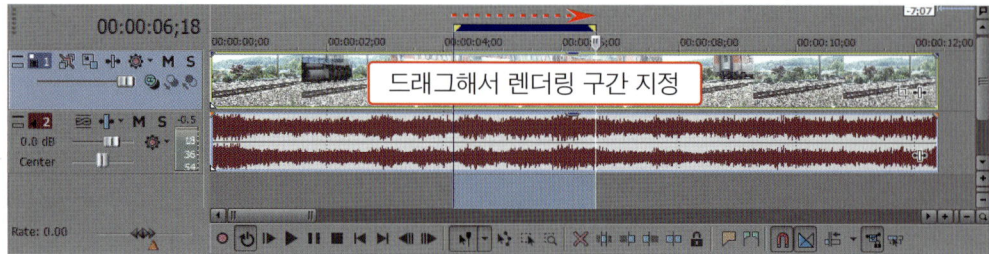

2 그런 후 메뉴 [File]-[Render As]를 클릭하거나 툴 바의 Render As( ) 버튼을 클릭해서 렌더링하면 지정한 부분만 영상 파일로 만들어 집니다.

렌더링이 무조건 처음부터 될 때

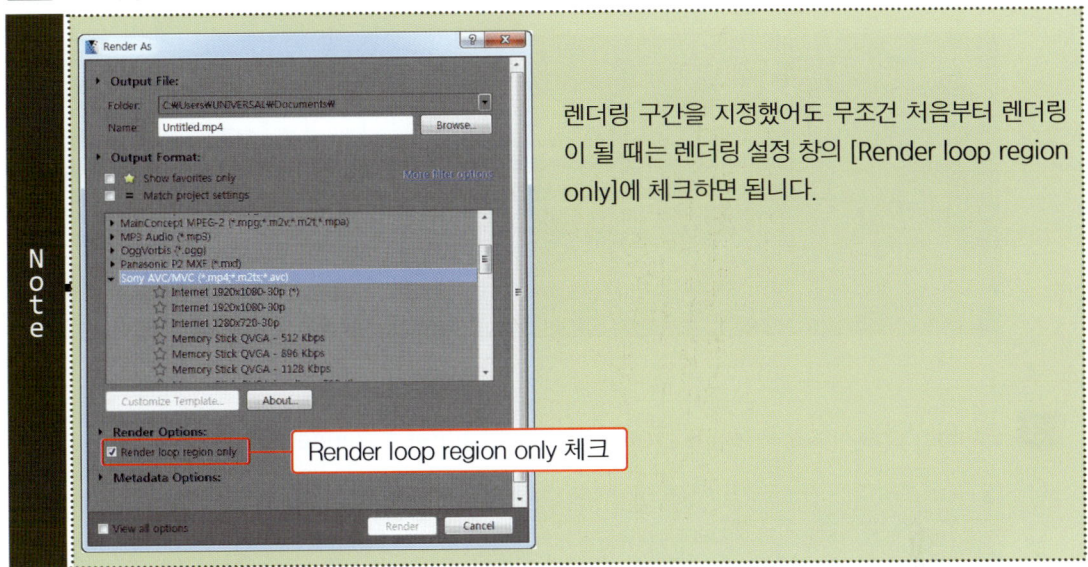

렌더링 구간을 지정했어도 무조건 처음부터 렌더링이 될 때는 렌더링 설정 창의 [Render loop region only]에 체크하면 됩니다.

Render loop region only 체크

■ 배치 렌더링하기

배치 렌더링이란 프로젝트 내에서 여러 곳의 렌더링 구간을 지정한 후 한꺼번에 렌더링하는 것을 말합니다.

1 타임 라인의 눈금자 위쪽 부분을 드래그로 렌더링 구간을 지정한 후 R 키를 누르면 위치 마킹이 나오는데 그곳에서 Esc 키나 Enter↵ 키를 눌러 줍니다. 그러면 녹색 번호 표가 앞뒤로 표시되어 배치 렌더링 구간을 표시해 줍니다.

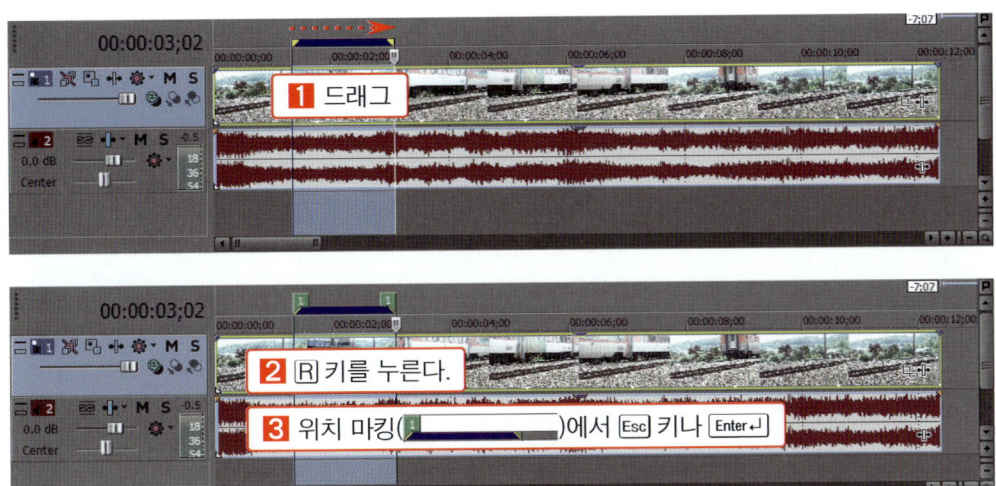

2 같은 방법으로 영상 구간에서 원하는 부분을 드래그해서 배치 렌더링 구간을 지정해 줍니다.

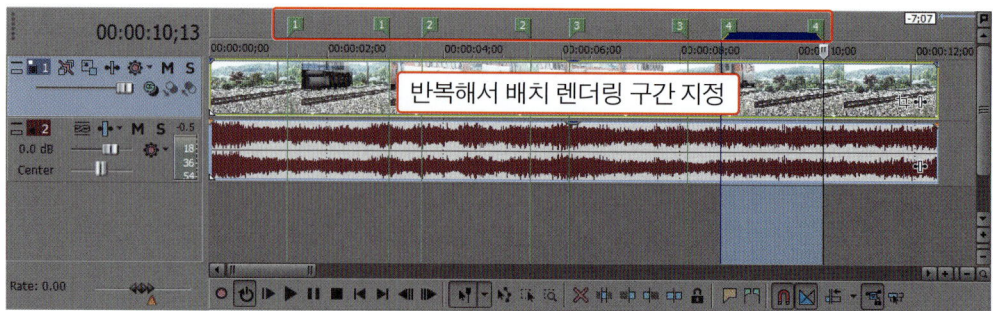

3 렌더링 구간을 지정한 후 메뉴의 [Tools]-[Scripting]-[Batch Render]를 클릭합니다.

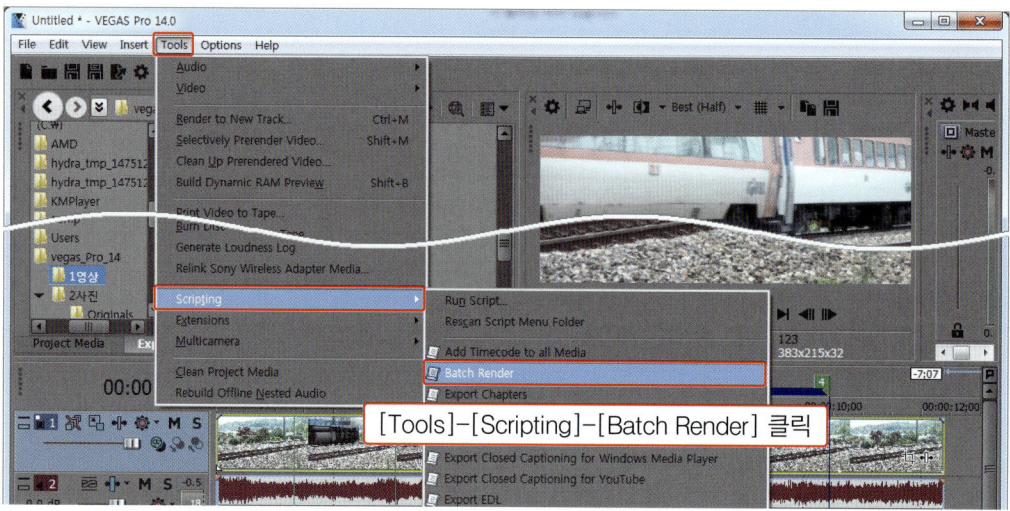

4 렌더링 설정 창이 나오면 파일 포맷 중 [Windows Media Video V11]을 더블 클릭하고 설정 값 [6 Mbps HD 720-30p Video]를 체크합니다. 그런 후 [Render Regions]에 체크하고 [Browse]를 클릭하여 저장 위치와 파일명을 입력합니다. 다시 [Batch Render] 창에서 [OK]를 클릭합니다.

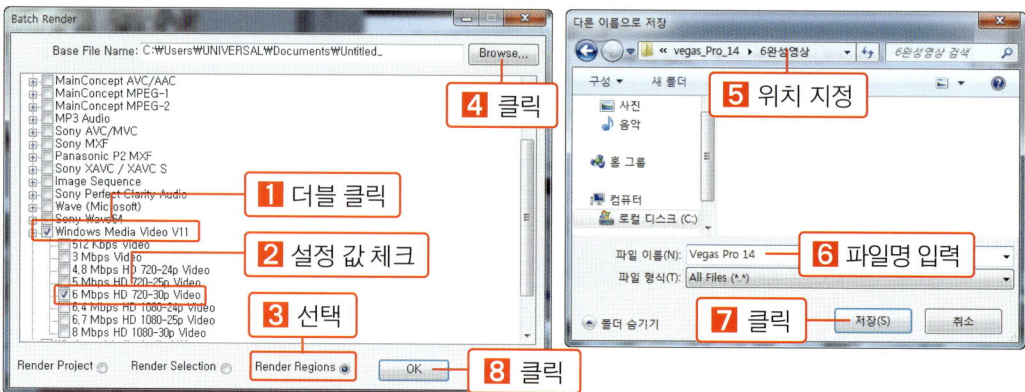

5 그러면 배치 렌더링이 시작되고 렌더링 종료 후 저장 폴더에 배치 렌더링으로 지정한 구간만큼 영상 파일로 만들어 집니다.

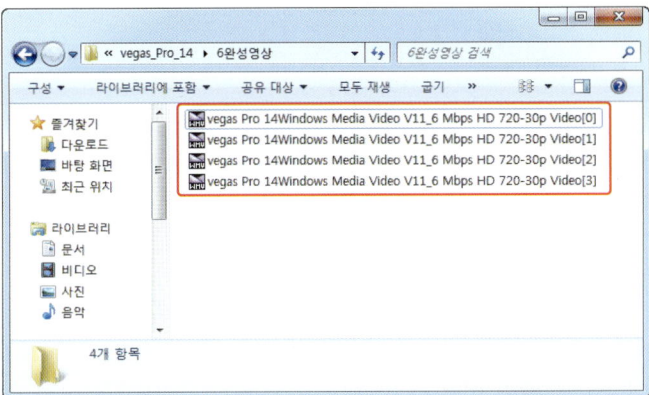

배치 렌더링 구간 삭제

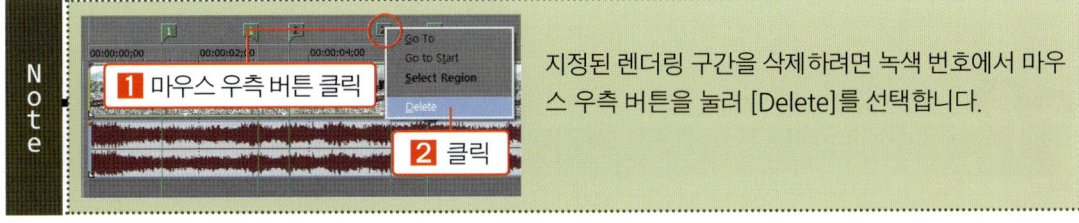

지정된 렌더링 구간을 삭제하려면 녹색 번호에서 마우스 우측 버튼을 눌러 [Delete]를 선택합니다.

Lesson  이벤트 팬/크롭 기능 배우기

이벤트 팬/크롭은 화면의 확대와 축소, 화면 비율과 각도에 변화를 주고 화면을 상하 좌우로 움직이거나 반전시키는 등의 화면 효과를 줄 수 있습니다. 또한 키 프레임을 생성하여 시간의 흐름에 따라서 변화되는 입체적인 화면 움직임을 적용한 애니메이션 효과를 줄 수 있는 기능입니다.

 이벤트 팬/크롭 사용하기

타임 라인에 올라와 있는 비디오 미디어 파일의 이벤트 팬/크롭( ) 버튼을 클릭합니다.

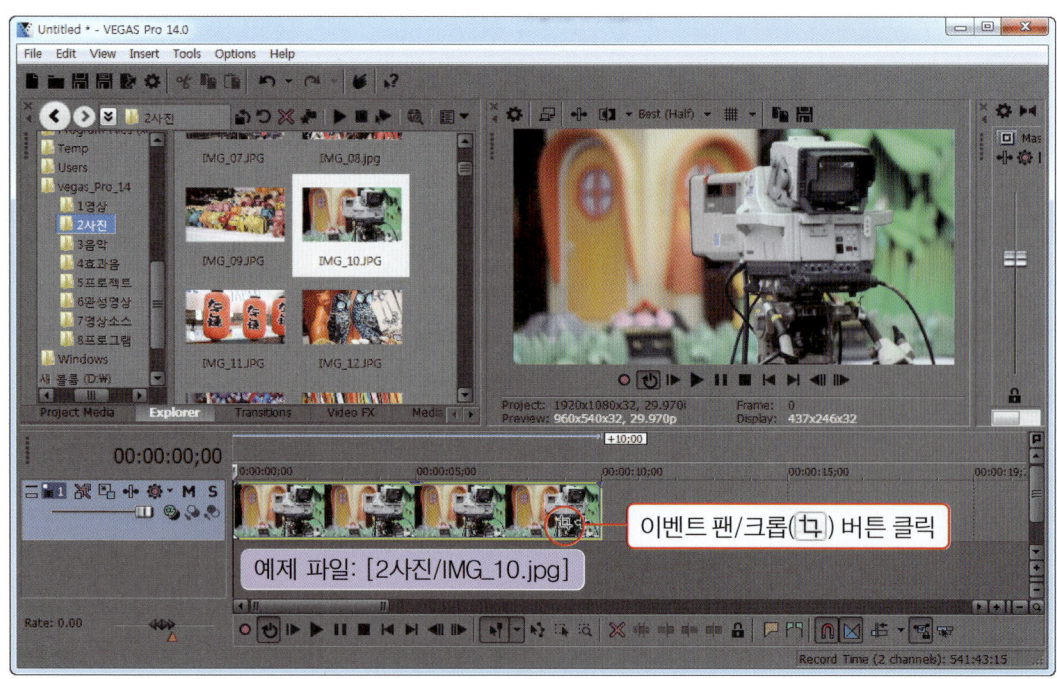

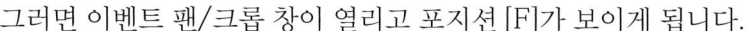

그러면 이벤트 팬/크롭 창이 열리고 포지션 [F]가 보이게 됩니다.

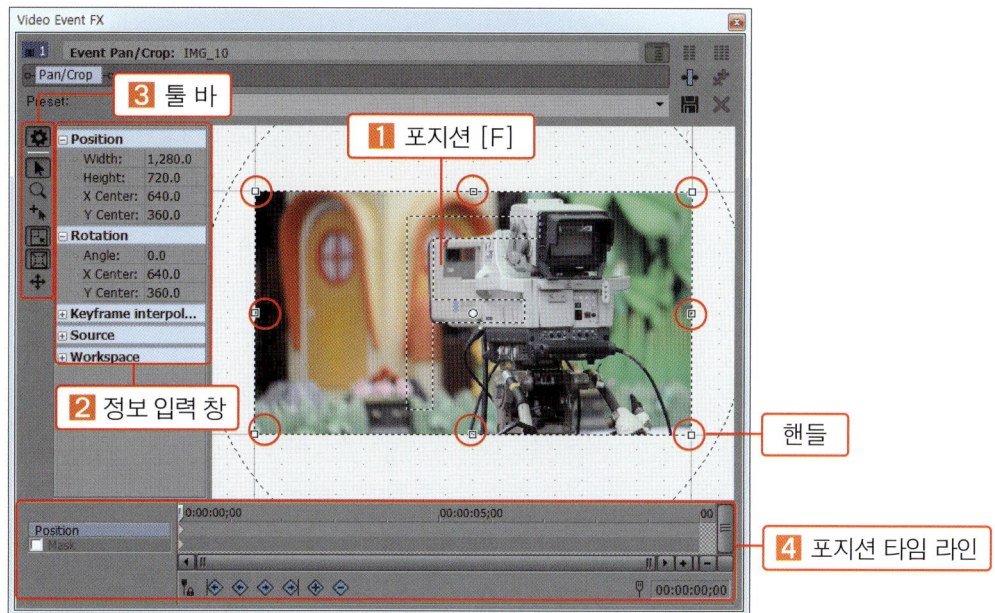

1 포지션 [F]

마우스를 사용하여 포지션 [F]의 와이어 프레임 핸들을 잡고 크기 조절 확대/축소, 회전 등을 적용할 수 있습니다

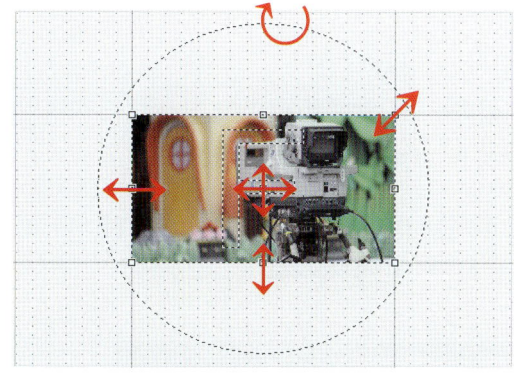

아이콘	설 명
↔	좌우로 폭을 늘이거나 줄입니다.
↕	아래위로 폭을 늘이거나 줄입니다.
↗	대각선 방향으로 폭을 늘리거나 줄입니다.
↻	회전을 시킵니다.
✥	포지션 [F]의 전체 위치를 이동합니다.

이벤트 팬/크롭( )과 트랙 모션( )

> Note
>
> 이벤트 팬/크롭과 트랙 모션 버튼은 작업 과정에 유사한 부분이 많습니다. 이 둘의 큰 차이는 트랙 모션은 트랙 리스트에 위치해 있으므로 해당 트랙의 모든 미디어에 대해 지정한 속성을 적용한다는 것입니다. 그러나 사진 하나 영상 하나 등 각각에 대한 움직임 등을 지정하려면 이벤트 팬/크롭 등을 사용하는 것이 좋습니다.

2 정보 입력창

일반적으로 마우스를 사용해서 와이어 프레임 핸들을 잡고 조절하는 방법이 편리합니다. 하지만 수동으로 위치 입력 값을 정보 입력 창에 직접 입력해서 사용할 수도 있습니다.

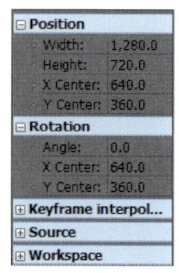

3 이벤트 팬/크롭 툴 바

툴 바를 사용해서 화면의 비율이나 위치 이동 등을 조절하고 포지션 [F] 사용에 대한 전반적인 기능을 설정합니다.

아이콘	명 칭	설 명
⚙	Show Properties	포지션 창을 전체 화면으로 변경합니다.
▶	Normal Edit Tool	일반적인 작업 시 사용하는 툴입니다.
🔍	Zoom Edit Tool	포지션 창을 확대 축소합니다. (마우스 왼쪽 버튼 확대, 오른쪽 버튼 축소)
⊕	Enable Snapping	포지션 창 [F]를 움직일 때 일정한 간격을 두고 이동합니다.
▣	Lock Aspect Ratio	[F] 창 4개의 모서리 중 한쪽 점이 고정된 채 4개의 모서리에서 화면 비율 조절시 동일 비율로 조절됩니다.
▣	Size About Center	중심점을 기준으로 화면이 조절됩니다.
✣	Move Freely (X or Y)	X축과 Y축으로 [F] 창 위치 이동을 결정합니다.

4 포지션 타임 라인

키 프레임을 생성해서 시간에 따른 효과 변화를 줄 때 사용합니다.
마름모꼴 모양을 한 것이 키 프레임이며, 키 프레임에는 화면 크기와 위치 정보가 들어 있습니다. 키 프레임을 생성한 후 위치와 화면 값을 변경하면 변화가 만들어집니다.

예를 들어 새 키 프레임을 생성하여 포지션 [F]의 위치를 변화시키면 위치 변화가 일어나고, 포지션 [F]의 크기를 변화시키면 해당 효과의 크기 변화가 만들어집니다.

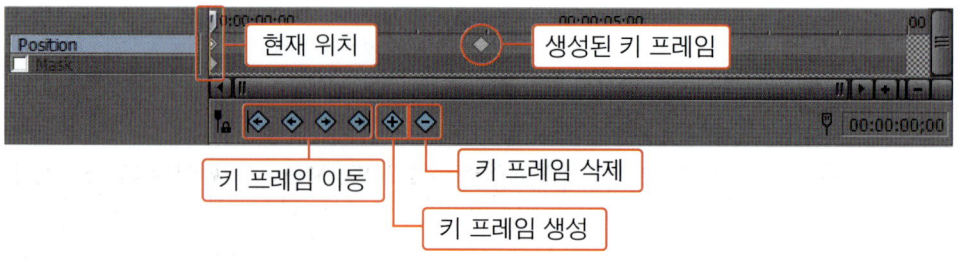

■ 팝업 메뉴 사용하기

포지션 [F]에서 마우스 우측 버튼을 클릭하면 팝업 메뉴가 나오는데 화면을 위아래/좌우로 반전을 시키거나 화면을 크롭 할 수 있는 기능 등을 사용할 수 있습니다.

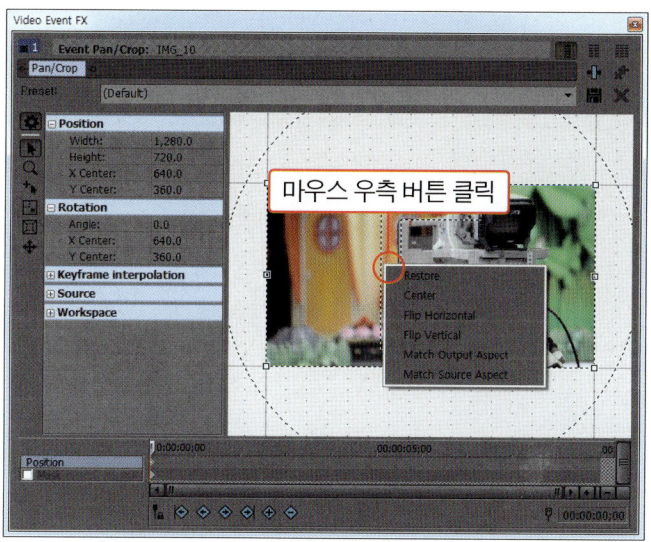

- Restore : 원래 상태로 되돌립니다.
- Center : 영상 화면의 위치를 이동시킨 후 Center를 클릭하면 중심으로 되돌아갑니다.
- Flip Horizontal : 영상 화면의 좌우 위치를 반전시킵니다.
- Flip Vertical : 영상 화면의 상하 위치를 반전시킵니다.
- Match Output Aspect : 가로 세로 비율을 프레임에 꽉 차게 맞춥니다.
- Match Source Aspect : 원래 화면 비율로 되돌립니다.

2 이벤트 팬/크롭 기본 기능 익히기

■ 화면 확대와 축소

포지션 [F]의 8군데에 있는 핸들 () 중 사각형 모서리의 어느 한 곳에 마우스를 위치시키면 ↗, ↘ 로 마우스 커서가 바뀝니다. 이때 [F]의 중심부 안쪽으로 밀어 넣으면 확대되고 바깥쪽으로 잡아당기면 축소됩니다.

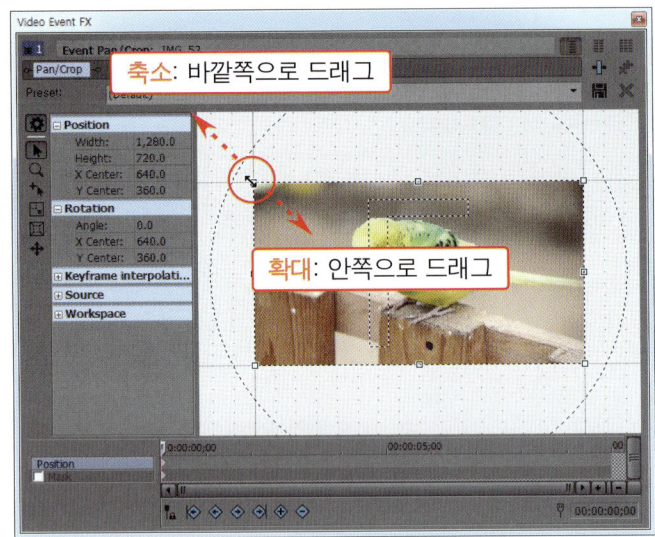

포지션 [F] 창에서 바깥쪽이나 안쪽으로 작업할 것을 플레이시켜 보면 다음과 같이 나타납니다.

■ 포지션 [F]에서 실제 화면 크기선

포지션 [F]의 사각형 안이 실제 화면에 나타나는 경계선입니다. 경계선을 바깥으로 넓힌다는 뜻은 사물을 작게 보이게 한다는 것이고, 경계선을 좁힌다는 것은 크게 보겠다는 의미로 이해하면 됩니다.

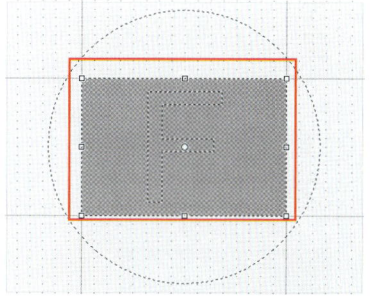

포지션 [F] 창 크게 보기

> Note
> 포지션 [F] 기능을 사용하다 보면 [F] 주변 공간이 좁아서 작업하기가 불편할 수 있습니다. 이럴 경우 마우스 휠을 뒤로 굴리면 [F] 화면이 작아지고 공간이 넓어집니다. 그리고 반대로 앞으로 굴리면 [F] 화면이 확대되어 공간이 좁아집니다. 이는 작업 공간을 확보해 주기만 할뿐 영상 크기에는 영향을 주지 않습니다.

3 Lock Aspect Ratio()와 Size About Center(■) 설정

[이벤트 팬/크롭] 창 좌측 툴 바에 Lock Aspect Ratio(■)와 Size About Center(■) 버튼이 있는데 두 개의 버튼 사용 여부에 따라서 화면을 키우고 줄일 때 서로 다른 화면 비율의 적용 효과가 나타납니다.

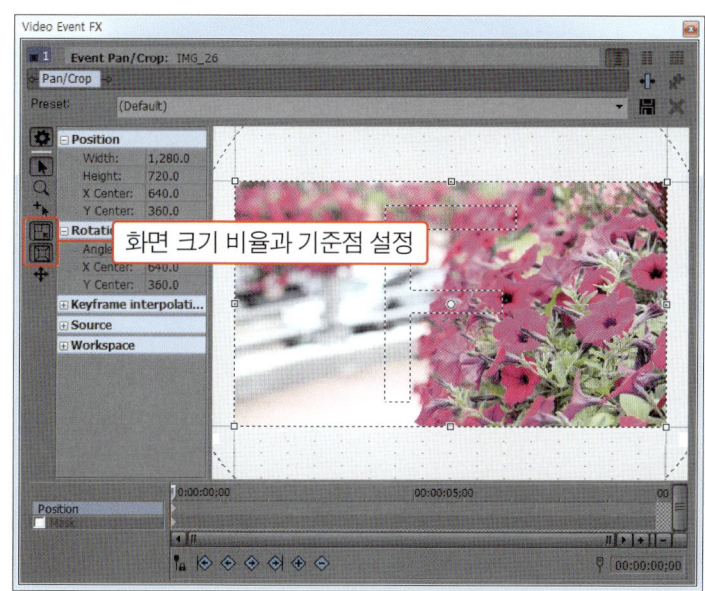

화면 크기 비율과 기준점 설정

- **Lock Aspect Ratio(▣) 버튼만 눌러져 있는 경우**: [F] 박스를 이루고 있는 선에 와이어 핸들 조정점 중 한 점을 조정하면 그 반대편의 와이어 핸들 조정점이 고정된 채 동일한 비율로 조정됩니다.

- **Size About Center(▣) 버튼만 눌러져 있는 경우**: 비율과 상관없이 가운데 중심점을 기준으로 조정됩니다.

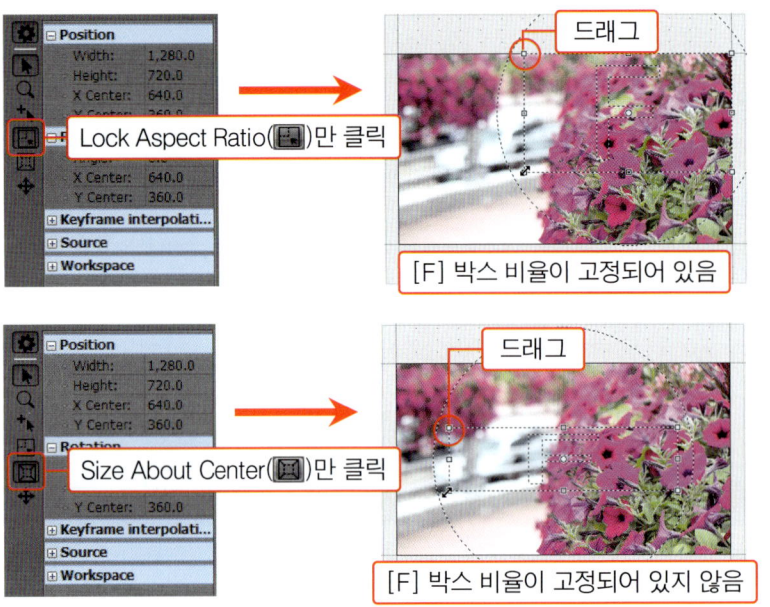

- **2개 모두 눌러져 있는 경우**: 가운데 중심점을 기준으로 동일한 비율로 조정됩니다.
- **2개 모두 해제된 경우**: 조정하려는 와이어 핸들 조정점의 반대편 조정점이 고정된 채 비율과 상관없이 조정됩니다.

2개 모두 눌러져 있는 경우
화면 가운데를 기준으로 조정됨

2개 모두 해제된 경우
조정하는 핸들 반대편이 고정되어 조정됨

다양한 화면 크기 조정

> **Note** 사진에 크로즈업 기법 사용 시 Lock Aspect Ratio(▣)와 Size About Center(▣)을 사용해서 다양한 형태의 줌 인, 줌 아웃 모션을 적용할 수 있습니다.

이벤트 팬/크롭 기능 배우기 ┤ Lesson 11

4 화면 비율에 사진 파일 맞추기

영상 파일은 16:9나 4:3 비율이 일반적인데 반해, 사진 파일은 해상도가 다양해서 베가스에서 불러왔을 때 영상의 화면 비율에 맞지 않아서 프리뷰 화면에 꽉 차지 않고 좌우 또는 위아래로 여백이 많이 생기는 경우를 많이 보게 됩니다. 이런 영상이나 사진을 4:3 또는 16:9의 화면 비율에 맞게 꽉 찬 화면으로 조정하는 방법을 알아보도록 하겠습니다.

1 먼저 [File]-[New]를 클릭합니다. 그런 후 [Template]에서 [HDV 720-30p (1280x720, 29.970 fps)]를 선택한 후 [OK] 버튼을 눌러 프로젝트를 생성합니다.

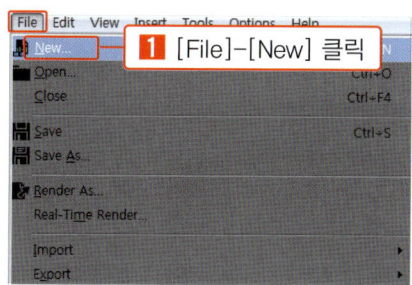
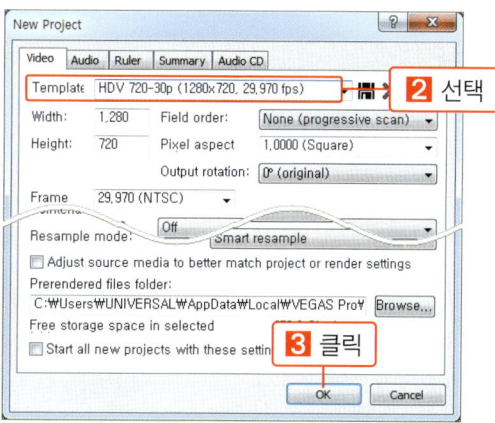

2 [2사진] 폴더에서 [IMG_53.jpg, IMG_54.jpg, IMG_55.jpg] 파일을 같은 트랙에 불러옵니다. 그러면 사진 해상도가 16:9 화면 비율에 맞지 않아 꽉 차지 않고 여러 형태로 나타나게 됩니다.

세로 비율이 큰 사진

가로/세로 비율이 비슷한 사진

가로 비율이 큰 사진

3. 이와 같이 다양한 비율의 사진을 16:9 비율의 화면에 꽉 차게 만들어 보도록 하겠습니다. 세로 비율이 큰 첫 번째 (IMG_53.jpg) 파일의 이벤트 팬/크롭(⛶)을 클릭합니다.

4. [이벤트 팬/크롭] 창에서 마우스 우측 버튼을 클릭하여 [Match Output Aspect]를 클릭합니다. 그러면 16:9 화면 비율에 맞게 화면의 중앙에 위치하게 표시합니다.

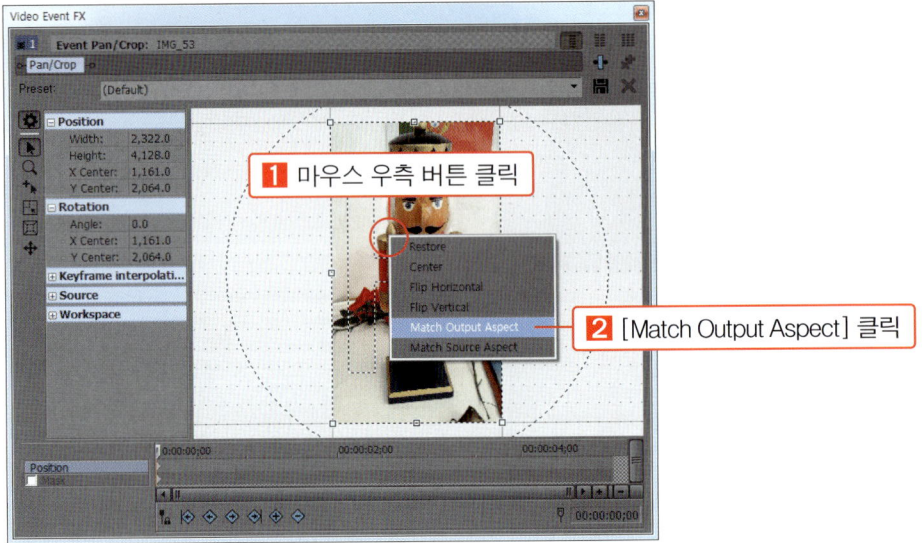

5. [F]의 중앙에 마우스를 위치시켜 ✥ 를 드래그하여 사진에서 원하는 부분이 화면에 나오도록 조정합니다.

6 그러면 영상과 맞지 않은 사진 파일이 화면 비율인 16:9에 맞게 조정된 것을 볼 수 있습니다. 두 번째와 세 번째 사진에도 같은 방식으로 [Match Output Aspect]를 적용하면 16:9 화면 비율에 맞는 꽉 찬 화면을 만들 수 있습니다. 다만 일부 사진의 일부가 잘려 나가는 곳이 생기게 됩니다.

[Match Output Aspect]를 적용한 모습

원본 사진의 모습

Match Output Aspect를 적용한 사진

> Note
> [Match Output Aspect]를 적용하면 사진의 일부가 잘려 나가는 것은 감수해야 합니다. 따라서 [F] 창에서 화면에 꼭 보여야 할 곳으로 위치 조정을 해줘야 합니다.

■ 사진을 자동으로 꽉 찬 화면으로 불러오기

불러 온 사진을 화면에 꽉 차게 만드는 것이 아니라, 처음부터 사진을 프리뷰 화면에 꽉 찬 상태로 불러오려면 메뉴의 [Options]-[Preferences]의 [Editing] 탭의 [Automatically crop still images added to timeline]를 사용합니다.

1 메뉴 [Options]-[Preferences]를 클릭합니다.

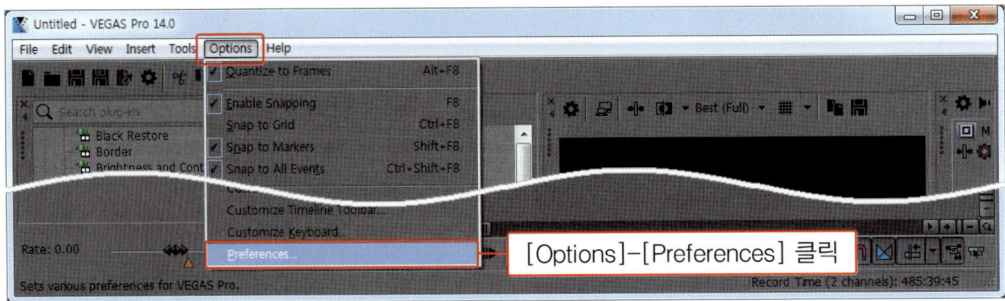

2 그런 후 [Editing] 탭을 클릭한 후, [Automatically crop still images added to timeline]에 체크한 후 [OK]를 클릭합니다.

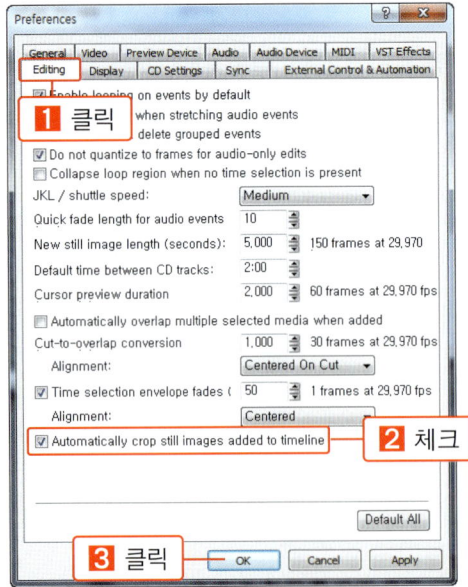

[Automatically crop still images added to timeline]

> **Note**
> • Automatically crop still images added to timeline: 이미지 파일을 자동으로 크롭시켜 꽉 찬 화면으로 불러오는 기능

3 그런 후 파일을 불러오면 [Match Output Aspect]이 자동으로 적용되어서 처음부터 프리뷰 화면에 꽉 찬 상태로 불러와 지게 됩니다.

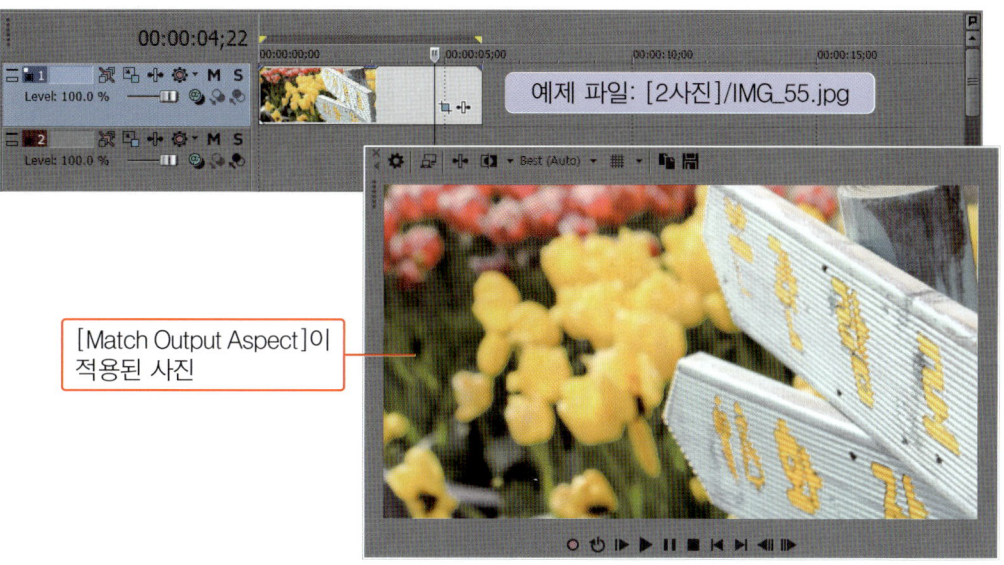

4 [Match Output Aspect]이 적용된 것을 초기화 시키려면, 파일의 이벤트 팬/크롭(□)을 클릭한 후 위쪽의 [Preset] 탭에서 [Default]를 적용시키면 원래 상태로 돌아가게 됩니다.

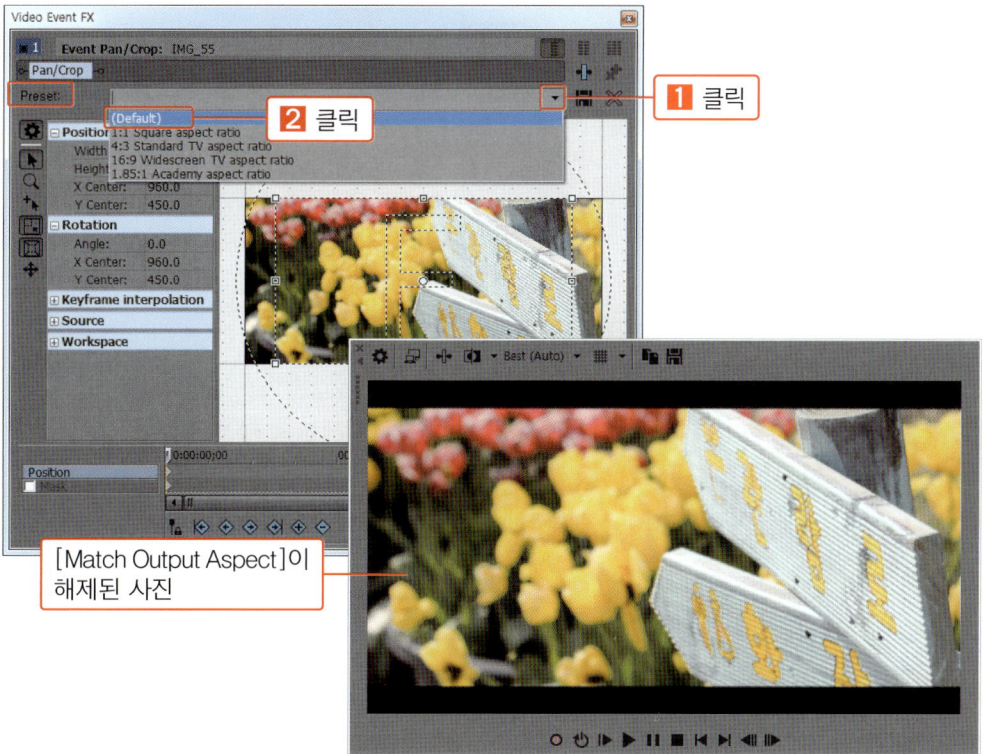

■ 비율과 상관없이 꽉 찬 화면 만들기

서로 다른 비율을 가진 사진 파일을 일정 비율로 맞출 경우 일부분이 화면에 나타나지 않게 됩니다. 만약 비율과 상관없이 화면에 사진 파일의 전부를 나타나게 하려면 다음과 같이하면 됩니다.

해당 사진 파일에서 마우스 우측 버튼을 클릭하여 나오는 메뉴에서 [Switches]-[Maintain Aspect Ration]을 클릭하여 체크되어 있는 것을 해제합니다.

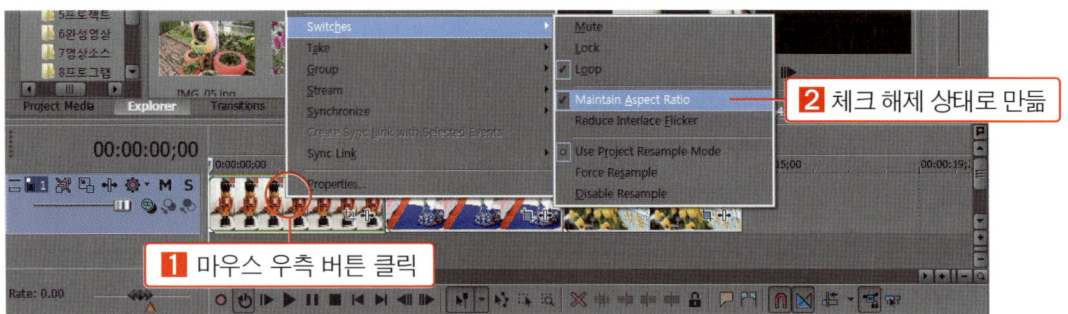

왜곡된 사진 모습

원본 사진 모습

단, 이렇게 할 경우 화면과 비례가 안 맞는 사진을 전체 화면으로 보여 줄 수는 있지만 위아래 또는 좌우 여백이 많은 파일에서는 세로나 가로 방향으로 찌그러지는 왜곡 현상이 나타난다는 것을 유념해 두어야 합니다. 이는 강제로 화면에 꽉 채우기 때문에 발생하는 문제입니다.

따라서 [Maintain Aspect Ration]은 화면 비율과 어느 정도 비슷한 사진 파일을 대상으로 작업할 때 사용할 수 있는 명령입니다.

이벤트 팬/크롭 기능 배우기 — Lesson 11

5 이벤트 팬/크롭의 키 프레임 효과

1 타임 라인에 [2사진] 폴더의 [IMG_69.jpg] 파일을 불러온 후 이벤트 팬/크롭( ) 버튼을 누릅니다.

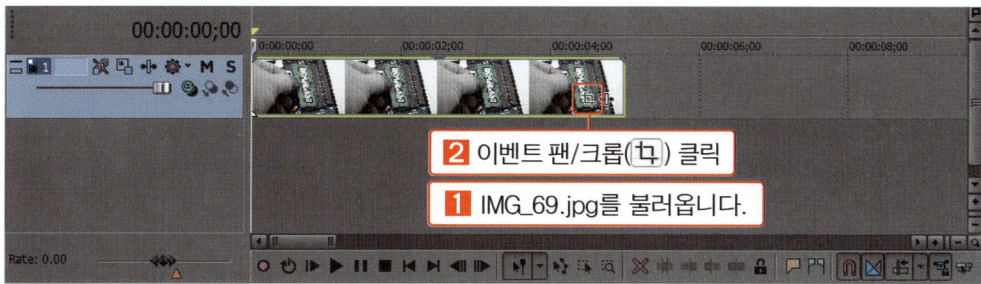

2 포지션 [F] 창이 나타나면 타임 라인에서 2초 정도 되는 지점을 클릭합니다. 그런 후 좌측의 정보 입력 창에서 [Position]의 Width 값에 400을 입력해서 사진을 확대시켜 줍니다. 그러면 타임 라인에 키 프레임이 생성되면서 변경한 설정 값이 적용됩니다.

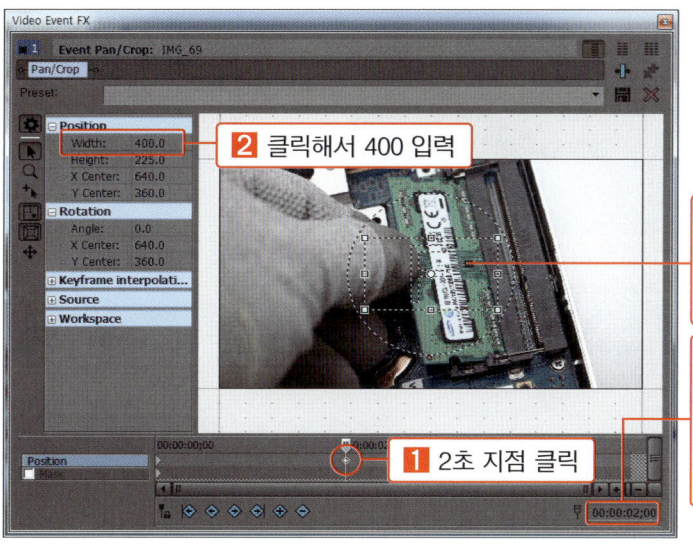

포지션 [F]의 조절점을 안으로 좁혀 주면 화면에 확대되어 나타납니다. 프리뷰 화면을 참조하면서 작업합니다.

키 프레임의 위치를 정밀하게 설정하려면, 타임 라인 우측 하단의 시간 표시 부분을 더블 클릭해서 원하는 위치의 시간을 입력한 후 Enter ↵ 키를 누릅니다.

포지션 [F]의 조절

> **Note**
> 위에서는 설명의 편의상 수치를 입력해서 설명했으나 포지션 [F]의 크기는 조정점 포인트에 마우스를 위치시켜 마우스 포인터가 바뀔 때 이를 드래그해서 조절하는 것이 좋습니다.

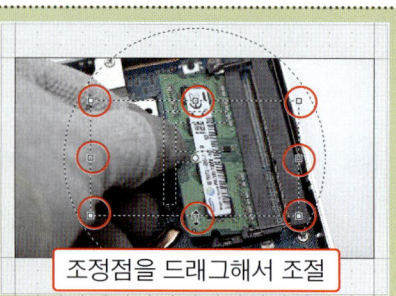

조정점을 드래그해서 조절

3 다시 타임 라인의 맨 뒤 끝나는 지점을 클릭한 후 다시 [Position]의 Width 값에 1280을 입력합니다. 마찬가지로 타임 라인 끝에 키 프레임이 생성되면서 변경한 설정 값이 적용됩니다. [Video Event FX] 창을 닫습니다.

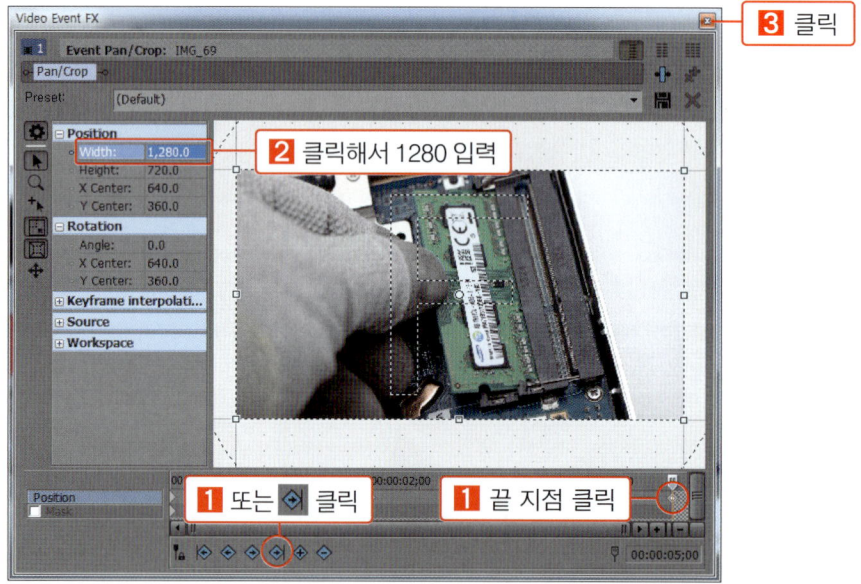

4 플레이해서 확인하면 사진이 2초 지점까지 점점 줌 인 되다가 이후 끝날 때까지 다시 줌 아웃 되는 효과를 볼 수 있습니다.

 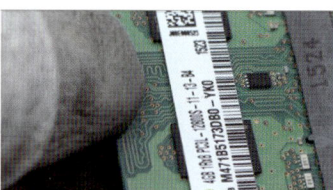 

Lesson 12 트랙 모션 기능 배우기

트랙 모션(Track Motion) 또한 이벤트 팬/크롭과 함께 베가스의 핵심 기능 중 하나로 비디오 트랙의 영상이나 사진에 대한 단순한 크기, 위치, 각도 등의 움직임뿐만 아니라 테두리, 그림자 등을 설정해서 PIP 화면, 분할 화면, 3D 효과 등을 만들 때 많이 사용합니다.

단, 트랙 모션은 트랙 전체에 대한 효과 지정이어서 단순히 사진 한 장, 영상 하나를 대상으로 작업할 때는 다소 부적합 할 수 있음을 알고 있어야 합니다. 따라서 사진 하나, 영상 하나와 같은 개별적인 움직임에 대한 효과는 이벤트 팬/크롭에서 처리하는 것이 좋습니다.

1 트랙 모션 사용법 및 화면 크기 조절하기

트랙 모션은 비디오 트랙 리스트에서 트랙 모션() 버튼을 누르면 트랙 모션(Track Motion) 창이 열립니다.

트랙 모션(📼) 버튼 클릭

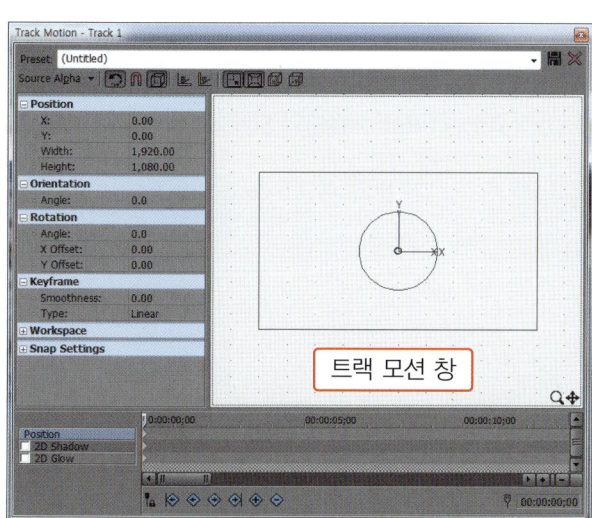

트랙 모션 창

트랙 모션 버튼은 트랙 리스트에 위치해 있습니다. 그 의미는 해당 트랙의 모든 미디어에 대해 트랙 모션에서 지정한 속성을 적용한다는 것입니다. 트랙 전체가 아닌 각각의 미디어에 속성을 부여하려면 각각을 개별 트랙으로 사용하거나 이벤트 팬/크롭 등을 사용해야 합니다.

트랙 모션으로 화면 크기 조절하기

화면 크기를 조절하려면 트랙 모션 창에서 사각형 박스 모서리에 마우스를 위치시켜 ↗, ↘ 이 생길 때 바깥으로 드래그하면 화면이 커지고, 안쪽으로 드래그하면 화면 크기가 작아집니다. 또는 화면 좌측 [Position] 창의 Width 수치를 클릭해서 원하는 값을 입력하면 Height 수치는 자동으로 값이 변경되어 크기가 조절 됩니다.

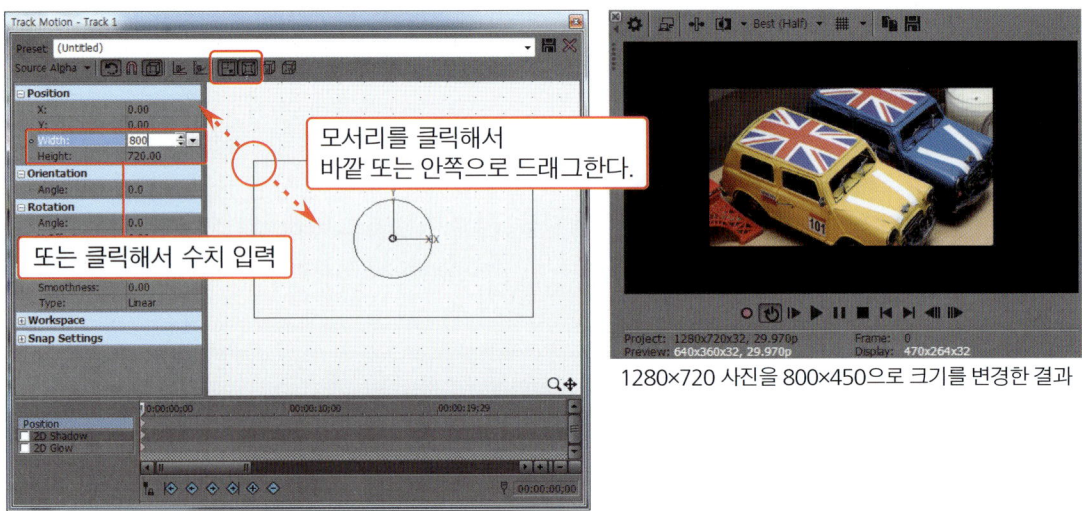

1280×720 사진을 800×450으로 크기를 변경한 결과

이때 화면 크기를 같은 비율로 줄이려면 트랙 모션 창 상단의 Lock Aspect Ratio(🔳)와 Size About Center(🔳) 버튼이 눌러져 있어야 합니다.

Lock Aspect Ratio(🔳)와 Size About Center(🔳) 버튼

> **Note** Lock Aspect Ratio(🔳)와 Size About Center(🔳) 버튼의 역할은 앞서 이벤트 팬/크롭에서 설명한 것과 동일하니 상세한 것은 145쪽을 참조하기 바랍니다.

트랙 모션으로 이미지 위치 변경하기

영상에서 대상 파일이 나타나는 위치를 변경하려면 트랙 모션 창에서 사각형 박스를 드래그하여 이동시킵니다. 또는 [Position] 창의 X, Y 어느 한쪽을 원하는 값으로 입력해도 됩니다. X는 수평 이동(- 값은 왼쪽, + 값은 오른쪽)으로 이동하고, Y는 수직 이동(- 값은 아래쪽, + 값은 위쪽)으로 이동하게 됩니다.

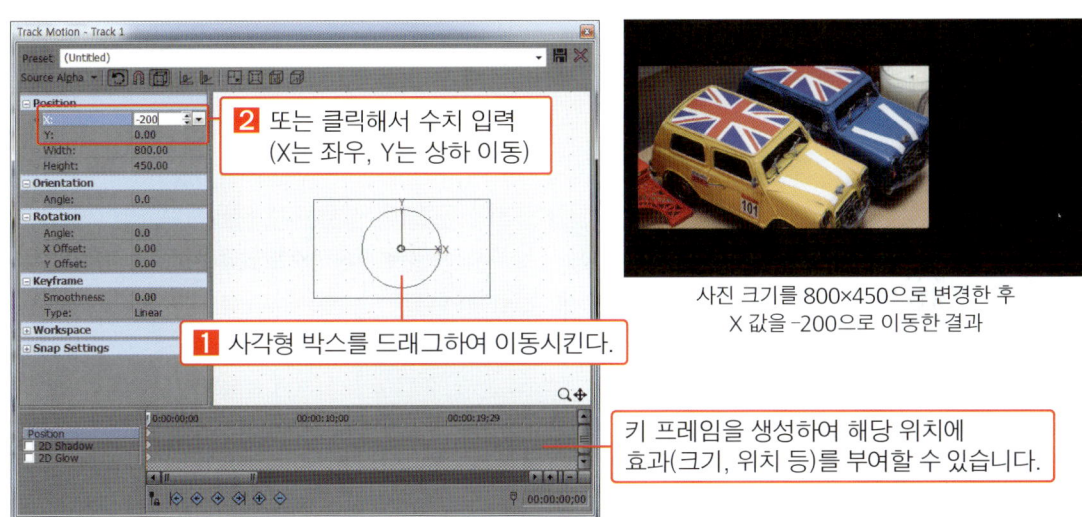

사진 크기를 800×450으로 변경한 후
X 값을 -200으로 이동한 결과

트랙 모션으로 화면 회전시키기

트랙 모션 창에서 사각형 박스 안의 원에 마우스를 위치시키면 ↻로 마우스 커서가 바뀌는데 이때 원을 클릭해서 원하는 각도로 돌려주면 화면이 회전됩니다. 또는 Orientation Angle 수치를 클릭해서 원하는 값을 입력해도 됩니다.

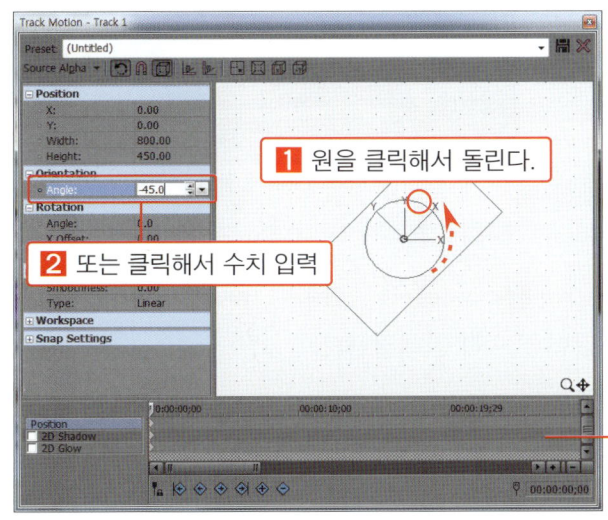

사진 크기를 800×450으로 변경한 후
각도를 -45도로 변경한 결과

트랙 모션으로 그림자 및 테두리 넣기

- **그림자 넣기**: 파일 뒷부분에 그림자를 넣으려면 트랙 모션 창에서 2D Shadow의 체크 박스를 클릭합니다. 그러면 기본 값으로 적용되어 있는 검은 색상의 그림자 효과가 파일 뒷부분에 생깁니다. 그림자 색은 화면의 바탕색과 달라야 그림자가 화면에 제대로 보이게 되며 비디오 미디어 파일 크기가 화면 보다 작아야 그림자 효과를 볼 수 있습니다.

- **테두리 넣기**: 테두리를 넣기 위해서는 트랙 모션 창에서 2D Glow에 체크를 하면 기본 값으로 설정된 노란 색의 테두리가 적용됩니다. 이 역시 영상 화면보다 작은 미디어 파일에 적용해야 효과를 확인할 수 있습니다.

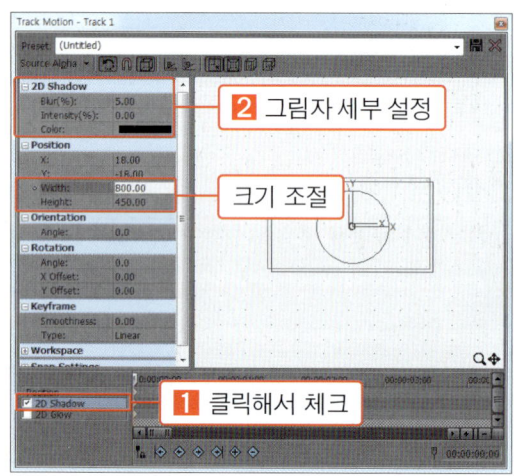 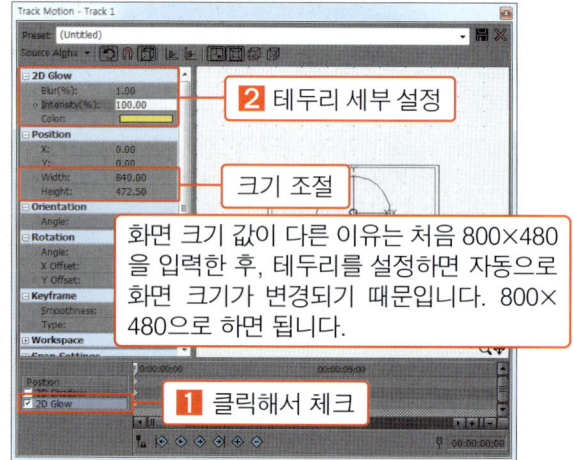

사진 크기를 800×450으로 줄인 후
그림자 기본 값으로 설정한 결과

사진 크기를 800X450으로 줄인 후 테두리 기본 값에
Blur(%): 1.0, Intensity(%): 100을 적용한 결과

- **Blur(%)**: 흐림 정도를 설정하는 것으로, 값이 클수록 옅어지고 퍼집니다.
- **Intensity(%)**: 강도를 설정하는 것으로, 값이 클수록 진해집니다.
- **Color**: 그림자 및 테두리의 색상을 선택합니다.

3D Source Alpha 트랙 모션 배우기

베가스에서는 3차원 입체 공간 안에서 입체적인 효과 연출이 가능한 3D 트랙 모션을 사용할 수 있습니다. 이를 이용해서 3D 공간에 영상이나 사진을 나열하거나 3D MAX에서 볼 수 있는 3D 도형을 만드는 것 등으로 활용이 가능합니다. 3D 전문 프로그램에 비하면 기능에 있어서 제약이 있지만 베가스의 활용성을 높여 주는 중요한 기능입니다.

3D 트랙 모션 사용하기

트랙 리스트에서 컴포지팅 모드(🟢)를 클릭해서 [3D Source Alpha]를 선택한 후 트랙 모션(🖼)버튼을 클릭하면 일반 트랙 모션 창과 다르게 입체 공간 효과를 사용할 수 있는 3D 트랙 모션 창이 열립니다.

3D 트랙 모션이 아닌 다시 일반 트랙 모션이 나오게 하려면 컴포지팅 모드(🟢)를 클릭해서 [Source Alpha]를 선택한 후 트랙 모션 버튼을 클릭하면 됩니다.

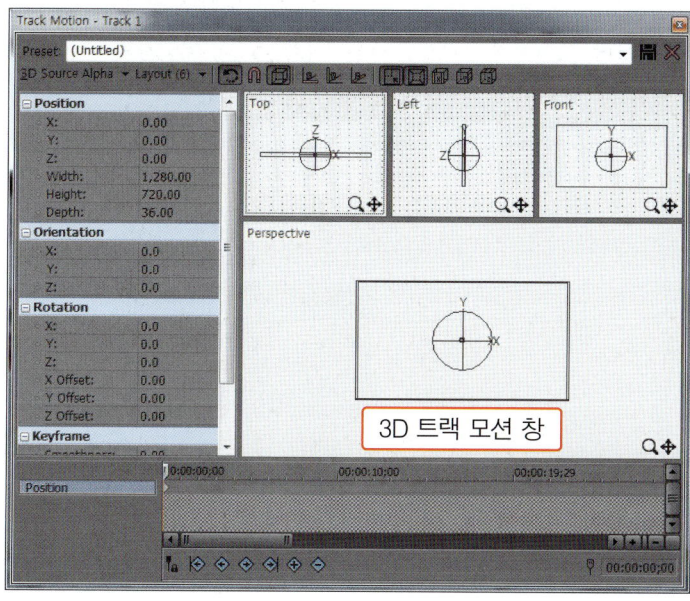

3D 모형 크기 조절하기

Perspective의 3D 모형의 사각 박스 모서리 끝을 클릭해서 바깥쪽 또는 안쪽으로 드래그하면 크기가 조정됩니다. 또는 [Position]의 Width, Height 수치를 변경하면 크기가 변경됩니다.

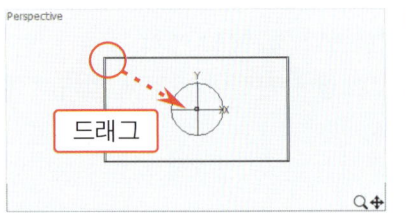 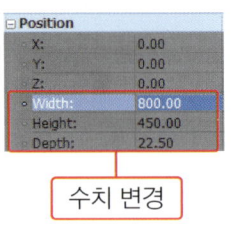 

3D 모형 위치 조정하기

화면의 상하 좌우 이동은 Perspective의 3D 모형 사각 박스 안쪽 부분을 드래그하여 이동하면 되고, 화면 앞뒤로 이동하려면 TOP 또는 Left의 3D 모형을 위아래 또는 좌우로 이동시키거나 또는 Position X, Y, Z 값을 입력하면 됩니다. X는 좌우, Y는 상하, Z는 앞뒤 위치를 의미합니다.

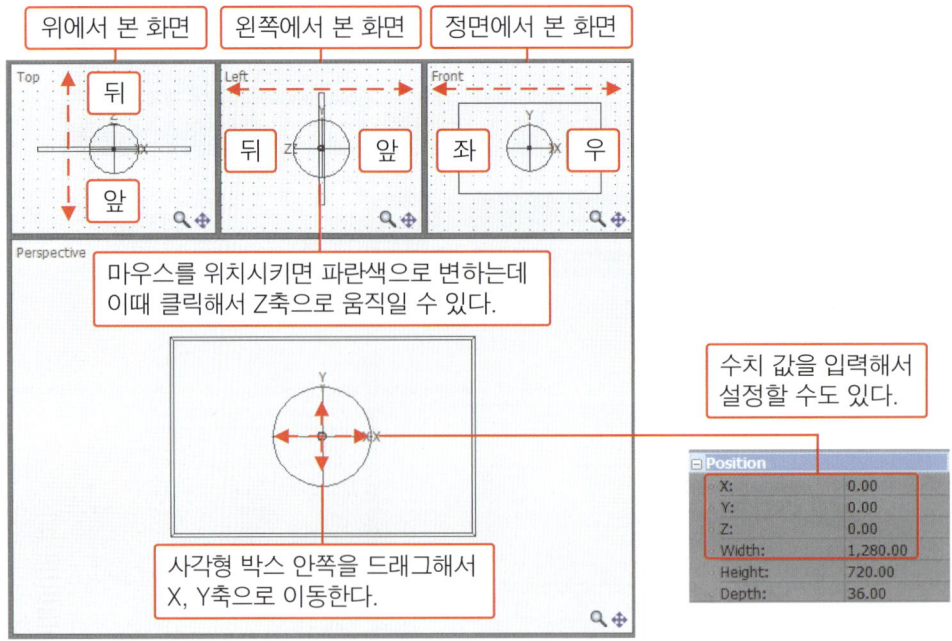

화면 안의 십자선을 클릭하여 원하는 방향으로 화면 기울기를 적용할 수 있으며 원 부분을 클릭하여 돌리면 화면을 회전시킬 수 있습니다.

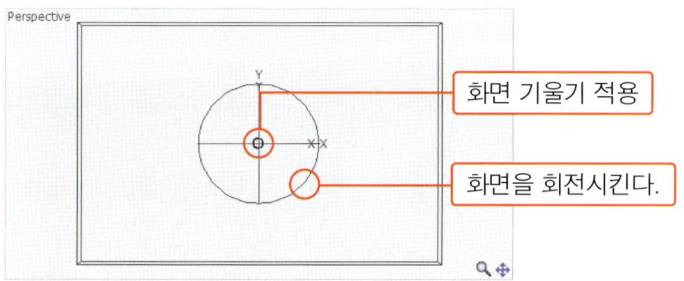

X, Y, Z축 화면 기울이기

화면을 기울이기 위해서는 Orientation 값을 사용합니다.

- **3D 모형의 Orientation X축**: 위아래로 기울이기
- **3D 모형의 Orientation Y축**: 좌우로 기울이기
- **3D 모형의 Orientation Z축**: 좌우로 회전시키기

Orientation X축(위아래로) 기울이기

X 값을 사용하여 화면을 위아래로 기울일 수 있는데 Perspective 3D 모형 안의 십자가 세로선에 마우스를 위치시키면 세로선과 X가 푸른색으로 바뀌게 됩니다.

이때 화면을 돌려 다음과 같이 설정할 수 있습니다.

- **위쪽으로 드래그**: 뒤쪽 방향으로 기울어짐
- **아래쪽으로 드래그**: 앞쪽 방향으로 기울어짐

또는 Orientation의 X에 값을 입력해서 설정합니다.

- **- 값 입력 시**: 뒤쪽으로 기울어짐
- **+ 값 입력 시**: 앞쪽으로 화면이 기울어짐

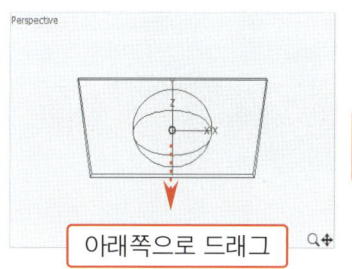
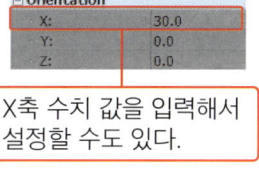

▓ Orientation Y축(좌우로) 기울이기

Y값을 사용하여 화면을 좌우로 기울일 수 있는데 Perspective 3D 도형 안의 십자가 가로선에 마우스를 위치시키면 가로선과 Y가 푸른색으로 바뀌게 됩니다.

이때 화면을 돌려 다음과 같이 설정할 수 있습니다.

- **오른쪽으로 드래그**: 오른쪽 방향으로 기울어짐
- **왼쪽으로 드래그**: 왼쪽 방향으로 기울어짐

또는 Orientation의 Y에 값을 입력해서 설정합니다.

- **+ 값 입력 시**: 오른쪽으로 기울어짐
- **- 값 입력 시**: 왼쪽으로 기울어짐

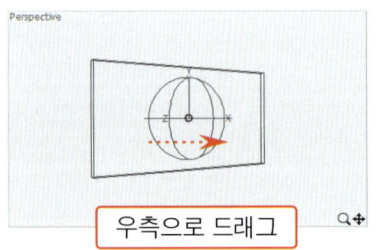
우측으로 드래그

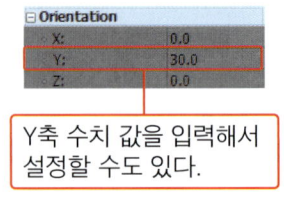

Y축 수치 값을 입력해서 설정할 수도 있다.

▓ Orientation Z축(좌우로 회전) 기울이기

Z값을 사용하여 화면을 좌우로 회전 시킬 수 있는데 Perspective 3D 도형 안의 원에 마우스를 위치시키면 원과 Z가 푸른색으로 바뀌게 됩니다. 이때 왼쪽 방향 또는 오른쪽 방향으로 돌리면 됩니다. 또는 Orientation의 Z에 값을 입력해서 설정합니다.

- **- 값 입력 시**: 왼쪽(반시계) 방향으로 회전됨
- **+ 값 입력 시**: 오른쪽(시계) 방향으로 회전됨

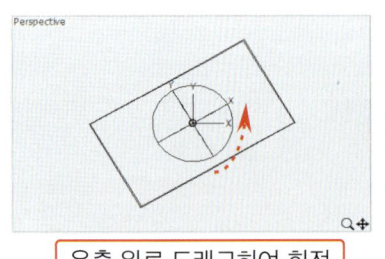
우측 위로 드래그하여 회전

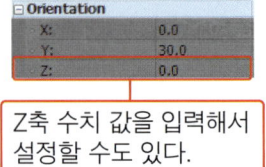

Z축 수치 값을 입력해서 설정할 수도 있다.

■ 회전축의 위치 변경(Rotation)

Orientation에서는 X, Y, Z축에 대한 기울기나 회전 시 그 중심축이 파일의 중심점을 기준으로 회전되었다면, Rotation은 회전하는 중심축을 Offset X, Y, Z으로 옮겨서 원하는 위치의 회전축을 기준으로 X, Y, Z축에 대한 회전이 이루어집니다.

Rotation에서 Y Offset에 -360을 입력하면 중앙에 있던 중심축이 아래쪽으로 옮겨집니다.

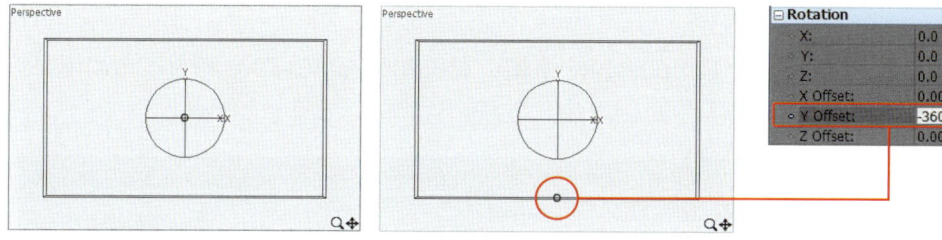

회전축 변경

> **Note**: Rotation 값은 마우스로 3D 모형을 움직여서 설정할 수 없으며, 오직 수치 값을 입력하는 것으로 설정이 가능합니다.

Rotation에서 X 값을 변경해 보면 이전 Orientation에서의 X축 기울기와 다른 점을 볼 수 있습니다. 변경된 회전 중심축을 기준으로 중심축 부분이 고정되어 기울어지는데, 간단하게 말하면 오뚝이처럼 중심축은 움직이지 않고 각도가 변경된다고 생각하면 됩니다.

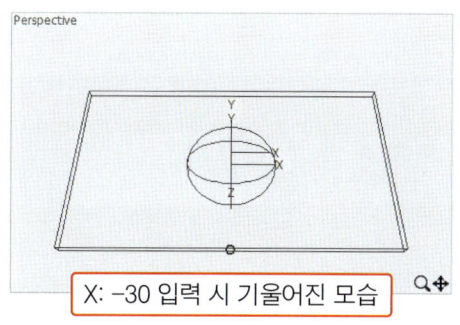

X: -30 입력 시 기울어진 모습

중심축 Offset 값 구하는 방법

> **Note**: 1280×720 해상도라면 720÷2를 해서 나온 360이 세로 중심축 값이며, 1280÷2를 해서 나온 640이 좌우 중심축 위치가 됩니다.

3D 트랙 모션 응용하기

■ 3D 줌 인 모션 만들기

3D 트랙 모션을 사용하는 효과 중 가장 기본적인 효과라 할 수 있는 3D 공간에 사진을 배치하고 줌 인 효과를 주는 것을 예제로 알아보겠습니다.

1 [File]-[New]를 클릭한 후 [Template]에서 [HDV 720-30p (1280x720, 29.970 fps)]를 선택해서 프로젝트를 불러옵니다. 그런 후 Ctrl+Shift+Q를 눌러 트랙 5개를 생성합니다.

2 1번 트랙만 비워 두고 2~5번 트랙에 [2사진] 폴더에서 [IMG_60, IMG_61, IMG_62, IMG_64.jpg] 사진 파일을 넣어 줍니다.

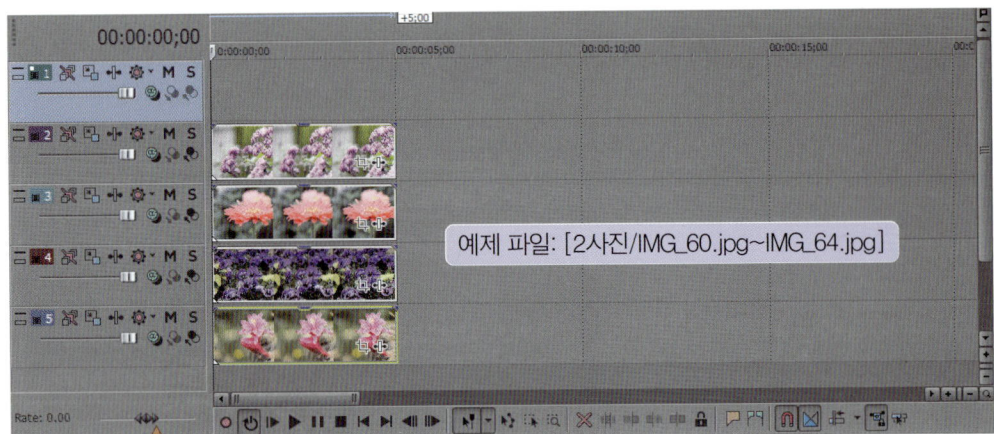

예제 파일: [2사진/IMG_60.jpg~IMG_64.jpg]

3 그런 후 2~5번 트랙의 Make Compositing Child(🔘) 버튼을 각각 클릭하여 1번 트랙에 4개의 트랙을 묶어 줍니다.

4 그런 후 1번 트랙의 Composite Mode(🔘) 버튼을 클릭하여 [3D Source Alpha]를 선택하여 3D 모드(🔘)로 전환합니다. 그리고 2~5번 트랙의 Composite mode(🔘)를 클릭해서 [3D Source Alpha]를 적용하고, 1번 트랙 가장 자리에 있는 Parent Composite mode(🔘)를 클릭해서 [3D Source Alpha]를 적용시켜 줍니다.

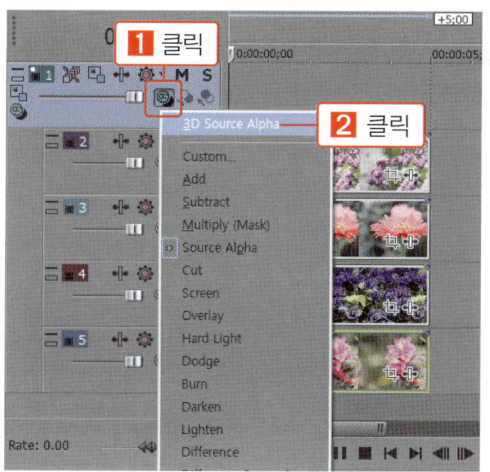
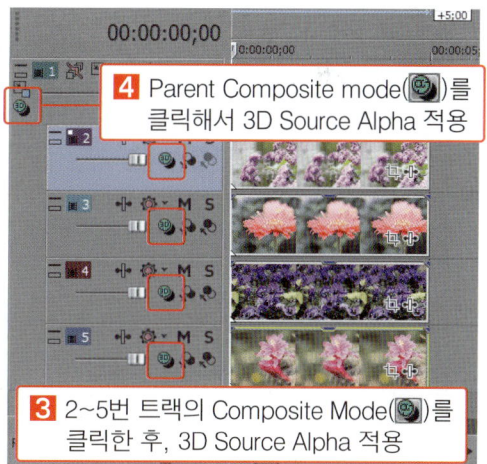

5 2~5번 트랙의 트랙 모션 (🔲) 버튼을 각각 클릭하여 [Position]의 Z값에 사진 파일의 위치 값을 입력합니다.

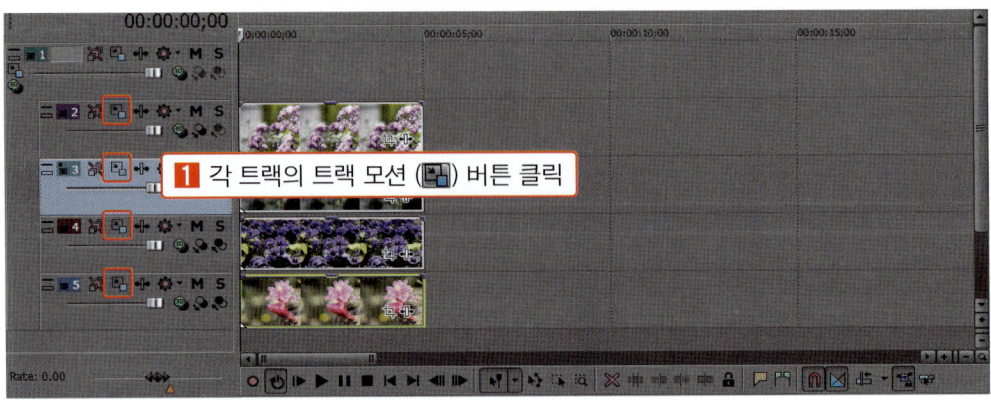

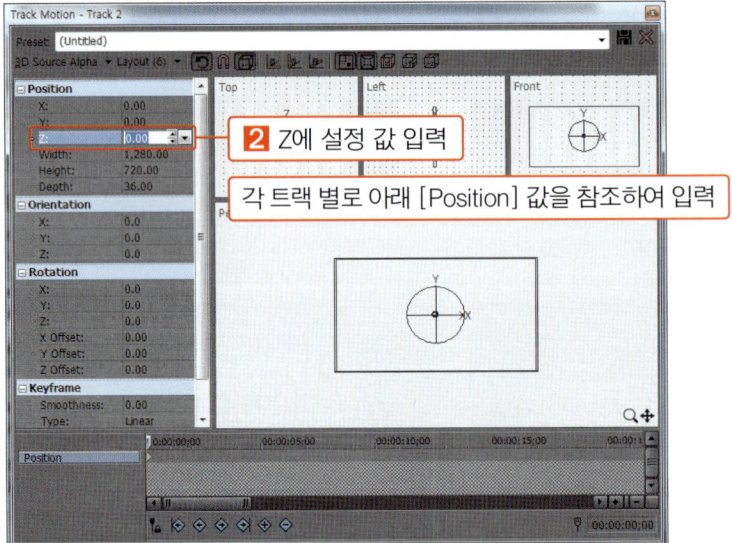

1 각 트랙의 트랙 모션 (🔲) 버튼 클릭

2 Z에 설정 값 입력

각 트랙 별로 아래 [Position] 값을 참조하여 입력

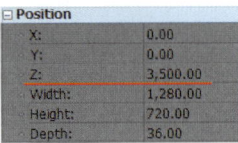

2번 트랙 Z: 500 입력   3번 트랙 Z: 2000 입력   4번 트랙 Z: 3500 입력   5번 트랙 Z: 5000 입력]

6 트랙 전체를 묶은 1번 트랙의 Parent Motion(🔲) 버튼을 클릭합니다.

클릭

7 [Parent Track Motion] 창에서 타임 라인의 08;00초 부분을 클릭하고 [Position]의 Z값에 -5100을 입력하고 닫기(☒) 버튼을 클릭합니다.

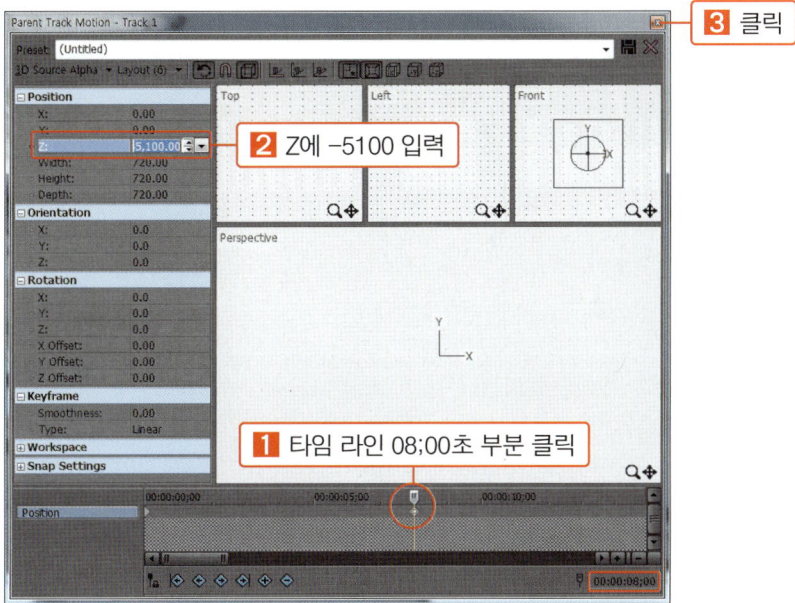

8 타임 라인의 08;00초 부분을 클릭하여 에디트 라인을 위치시킨 후, 각각의 사진 파일 끝(⇥)을 클릭하여 라인까지 드래그해서 맞춰 줍니다.

9 재생해서 확인해 보면 사진을 스쳐 지나가는 입체감 있는 줌 인 효과가 만들어진 것을 볼 수 있습니다.

✔ 최종 결과 파일: [5프로젝트/Vegas Pro 14-29.veg]
　　　　　　　　[6완성영상/Vegas Pro 14-29.wmv]

트랙 모션의 Position Z

> 트랙 모션 [Position]의 Z는 깊이 값을 의미합니다. 실제 평면처럼 보이지만 Z값을 사용해서 파일 간의 거리를 두어 배치를 했기 때문에 파일을 스쳐 지나가는 입체감 있는 효과를 볼 수 있습니다.
>
> 좌측 화면은 어떤 형태로 파일이 배치되어 있는지 보여주기 위한 단순 예제 화면입니다. 결과 화면처럼 거리를 두어 배치된 걸 확인해 보려면 [Parent Track Motion] 창에서 [Position]의 X: -900, Orientation의 Y: -30을 입력해서 확인하면 됩니다.

파일 간의 거리를 두어 배치된 실제 모습

Lesson 13 마스크 기능 배우기

Vegas Pro 2014

마스크(Mask) 기능이란 미디어 파일의 일정 부분을 제거해서, 그 제거한 곳에 다른 영상이나 사진이 나오게 하는 기법입니다. 포토샵에서 사람만을 따내거나 특정 부분만을 제거하는 것처럼 영상 화면에서 일정 부분을 가로로 종이를 자르듯이 잘라 내거나 특정한 부분을 보이지 않게 처리하는 기능을 말합니다. 이를 사용해서 영상 속에 다른 자유로운 분할 화면 처리를 하거나 마스크 애니메이션을 만드는 등의 다양한 합성 처리를 할 수 있는 기능입니다.

사진 액자 안을 마스크 처리하여 다른 이미지가 나오게 한 모습

1 마스크(Mask) 기본 사용법

1 [2사진] 폴더에서 [IMG_65.jpg] 파일을 타임 라인에 불러온 후 이벤트 팬/크롭() 버튼을 클릭합니다.

예제 파일: [2사진]/IMG_65.jpg

이벤트 팬/크롭() 클릭

2 [Video Event FX] 창이 열리면 왼쪽 하단 [Mask]의 체크 박스(☑)에 체크하면 마스크(Mask) 화면으로 전환됩니다.

■ 마스크 툴 바

① Show Properties(⚙): 속성 메뉴를 나타나게/사라지게 해서 작업 창 영역을 넓게 사용할 수 있습니다.

② Normal Edit Tool(▶): 마스크 영역을 움직이거나 회전시키는 툴을 나오게 됩니다.

③ Anchor Creation Tool(🖉): 클릭한 지점에 노란색의 앵커 포인트를 생성합니다.

④ Anchor Deletion Tool(🖉): 생성된 앵커 포인트를 삭제합니다.

⑤ Split Tangent Tool(⌐): 앵커 포인트 핸들을 조절하여 마스크 형태를 다양하게 변형할 수 있습니다.

⑥ Rectangle or Square Mask Creation Tool(▢): 직사각형, 정사각형, 라운딩된 마스크를 만들 수 있는 툴입니다.

⑦ Oval or Circle Mask Creation Tool(◯): 원형, 타원, 반원의 마스크를 만듭니다.

⑧ Zoom Edit Tool(🔍): 작업 영역을 확대시킵니다. 마우스 우측 버튼을 클릭하면 축소되며 마우스 휠을 앞으로 돌리면 확대되고, 뒤로 돌리면 축소됩니다.

⑨ Enable Snapping(⊹): 앵커 포인트 위치 변경 시 그리드에 맞춰지도록 합니다.

⑩ Move Tool(✥): 클릭할 때마다 앵커 포인트의 위치를 수평 방향, 수직 방향, 원하는 방향으로 움직일 수 있게 설정합니다.

2 마스크(Mask)를 처리할 영역 지정하기

1 사진에서 이벤트 팬/크롭() 버튼을 눌러 [Video Event FX] 창이 열리면 마스크 툴에서 앵커 크리에이션 툴(Anchor Creation Tool,) 버튼을 클릭합니다. 액자의 사진 부분만 마스크 처리하기 위해 모서리 부근에 위치시켜 펜 모양으로 바뀌면 마스크 처리할 지점에 점을 찍어 줍니다. 그러면 노란색 포인트 점(□)이 생성됩니다.

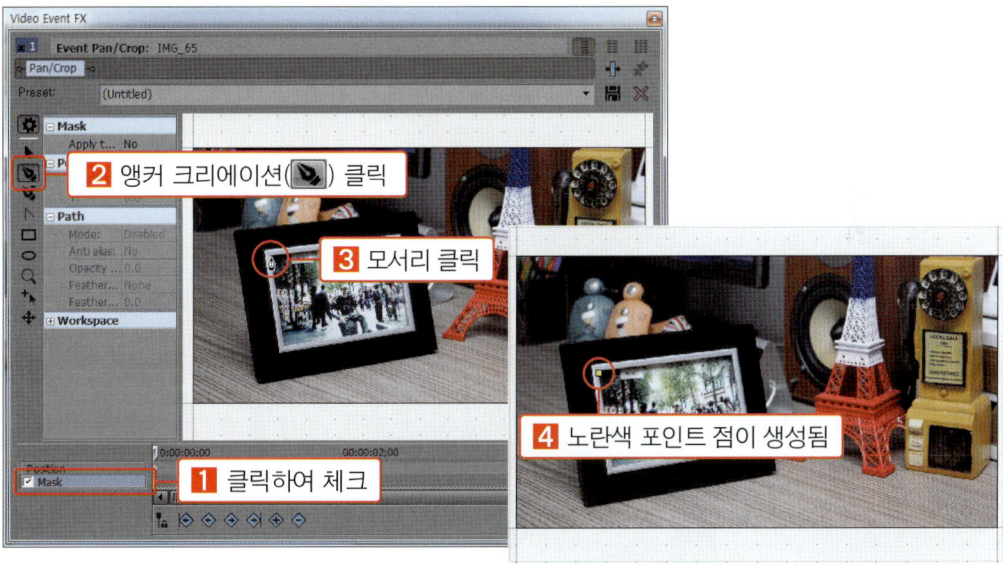

2 노란색의 포인트 점(□)이 생성되면 이어서 다른 모서리를 찍어 준 후 맨 마지막에 처음 찍었던 꼭짓점에 마우스를 위치시켜 모양으로 바뀌면 다시 한 번 연결점을 찍어 마스크를 완성합니다.

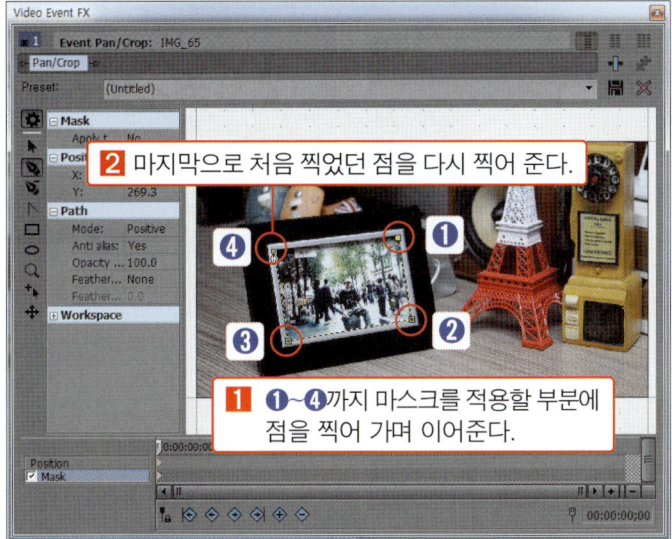

3 그러면 앵커 크리에이션 툴(Anchor Creation Tool)로 지정한 영역만 화면에 보이고 다른 부분은 화면에서 사라집니다.

프리뷰 상의 화면

4 마스크를 적용한 부분이 아닌 반대 영역을 보이게 하려면 [Path]의 [Mode]에서 [Positive]로 되어 있는 설정을 [Negative]로 변경하면 됩니다.

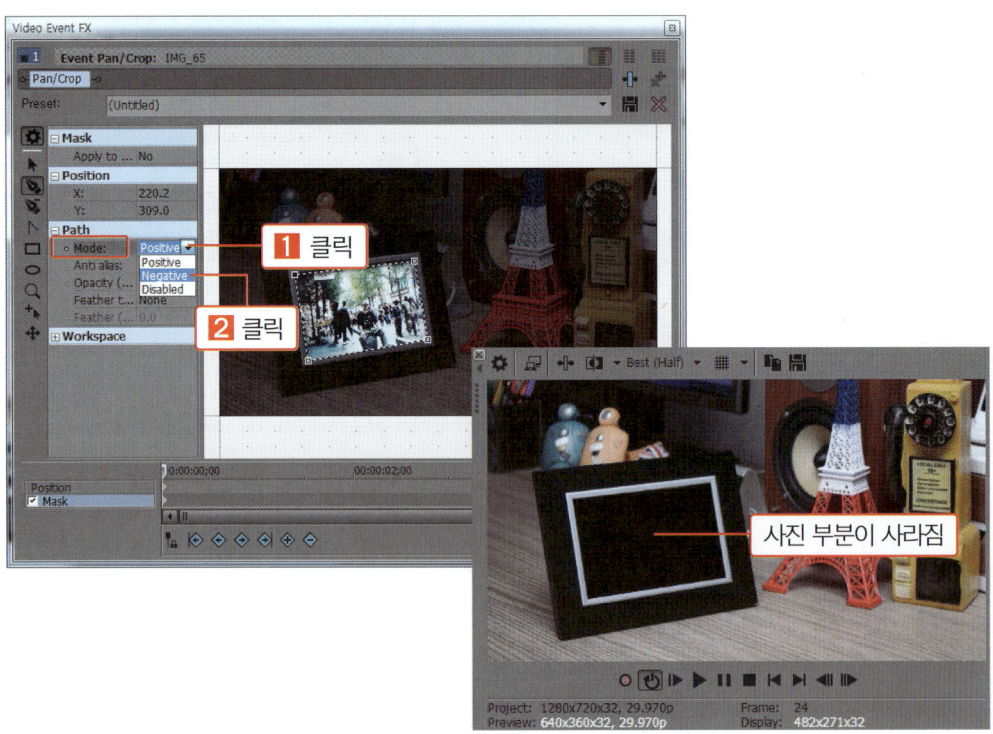

[Mode]를 Negative로 적용한 결과

복잡한 마스크 처리하기

포토샵에서 인물만을 따내는 것처럼 원하는 사물의 형태를 따라서 마스크를 적용해 주면 간편하게 원하는 부분만을 합성시킬 수 있습니다.

3 마스크 응용하기

1 사진(2사진/IMG_65.jpg)을 불러온 후 이벤트 팬/크롭() 버튼을 클릭하여 액자의 사진 부분에 마스크를 적용한 후 [Path]의 [Mode]를 클릭, [Negative]를 선택해서 사진 부분만 제거해 줍니다.

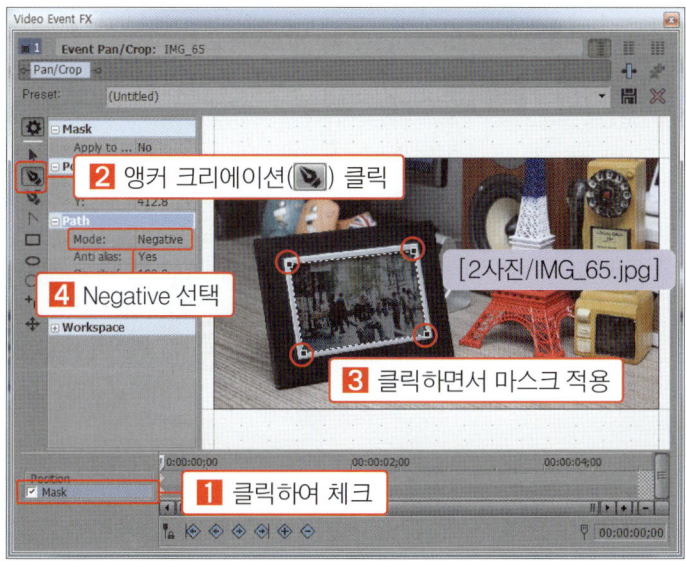

2 영상 파일([1영상/HDV30.wmv])을 마스크 처리한 사진 트랙 아래에 넣어 준 후, 위쪽 마스크 처리한 사진 파일 끝(⬒)을 드래그하여 영상 파일 끝에 맞춰 줍니다. 그리고 영상 파일 트랙의 트랙 모션(🖼) 버튼을 클릭합니다.

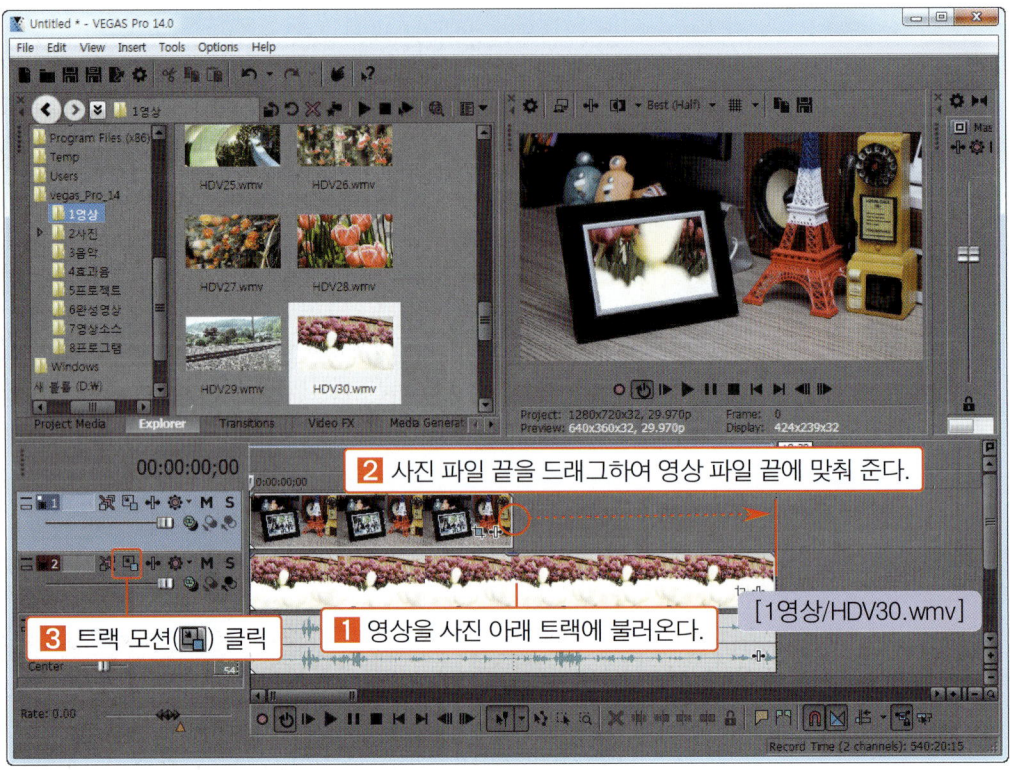

3 불러온 영상 트랙의 트랙 모션을 사용해서 액자 화면에 맞게 영상이 나오도록 프리뷰 화면을 보면서 영상의 화면 크기를 줄이고 회전을 시켜 위치와 방향을 조절합니다. 설정을 마친 후 창을 닫습니다.

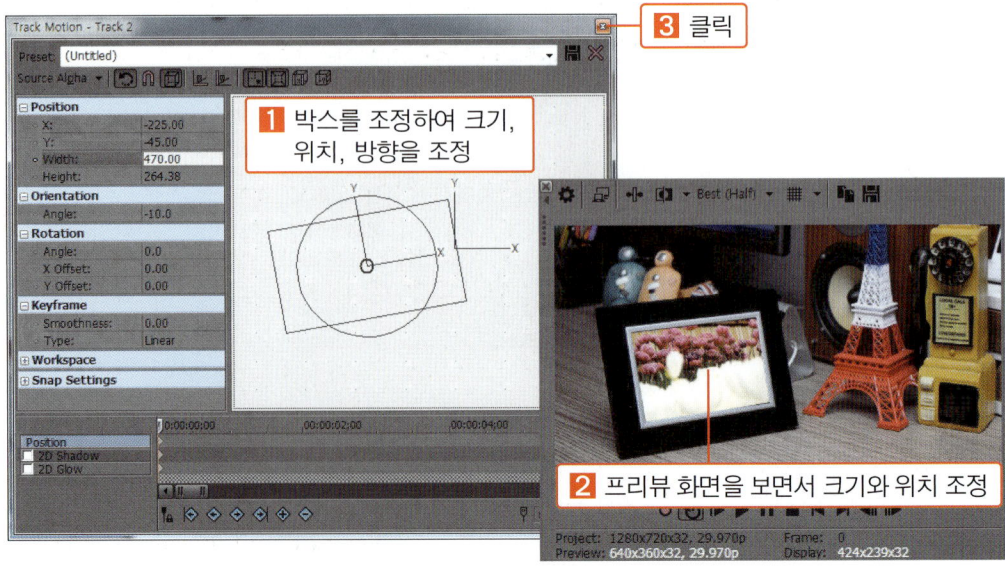

4 재생하여 프리뷰 화면의 결과를 보면 마스크를 적용한 액자의 사진 부분에 영상이 합성되어 나오는 것을 확인할 수 있습니다.

✔ 최종 결과 파일
[5프로젝트/Vegas Pro 14-04.veg]
[6완성영상/Vegas Pro 14-04.wmv]

마스크 처리된 액정 화면에 아래쪽에 놓인 영상이 나타납니다.

Shape Masking Tools

앵커 크리에이션 툴(■)이 마스크 포인트를 찍어 마스크를 적용한다면, Shape Masking Tools 는 직사각형(■)과 타원(●) 버튼을 클릭하여 마스크를 적용할 부분에 일정한 비율로 간편하게 마스킹 처리를 하고 합성 모드를 설정할 수 있습니다.

Shape Masking Tools

> Note
> • Rectangle or Square Mask Creation Tool(■): 직사각형, 정사각형, 라운딩된 도형을 만들 수 있는 툴입니다.
> • Oval or Circle Mask Creation Tool(●): 원형, 타원, 반원의 도형을 만들 수 있는 툴입니다.

마스크 툴 바에 있는 직사각형(■)과 타원(●) 버튼을 클릭하여 마스크를 적용할 범위를 드래그하여 지정합니다.

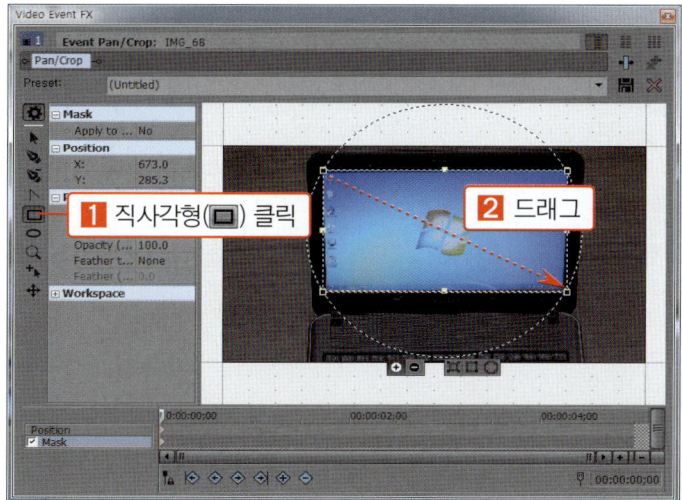

1 직사각형(■) 클릭
2 드래그

타원(◯) 툴을 선택하면 원형의 마스크를 간편하게 처리할 수 있습니다.

마스크를 적용하면 마스크를 조정할 수 있는 8개의 포인트와 도구 모음이 활성화가 됩니다. 각각 포인트 점을 클릭해서 마스크 영역을 조절하고 마스크 가운데를 클릭하면 마스크의 위치 이동이 가능합니다. 테두리 원을 클릭하면 마스크를 회전시킬 수 있고 도구 모음을 사용하여 마스크 처리 옵션을 조절합니다.

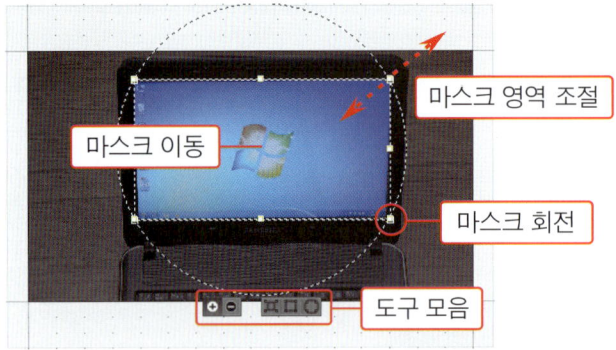

도구 모음에서 Mask Mode 설정

- **Positive Mask(⊕)**: 마스크를 적용한 부위의 마스크 영역을 보여줍니다.
- **Negative Mask(⊖)**: 마스크를 적용한 부위에 하위 트랙을 마스크 영역으로 보여줍니다.

도구 모음에서 Feather Type

- **Feather Inside(▨)**: 안쪽으로 흐리게 처리 합니다.
- **Feather Both(▦)**: 양쪽으로 흐리게 처리 합니다.
- **Feather Outside(▩)**: 바깥쪽으로 흐리게 처리 합니다.

도구 버튼을 클릭하면 나오는 [▭▭▭] 스크롤 바를 조절하여 모드를 설정

■ Shape Masking Tools을 사용해서 도형 만들기

직사각형(▣)과 타원(◉) 툴을 사용 시 키보드 키와 연동해서 다양한 모양의 도형을 만들 수 있습니다.

직사각형 만들기

툴 바에서 Rectangle or Square Mask Creation Tool(▣)를 클릭하여 사용합니다.

- **드래그**: 한쪽 점이 고정된 채 비율에 상관없이 마스크가 적용됩니다.
- **Shift +드래그**: 한쪽 점이 고정된 채 비율이 고정되어 정사각형 마스크가 적용됩니다.
- **Ctrl+드래그**: 가운데를 기준으로 비율이 고정된 마스크가 적용됩니다.

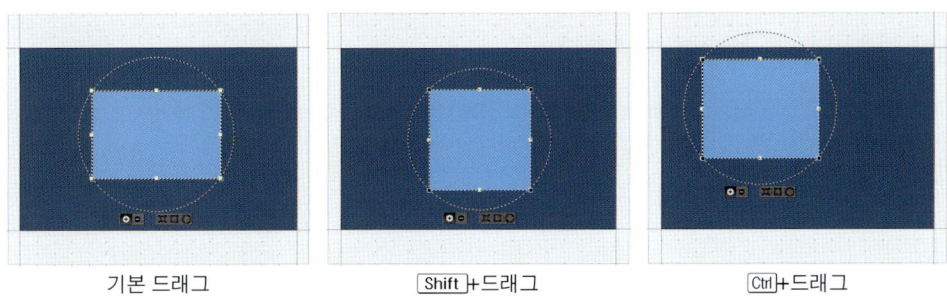

기본 드래그   Shift+드래그   Ctrl+드래그

라운딩 직사각형, 정사각형 만들기

- **라운딩 직사각형**: Alt+드래그
- **라운딩 정사각형**: Shift+Alt+드래그

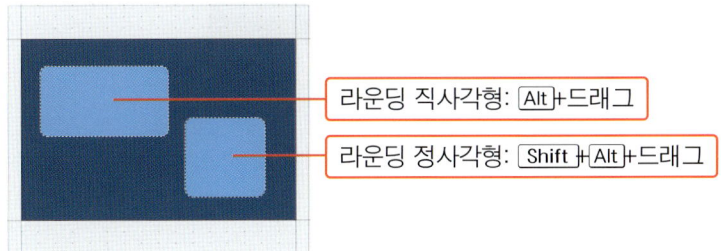

연속해서 마스크를 적용하면 그룹으로 지정되며, 각 마스크를 더블 클릭하면 독립적으로 마스크를 조정할 수 있습니다. 그룹으로 다시 지정하려면 다른 마스크 위에서 Shift +더블 클릭합니다.

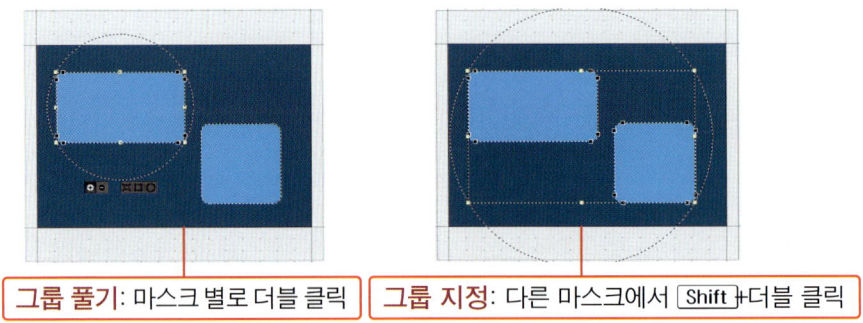

타원형, 원형 만들기/반원, 반타원형 만들기

툴 바에서 Oval or Circle Mask Creation Tool(◯)를 클릭하여 사용합니다.

- **타원형**: 기본 드래그
- **원형**: Shift +드래그

- **반원**: Alt (좌)+ Shift +드래그
- **반타원형**: Alt (좌)+드래그

■ 마스크 중복 적용과 개체 복사

마스크를 적용한 후 타원 툴(◯)을 클릭하여 Shift +드래그로 원형 마스크를 적용하고 Esc 키를 눌러 마스크 적용을 완료시켜 줍니다.

그런 후 직사각형 툴(▣)을 클릭해서 원형에 겹치도록 그림처럼 마스크를 적용한 후, 원형 마스크에 마우스를 위치시켜 화살표(↖) 가 나올 때 Shift +더블 클릭하여 그룹으로 지정합니다.

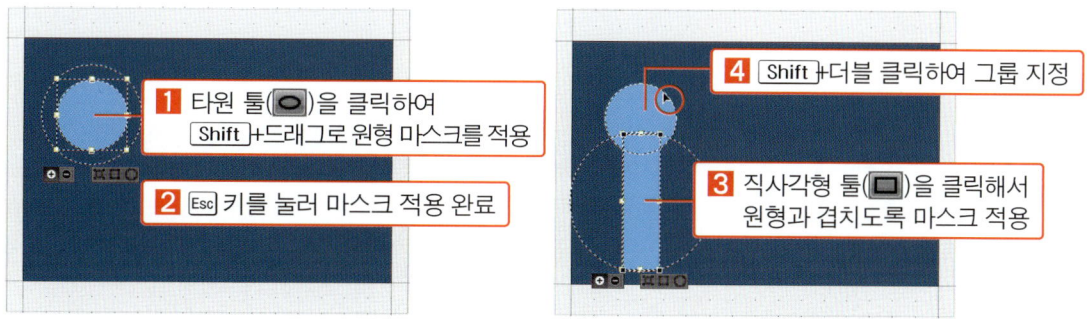

그룹으로 지정한 마스크 위에서 마우스 우측 버튼을 클릭하여 [Duplicate Ctrl+Drag]를 선택합니다. 그러면 마스크 개체가 복제가 되는데, 복제된 마스크를 원하는 위치로 드래그합니다. 또는 그룹으로 지정된 것을 Ctrl+드래그하여도 복제가 됩니다.

이러한 과정을 통해 동일한 마스크를 필요한 만큼 복제해서 사용하는 것이 가능합니다.

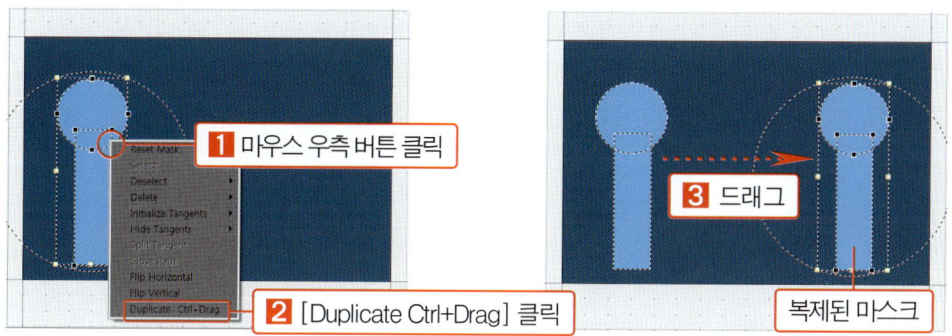

마스크 기능키

> - Esc : 마스크 적용을 완료시킵니다.
> - Ctrl+드래그 : 마스크 개채 복사

이런 기능을 사용해서 라운딩된 분할 화면 등을 만들 때 활용할 수 있습니다.

Lesson 14 고급 자막! 프로타입 타이틀러 익히기

앞에서 [Media Generators] 탭의 일반 자막인 [(Legacy) Text]와 애니메이션 자막인 [Titles & Text]를 함께 살펴보았습니다.

이번에 살펴볼 프로타입 타이틀러(ProType Titler)는 자막 제작용 프리셋으로, [(Legacy) Text]나 [Titles & Text]와 달리 사용법이 조금 복잡하지만 고급 자막 작업에 많이 사용됩니다. TV 방송의 예능 자막 같은 독특한 자막 효과를 만들 수 있으며, 특히 액션 기능을 사용해서 글자에 다양한 애니메이션 효과를 적용하여 일반 자막부터 고급 애니메이션 자막을 만들 수 있습니다.

아래는 [Media Generators] 탭의 [ProType Titler]에서 [Empty] 프리셋을 나타낸 모습입니다.

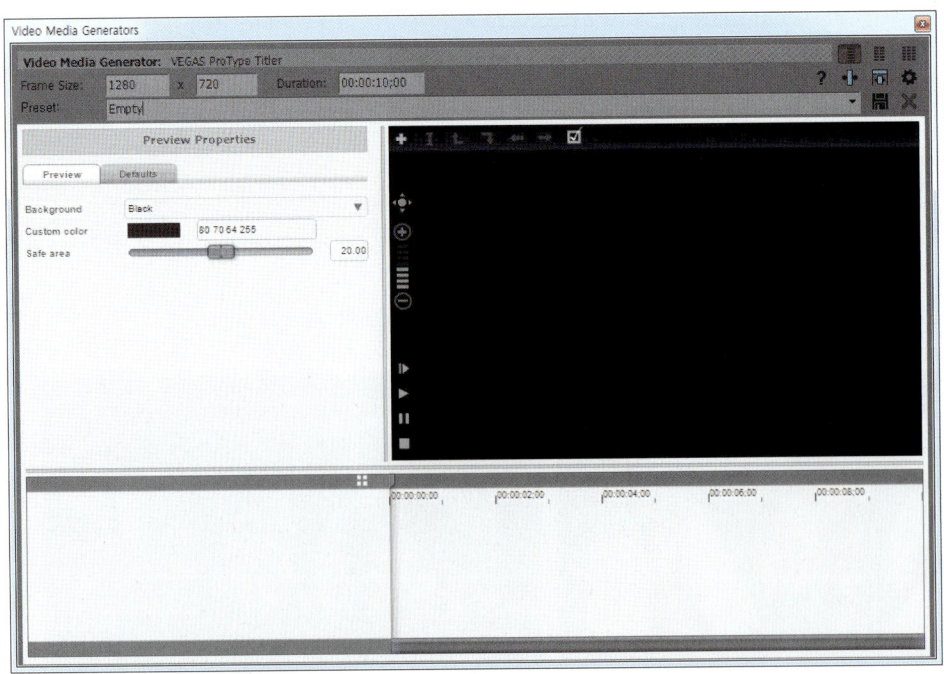

고급 자막! 프로타입 타이틀러 익히기 — Lesson 14

 프로타입 타이틀러(ProType Titler) 기본 사용법

프로타입 타이틀러를 사용해서 글자 입력과 폰트 크기 설정 등의 기본 적인 기능 설정 방법을 알아보도록 하겠습니다.

■ 글자 입력하기

[Media Generators] 탭의 [ProType Titler]에서 [Empty] 프리셋을 타임 라인에 드래그합니다.

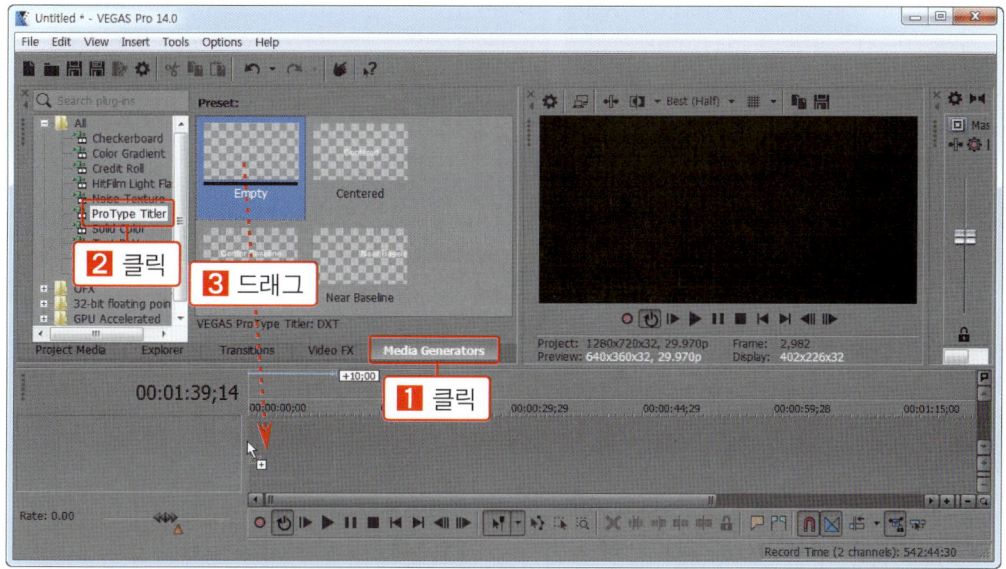

그러면 자막 설정 창(Video Media Generators)이 화면에 나타납니다. 자막 입력은 우측 상단의(➕) 버튼을 누르면 기본적으로 Sample Text라는 문자가 나타납니다. 이곳에 원하는 글자를 입력하고 글꼴이나 크기 등을 지정하고 Esc 키를 누르면 글자 입력이 완료 됩니다.

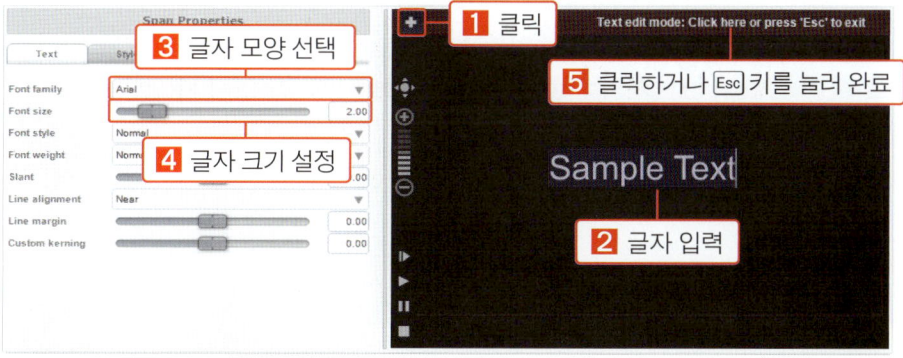

■ 글자 수정하기/이동하기

프로타입 타이틀러 화면의 자막을 클릭하고, 에디트 텍스트() 버튼을 누른 후 수정할 자막을 드래그해서 선택합니다. 그런 후 원하는 글자를 입력하고 상단의 갈색 부분을 클릭하거나 Esc 키를 눌러 줍니다. 그러면 글자 수정이 완료됩니다.

글자의 위치 이동은 자막 입력이 완료된 상태에서 프로타입 타이틀러 화면의 자막을 클릭해서 원하는 위치로 드래그하면 됩니다.

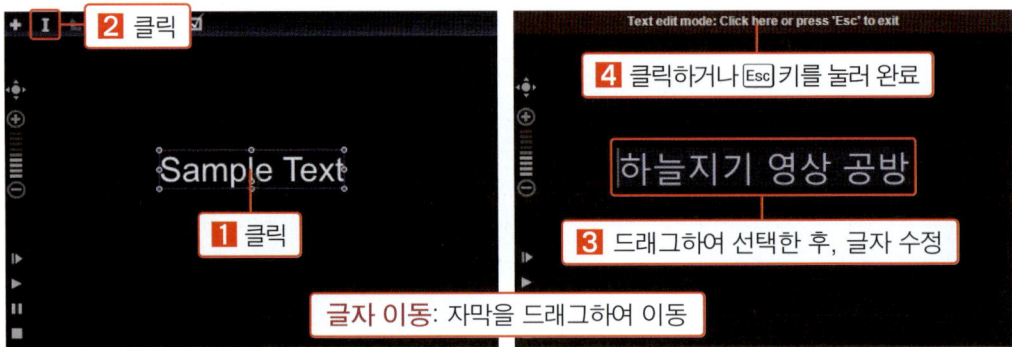

2. 자막 입력 창의 도구 버튼 살펴보기

프로타입 타이틀러 창에 있는 도구 버튼의 기능에 대하여 알아보도록 하겠습니다.

1 Add New Text Block(➕): 새로운 글자를 입력합니다.

2 Edit Text(I): 입력한 글자를 수정할 수 있는 편집 모드로 전환합니다. 글자를 더블 클릭해도 됩니다.

3 Lock Aspect(☑): 체크 표시를 한 후 입력한 글자 외곽의 크기 조절점을 클릭 & 드래그해도 가로 세로 비율이 유지된 상태로 글자 크기가 조절됩니다.

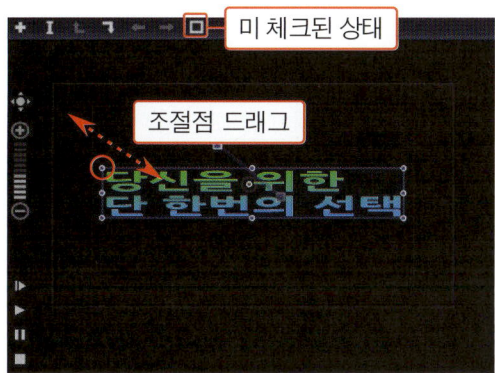
▫ 미 체크 시 비율 유지가 안 됨

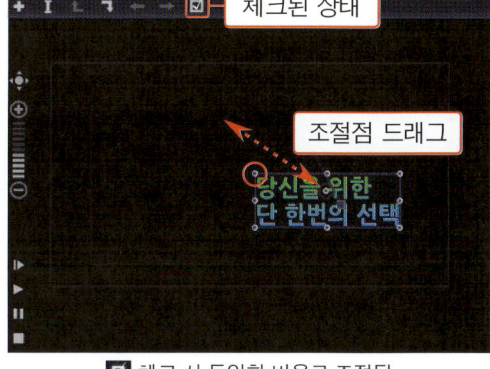
▫ 체크 시 동일한 비율로 조절됨

4 Pan(✥): 버튼을 드래그하면 자막 글자 입력 창의 위치를 이동시킬 수 있습니다. 더블 클릭하면 원래의 위치인 중앙으로 돌아옵니다.

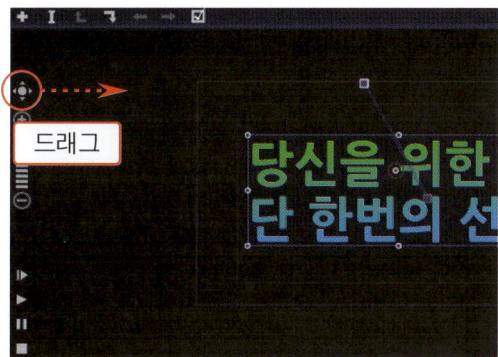

5 Zoom In(⊕) / Zoom Out(⊖): 글자 입력 창을 확대 축소할 수 있습니다. 또는 마우스 휠을 위쪽으로 올리거나 내려도 확대 축소를 사용할 수 있습니다.

6 Play from Start(▶): 타임 라인 처음 지점부터 재생합니다. 키 프레임을 사용한 애니메이션의 작업 내용을 확인하는데 사용합니다.

Play(▶): 타임 라인의 에디트 라인이 위치한 곳부터 재생합니다.

Pause(⏸) / Stop(⏹): 일시 정지와 정지

3. 프로타입 타이틀러의 Span Properties 살펴보기

[Span Properties]는 프로타입 타이틀러에서 글자의 모양이나 색상, 테두리 등의 기본적인 설정을 하는 곳입니다.

■ Text 탭

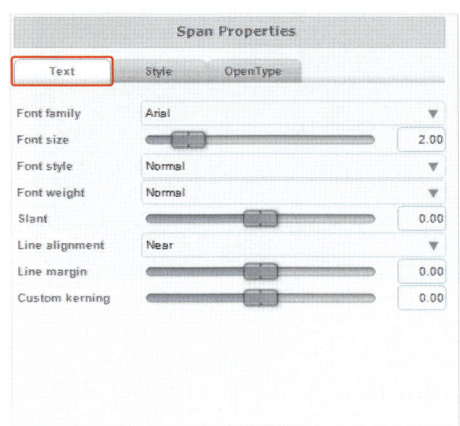

- **Font family**: 글자 서체를 선택합니다.
- **Font size**: 글자 크기를 설정합니다.
- **Font style**: 글자를 기울게 합니다.
- **Font weight**: 글자 두께를 조절합니다.
- **Slant**: 글자의 좌/우측으로 기울기를 조절합니다.
- **Line alignment**: 줄 정렬 방식을 선택합니다.
  (Near은 좌측, Far는 우측, Center는 가운데)
- **Line margin**: 줄 간격을 조절합니다.
- **Custom kerning**: 커서의 위치를 기준으로 앞쪽에 있는 문자를 좌측 또는 우측으로 밀어 냅니다.

■ Style 탭

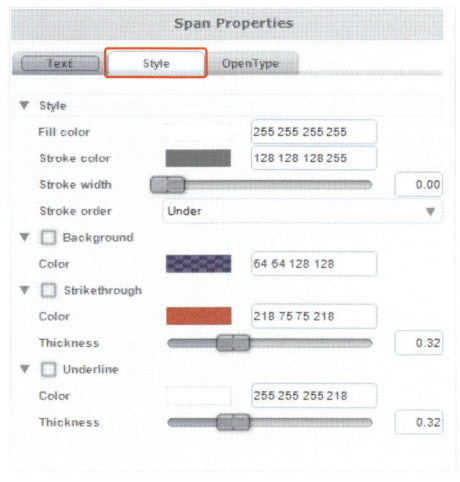

- **Style**: 글자 색상(Fill color), 글자 테두리 색상(Stroke color), 글자 두께(Stroke width), 테두리의 위치(Stroke order)를 설정합니다.
- **Background**: 글자의 배경색을 설정합니다.
- **Strike through**: 글자 중간에 나타나는 줄의 색상과 두께를 설정합니다.
- **Underline**: 글자의 밑줄 색상과 두께를 설정합니다.

4. 프로타입 타이틀러의 Text Block Properties 설정 살펴보기

자막 입력이 끝난 후, 다시 수정을 위해 Generated Media(▦)을 클릭하여 들어가서 우측 창에 입력한 자막 글자를 클릭하면 글자의 형태나 효과, 움직임 등을 설정할 수 있습니다.

■ Transform 탭

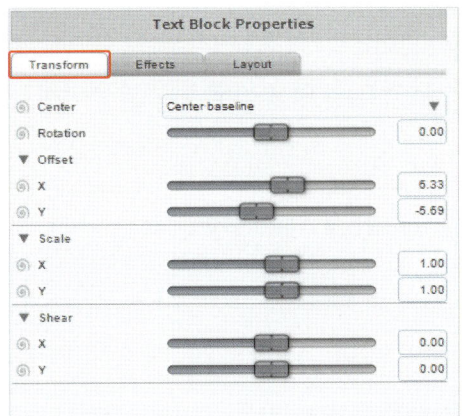

- **Center**: 글자의 위치를 설정합니다.
- **Rotation**: 글자의 각도를 설정합니다.
- **Offset**: X(가로)와 Y(세로)의 수치를 통해 글자 위치를 설정합니다.
- **Scale**: X(가로)와 Y(세로)의 수치를 통해 글자 크기를 설정합니다.
- **Shear**: 글자의 중심축을 기준으로 하여 X는 좌우 방향으로 기울어지고, Y는 위아래로 기울기를 설정합니다.

■ Effects 탭

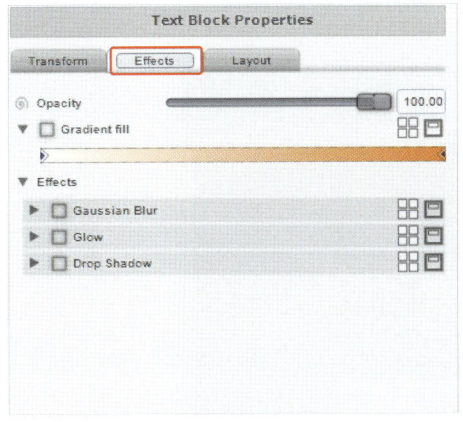

- **Opacity**: 글자의 투명도를 설정합니다.
  - **Gradient fill**: 글자의 색을 혼합하는 기능입니다.
- **Effect**
  - **Gaussian Blur**: 글자의 가로 방향(Horizontal blur), 세로 방향(Vertical blur)으로 뿌옇게 합니다.
  - **Glow**: 글자 테두리에 발산 하는 빛의 양(Glow amount), 색(Glow color)을 설정합니다.
  - **Drop Shadow**: 글자에 그림자를 설정합니다.

■ Layout 탭

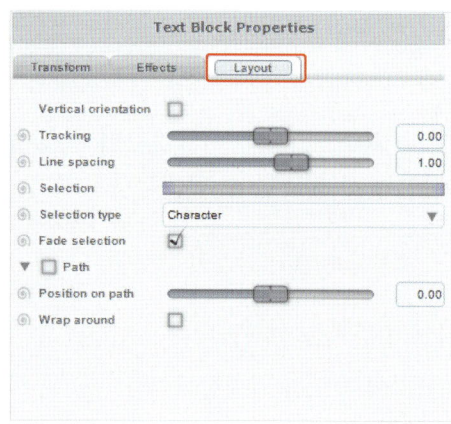

- **Vertical orientation:** 글자가 세로 방향으로 써지게 할 때 체크합니다.
  - 글자 간격(Tracking), 줄 간격(Line spacing), 글자를 보이지 않게 할 영역(Selection)과 단위(Selection type)를 설정합니다.
  - Selection의 우측의 막대를 드래그해서 줄이면 글자가 사라집니다.
  - Selection type의 Character는 글자 한 개씩, Word는 단어별로, Line은 줄 단위로 없어지게 합니다.

- **Path:** 글자가 움직이는 경로를 설정합니다.
  경로 상의 글자 위치(Position on path), 반복 여부(Wrap around)를 설정합니다.

5 Effects 탭의 그레이디언트를 사용한 자막 만들기

1 [Media Generators] 탭의 [ProType Titler]에서 [Empty] 프리셋을 타임 라인에 드래그한 후, 프로타입 타이틀러 창에서 ➕ 버튼을 눌러 글자 입력 창에 원하는 글자를 입력합니다.

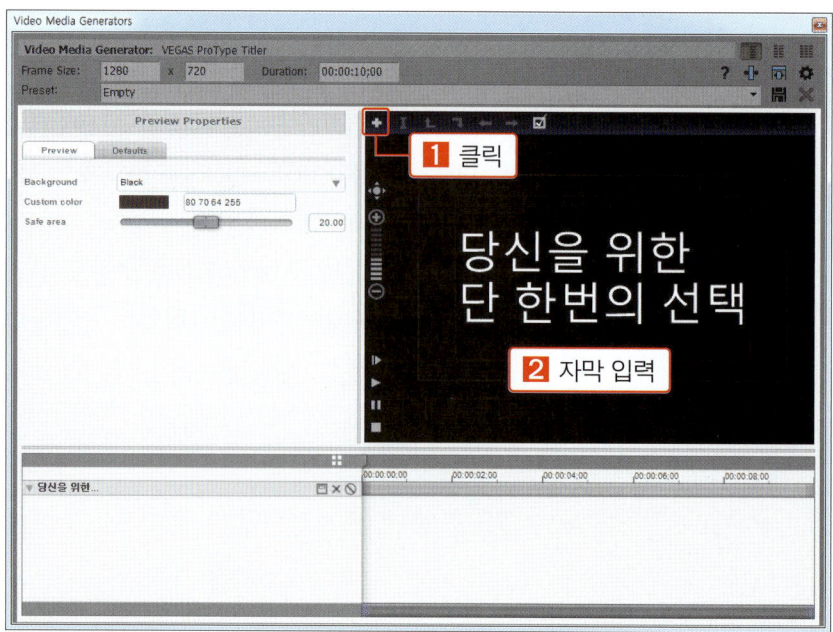

2 입력한 글자 전체를 드래그하여 선택한 후, [Font family]에서 시스템에 설치된 폰트를 선택합니다. 그런 후 상단의 갈색 부분을 클릭하거나 Esc 키를 누릅니다.

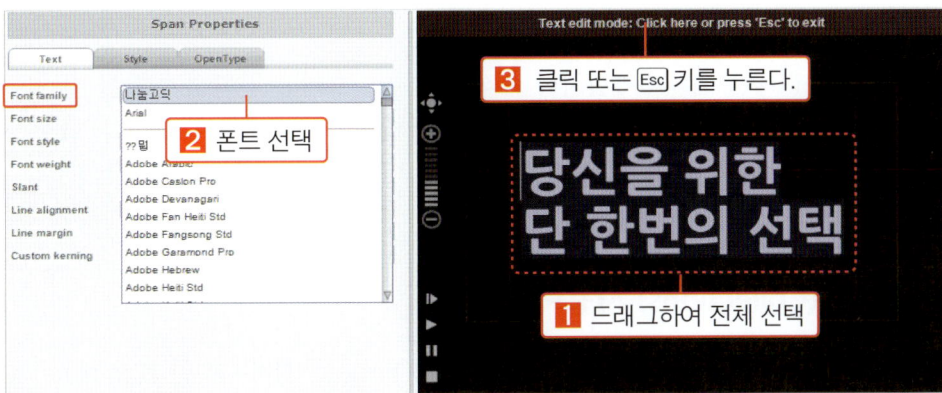

자막 글자의 그라디언트 효과

> **Note** 그라디언트 효과를 제대로 나타나게 하려면 굵은 폰트를 사용하는 것이 좋습니다. 따라서 Font family 에서 가급적 굵은 폰트를 찾아서 지정합니다.

3 [Effect] 탭의 [Gradient fill]에 체크하면 조정선이 나옵니다. 그러면 기본적으로 적용되어 있는 색상의 그라디언트 효과가 나타나는데 [Gradient fill] 색상 라인을 더블 클릭하여 색상 포인트를 생성해서 색을 설정하고 X 표를 눌러 창을 닫습니다. 그런 후 조정선 양끝의 점을 움직여서 그라디언트 색상 적용 범위를 자유롭게 변경합니다.

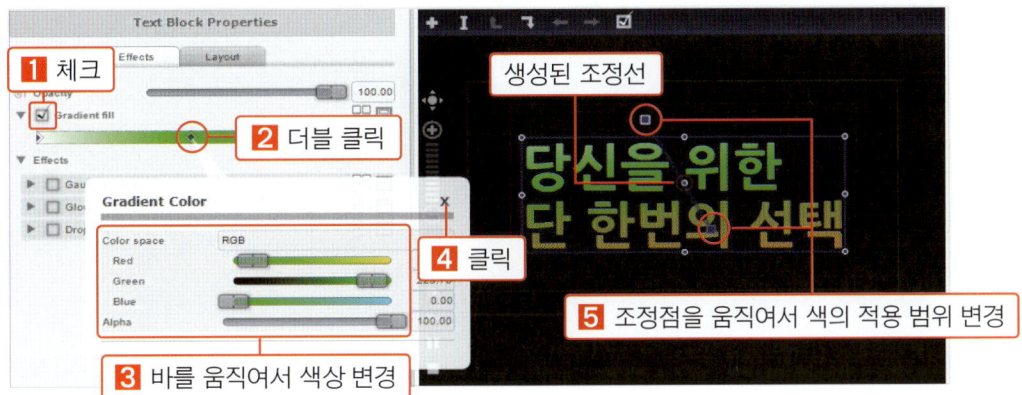

Gradient fill 색상의 조정점

> **Note** 글자 입력 창에 생성된 조정선의 위쪽과 아래쪽에 포인터 점이 있는데 위쪽 포인터는 Gradient fill 색상의 시작점을, 아래쪽 포인터는 끝 지점을 가리킵니다. 포인터의 위치 조절을 해서 글자에 색 적용 범위를 변경할 수 있습니다.

Vegas Pro 14 | Part 02 영상 편집 기초 다지기

 프로타입 타이틀러의 기본 액션 자막 효과 사용하기

프로타입 타이틀러에는 애니메이션처럼 움직이는 자막 효과를 간단하게 만들 수 있는 다양한 효과들을 내장하고 있어서 간단한 조작으로 독특한 타이틀 제작이 가능합니다. 액션 효과 사용법을 알아보도록 하겠습니다.

■ 콜렉션스(Collections) 사용하기

1 베가스 메뉴의 [File]-[New]를 클릭합니다. [New Project] 창이 나오면 [Template]에서 [HDV 720-30p (1280x720, 29.970 fps)]를 선택하여 프로젝트를 생성합니다. 이어서 [Media Generators] 탭의 [ProType Titler]에서 [Empty] 프리셋을 타임 라인에 드래그합니다.

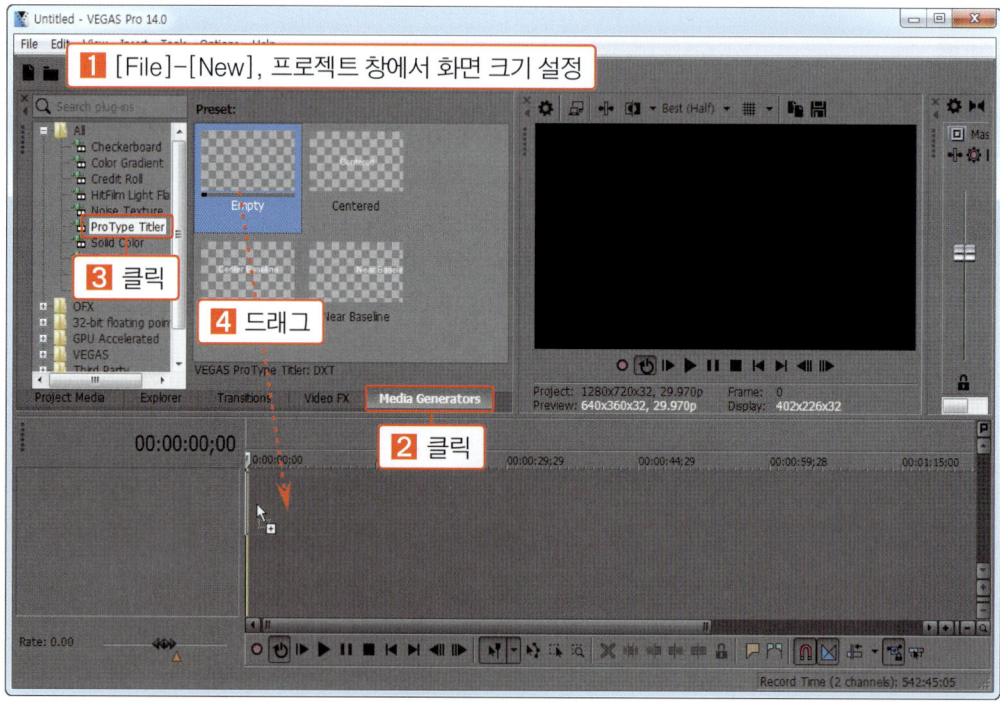

2 [ProType Titler] 창이 뜨면 글자 입력 창 하단의 Collections(⊞) 버튼을 클릭하고 콜렉션스 효과 목록 창이 나오면 [Menace]을 더블 클릭합니다.

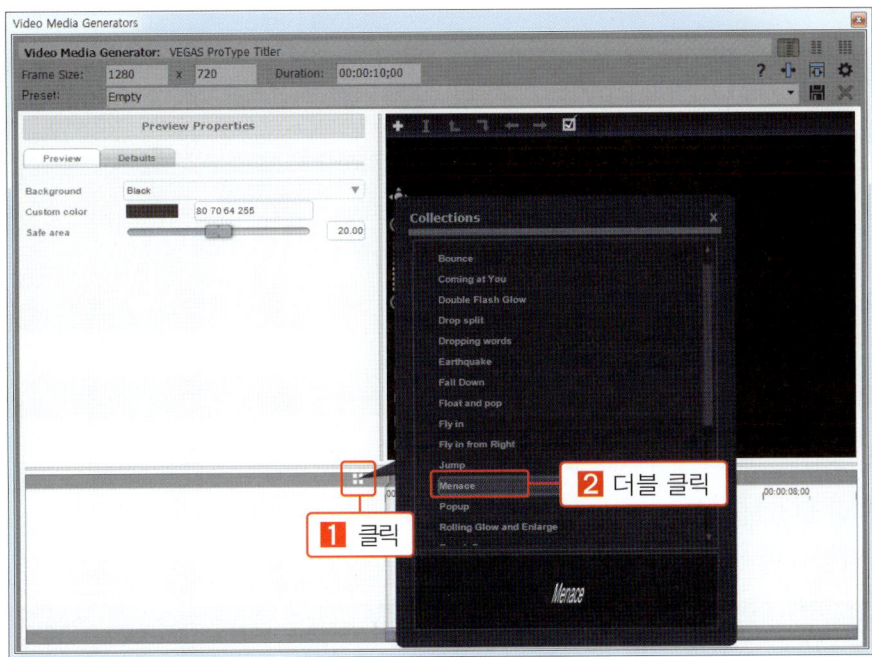

3 그러면 타임 라인에 [Menace]가 적용된 편집 목록이 나오게 됩니다. 새 글자를 입력하기 위해 타임 라인에서 글자가 나오는 2초 부근을 클릭해서 글자가 보이게 한 후, 글자 입력 창에 나온 자막을 클릭합니다.

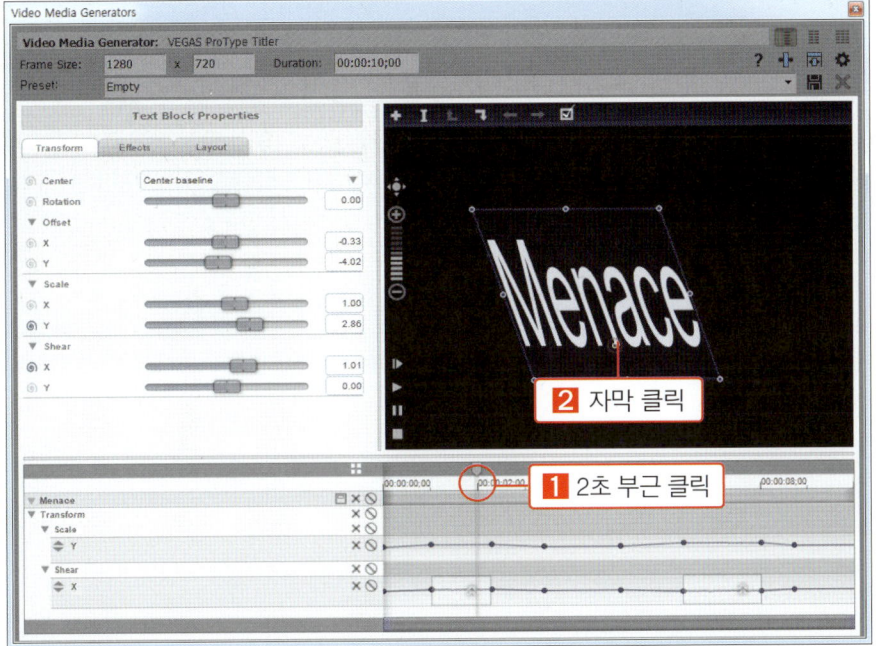

4 그런 후 자막 입력 창 상단의 자막 수정 버튼(**I**)을 눌러서 기존에 있던 자막을 마우스로 드래그해서 전체를 선택한 후 원하는 글자(예: Zzon Zzon)를 입력합니다. 그리고 Esc 키를 눌러 글자 입력을 완료합니다.

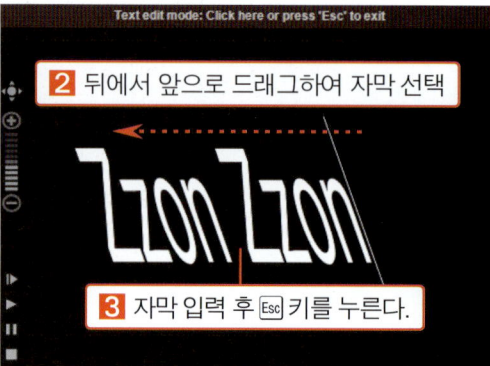

5 글자 입력이 끝나면 [ProType Titler] 창을 닫고 플레이 버튼을 눌러 확인해 보면 [Menace] 효과의 타이틀 자막을 확인할 수 있습니다.

✔ 최종 결과 파일: [5프로젝트/Vegas Pro 14-05.veg]
　　　　　　　　 [6완성영상/Vegas Pro 14-05.wmv]

적용한 Collections 타이틀 효과가 나타나지 않을 때

> **Note**
> - Collections 효과가 적용된 자막의 글자를 Backspace 키로 삭제하면 글과 함께 적용된 효과도 같이 삭제됩니다. 그러므로 글을 입력할 때는 기존 글을 드래그하여 선택한 상태에서 입력해야 합니다.
> - ProType Titler는 한글을 완벽하게 지원하지 않아서 한글로 입력하면 효과 자체가 적용되지 않습니다. 이럴 때는 윈도우의 메모장을 열어서 원하는 글을 입력한 후 이를 복사해서 프로타입 타이틀러의 기존 자막을 드래그해서 붙여넣기(Ctrl+V)하면 정상적으로 사용할 수 있습니다.
> 메모장을 이용하는 방법은 104쪽에 설명되어 있습니다.

커브(Curves) 사용하기

1 [Media Generators] 탭의 [ProType Titler]에서 [Empty] 프리셋을 타임 라인에 드래그해서 원하는 글자를 입력합니다. 이어서 좌측의 [Transform] 탭을 클릭하여 [Offset]의 X에 있는 나선형( ) 버튼을 클릭하여 타임 라인에 엔벌로프를 생성합니다.

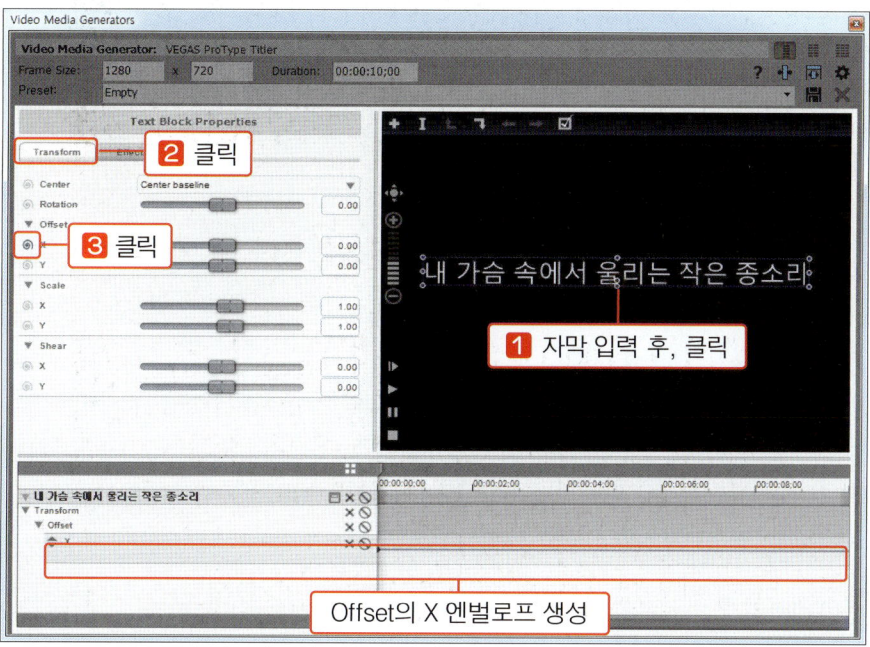

2 엔벌로프 라인의 아래쪽이나 위쪽에서 마우스 우측 버튼을 클릭하여 [Add Curve]를 선택합니다.

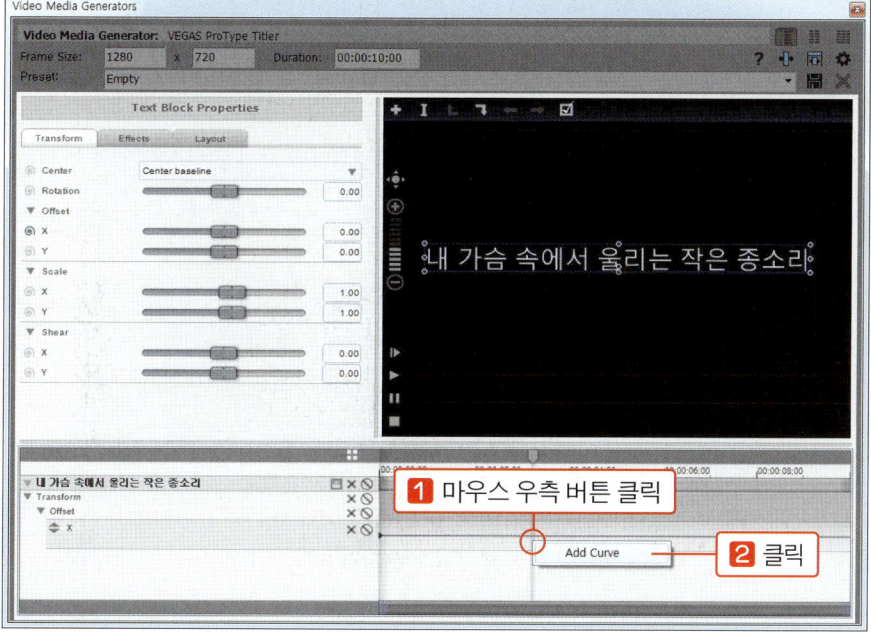

3 그러면 마우스 우측 버튼을 클릭한 지점에 에디트 라인이 위치하면서 [Curves] 효과 목록 창이 나오게 됩니다. 목록 창에서 [Parabola Bounce]를 더블 클릭합니다.

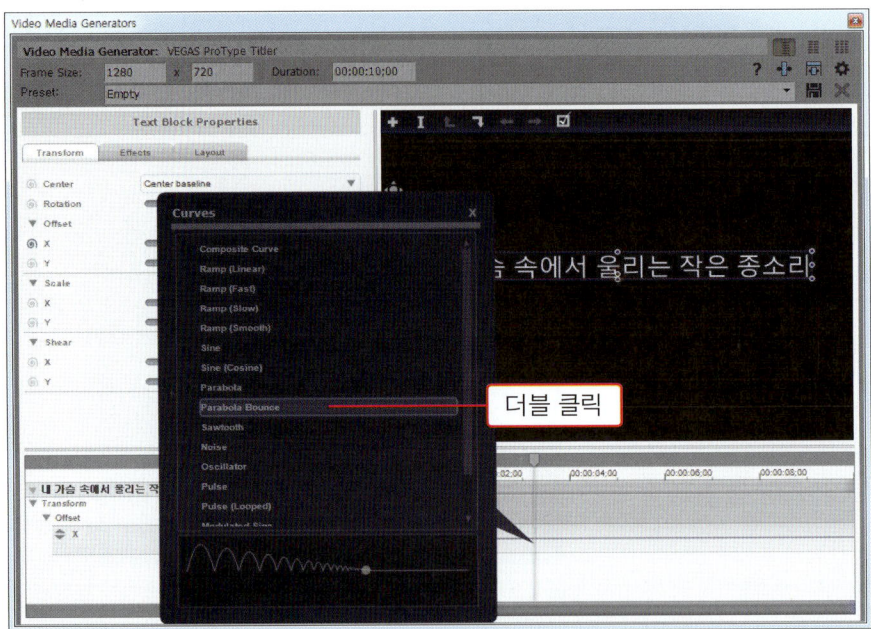

4 그러면 타임 라인에 [▬▬▬▬▬]와 같은 효과 적용 범위를 지정하는 박스가 생기는데, 박스 끝을 클릭해서 타임 라인의 4초 부분까지 드래그해서 효과가 적용될 시간만큼 범위를 지정해 줍니다. 그러면 자막이 흔들리는 효과가 만들어 집니다.

✔ 최종 결과 파일: [5프로젝트/Vegas Pro 14-06.veg] [6완성영상/Vegas Pro 14-06.wmv]

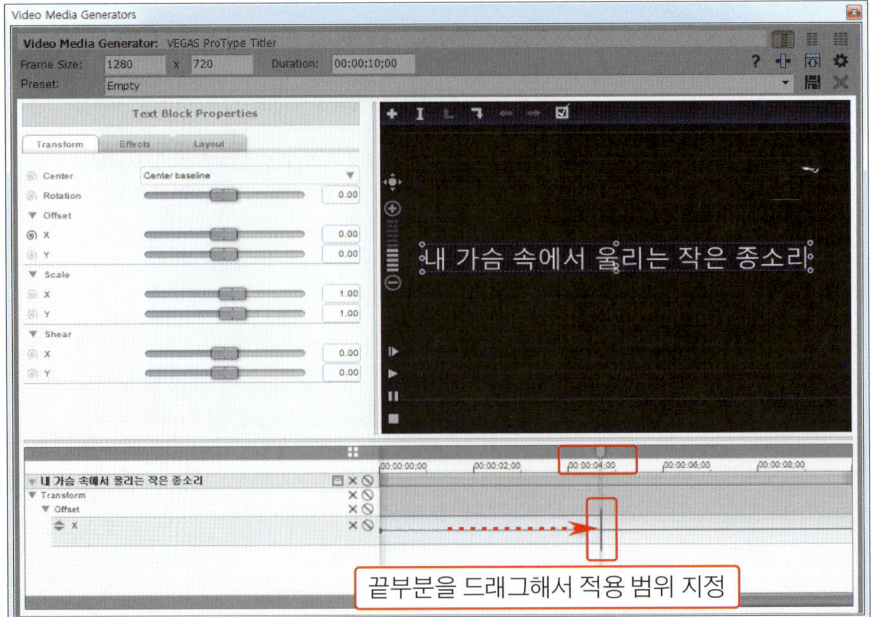

효과가 나타나는 시간 조정

> **Note**
> 효과 적용 범위를 지정하는 박스[　　　]의 적용 구간이 짧을수록 효과가 나타나는 시간이 빨라지며, 효과를 지정한 구간이 길수록 효과가 나타나는 시간이 느려집니다.
>
>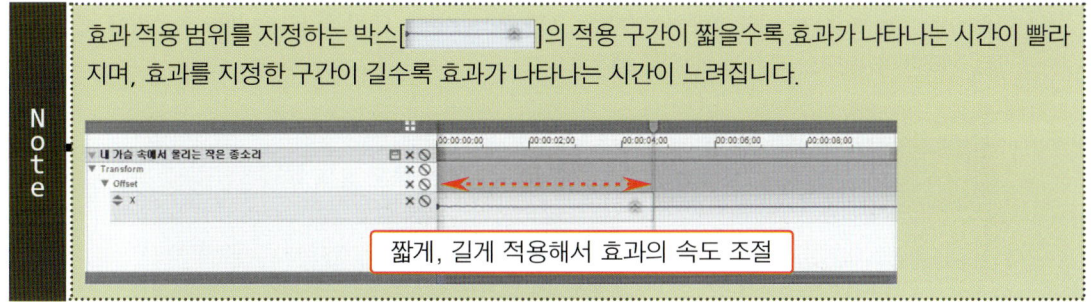
>
> 짧게, 길게 적용해서 효과의 속도 조절

한 글자씩 나타나는 타이틀 효과 만들기

한 글자씩 나타나는 자막 효과는 기본 [(Legacy)Text] 프리셋 보다 프로타입 타이틀러를 사용하면 보다 간편하고 빠르게 제작이 가능합니다.

1 프로타입 타이틀러의 글자 입력 창에 원하는 글을 입력합니다. 그리고 폰트와 글자 크기를 조절한 후 Esc 키를 눌러 글자 입력을 완료합니다.

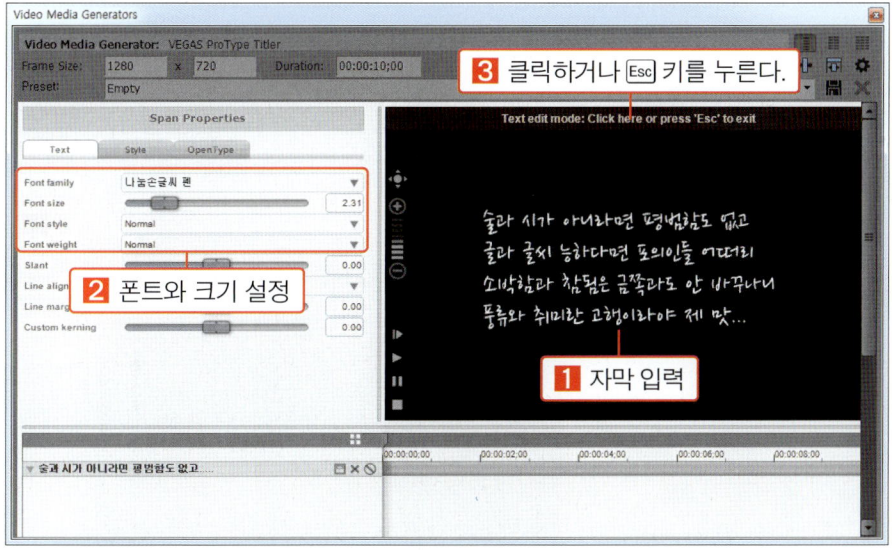

입력 예문

> **Note**
> 술과 시가 아니라면 평범함도 없고
> 글과 글씨 능하다면 포의인들 어떠리
> 소박함과 참됨은 금쪽과도 안 바꾸나니
> 풍류와 취미란 고행이라야 제 맛…

2 입력된 글자를 선택한 상태에서 좌측의 [Layout] 탭에서 [Selection] 항목의 나선형(Toggle Automation( )) 버튼을 클릭하여 엔벌로프를 생성합니다. 그런 후 [Selection type]을 [Character]로 선택한 후 상단의 시간을 30초로 설정합니다.

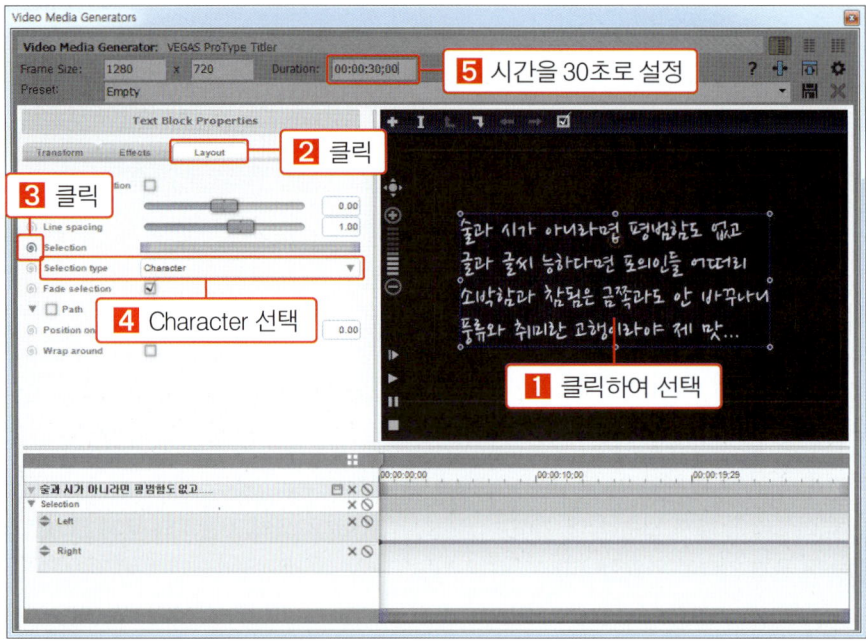

3 타임 라인의 [Right 엔벌로프] 선의 10초 부분을 더블 클릭하여 키 프레임을 생성합니다. 그리고 타임 라인 시작점의 키 프레임을 아래로 내려서 값을 0으로 적용하고 창을 닫습니다.

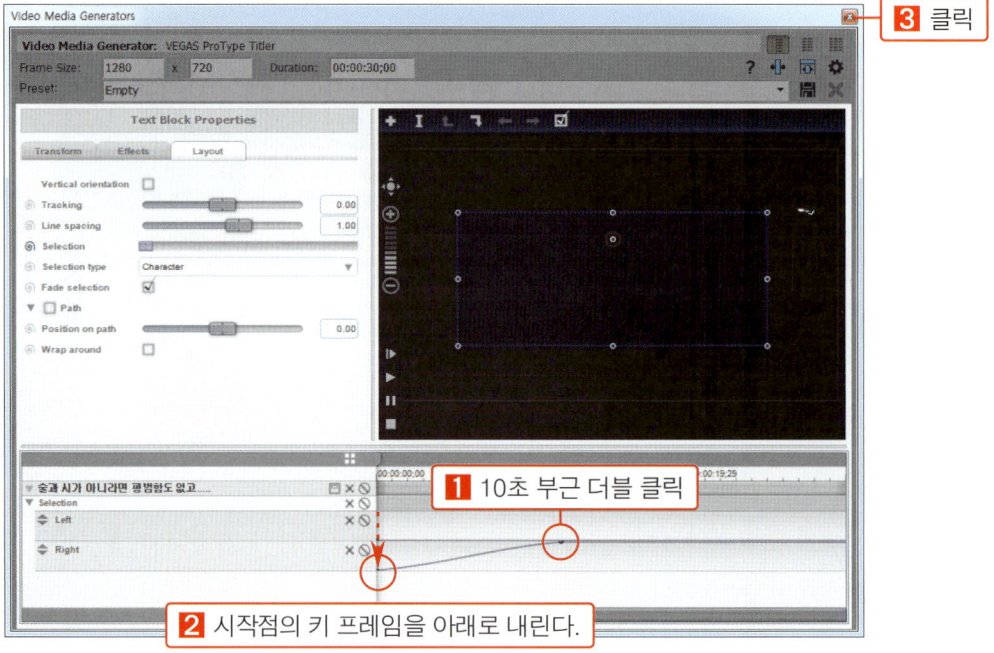

4 자막 끝(↦)을 클릭하여 30초 길이로 늘려 줍니다.

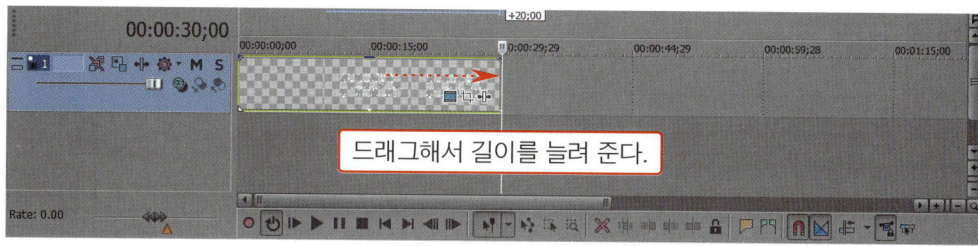

드래그해서 길이를 늘려 준다.

5 플레이 버튼을 눌러 확인하면 한 글자씩 나타나는 자막 효과를 볼 수 있습니다.

✔ 최종 결과 파일: [5프로젝트/Vegas Pro 14-07.veg]
　　　　　　　　　[6완성영상/Vegas Pro 14-07.wmv]

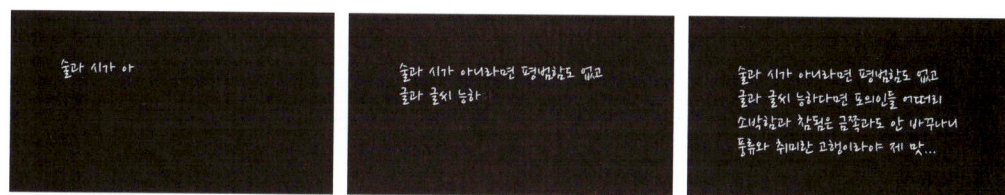

■ 한 줄씩/한 단어씩 나타내기

글자를 한줄 씩 또는 한 단어씩 나오게 하려면 Selection type에서 Line(한 줄씩), Word(한 단어씩)를 선택해서 사용하면 됩니다.

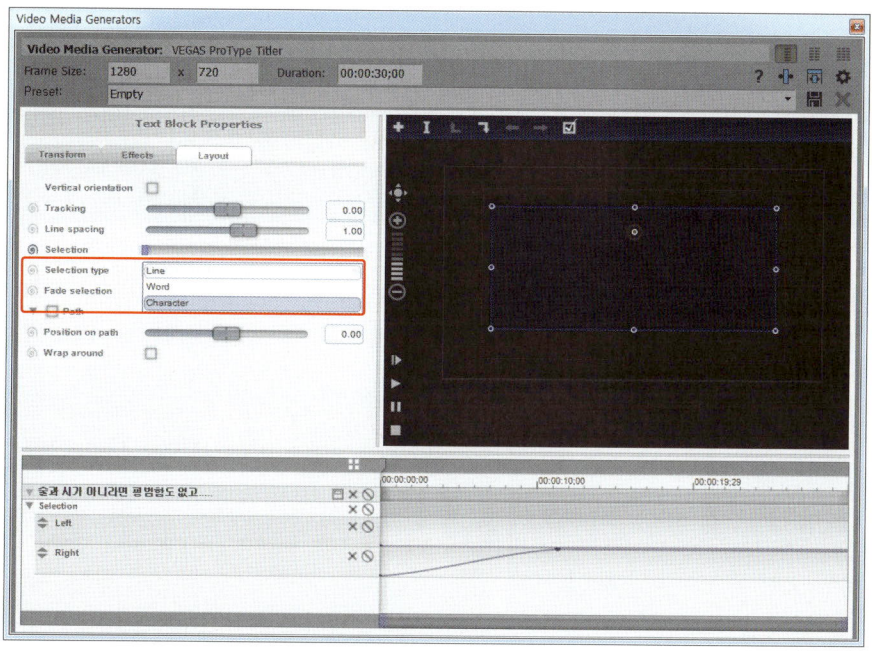

Lesson 15 베가스 합성 기능 배우기

1. Make Compositing Child 합성 기능 이해하기

Make Compositing Child 기능이란 두 개 이상의 트랙을 묶어서 하나의 개체처럼 움직이도록 하는 기능입니다. 3D 큐브나, 분할 화면 등을 만들 때 한 번에 트랙 컨트롤이 가능하며, Compositing Mode와 연동해서 독특한 합성 효과를 만들기도 하는데 이번 과정에서는 휴대폰 틀에 영상을 합성하는 과정을 통하여 어떤 형태로 사용이 되는지 알아보도록 하겠습니다.

1 프로젝트를 시작하여 Ctrl+Shift+Q를 눌러 트랙 2개를 추가한 후 1번 트랙에는 [2사진] 폴더의 [휴대폰 틀.png] 파일을 넣어 주고, 2번 트랙에는 [1영상] 폴더의 합성할 영상(HDV31.wmv) 파일을 넣어 줍니다. 그런 후 휴대폰 틀 파일의 파일 끝(⊞)을 드래그해서 영상 파일 길이에 맞춰 줍니다.

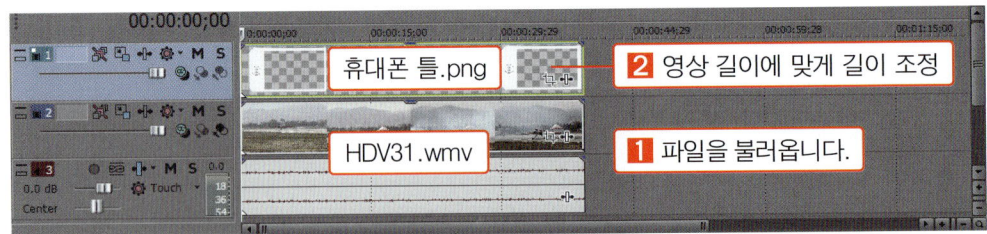

2 그런 후 1~2번 트랙의 Compositing Mode( )를 각각 클릭한 후, [3D Source Alpha]를 선택해서 3D 모드를 적용시킵니다.

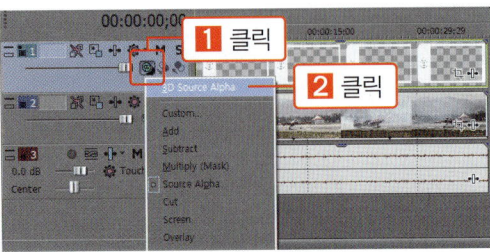 

베가스 합성 기능 배우기 — Lesson 15

3 2번 트랙 파일의 이벤트 팬/크롭( )을 클릭한 후 포지션 [F]의 조정점 포인트를 화면 밖으로 드래그 해서 영상 화면을 줄여 핸드폰 틀에 크기를 맞춰 줍니다. 그런 후 창을 닫습니다.

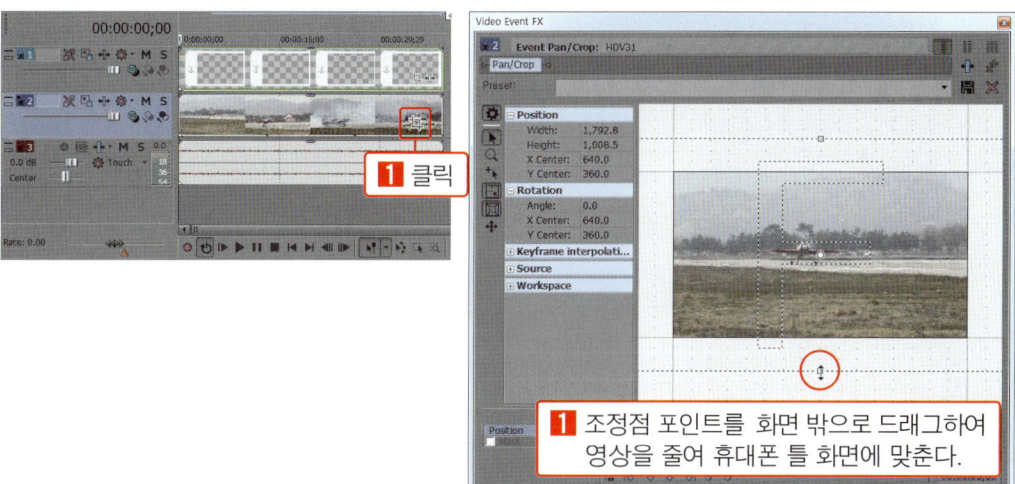

영상 화면 크기 조정 전

영상 화면 크기 조정 후

4 Ctrl + Shift + Q를 눌러 트랙을 추가한 후, Compositing Mode( )를 클릭하여 [3D Source Alpha]를 선택해서 3D 모드를 적용시킵니다.

5 그런 후 2~3번 트랙의 Make Compositing Child() 버튼을 클릭해서 1번 트랙에 부모 자식 관계로 묶어 줍니다. 그러면 묶여진 전체 트랙을 조정할 수 있는 Parent Motion( )이 생겨나게 됩니다.

Parent Motion( )

> 쉽게 트랙을 구분하기 위해 1번 트랙은 부모 트랙이라고 하고 그 아래 묶여진 트랙을 자식 트랙이라고 합니다. 부모 트랙에는 자식 트랙 전체를 조정할 수 있는 Parent Motion( )이 생겨납니다. 이를 이용해서 자식 트랙 전체를 한꺼번에 조정 가능하며, 자식 트랙의 트랙 모션을 사용하면 개별적으로 트랙을 조정할 수 있습니다.

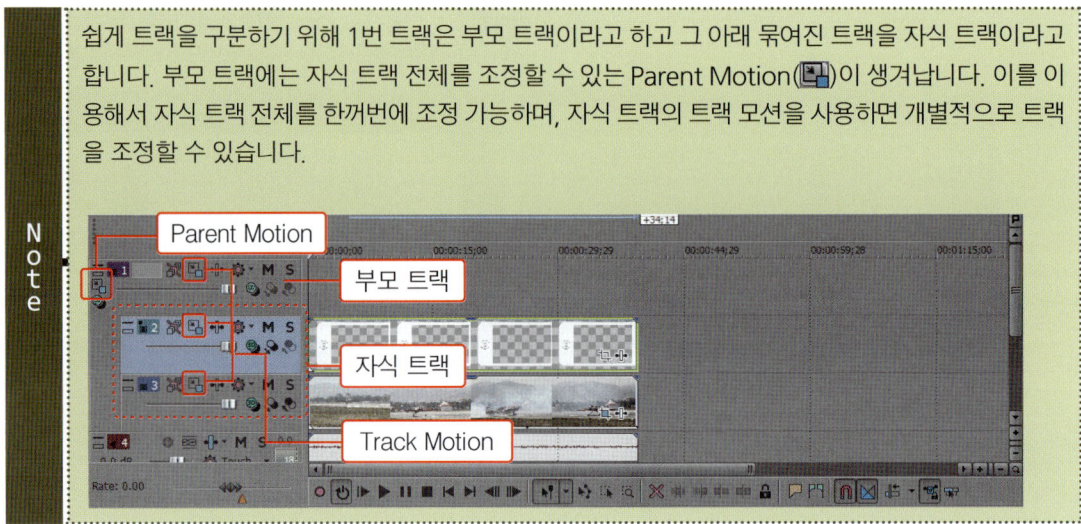

Make Compositing Child( )

> Make Compositing Child( )는 트랙을 묶어서 Parent Motion( )으로 묶여진 트랙의 파일을 한꺼번에 움직이고자 할 때 사용하는 기능입니다.

6 1번 트랙 가장자리의 Parent Compositing Mode(🔘)를 클릭한 후 [3D Source Alpha]를 선택해서 3D 모드를 적용시킵니다. 그런 후 나타난 Parent Motion(🔲)을 클릭합니다.

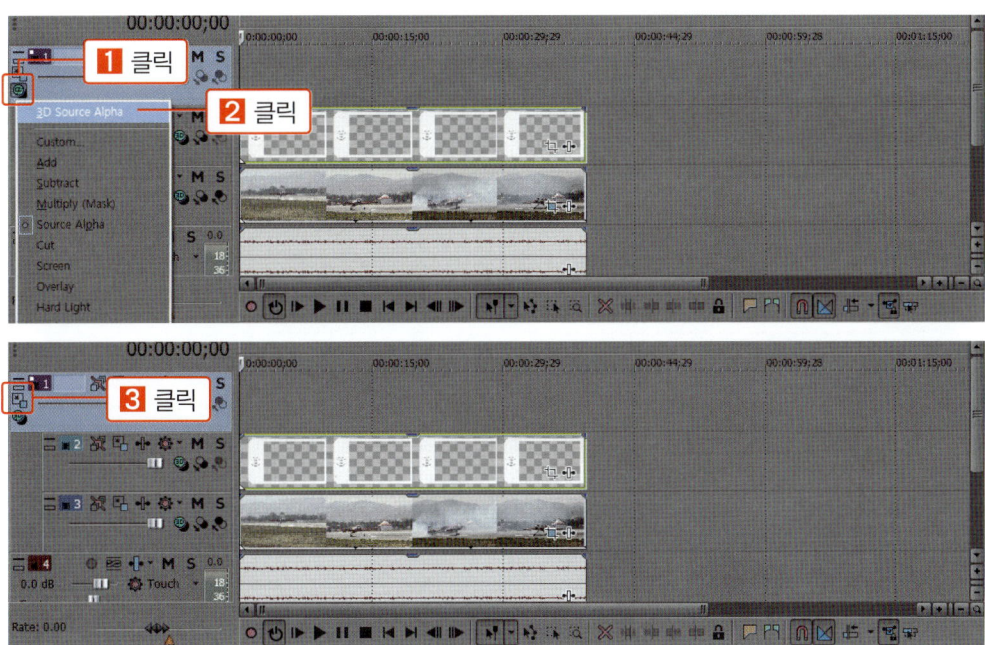

7 [Parent Track Motion] 창에서 [Position]의 Z에 500을 입력합니다. 그러면 휴대폰 틀과 영상이 같이 하나로 붙어서 작아지는 걸 볼 수 있습니다. 이어서 타임 라인의 02;00초 부분을 클릭한 후 [Orientation]의 Y에 -50을 입력해서 화면을 우측으로 돌려줍니다.

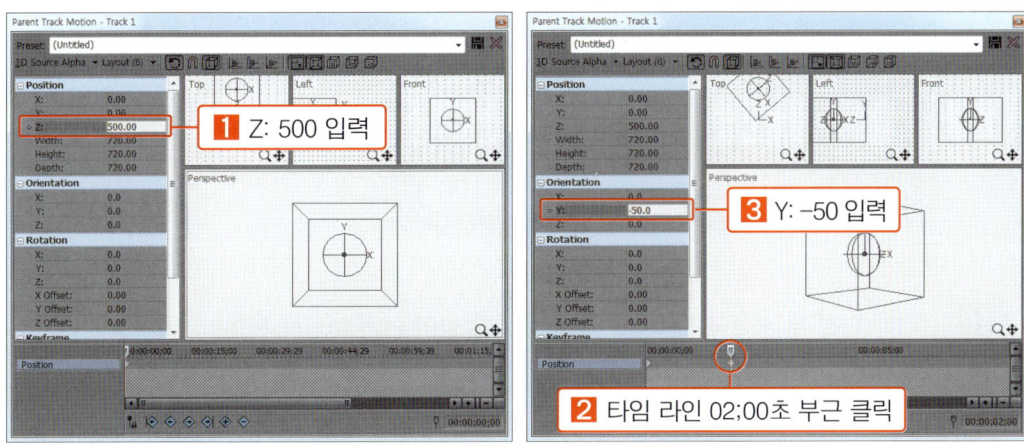

8 다시 타임 라인의 03;00초 부분을 클릭한 후 키 프레임 생성() 버튼을 클릭합니다. 그런 후 타임 라인 04;00초 부분을 클릭한 후 [Orientation]의 Y에 50을 입력해서 화면을 좌측으로 돌려줍니다.

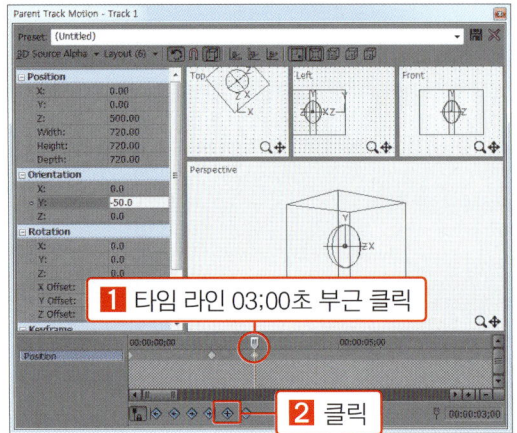
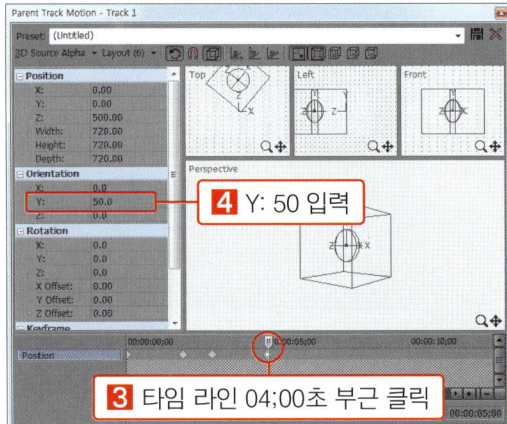

9 이어서 타임 라인 07;00초 부분을 클릭한 후 [Orientation]의 Y에 0을 입력해서 화면 가운데로 돌아오게 한 후 창을 닫습니다.

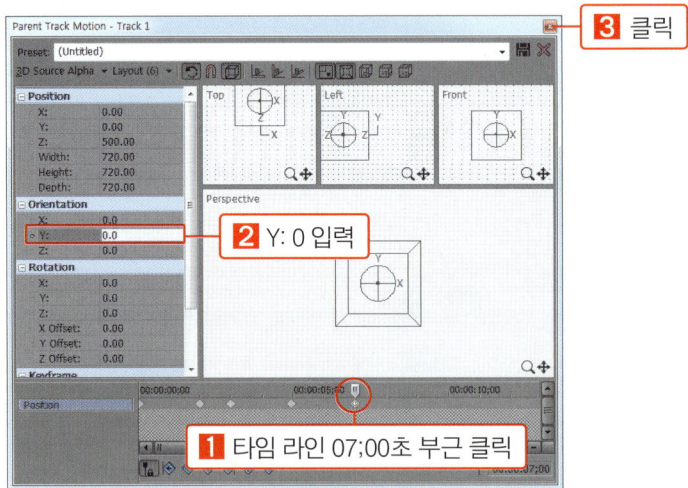

10 설정을 마친 후 재생하면 휴대폰 틀과 영상이 같이 한 덩어리로 움직이는 걸 볼 수 있는데, Make Compositing Child는 이처럼 다수의 트랙을 묶어서 한 몸처럼 움직이도록 만들 때 많이 사용합니다.

✔ 최종 결과 파일: [5프로젝트/Vegas Pro 14-08.veg]
　　　　　　　　[6완성영상/Vegas Pro 14-08.wmv]

트랙 묶기/풀기

Make Compositing Child( ) 버튼을 누르면 위쪽 트랙에 현재 트랙이 부모와 자식 관계로 묶여지는데, Make Compositing Parent( ) 버튼을 누르면 원래의 트랙 상태로 돌아갑니다.

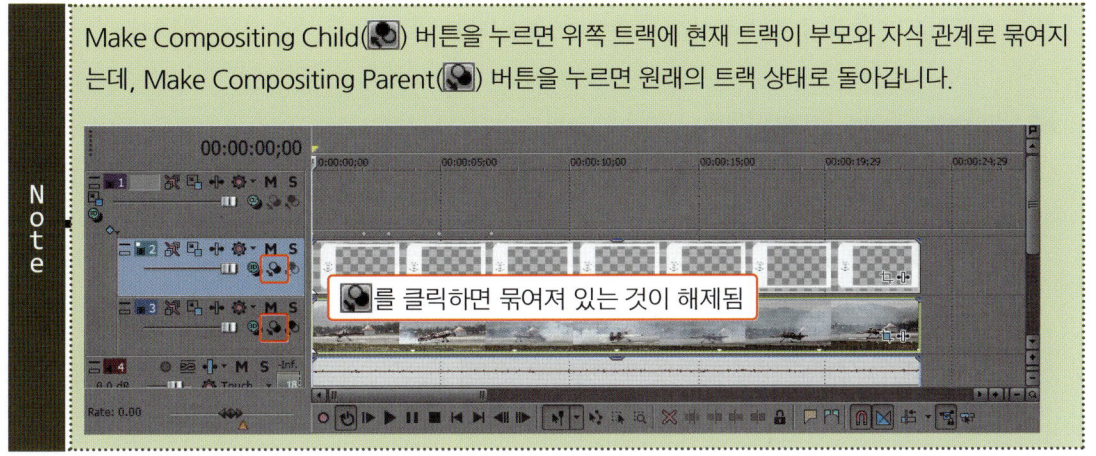

2. Compositing Mode 합성 모드

컴포지팅(Compositing Mode) 모드는 2개 이상의 비디오 트랙을 서로 합성시키기 위해 사용하는 기능으로 트랙에 사용된 사진, 영상, 자막 등의 색상, 밝기, 채도 등을 기준으로 합성시켜 독특한 결과물을 만들어 내는 합성 모드입니다.

컴포지팅 모드를 사용하는 방법은 두 개의 트랙에 합성할 사진이나 영상 파일을 넣어 주고 위쪽 트랙의 Compositing Mode( )를 클릭하면 16개의 합성 모드가 나오는데 이중 원하는 모드를 선택하면 됩니다.

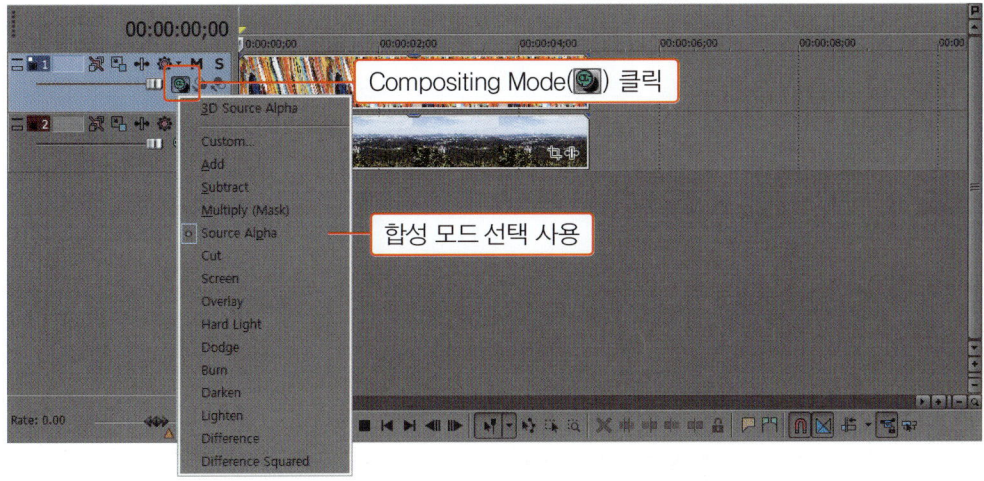

■ 3D Source Alpha

트랙을 3D로 전환시켜 X, Y축에다 Z축을 더해 입체적인 합성을 가능하게 합니다.

■ Custom > Sony Bump Map

Custom 모드를 클릭하면 플러그인으로 등록되어 있는 합성 모드를 사용할 수 있는 플러그인 선택 창이 나타납니다. Track Composite Mode 창에서 적용한 합성 모드의 세부적인 환경 설정을 할 수 있습니다.

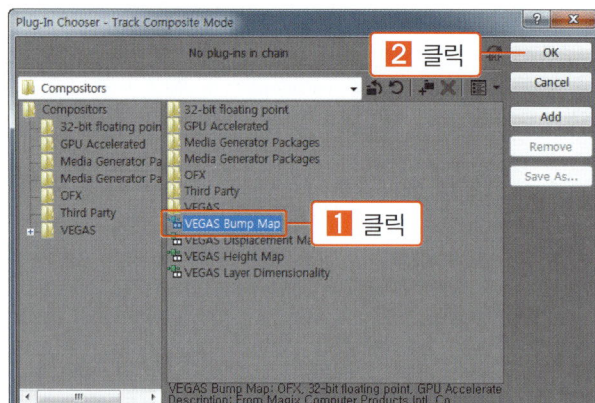

아래는 1번 트랙과 2번 트랙에 사진을 놓고 위쪽 트랙의 Compositing Mode()를 클릭하면 16개의 합성 모드가 나오는데 그 결과를 간단히 살펴본 것입니다.

1번 트랙 원본 사진

2번 트랙 원본 사진

Custom > Sony Bump Map

Custom > Sony Displacement

Custom > Sony Height Map

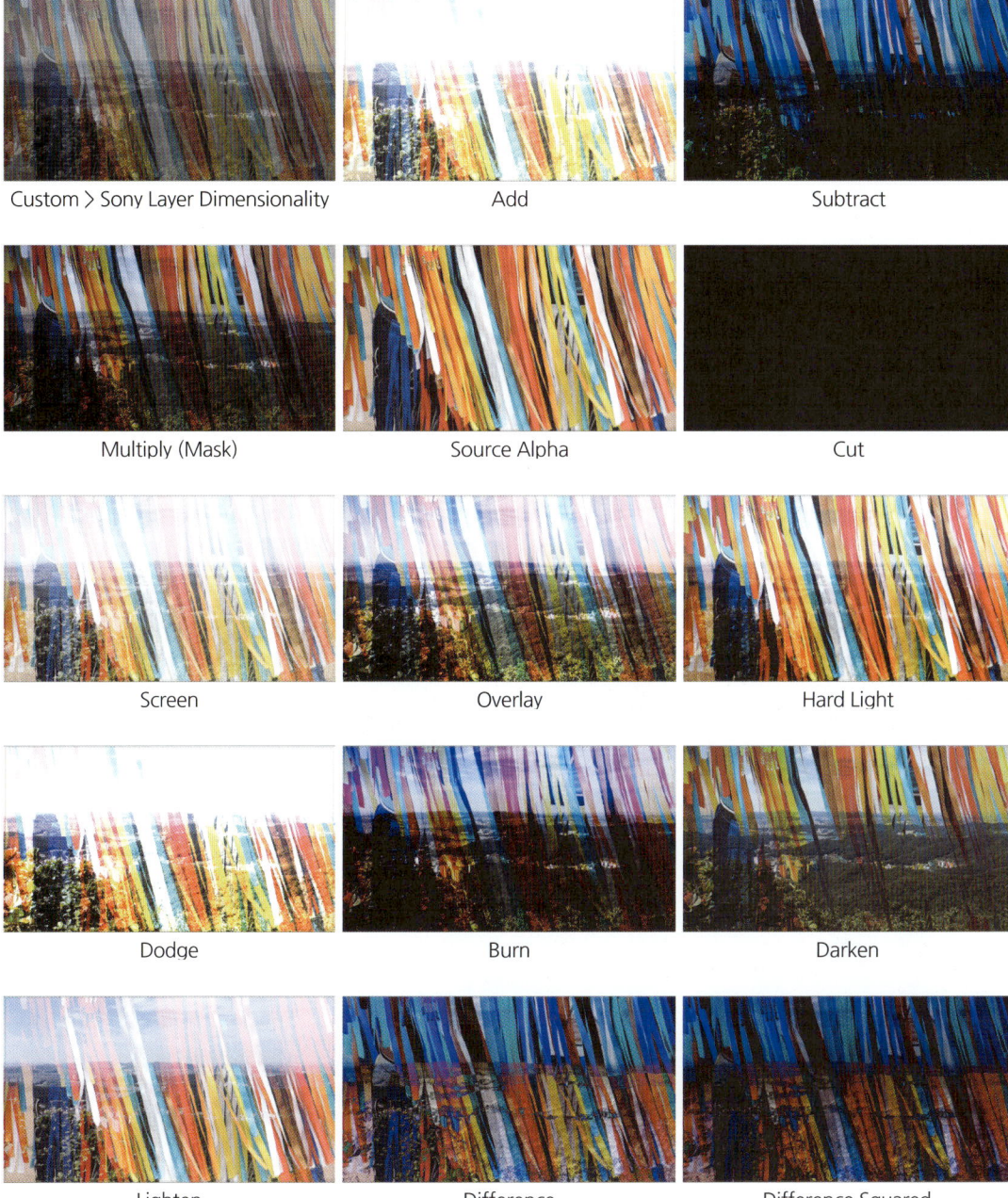

자막에 영상 나오게 하기

TV 방송에서 많이 볼 수 있는 글자 안에 영상이 나오게 합성하거나, 나무, 돌, 금속 등의 텍스처 소스를 사용해서 자막을 좀 더 다양한 형태로 연출하는 방법을 알아보도록 하겠습니다.

이곳에서는 자막에 영상이 나오게 하는 것을 Make Compositing Child와 Compositing Mode 를 사용하여 합성 효과를 구현해 보겠습니다.

1 [HDV 720-30p (1280x720, 29.970 fps)]의 새 프로젝트를 실행한 후 Ctrl+Shift+Q를 눌러 비디오 트랙 2개를 생성합니다. 이후 [Media Generators] 탭에서 [(Legacy) Text]의 [Default Text] 프리셋을 1번 트랙에 드래그하여 넣어 줍니다.

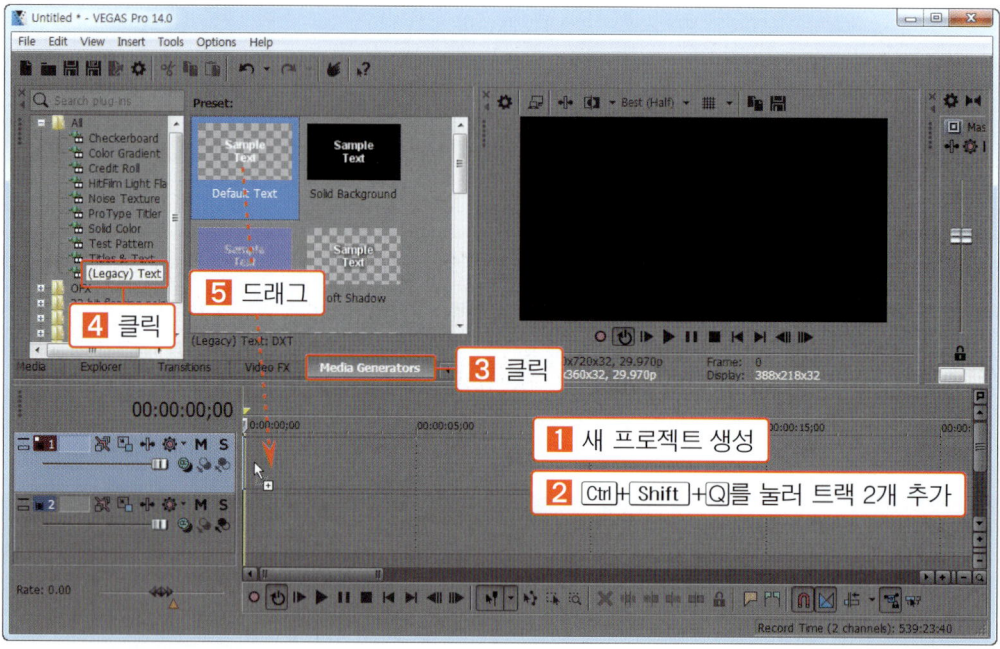

2 자막 입력 창이 열리면 원하는 글자(예: LIVE CONCERT)를 입력한 후 폰트 크기와 폰트 종류를 설정한 후 닫기(▨) 버튼을 눌러 창을 닫아 줍니다.

3 [Explorer] 탭의 [1영상] 폴더에서 [HDV32.wmv] 파일을 드래그하여 2번 트랙에 넣어 줍니다.

예제 파일: [1영상/HDV32.wmv]

4 자막 파일의 끝(▣)을 드래그해서 영상 파일 길이에 맞춰 주고, 2번 트랙의 Make Compositing Child(▣) 버튼을 클릭하여 1번 트랙에 묶어 줍니다.

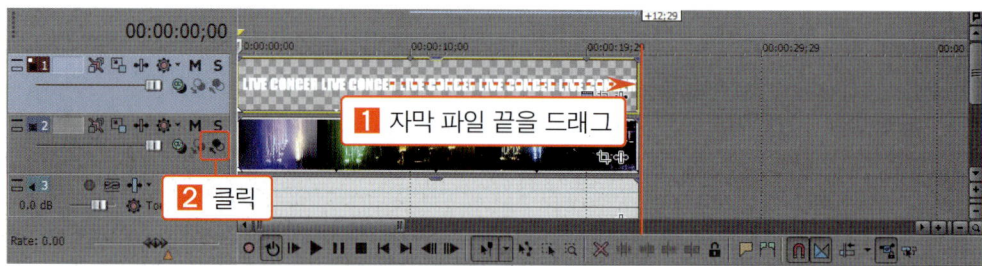

5 1번 트랙의 Compositing Mode(▣) 버튼을 클릭한 후 [Multiply(Mask)]를 선택합니다. 그러면 글자 영역 안에만 아래 트랙의 영상이 보이게 됩니다.

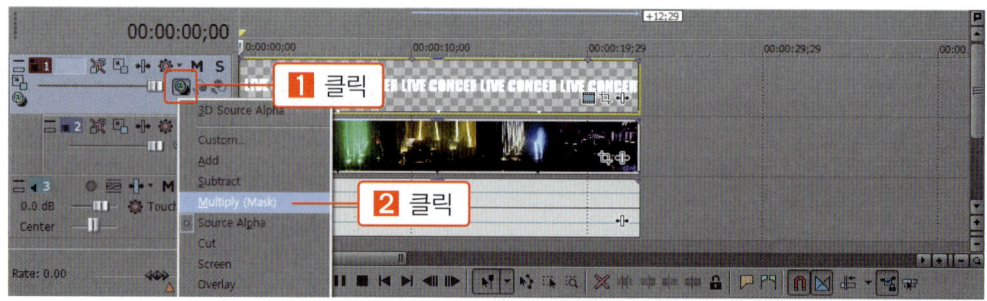

Compositing Mode(▣) 모드 사용시 주의 사항

> **Note**
> Compositing Mode(▣) 모드를 Make Compositing Child(▣)와 연동해서 사용하지 않고 단독으로 트랙에 사용할 경우, Compositing Mode(▣)의 합성 모드에 따라서 적용한 트랙의 아래쪽에 위치한 모든 트랙의 파일이 프리뷰 화면에 표시되지 않는 효과가 있기 때문에 사용 시 주의가 필요합니다.

6 이어서 묶여진 1번 트랙의 Parent Motion(▣)을 클릭합니다.

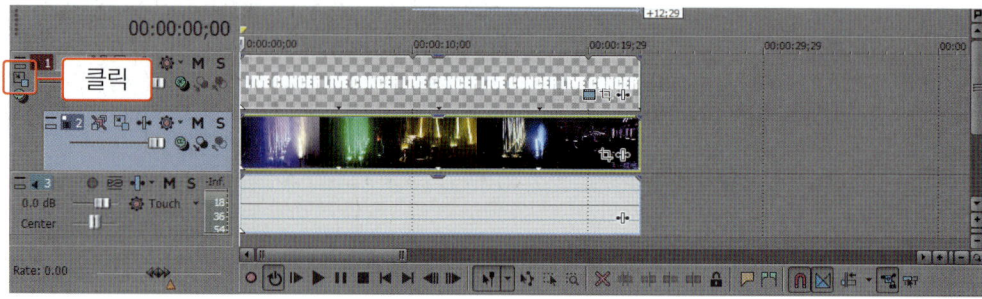

7 [Parent Track Motion] 창이 열리면 [Position]의 X에 1230을 입력해서 자막을 화면 우측으로 사라지게 적용합니다. 그런 후 타임 라인 10:00초 부근을 클릭하고 X에 -1280을 입력해서 자막이 화면 좌측으로 사라지게 적용하고 창을 닫습니다.

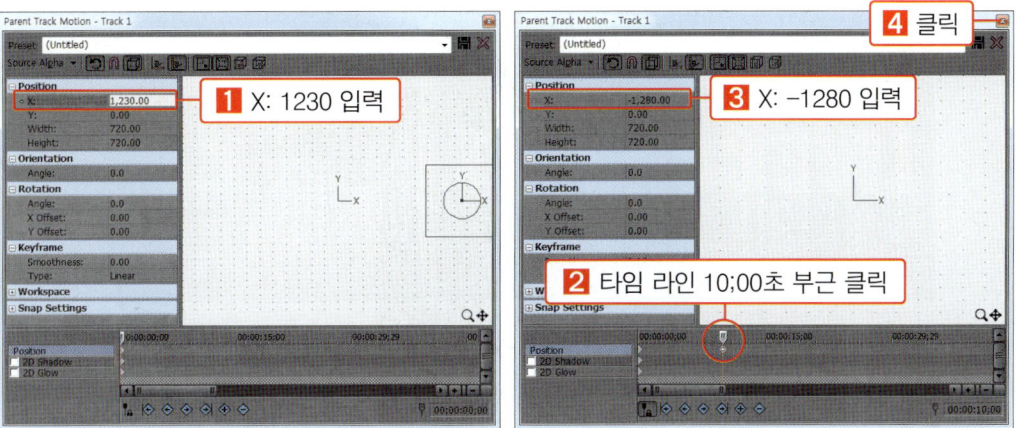

8 영상 트랙 맨 아래에 배경으로 사용할 이미지나 영상 파일(예: [1영상/HDV33.wmv])을 드래그하여 넣어 줍니다.

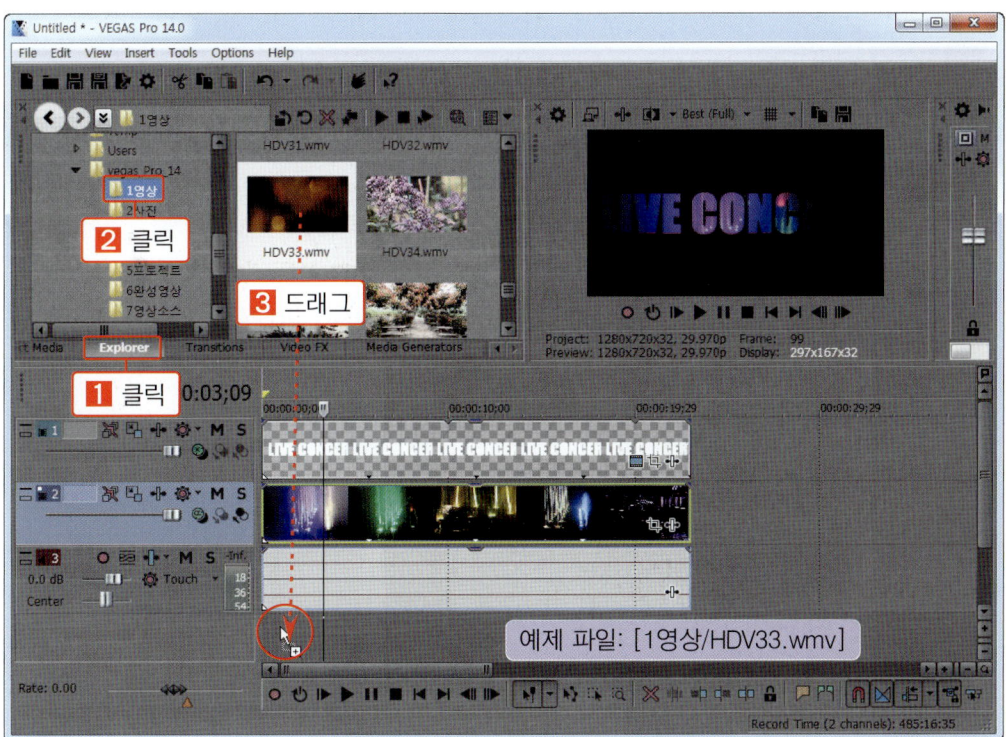

예제 파일: [1영상/HDV33.wmv]

9 최종 결과물을 확인하면 글자와 영상이 합성되어 배경 영상 위에 보이게 됩니다.

✔ 최종 결과 파일: [5프로젝트/Vegas Pro 14-09.veg]
　　　　　　　　[6완성영상/Vegas Pro 14-09.wmv]

■ 텍스처 이미지를 활용한 합성 자막 만들기

Compositing Mode를 사용할 때 영상 대신 나무, 가죽, 돌, 금속성 재질의 이미지 파일을 사용하면 좀 더 다양한 스타일의 타이틀 자막을 만들어 사용할 수 있습니다.

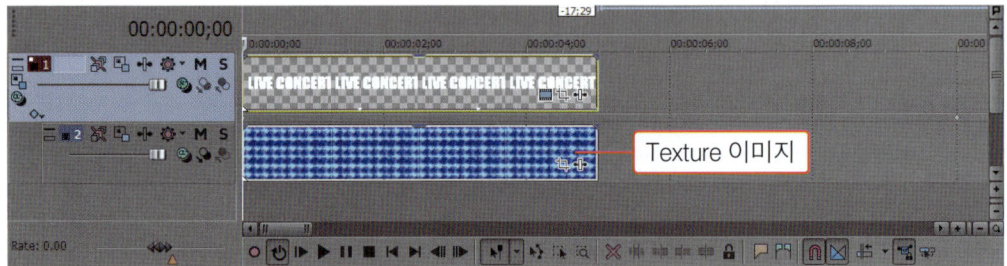

[2사진] 폴더에 있는 나무, 금속 재질의 texture 이미지(IMG_70~72.jpg) 파일을 사용해서 아래와 같은 질감이 있는 타이틀 제작이 가능합니다.

IMG_70.jpg 적용 예　　　　　　　　　　　　IMG_71.jpg 적용 예

 크로마키 (Chroma Keyer) 합성하기

크로마키 기법은 특정한 색을 제거하여 그 부분에 다른 화면이나 배경을 합성하는 기법입니다. 일기예보에서 진행자 뒤에 날씨 정보가 따로 보이는 걸 볼 수 있는데 이는 블루 스크린 또는 그린 스크린에서 진행자만 촬영한 후, 배경색을 없애서 다른 화면과 합성하는 것입니다. 또한 영화에서 특수한 CG 효과를 합성하거나 실제 장소에 있지 않은 배경을 합성할 때 주로 사용합니다.

1 새 프로젝트 [File]-[New]를 열어서 [2사진] 폴더 안의 [IMG_75.jpg] 파일을 불러오고, 그 아래 트랙에 [IMG_78.jpg] 파일을 불러옵니다. 이때 프리뷰 화면에 사진들이 나오게 타임 라인의 위치를 맞춰주고 이어서 [Video FX] 탭의 [Chroma Keyer]에서 [Default] 프리셋을 1번 트랙의 사진 파일에 적용합니다.

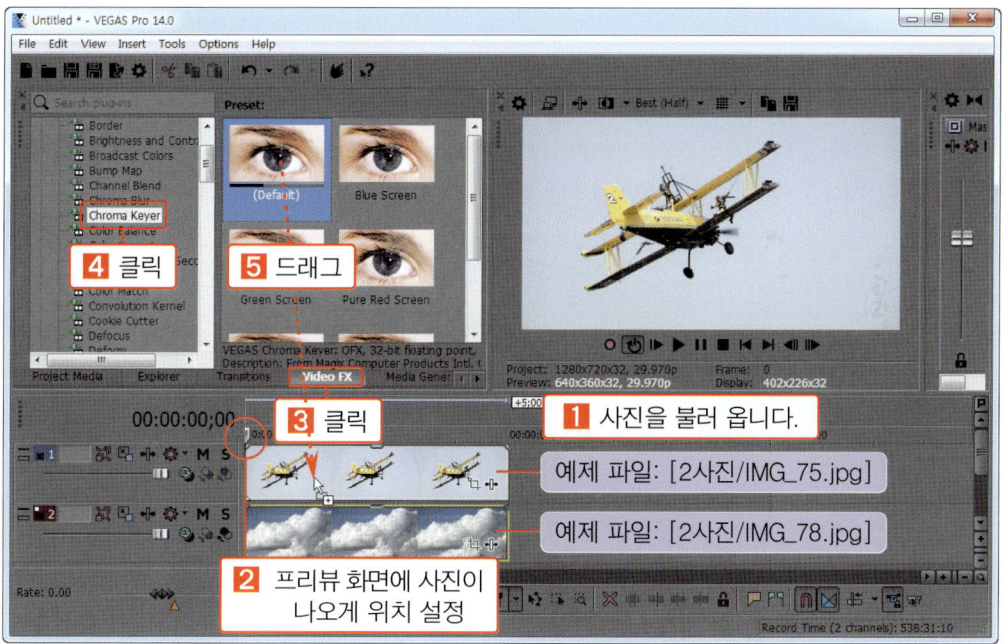

2 나오는 설정 창에서 원하는 색을 빼기 위해 상단의 [Chroma Keyer] 항목을 체크 해제한 후 Color(▶) 버튼을 클릭합니다. 그런 후 스포이트 (🖋) 버튼을 클릭해서 프리뷰 화면에서 빼고자 하는 색 부분을 클릭합니다.

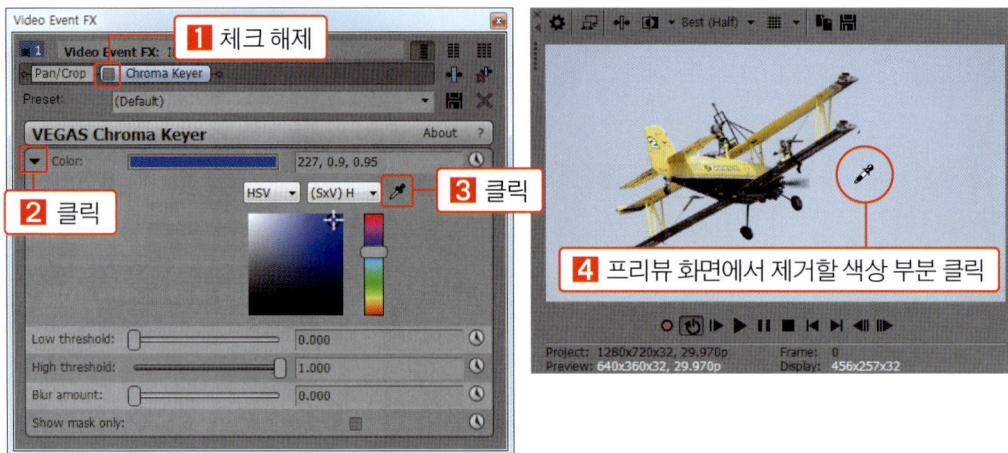

3 다시 [Chroma Keyer] 항목에 체크하면 스포이트로 찍은 색이 빠지고, 빠진 색 부분에 아래 트랙의 사진이 나오게 됩니다. 이때 합성 상태가 고르지 않기 때문에 깨끗하게 색을 제거해 줘야 하는데 [Low threshold] 값에 0.160으로, [High threshold] 값에 0.130으로 스크롤 바를 움직여 하늘색 배경색을 제거해서 아래 트랙의 사진과 합성이 잘 되도록 값을 조절한 후 창을 닫습니다.

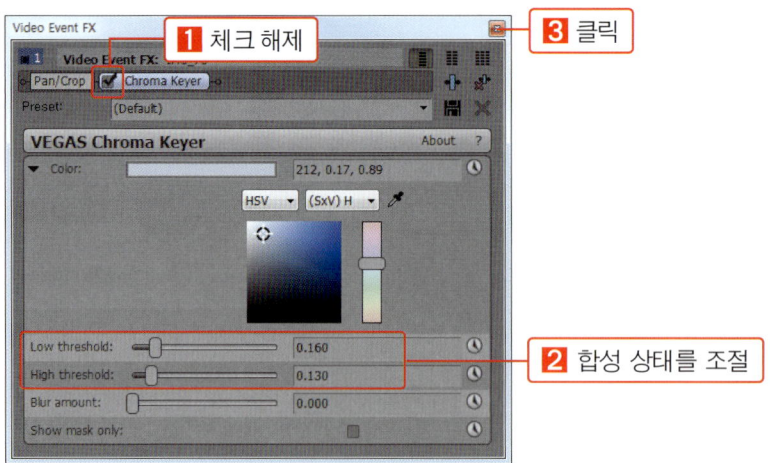

블루 스크린과 그린 스크린 촬영 시 유의점

> Note
>
> 일기 예보에서처럼 사람 뒤에 다른 배경을 합성하고자 할 때 블루 또는 그린 색상의 배경에서 사람만을 촬영한 후 합성하면 되는데, 촬영 시 유의할 점은 배경과 비슷하거나 동일한 색의 옷이나 장신구는 착용하는 것은 피해야 합니다. 이럴 경우 크로마키 작업으로 색을 뺄 때 배경색과 함께 입고 있는 옷 또는 장신구의 색도 같이 빠지는 문제가 발생하게 됩니다.

4 플레이시켜 보면 하늘색 부분의 색이 없어지고 아래 트랙의 구름 사진과 깔끔하게 합성되어 나타납니다.

✔ 최종 결과 파일: [5프로젝트/Vegas Pro 14-10.veg]
　　　　　　　　[6완성영상/Vegas Pro 14-10.wmv]

■ Chroma Keyer 설정 창 설명

- **Color**: 크로마키 색상을 선택하거나 스포이트(🖋)를 사용해서 선택 색상을 뺄 수 있습니다.
- **Low threshold**: 투명하게 처리하는 색상 영역의 범위를 조절하고 경계면을 뚜렷하게 만듭니다. 수치가 높을수록 경계면이 뚜렷해지고 비슷한 색상도 제거됩니다.
- **High threshold**: 투명하게 처리하는 색상 영역의 투명도를 조절합니다. 수치가 높을수록 비슷한 색상이 투명해집니다.
- **Blur amount**: 투명하게 처리되는 영역의 경계면을 흐릿하게 만듭니다.
- **Show mask only**: 마스크 영역만 흰색으로 보여주게 해서 크로마키 작업을 섬세하게 할 수 있습니다.

5 영상 소스를 사용하여 합성하기

영상 소스란 특수한 효과를 주거나 좀 더 분위기 있는 효과 연출을 위해 만들어진 영상 파일을 말합니다. 이를 사용해서 비나 눈이 내리는 효과를 주거나 파티클 효과를 사용해서 화려하면서 세련된 느낌의 영상을 만드는데 활용할 수 있습니다.

사용할 사진 파일을 불러온 후 Ctrl+Shift+Q를 눌러 트랙을 위쪽에 추가한 후, 효과로 사용할 영상 소스 파일을 넣어 주고 영상 소스 파일이 있는 트랙의 Compositing Mode () 버튼을 클릭하여 효과 목록 중 [Screen]을 클릭합니다.

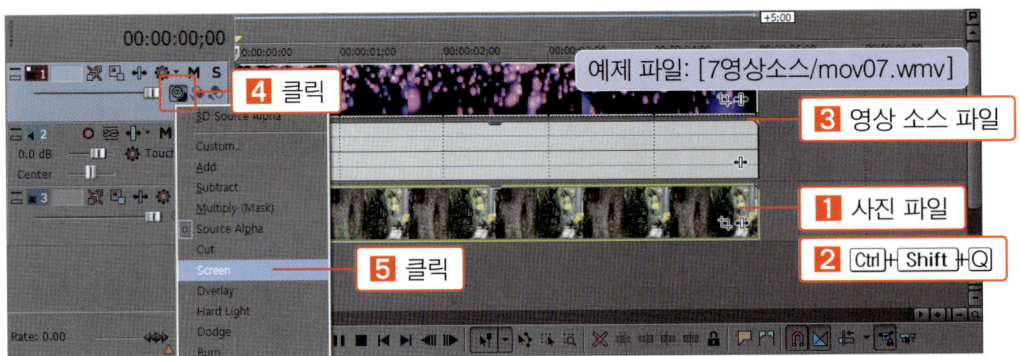

그런 후 재생해서 확인하면 검은 배경에 알록달록한 동그란 파티클 효과가 나오던 영상이 검은 배경이 없어지고 아래 트랙의 사진과 합성된 것을 확인할 수 있습니다. 이 상태로 렌더링하면 영상 소스와 사진이 결합된 영상이 만들어 집니다.

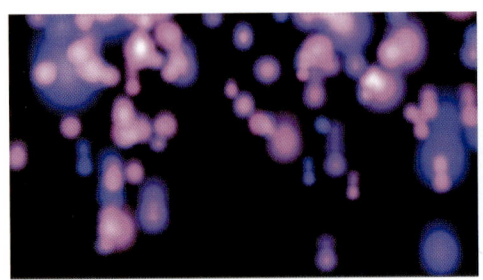
[7영상소스/mov07.wmv]

사진과 영상 소스가 합성된 모습

MOV 파일 영상 소스

> Note
> MOV 파일 포맷으로 되어 있는 영상 소스는 퀵타임 플레이어가 설치되어 있어야 베가스에서 사용이 가능합니다.

■ 유튜브에서 영상 소스 다운로드하기

영상 소스의 경우 대부분이 상용으로 판매되는 경우가 많은데 유튜브를 통하면 무료로 배포하고 있는 영상 소스를 다운 받아 사용할 수 있습니다.

1 유튜브 영상을 다운 받기 위해서는 [4K Video Downloader] 프로그램을 설치해야 합니다. 프로그램 설치를 위해 www.4kdownload.com에 접속한 후, [Get 4K Video Downloader]를 클릭하여 프로그램을 다운로드하고 설치합니다.

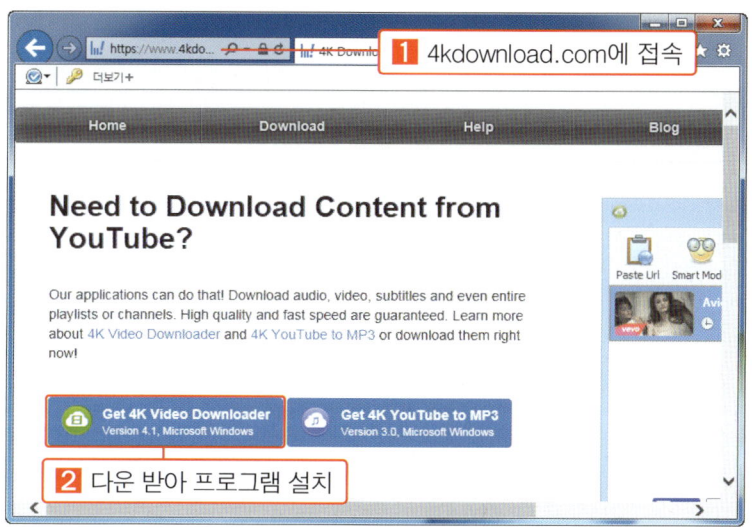

2 설치한 [4K Video Downloader]를 실행한 후, 유튜브(www.youtube.com)에 접속하여 원하는 영상 소스를 찾은 후, 해당 주소를 복사(Ctrl+C)합니다.

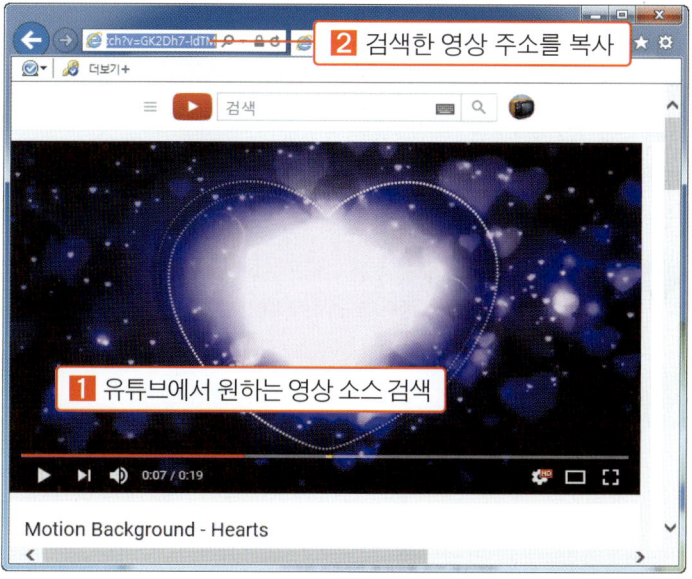

유튜브 무료 배포 영상 소스 채널

Note
www.youtube.com/user/cutestockfootage/videos
www.youtube.com/user/videosdefondo/videos
www.youtube.com/user/MissAfterEffects/videos
www.youtube.com/channel/UCiVk7gFO4fTdMTqUMEc1ZMg/videos
www.youtube.com/user/hdbacks/videos
www.youtube.com/user/bestgreenscreen/videos

※ [8프로그램] 폴더에 링크 주소가 적혀 있는 노트가 포함되어 있습니다.

3 그런 후 [4K Video Downloader]에서 [링크 복사]를 클릭하거나 화면 위에서 Ctrl+V를 눌러 붙여넣기 합니다. 그러면 분석 과정이 끝나고 [다운로드 클립] 창이 나오게 됩니다.

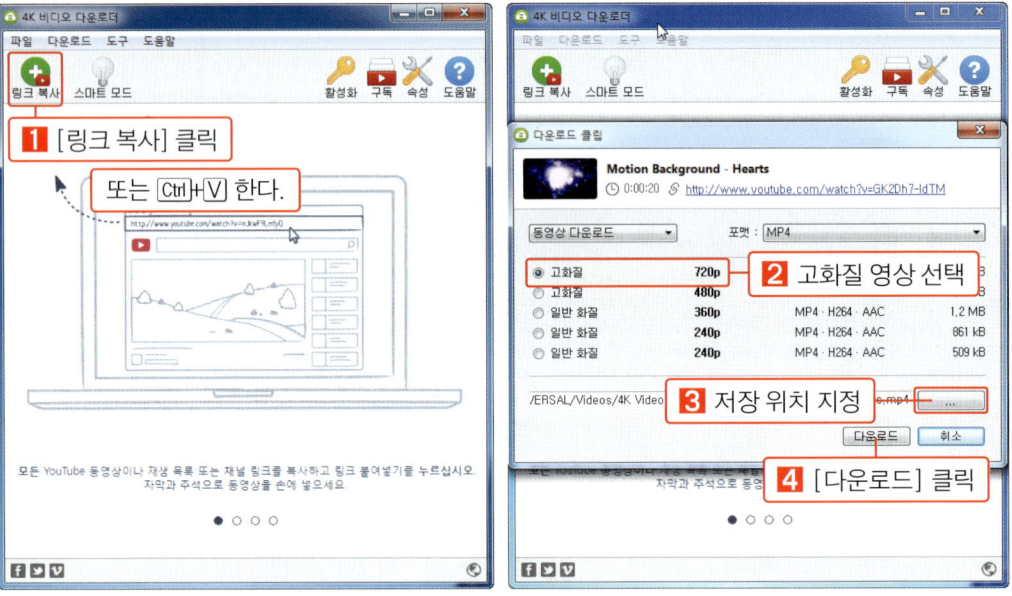

4 다운로드가 완료되면 저장 위치에 파일이 저장됩니다. 이렇게 유튜브에서 다운로드한 영상 소스를 베가스에서 불러와서 앞서 설명한 [영상 소스를 사용하여 합성하기]를 참조하여 사용하면 됩니다.

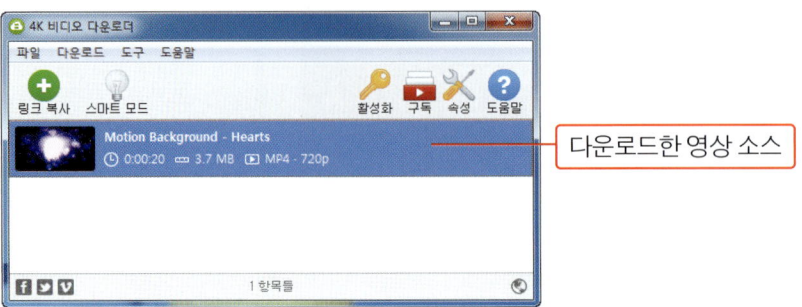

■ 영상과 영상을 합성하기

하나의 영상에 두 개 이상의 영상이 겹쳐서 나타나는 합성 방법을 알아보도록 하겠습니다.

1 [2사진] 폴더에서 1번 트랙에 [IMG_84.jpg], 2번 트랙에 [IMG_73.jpg] 파일을 트랙에 불러 옵니다. (※ 이해를 돕기 위해 사진을 사용하여 실습하지만, 사진과 영상 모두 합성할 수 있습니다.)

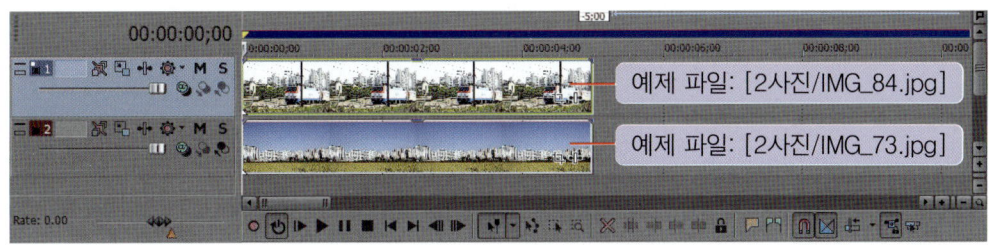

2 그런 후 1번 트랙 사진의 타임 라인 눈금 아래에 마우스를 위치하면 모양이 표시되는데 이를 아래로 드래그해서 Opacity 조정선을 내리면 1번 트랙의 영상과 2번 트랙의 영상이 겹쳐 보이도록 합성 상태를 조절할 수 있습니다.

3 재생해서 확인하면 두 개의 영상이 겹쳐 보이도록 합성된 것을 볼 수 있습니다.

원본 파일-1

원본 파일-2

합성된 결과

Compositing Mode의 Screen

> Note: 타임 라인의 Opacity를 낮춰서 아래 트랙과 합성하는 것은 Compositing Mode의 Screen을 적용해서 처리하는 것도 가능합니다. (참조: 영상 소스를 사용하여 합성하기 - 212쪽)

Part 03

베가스 실전 영상 기법

움직이는 물체에 모자이크 처리하기 — Lesson 16

Lesson

16 움직이는 물체에 모자이크 처리하기

Vegas Pro 2014

■ 움직이는 물체에 모자이크 처리하기

TV 뉴스나 다큐멘터리 프로 등에서 쉽게 접할 수 있는 효과로 사람의 얼굴이나 또는 화면에 보여서는 안 될 부분을 가리기 위해 사용되는 모자이크 처리 기법을 알아보겠습니다.

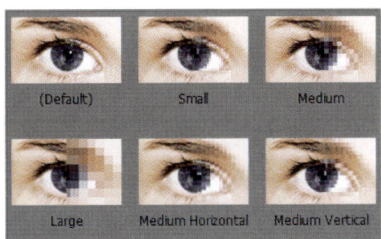
Pixelate

1 메뉴 [File]-[New]를 클릭하여 [Template]에서 [HDV 720-30p (1280x720, 29.970 fps)]를 선택해서 프로젝트를 불러옵니다.

2 [1영상] 폴더에서 [HDV35.wmv] 영상 파일을 타임 라인에 넣어 주고 [Video FX] 탭에서 [Pixelate]의 [Large] 프리셋을 드래그하여 적용한 후, 설정 창이 나오면 닫기( ) 버튼을 눌러 창을 닫아 줍니다.

3 1번 트랙 파일의 이벤트 팬/크롭( )을 클릭합니다.

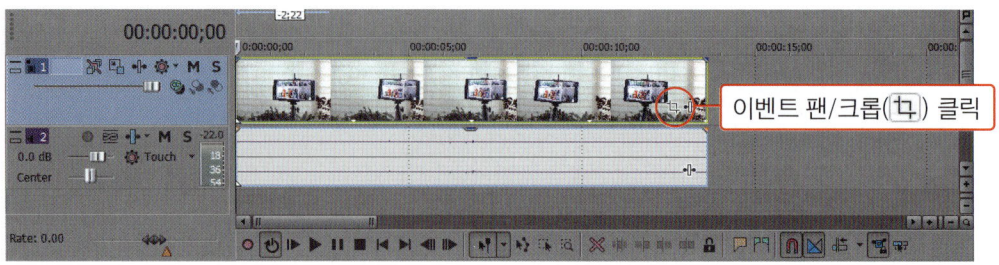

4 [Video Event FX] 창에서 [Mask]를 클릭하여 마스크 기능을 활성화시킨 후 직사각형 마스크 툴( )을 클릭합니다. 그런 후 모자이크를 처리할 부분을 드래그하여 크기를 조절해서 마스크를 적용한 후 [Apply to FX]에서 Yes를 선택합니다. 그러면 마스크 처리 부분에만 모자이크 효과가 나타납니다.

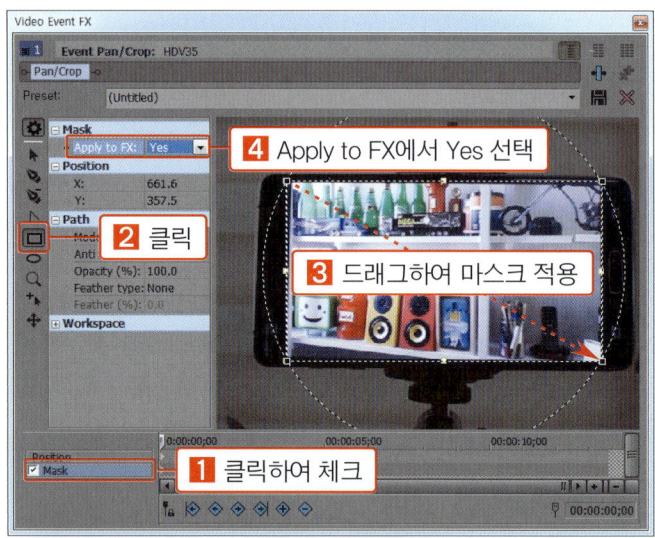

마스크 적용 후

Apply to FX에서 Yes 선택 후

Apply to FX

> Note: Apply to FX는 마스크를 적용한 부분에 독립적으로 Video FX 효과를 적용할 때 사용하는 옵션입니다.

5 Mask 라인의 키 프레임을 클릭한 후, 작업이 편리하도록 마우스 휠을 앞으로 돌려 타임 라인을 확대시켜 줍니다.

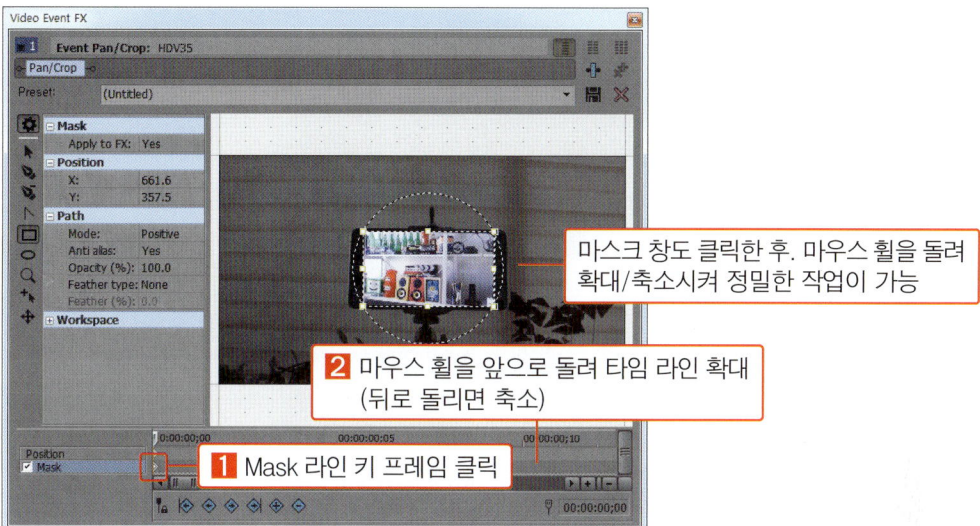

6 키보드 우측 방향키(→)를 눌러 에디트 라인을 1 프레임 이동시키면 마스크 화면의 영상이 마스크 적용 범위를 벗어나서 움직이게 됩니다. 이때 키 프레임 생성(◆) 버튼을 클릭한 후 마스크를 클릭하여 키보드 좌측 방향키(←)를 눌러 영상이 움직인 부분까지 마스크를 이동시켜 맞춰 줍니다.

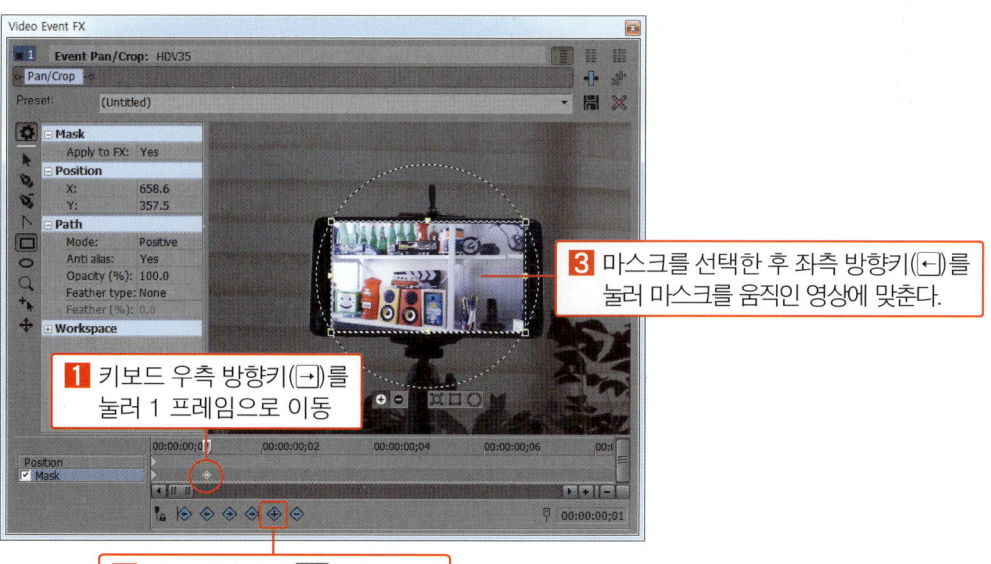

7 이어서 위에서 생성된 키 프레임을 클릭한 후 같은 방법으로 키보드 우측 방향키(→)를 눌러 에디트 라인을 2 프레임으로 이동시키고 키 프레임 생성(◈) 버튼을 클릭합니다. 다시 마스크를 클릭하여 키보드 좌측 방향키(←)를 눌러 영상이 움직인 부분까지 마스크를 이동시켜 맞춰 줍니다.

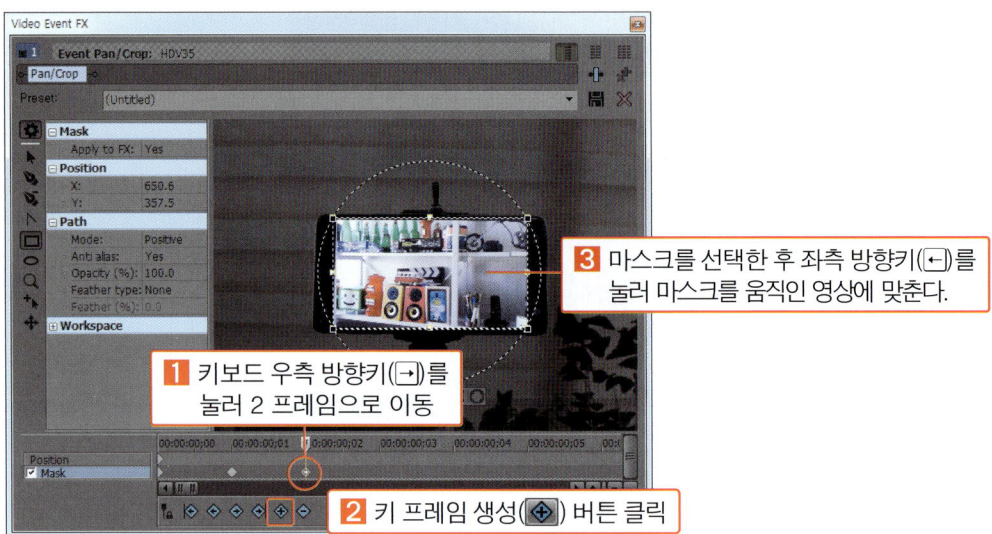

마스크 조정 시 위치뿐만 아니라 물체의 각도가 변하거나 크기가 달라질 경우에는 그에 맞게 마스크 조정점 포인트를 드래그해서 마스크의 크기를 조절하고 마스크를 회전시켜 각도 또한 맞춰 줘야 합니다.

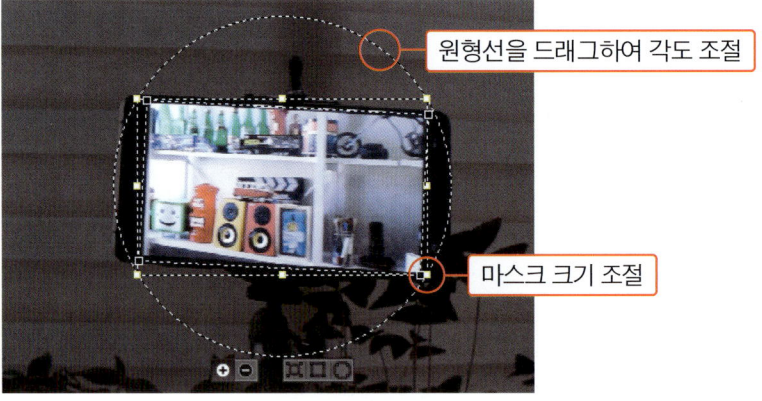

8 이후부터는 반복되는 과정입니다. 1 프레임 단위로 이동하면서 영상에서 움직이는 물체에 맞게 마스크를 이동시켜 주는 과정을 반복해서 마스크 적용을 완료시켜 주고 창을 닫아 줍니다.

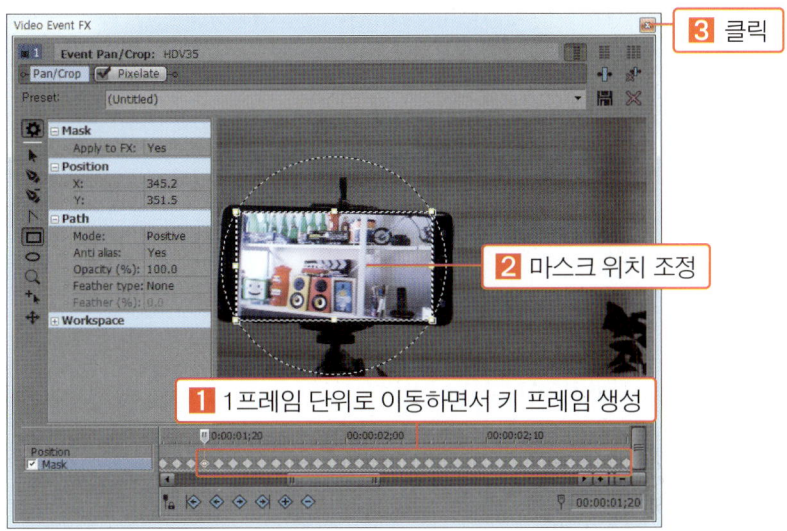

움직이는 물체에 마스크 적용

> **Note** 사진이나 화면이 정지된 영상이라면 한 번의 마스크 적용으로 끝나지만, 움직이는 물체는 키 프레임을 이용해서 1 프레임 단위로 따라 잡아 줘야 하므로 집중력과 시간이 많이 필요한 작업입니다.

9 재생해서 확인해 보면 움직이는 스마트폰 화면에 모자이크 처리가 되어 있는 것을 볼 수 있습니다.

✔ 최종 결과 파일: [5프로젝트/Vegas Pro 14-11.veg]
　　　　　　　　[6완성영상/Vegas Pro 14-11.wmv]

■ 물체의 형태에 따라 모자이크 처리

차량 번호판 같은 사각형 물체에 모자이크 처리를 할 때는 직사각형 마스크 툴(■) 사용하면 되지만 원형으로 된 부분에 모자이크를 처리하고자 한다면 Oval or Circle Mask Creation Tool (●) 버튼을 사용합니다. 또한 일정한 형태가 없는 부분에 모자이크 처리를 하려면 펜 툴(✎)을 사용해서 마스크를 적용하여 모자이크 처리를 할 수 있습니다.

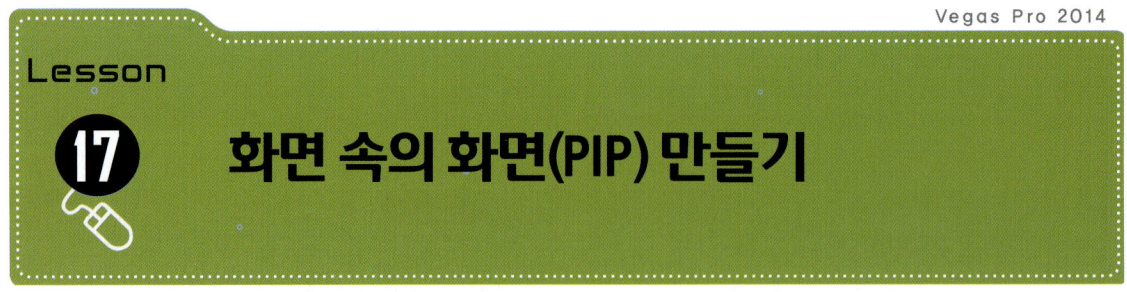

Lesson 17 화면 속의 화면(PIP) 만들기

TV 스포츠 중계나 뉴스 화면에서 화면 위나 아래 쪽 작은 화면 창이 나와서 다른 카메라 화면을 보여주거나 수화하는 사람을 보여주는 걸 볼 수 있는데 이를 PIP(Picture In Picture) 화면이라 합니다. 이렇게 화면 속에 다른 화면을 보여주는 PIP 화면 만들기에 대하여 알아보겠습니다.

1 [1영상] 폴더에서 [HDV36.wmv] 파일을 드래그하여 타임 라인에 불러온 후 Ctrl+Shift+Q를 눌러 트랙을 추가하고 PIP 화면으로 나오게 할 [HDV34.wmv] 파일을 드래그해서 넣어 줍니다.

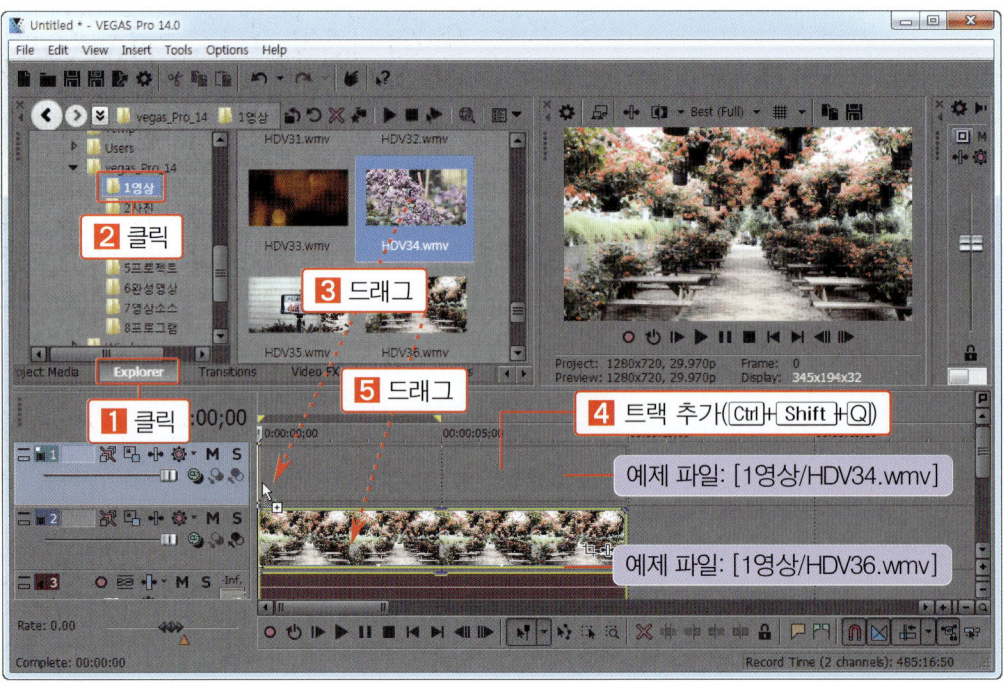

2 그런 후 1번 트랙의 트랙 모션(🎬) 버튼을 클릭합니다.

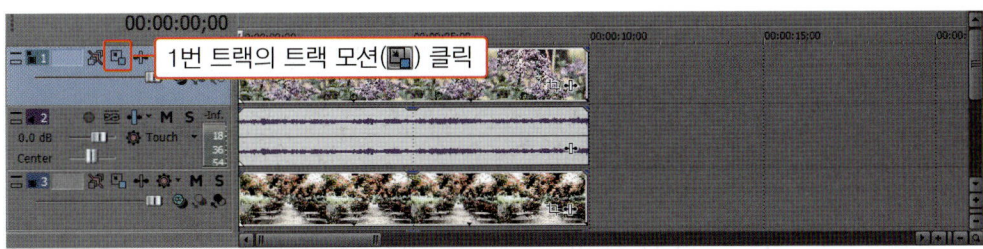

3 트랙 모션 창에서 [Position]의 Width에 500을 입력해서 PIP 화면으로 나오게 할 영상 화면의 크기를 줄입니다.

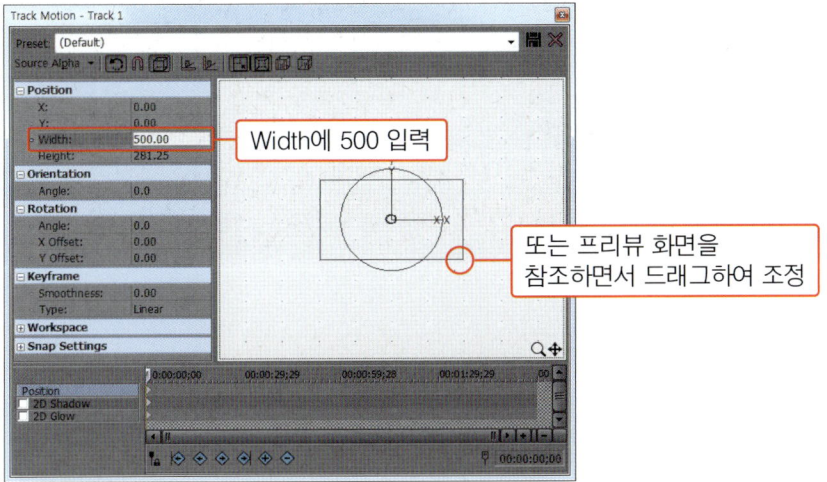

4 화면 박스를 드래그해서 우측 하단으로 옮기거나 [Position]에서 X: 370, Y: -200을 입력해서 PIP 화면의 위치를 원하는 부분에 나오게 옮겨 줍니다. 그런 후 닫기(❌) 버튼을 클릭합니다.

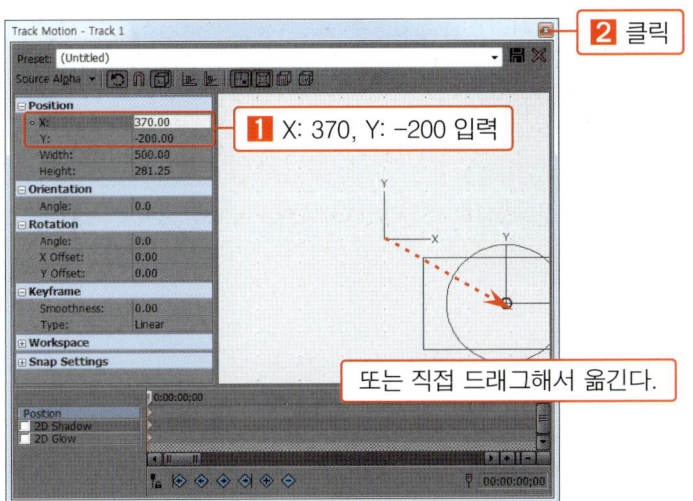

5 PIP 화면에 테두리 적용을 위해서 [Video FX] 탭에서 [Border]의 [Solid White Border] 프리셋을 1번 트랙 파일에 적용합니다.

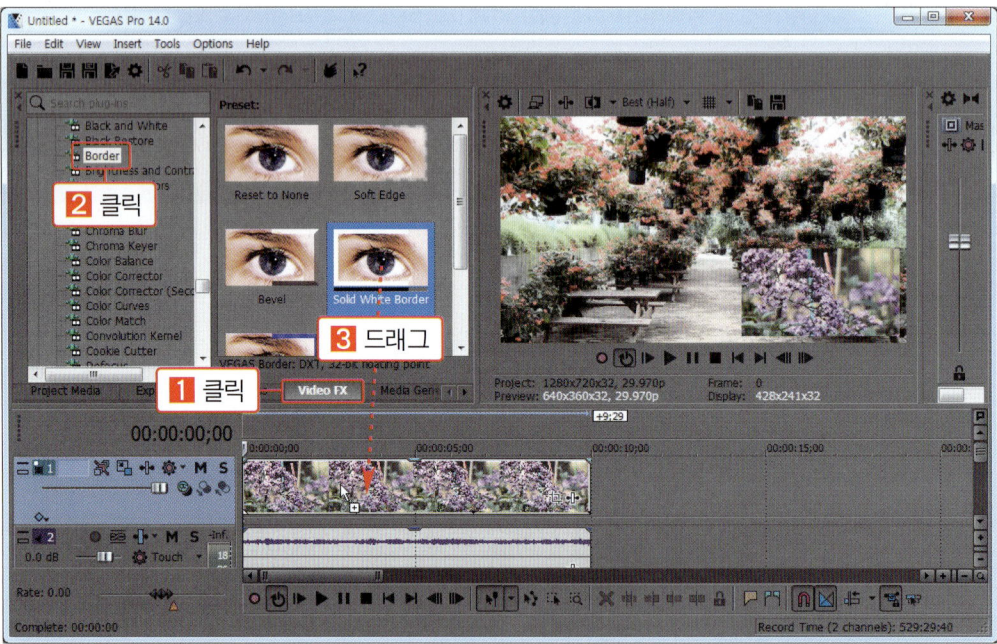

6 나오는 설정 창에서 [Size] 스크롤 바를 조절해서 PIP 화면의 테두리 사이즈를 조절합니다. 그리고 색상 선택 부분을 클릭해서 아래로 내려 블랙 색상을 선택하거나 원하는 테두리 색을 선택합니다. 설정을 마친 후 닫기( ) 버튼을 클릭합니다.

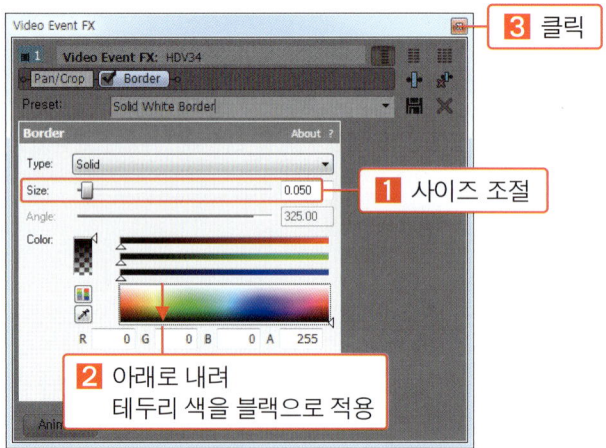

7 작업한 결과를 살펴보면 화면 속에 또 다른 화면이 나오는 PIP 화면이 만들어 진 것을 볼 수 있습니다.

✔ 최종 결과 파일: [5프로젝트/Vegas Pro 14-12.veg]
　　　　　　　　[6완성영상/Vegas Pro 14-12.wmv]

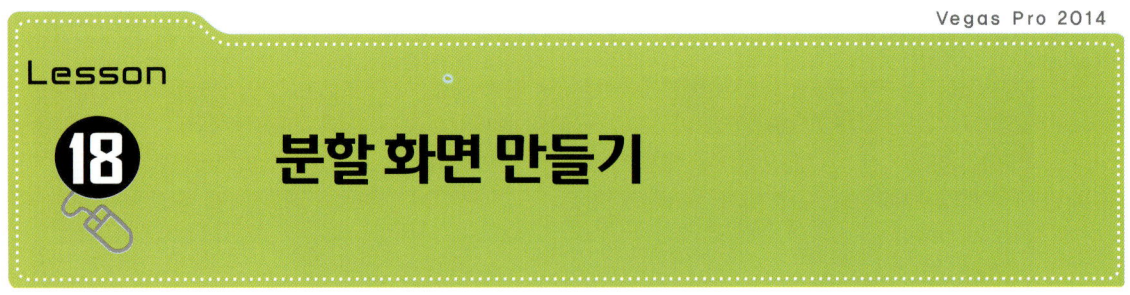

Lesson 18 : 분할 화면 만들기

분할 화면이란 한 화면에 마치 바둑판 형태로 여러 개의 영상을 나열해서 동시에 여러 장면을 보여주는 기법입니다. 이곳에서는 9개의 분할 화면을 만드는 방법을 알아보도록 하겠습니다.

▲ 9개의 분할 화면

1 메뉴에서 [File]-[New]를 클릭하여 [Template]에서 [HDV 720-30p (1280x720, 29.970 fps)]를 선택한 후, [OK] 버튼을 눌러 프로젝트를 생성합니다.

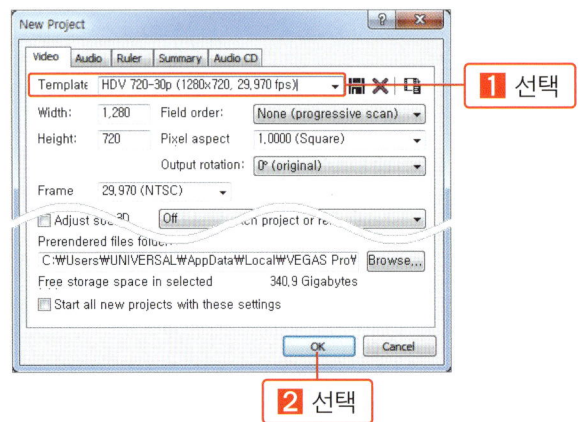

분할 화면 만들기 | Lesson 18 | 227

2 그런 후 키보드 Ctrl+Shift+Q를 눌러 비디오 트랙 9개를 생성한 후 모든 트랙에 파일을 넣어 줍니다.

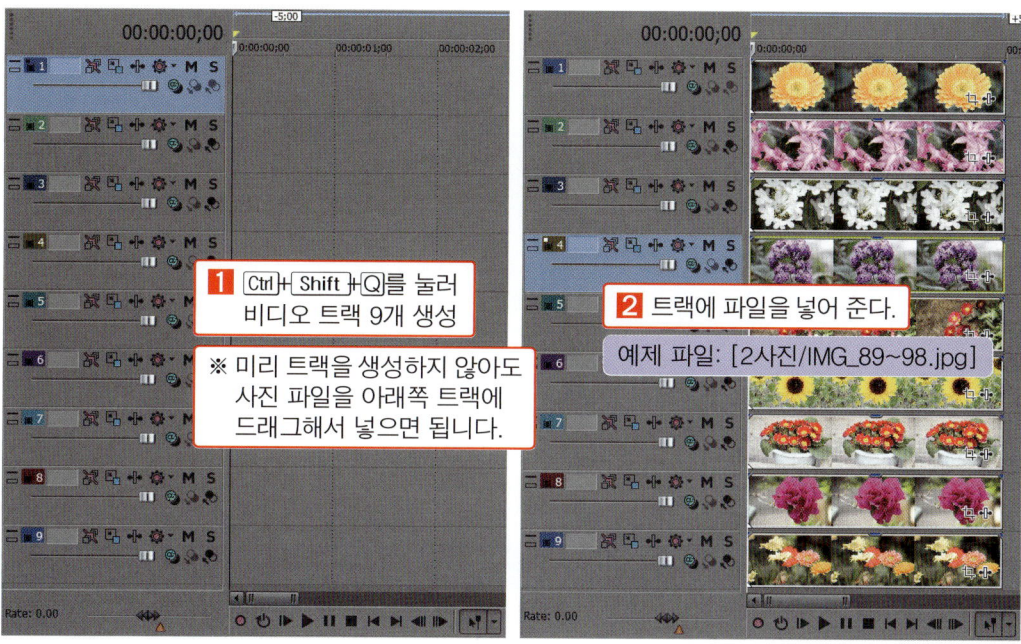

1 Ctrl+Shift+Q를 눌러 비디오 트랙 9개 생성

※ 미리 트랙을 생성하지 않아도 사진 파일을 아래쪽 트랙에 드래그해서 넣으면 됩니다.

2 트랙에 파일을 넣어 준다.

예제 파일: [2사진/IMG_89~98.jpg]

3 아무 트랙이나 클릭한 후, 키보드 Ctrl+A를 눌러 파일 전체를 선택한 후, 파일 위에서 마우스 우측 버튼을 클릭하여 [Switches]에서 [Maintain Aspect Ratio]를 체크 해제하여 파일을 전체 화면에 맞춰 줍니다.

1 Ctrl+A를 눌러 모든 파일 선택
2 마우스 우측 버튼 클릭
3 체크 해제

Maintain Aspect Ratio/Match Output Aspect

> **Note**
>
> - **Maintain Aspect Ratio** : 비율에 상관없이 화면에 꽉 차게 하기
>   사진이나 동영상 파일을 불러 왔을 때 바로 파일에서 마우스 우측 버튼을 클릭하여 [Switches]에서 [Maintain Aspect Ratio]를 클릭하여 체크를 해제해 주는 것을 필수적으로 해주는 것이 좋습니다. 파일의 해상도나 크기가 다를 경우 분할 화면에서 서로 크기가 맞지 않아서 파일 사이에 빈 공간이 생기는데, 이는 모든 파일을 프리뷰 화면에 꽉 차게 해서 빈 공간을 없애 주는 역할을 합니다.
>
> - **Match Output Aspect** : 비율에 맞춰 화면에 꽉 차게 하기
>   프리뷰 화면에 꽉 차지 않는 비율이 맞지 않는 사진 파일을 사용 시에는 필수적으로 파일의 이벤트 팬/크롭을 클릭한 후, [F] 화면에서 마우스 우측 버튼을 클릭하여 [Match Output Aspect]를 클릭해서 적용시킨 후 화면에 나올 위치를 잡아 줍니다.

4 9분할 화면의 첫 번째 줄에 해당하는 1번, 2번, 3번 각 트랙의 트랙 모션() 버튼을 하나씩 클릭해서 아래 표에 나와 있는 크기와 위치 값을 적용합니다.

항 목		1번 트랙	2번 트랙	3번 트랙
Position	X	−426.67	0	426.67
	Y	240	240	160
	Width		426.67	
	Height		240	

5 분할 화면 두 번째 줄에 해당하는 트랙 4번, 5번, 6번의 트랙 모션() 버튼을 클릭해서 아래 표에 나와 있는 크기와 위치 값을 적용합니다.

항 목		4번 트랙	5번 트랙	6번 트랙
Position	X	−426.67	0	426.67
	Y	0	0	0
	Width		426.67	
	Height		240	

6 분할 화면 세 번째 줄에 해당하는 트랙 7번, 8번, 9번의 트랙 모션(🔲) 버튼을 클릭해서 아래 표에 나와 있는 크기와 위치 값을 적용합니다.

각각 클릭하여 표를 참조하여 크기, 위치 값 입력

항 목		7번 트랙	8번 트랙	9번 트랙
Position	X	−426.67	0	426.67
	Y	−240	−240	−240
	Width		426.67	
	Height		240	

7 트랙에 불러온 사진 파일에서 각각의 트랙 모션 버튼을 클릭해서 화면의 크기와 위치 값을 입력하면 다음과 같은 9장의 사진이 균등하게 배치된 분할 화면이 만들어집니다.

■ 1280 × 720의 화면에서 사진을 9분할하여 배치할 때의 크기 및 위치 값

화면 크기가 1280×720인 상태에서 9 분할 화면이라면 가로, 세로 3장씩 배치되므로, 화면 크기를 3으로 나누면 사진 하나의 크기는 426.67×240(1280÷3=426.67, 720÷3=240)입니다.

그런데 사진의 X, Y 좌표는 사진의 시작점이 아닌 정중앙을 기준으로 합니다. 따라서 5번 사진이 정중앙이므로 (0,0)의 위치에 사진의 가로와 세로가 절반씩 걸쳐서 위치하게 됩니다. 2번 사진의 위치는 5번 사진에서 세로만 위로(+ 방향) 사진의 세로 크기(240)만큼인 +240에 위치(0, +240)하게 되며, 8번 사진은 5번 사진 아래이므로 같은 원리로(0, -240)에 위치하게 됩니다.

4번 사진은 5번 사진의 좌측(- 방향)에 위치하므로 사진의 가로 크기인 426.67만큼 좌측(-426.67, 0)에 위치하고, 6번 사진은 5번 사진의 우측이므로 (+426.67, 0)에 위치하게 됩니다. 즉, 기준점이 되는 사진의 위치를 계산한 후, 사진의 가로/세로 크기만큼씩 이동하면서 계산하면 됩니다.

1번 사진 (-426.67, +240)	2번 사진 (0, +240)	3번 사진 (+426.67, +240)
4번 사진 (-426.67, 0)	5번 사진 (0, 0)	6번 사진 (+426.67, 0)
7번 사진 (-426.67, -240)	8번 사진 (0, -240)	9번 사진 (+426.67, -240)

- 화면 크기 : 1280×720
- 9분할이라면 가로 세로 3장씩 배치되므로 3등분, 따라서 사진 한 장의 크기는 426.67×240 - 화면 크기(1280×720)를 3으로 나눈 크기임
- 가로 x 좌표는 가로 크기인 427.67씩 좌(-), 우(+)로 이동
- 세로 y 좌표는 세로 크기인 240씩 상(+), 하(-)로 이동

항목		1번 트랙	2번 트랙	3번 트랙	4번 트랙	5번 트랙	6번 트랙	7번 트랙	8번 트랙	9번 트랙
Position	X	-426.67	0	426.67	-426.67	0	426.67	-426.67	0	426.67
	Y	240	240	240	0	0	0	-240	-240	-240
	Width	426.67								
	Height	240								

▓ 트랙의 최대/최소화

사용된 트랙이 많을 경우 트랙을 한눈에 파악하기가 어려운데 이럴 경우 트랙 리스트의 맨 좌측에 있는 Minimize Track Height(▭) 버튼을 각각 누르면 트랙을 작게 만들 수가 있고, ▭ 버튼을 다시 누르면 원상태로 돌아갑니다. 그 아래 Maximize Track Height(▭) 버튼은 트랙을 확대시키는 버튼입니다.

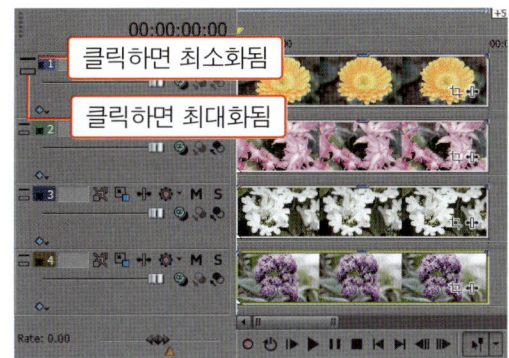
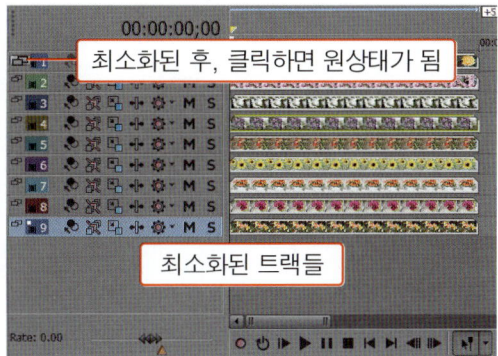

또는 화면 우측의 트랙 탐색 스크롤 바를 더블 클릭하면 한 번에 모든 트랙을 축소시키고 다시 더블 클릭하면 원래대로 되돌릴 수 있습니다.

■ 분할 화면에 가이드라인 넣기

앞서 작업한 9개로 분할된 화면에 서로 구분이 쉽게 되도록 가이드라인을 넣어 보겠습니다.

1 1번 트랙 리스트 위에서 마우스 우측 버튼을 클릭하여 [Insert Video Track]을 클릭하여 위쪽에 트랙을 추가합니다.

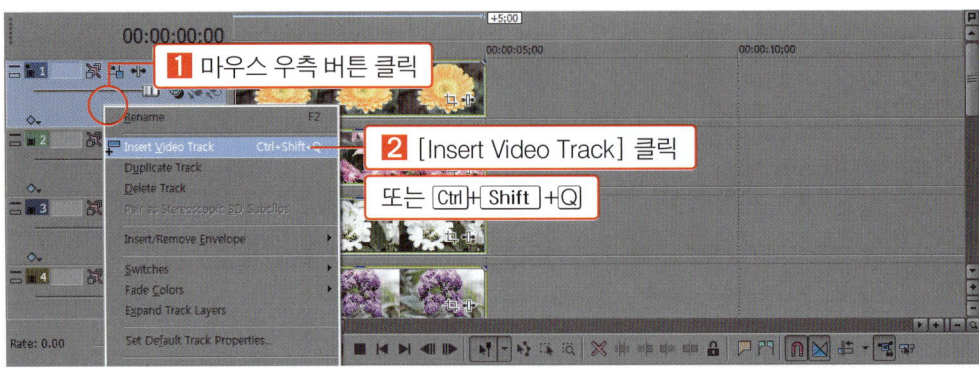

2 이어서 [Media Generator] 탭에서 [Solid Color]의 [Black] 프리셋을 추가한 트랙에 드래그하여 넣은 후, 나오는 설정 창을 닫고 트랙 모션(   ) 버튼을 클릭합니다.

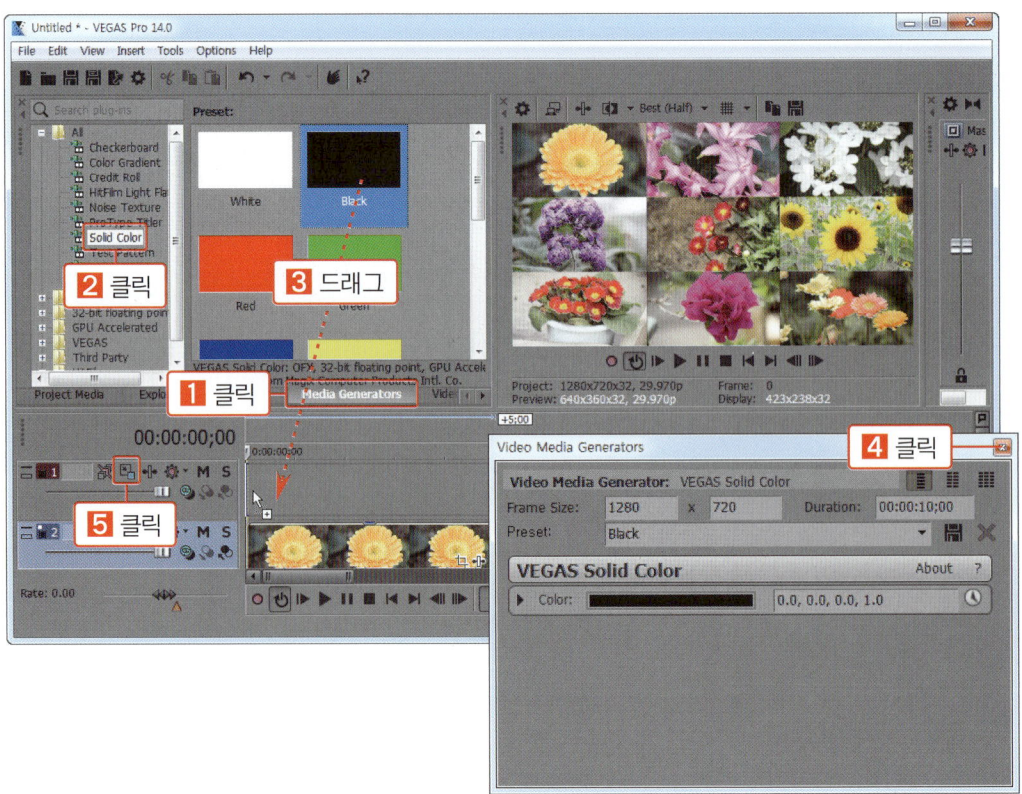

3 나타난 [트랙 모션] 창에서 상단의 Lock Aspect Ratio(🔲) 버튼이 클릭되어 있는 걸 해제한 후 [Position]의 Width에 3을 입력하면 세로 방향의 가이드 선이 만들어지고, X에 −214을 입력하면 좌측으로 선이 움직여서 좌측 사진 경계선과 일치하게 됩니다. 그런 후 닫기(❌) 버튼을 클릭합니다.

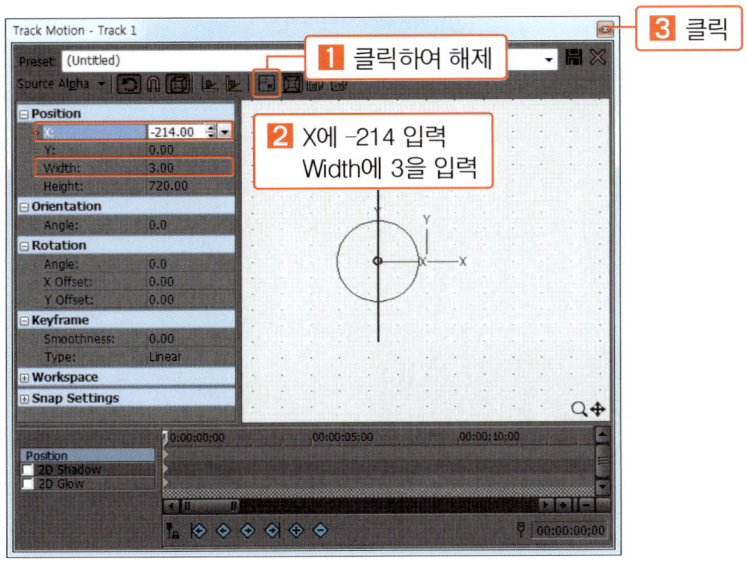

4 그런 후 1번 트랙 리스트에서 마우스 우측 버튼을 클릭한 후 [Duplicate Track]을 선택하여 트랙을 복사합니다.

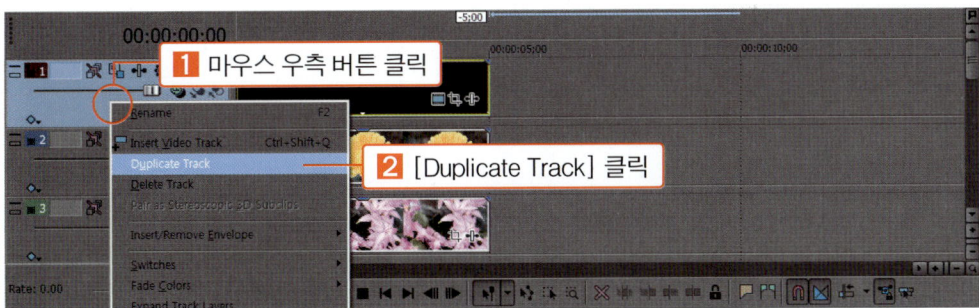

5 그 아래쪽에 복사된 솔리드 컬러 2번 트랙의 트랙 모션(🔲) 버튼을 클릭합니다.

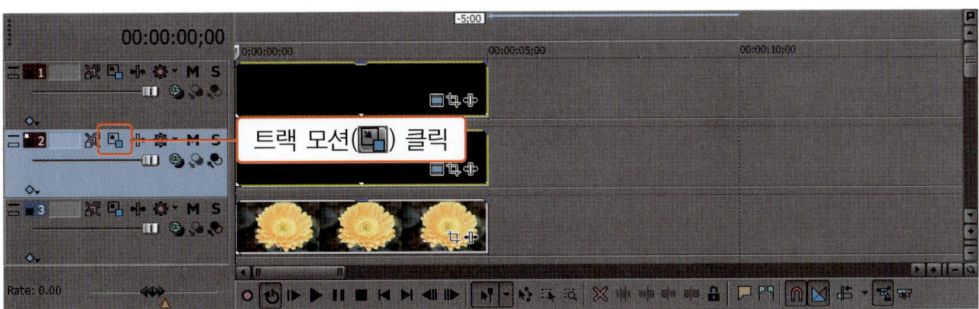

6 [트랙 모션] 창의 [Position]의 X에 214을 입력합니다. 그러면 가이드 선이 우측으로 움직여서 사진의 경계선과 일치하게 됩니다. 그런 후 닫기( ) 버튼을 클릭합니다.

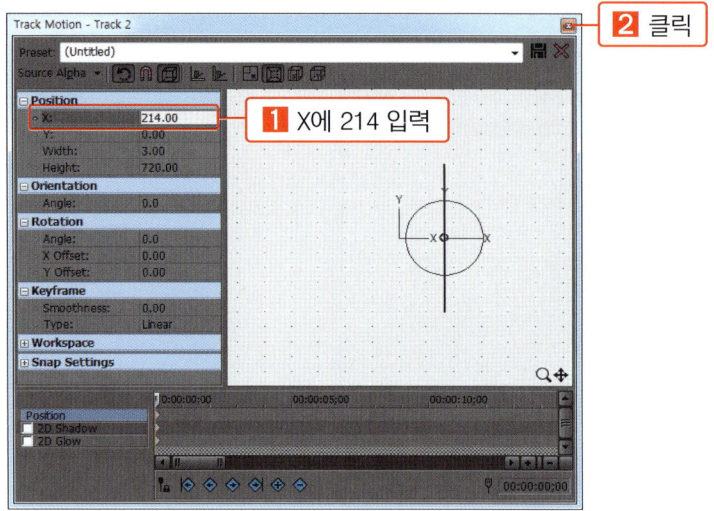

7 2번 트랙 리스트에서 마우스 우측 버튼을 클릭한 후, [Duplicate Track]을 선택하여 트랙을 복사합니다. (4번 작업 과정 참조)

트랙 복사(Duplicate Track)

> **Note** 트랙 리스트에서 마우스 우측 버튼을 클릭한 후, [Duplicate Track]을 선택하여 트랙을 복사하는 작업과 복사된 트랙에서 트랙 모션 버튼을 눌러 여는 작업은 많이 반복 되므로 상세한 설명은 생략하겠습니다.

8 복사된 3번 트랙의 트랙 모션 ( ) 버튼을 클릭합니다. 그런 후 [트랙 모션] 창의 [Position]에서 Width에 1280, Height에 3을 입력합니다. 그러면 가로선이 만들어지며 이어서 X에는 0을 입력, Y에는 120을 입력합니다. 그러면 가로선이 위쪽으로 움직여서 사진의 경계선과 일치하게 됩니다. 설정을 마친 후 닫기( ) 버튼을 클릭합니다.

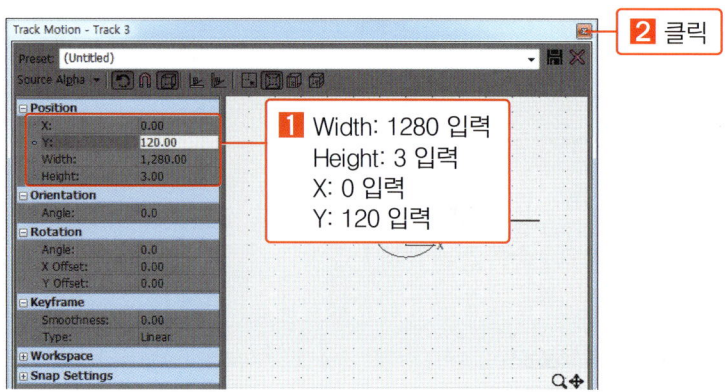

분할 화면 만들기 | Lesson 18

09 3번 트랙의 트랙 리스트에서 마우스 우측 버튼을 클릭한 후 [Duplicate Track]을 선택하여 트랙을 복사합니다.

10 복사된 4번 트랙의 트랙 모션( ) 버튼을 클릭하여 [Position]에서 Y에 -120을 입력한 후 닫기( ) 버튼을 클릭합니다. 그러면 가이드 선이 아래로 내려가 사진의 경계선과 일치하게 됩니다.

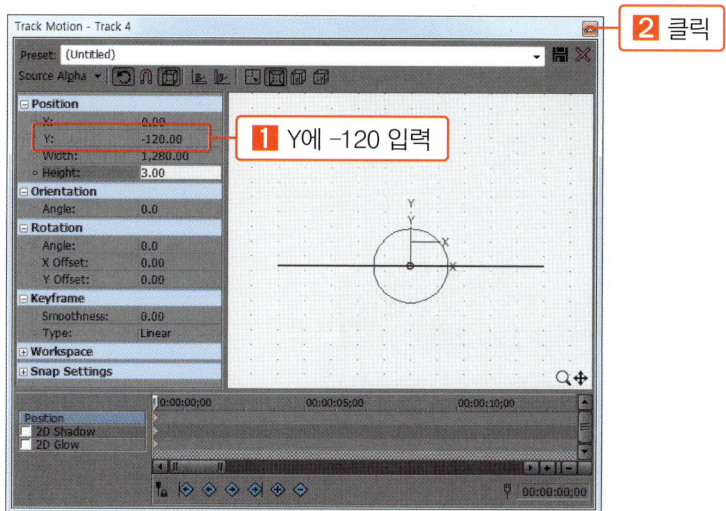

11 최종 결과물을 플레이시켜 보면 사진의 경계선을 구분 지을 수 있는 가이드 선이 들어간 9분할 화면을 확인할 수 있습니다.

✔ 최종 결과 파일: [5프로젝트/Vegas Pro 14-13.veg]
　　　　　　　 [6완성영상/Vegas Pro 14-13.wmv]

■ 1280×720 화면에서 4장의 사진을 이용한 분할 화면 만들기

앞에서는 9분할 화면의 포지션 계산법을 설명했습니다. 이곳에서는 4분할 화면의 좌표들을 계산했습니다. 계산이 어렵다면 이를 참조하여 작업하기 바랍니다.

항 목		1번 트랙	2번 트랙	3번 트랙	4번 트랙
Position	X	−320	320	−320	320
	Y	180	180	−180	−180
	Width	640			
	Height	360			

✔ 최종 결과 파일: [5프로젝트/Vegas Pro 14-14.veg]
　　　　　　　　　[6완성영상/Vegas Pro 14-14.wmv]

4분할 화면은 [5프로젝트/Vegas Pro 14-14.veg]에 수록되어 있습니다. 이를 참조하여 4분할 화면을 만들 수 있습니다.

모서리가 라운딩된 영상 만들기 | Lesson 19

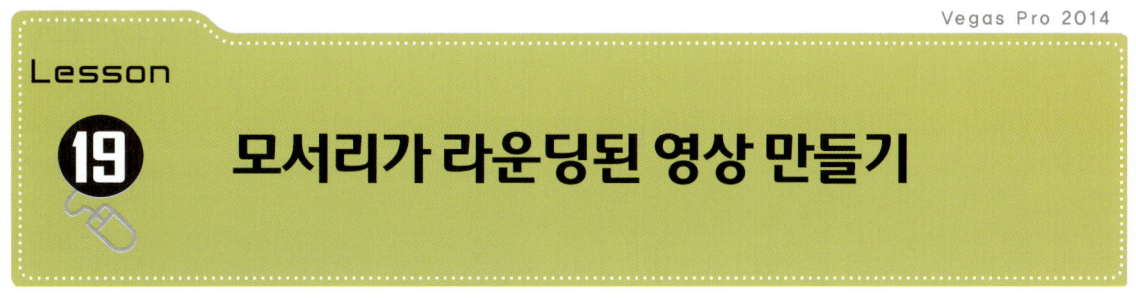

Lesson 19 모서리가 라운딩된 영상 만들기

Vegas Pro 2014

직사각형 형태의 사진과 동영상의 모서리를 둥글게 라운딩 처리하는 방법을 알아보도록 하겠습니다.

1 [2사진] 폴더의 [IMG_03.jpg] 파일을 타임 라인에 드래그해서 넣어 줍니다. 그런 후 트랙 모션(📼) 버튼을 클릭합니다.

2 [트랙 모션] 창에서 Width에 1000을 입력해서 효과를 확인하기 쉽게 화면 크기를 줄여 주고 창을 닫습니다.

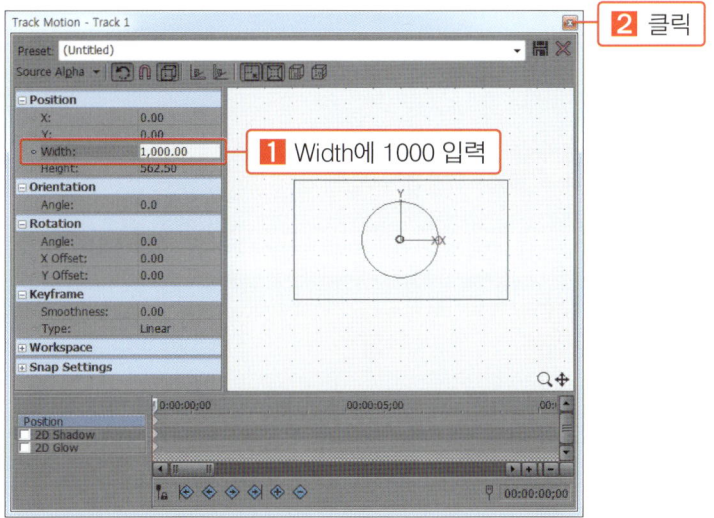

3 [Video FX] 탭에서 [Soft Contrast]의 [Warm Vignette] 프리셋을 파일에 드래그하여 적용시킵니다.

이 책에서의 프리셋 적용 방법 설명

본서에서 프리셋의 적용 과정은 많이 살펴보았고 이후로도 많이 나옵니다.

해당 프리셋을 트랙에 드래그해 주는 쉬운 작업이므로, 효율적인 지면 활용을 위하여 아래와 같은 방식으로 표시하는 곳이 있습니다.

위의 3번 과정 같은 그림은 아래처럼 표현됩니다.

[Video FX] 탭에서 [Soft Contrast]의 [Warm Vignette] 프리셋을 파일에 드래그하여 적용시킵니다.

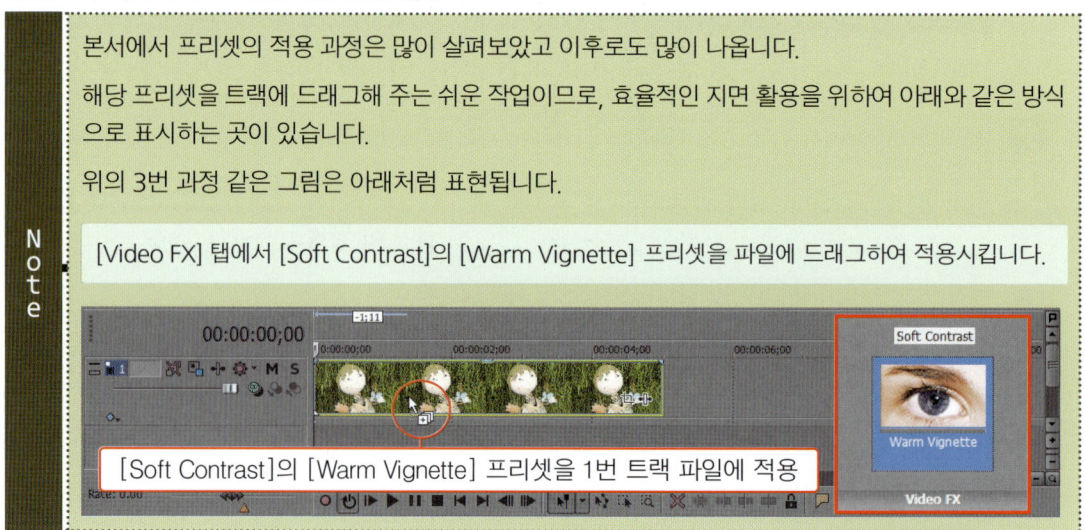

4 속성 창에서 [Contrast] 스크롤 바를 맨 좌측 끝으로 이동시켜서 보정 효과를 제거합니다. 그런 후 [Vignette] 탭을 클릭합니다.

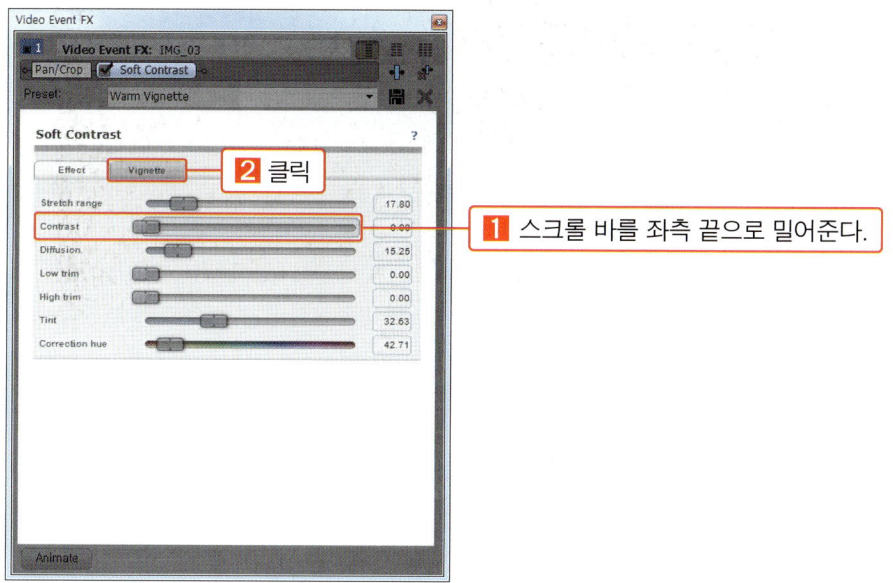

5 [Vignette] 탭에서 [Exterior effect]를 클릭하여 [White]를 선택한 후 [Softness] 스크롤 바를 맨 좌측 끝으로 밀어 준 후 창을 닫습니다.

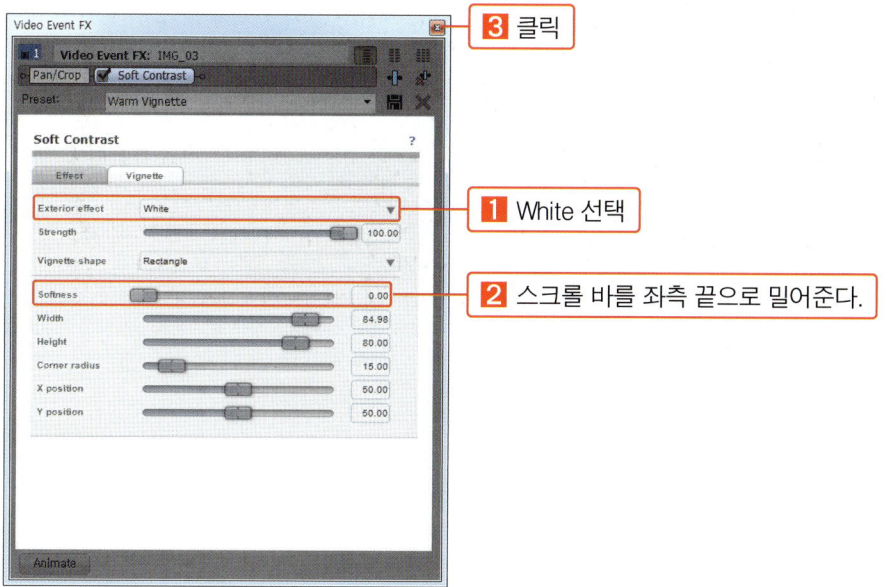

6 다시 [Video FX] 탭에서 [Soft Contrast]의 [Warm Vignette] 프리셋을 파일에 드래그하여 적용 시킵니다.

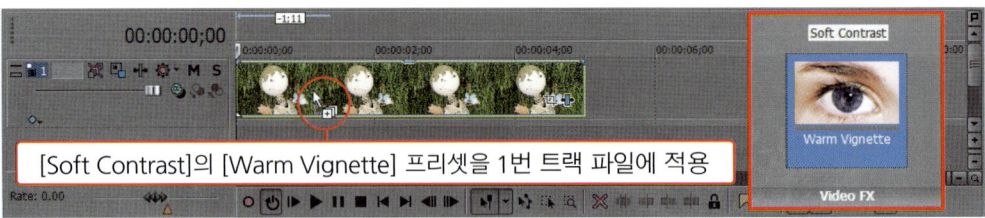

7 속성 창에서 [Contrast] 스크롤 바를 맨 좌측 끝으로 이동시켜서 보정 효과를 제거합니다. 그런 후 [Vignette] 탭을 클릭합니다.

8 [Vignette] 탭에서 [Exterior effect]을 클릭하여 [Transparent]를 선택한 후 [Softness] 스크롤 바를 맨 좌측 끝으로 밀어 줍니다. 그런 후 Width, Height 스크롤 바를 우측으로 밀어 96.00 값을 적용시켜 줍니다. 마지막으로 [Corner radius] 스크롤 바를 움직여서 바깥쪽 테두리 모서리의 라운딩 범위를 원하는 값(예: 26.00)으로 조절해 줍니다. 그런 후 창을 닫습니다.

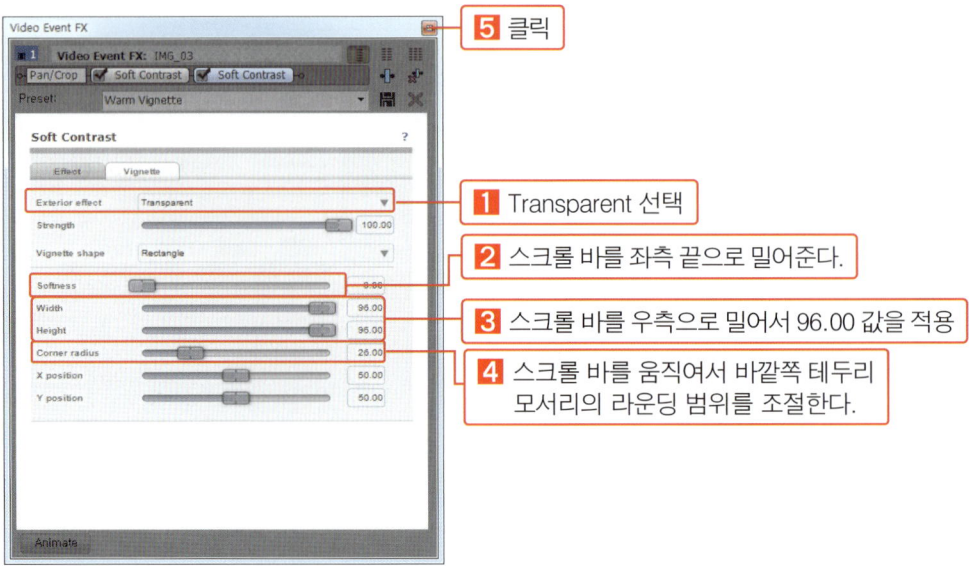

테두리와 라운딩 범위 지정

> **Note**
> - **Width, Height**: 테두리 값을 설정합니다.
> - **Corner radius**: 바깥쪽 테두리 모서리의 라운딩 범위를 조절해 줍니다.

9 그러면 직사각형 사진에 흰색의 라운딩 테두리가 적용된 것을 확인할 수 있습니다.

✔ 최종 결과 파일: [5프로젝트/Vegas Pro 14-15.veg]
　　　　　　　　[6완성영상/Vegas Pro 14-15.wmv]

■ 테두리 없는 라운딩 처리

처음 [Soft Contrast]의 [Warm Vignette] 프리셋을 파일에 적용시킨 후 [Vignette] 탭을 클릭해서 [Exterior effect]에서 [Transparent]를 선택하고 [Softness] 스크롤 바를 좌측 끝으로 밀어준 후 창을 닫아 줍니다. 그러면 테두리가 없이 직사각형의 사진에 라운딩 처리가 됩니다.

■ 분할 화면에 라운딩 적용

[Lesson 18. 분할 화면 만들기] 과정에서 가이드 라인 넣기를 하지 말고 [테두리 없는 라운딩 처리] 과정을 적용하면 라운딩 처리된 분할 화면을 만드는 것으로 활용이 가능 합니다.

✔ 최종 결과 파일: [5프로젝트/Vegas Pro 14-15(라운딩).veg]
　　　　　　　[6완성영상/Vegas Pro 14-15(라운딩).wmv]

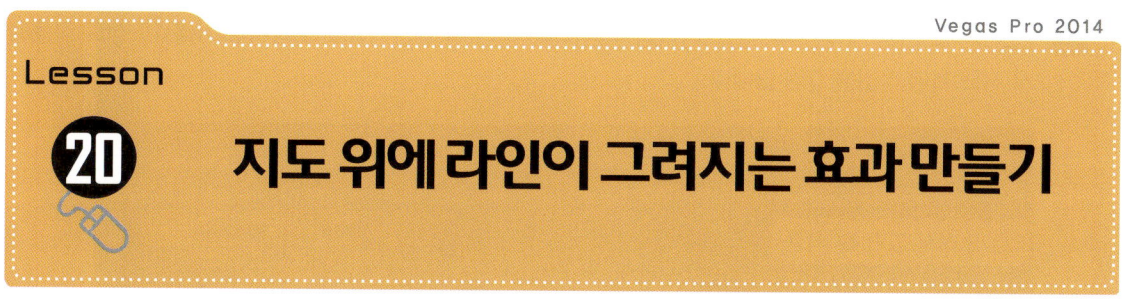

TV CF나 런닝맨 같은 예능 방송에서 많이 볼 수 있는 지도상에 라인이 그려지면서 도착 위치를 알려주는 효과를 만들어 보겠습니다.

1 포토샵에서 지도 사진(예: [2사진/IMG_100.jpg]) 파일을 불러온 후 레이어 생성 버튼을 클릭합니다.

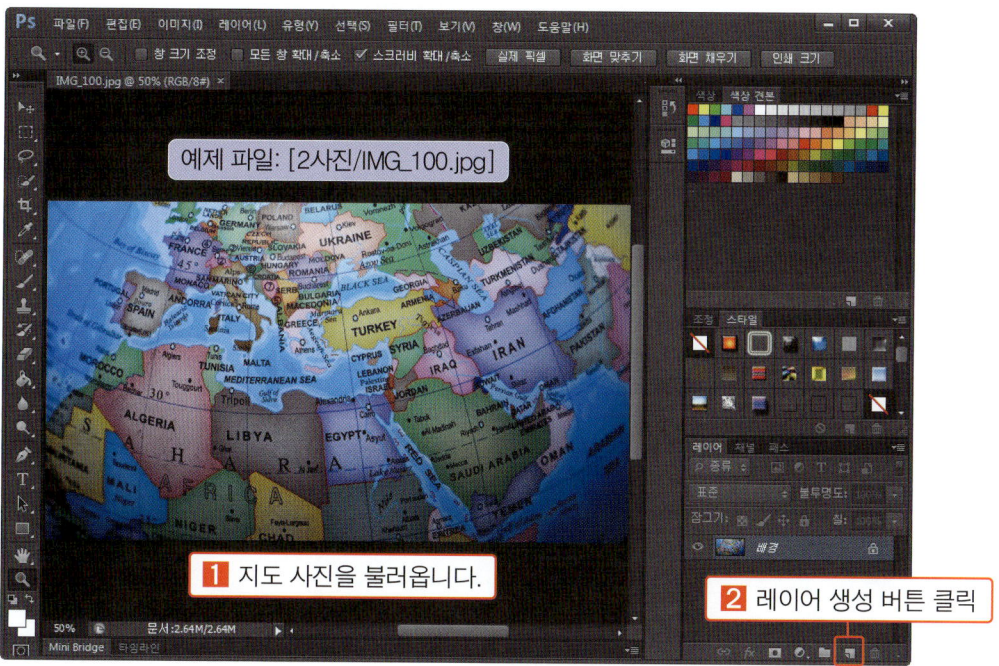

2 [브러시 도구]를 선택한 후 우측의 [색상 견본]에서 라인 색을 선택하고 브러시 크기를 17 정도 적용해서 지도 위에 라인을 그려 줍니다.

3 그런 후 상단 메뉴 [파일]-[다른 이름으로 저장(A)]을 클릭해서 파일명을 적고 [저장(S)]을 클릭하여 포토샵 파일인 PSD 파일로 저장합니다.

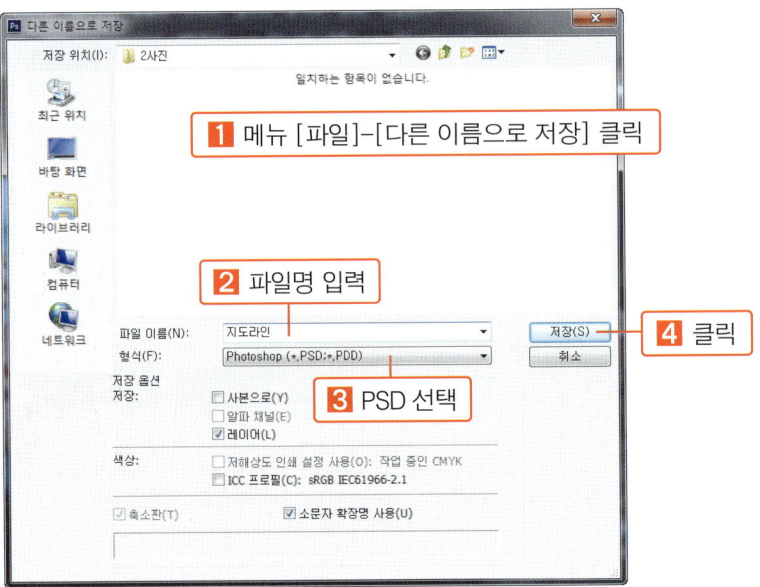

4 베가스를 실행하여 [File]-[New]를 클릭한 후 [Template]에서 [HDV 720-30p (1280x720, 29.970 fps)]를 선택해서 프로젝트를 불러옵니다. 그런 후 포토샵에서 저장한 [지도라인.PSD] 파일을 불러옵니다.

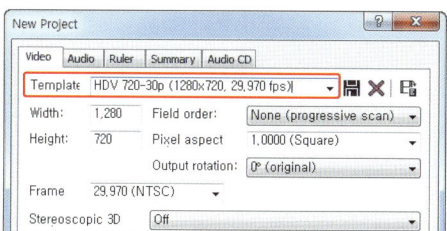

5 파일을 Ctrl 키를 누른 상태에서 아래 빈 공간으로 드래그해서 복사합니다.

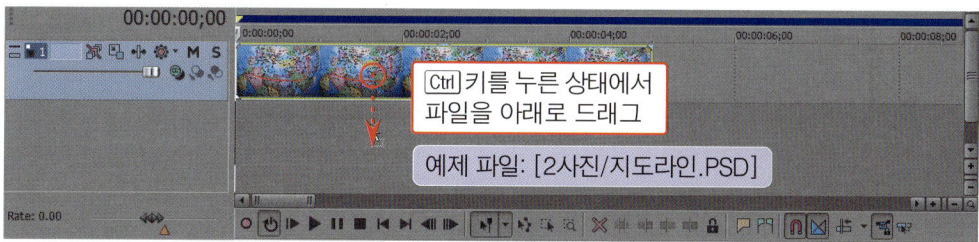

Ctrl 키를 이용한 파일 복사

> Note
> Ctrl 키를 누른 상태에서 파일을 원하는 곳으로 드래그하면 파일이 복사됩니다.

6 1번 트랙 파일 위에서 마우스 우측 버튼을 클릭하여 [Stream]-[Stream 3]을 선택합니다. 그러면 1번 트랙의 파일이 포토샵의 라인 레이어만 표시가 되게 바뀝니다.

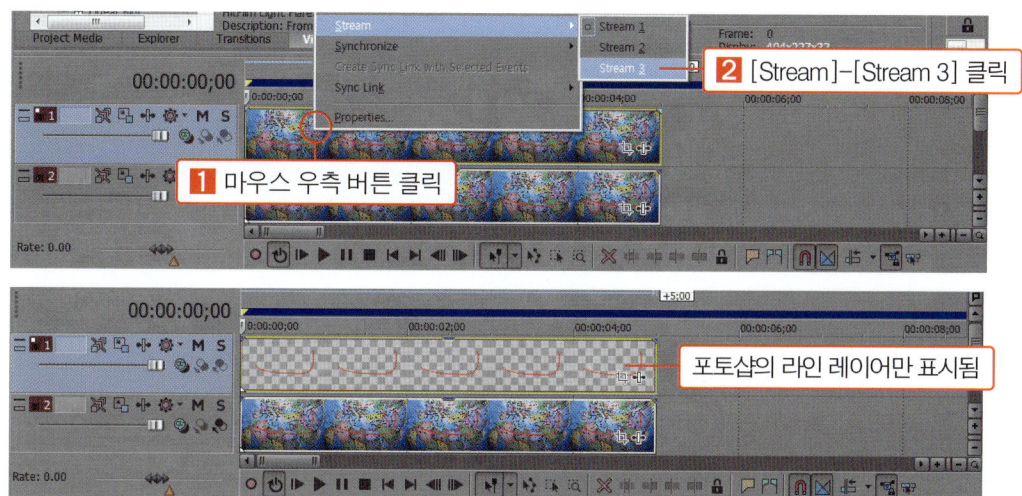

7 2번 트랙 파일에서 마우스 우측 버튼을 클릭하여 [Stream]-[Stream 2]를 선택합니다. 그러면 2번 트랙의 파일이 포토샵의 지도 레이어만 표시가 되게 바뀝니다.

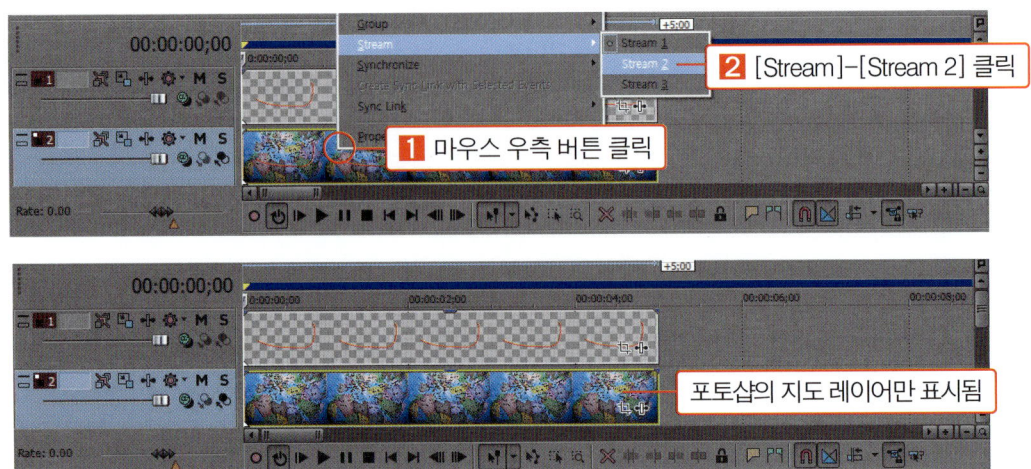

포토샵 레이어 분리 기능 Stream

> [Stream] 기능은 포토샵에서 작업한 PSD 파일의 레이어를 분리해 주는 기능입니다.
>
>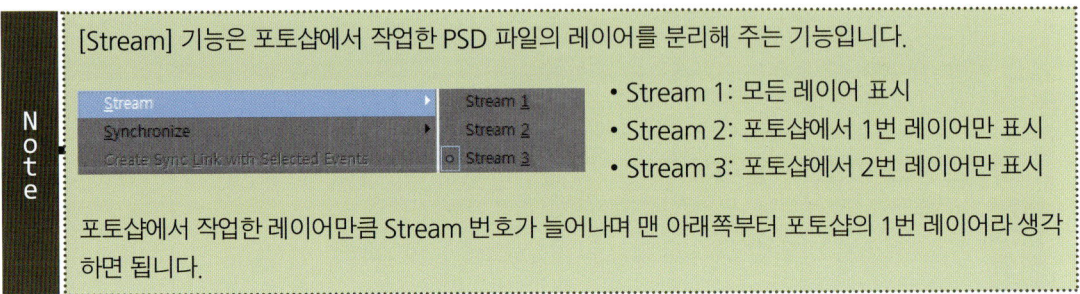
>
> - Stream 1: 모든 레이어 표시
> - Stream 2: 포토샵에서 1번 레이어만 표시
> - Stream 3: 포토샵에서 2번 레이어만 표시
>
> 포토샵에서 작업한 레이어만큼 Stream 번호가 늘어나며 맨 아래쪽부터 포토샵의 1번 레이어라 생각하면 됩니다.

8 1번 트랙 파일의 이벤트 팬/크롭(⊞) 버튼을 클릭합니다.

9 [Video Event FX] 창이 열리면 [Mask]에 체크해서 마스크 모드로 전환하고 Show Properties(⚙) 버튼을 클릭하여 마스크 창을 확장시켜 줍니다. 그런 후 펜(🖊) 툴을 클릭합니다.

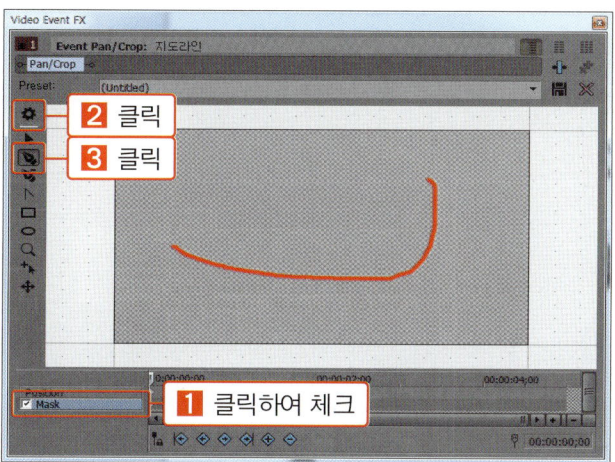

10 이어서 라인이 시작되는 앞부분에 일직선으로 마스크 박스를 만들어 줍니다. 그런 후 앞쪽 마스크 선에 마우스 커서를 위치시키면 + 모양이 나타나는데 이때 클릭하여 마스크 포인트를 2개 만들어 줍니다.

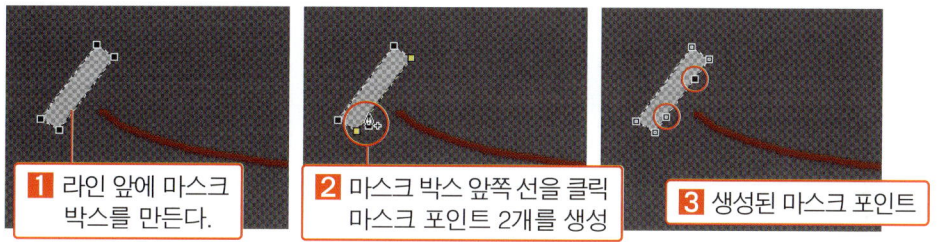

11 시간 부분을 더블 클릭하여 10을 입력하고 Enter 키를 눌러 에디트 라인을 10프레임으로 이동시킵니다. 그런 후 생성한 2개의 마스크 포인트를 Ctrl 키를 누른 상태에서 마스크 포인트를 클릭하여 라인 모양을 따라 이동시켜 줍니다.

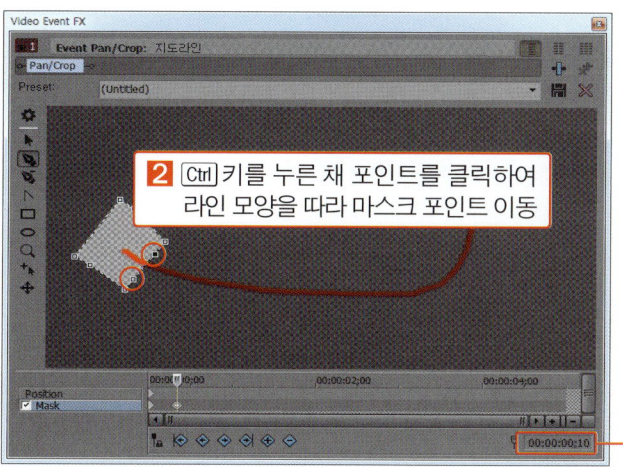

12 다시 마스크 선을 클릭, 마스크 포인트 2개를 생성한 후 시간 부분을 더블 클릭하여 20을 입력하고 Enter 키를 눌러 에디트 라인을 20 프레임으로 이동시킵니다. 그런 후 생성한 마스크 포인트를 Ctrl 키를 누른 상태에서 클릭하여 라인 모양을 따라 이동시켜 줍니다.

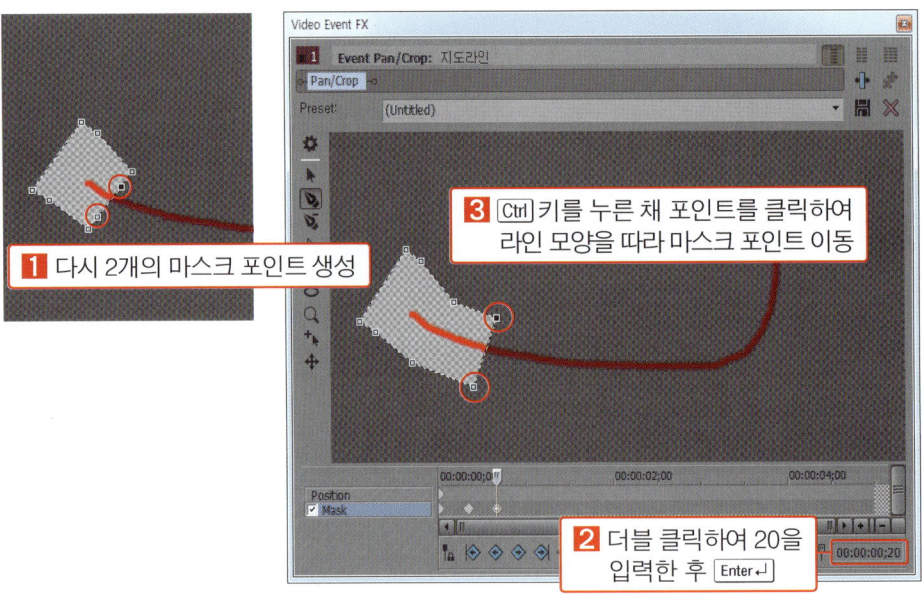

13 반복해서 마스크 포인트 2개를 생성하고 시간 부분을 더블 클릭하여 10 프레임 간격의 수치를 입력하고 Ctrl 키를 누른 상태에서 2개의 마스크 포인트를 라인 모양을 따라 이동시켜 주는 과정을 반복 진행해서 전체 라인에 마스크 처리를 완료시켜 주고 창을 닫습니다.

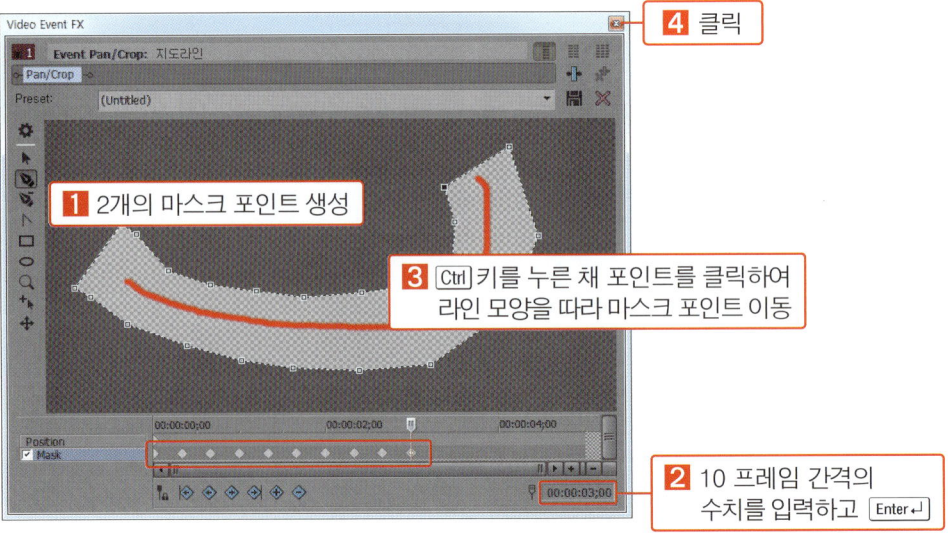

14 Ctrl+Shift+Q를 눌러 트랙을 추가하고 [2사진] 폴더의 [압정.png] 파일을 불러온 후 트랙 모션( ) 버튼을 클릭합니다.

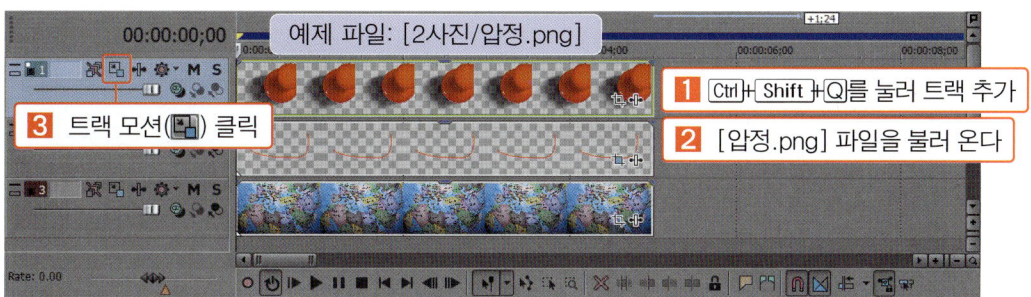

15 트랙 모션 창에서 화면 박스 크기를 줄여서 압정 사진의 크기를 줄여 주고, 박스를 드래그해서 라인이 처음 시작되는 부분에 이동시켜 맞춰 줍니다.

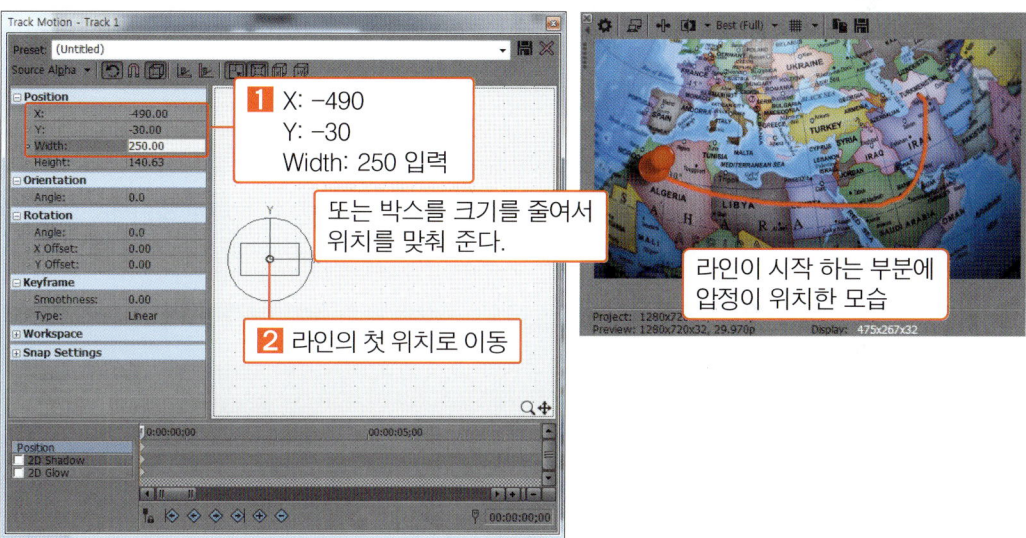

16 다시 Ctrl+Shift+Q를 눌러 트랙을 추가하고, [2사진] 폴더의 [지도마킹.png] 파일을 불러온 후 트랙 모션( ) 버튼을 클릭합니다.

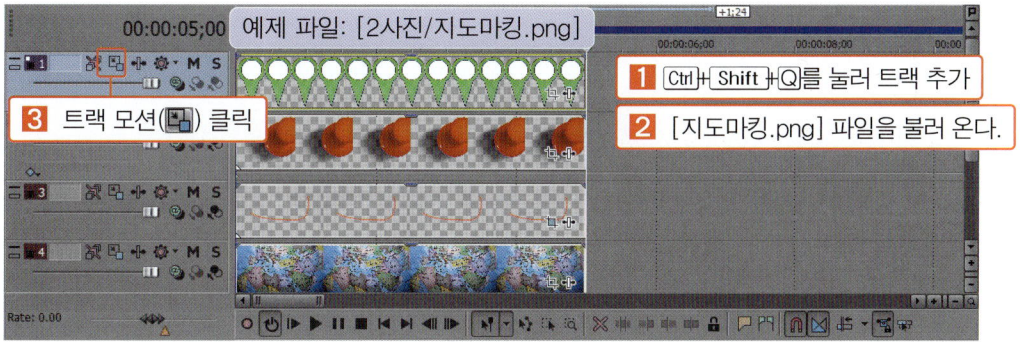

17 트랙 모션 창에서 화면 박스 크기를 줄여서 지도 마킹 사진의 크기를 줄여 주고, 박스를 드래그해서 라인이 끝나는 부분에 이동시켜 맞춰 주고 창을 닫습니다.

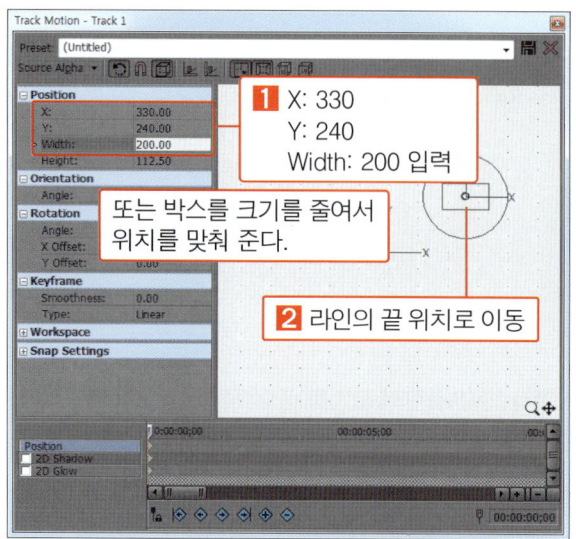
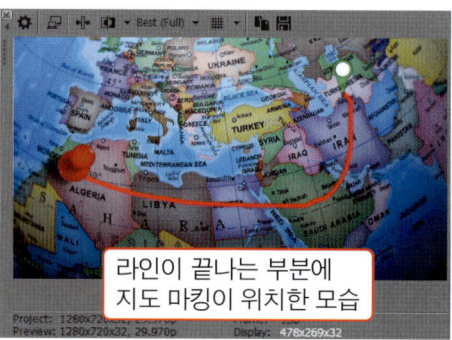

1 X: 330
  Y: 240
  Width: 200 입력

또는 박스를 크기를 줄여서 위치를 맞춰 준다.

2 라인의 끝 위치로 이동

라인이 끝나는 부분에 지도 마킹이 위치한 모습

18 지도가 다 그려진 후 [지도마킹]이 나오도록 타임 라인 03;06초 부분을 클릭해서 에디트 라인을 위치시킨 후, 파일 앞쪽에 마우스를 위치시켜 마우스 모양(↔)이 바뀔 때 에디트 라인까지 드래그해서 줄여 줍니다.

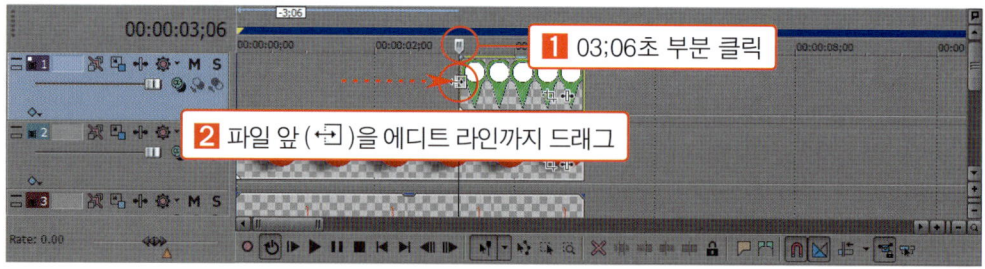

1 03;06초 부분 클릭

2 파일 앞(↔)을 에디트 라인까지 드래그

19 플레이시켜 최종 결과물을 보면 지도위에 라인이 그려지는 애니메이션 효과가 나타나면서 지도 마킹이 표시되는 효과를 확인할 수 있습니다.

✔ 최종 결과 파일: [6완성영상/Vegas Pro 14-17.veg]
　　　　　　　　　[5프로젝트/Vegas Pro 14-17.wmv]

Lesson 21 예능 자막 만들기

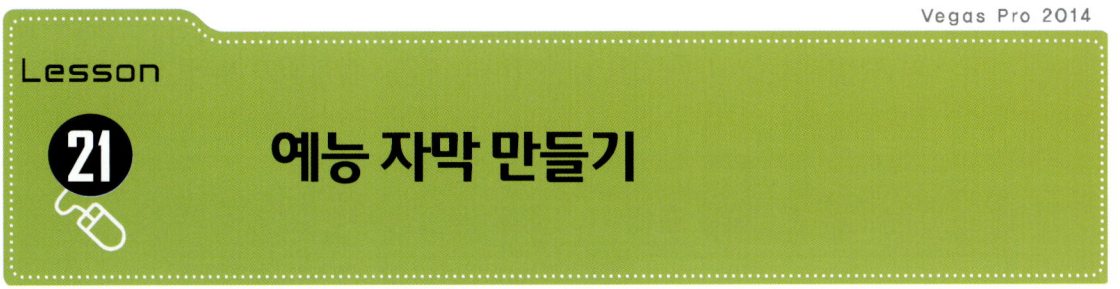

ProType Titler를 사용하면 기본 자막 프리셋 보다 간편하면서 다양한 자막을 만들 수가 있습니다. 이번 레슨에서는 자막에 여러 가지 색이 들어간 예능 자막을 만들어 보겠습니다.

1 [Media Generators] 탭의 [Solid Color]에서 [White] 프리셋을 타임 라인에 넣어 주고 나타나는 창을 닫습니다. 이어서, Ctrl+Shift+Q를 눌러 트랙을 추가한 후, 그 트랙에 [ProType Titler]의 [Empty] 프리셋을 트랙에 넣어 줍니다.

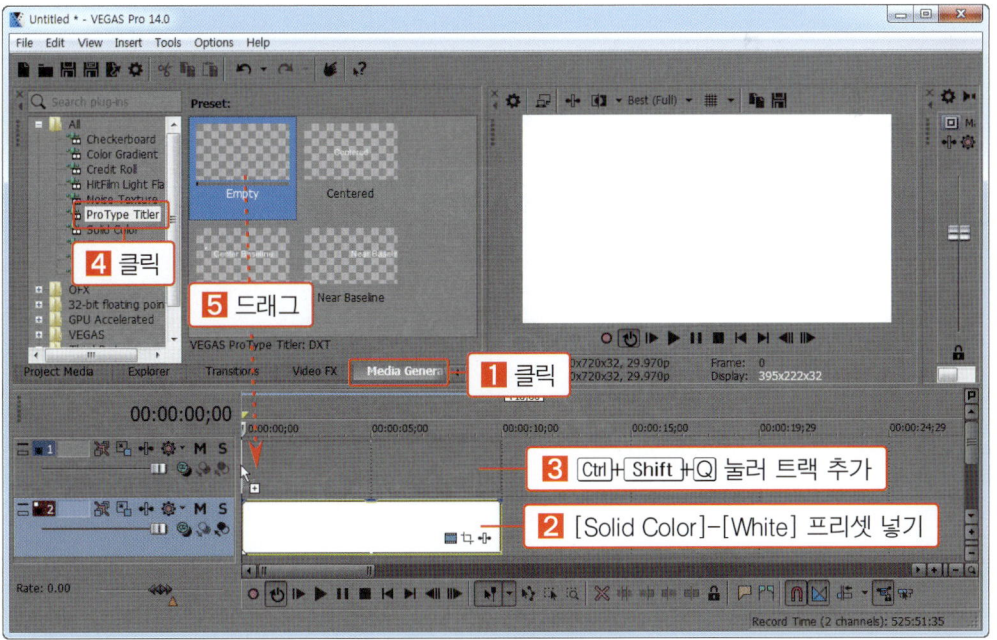

2 자막 입력(✛) 버튼을 클릭해서 아래의 자막을 한줄로 입력합니다.

"썰어" 뒤에 커서를 위치시키고 Enter↵ 를 눌러 한줄 내려 주고, 스페이스바로 자막을 밀어 "를"자 아래에 맞춰 줍니다.

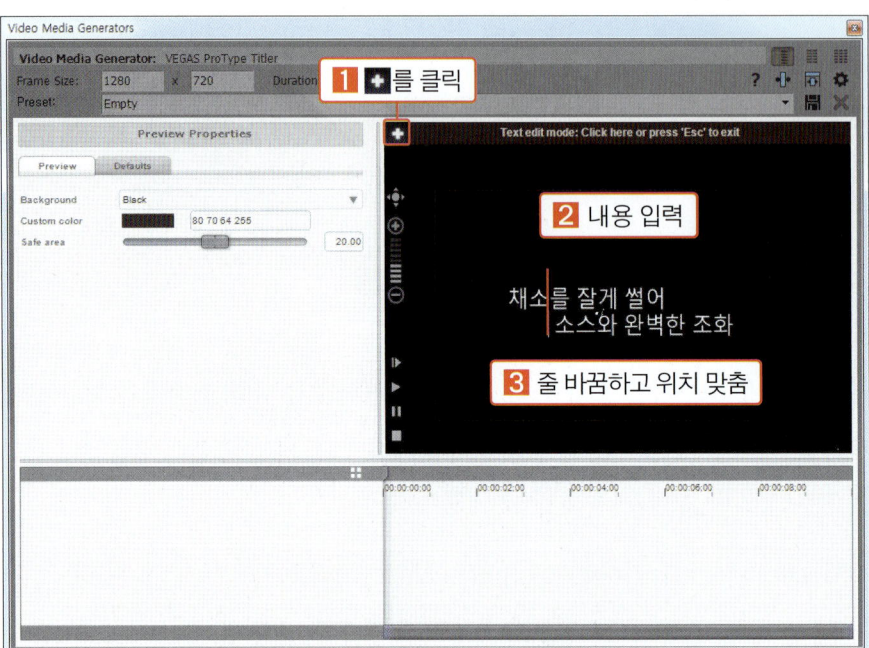

3 입력한 자막을 드래그하여 선택한 후, 아래와 같이 폰트 설정을 합니다.

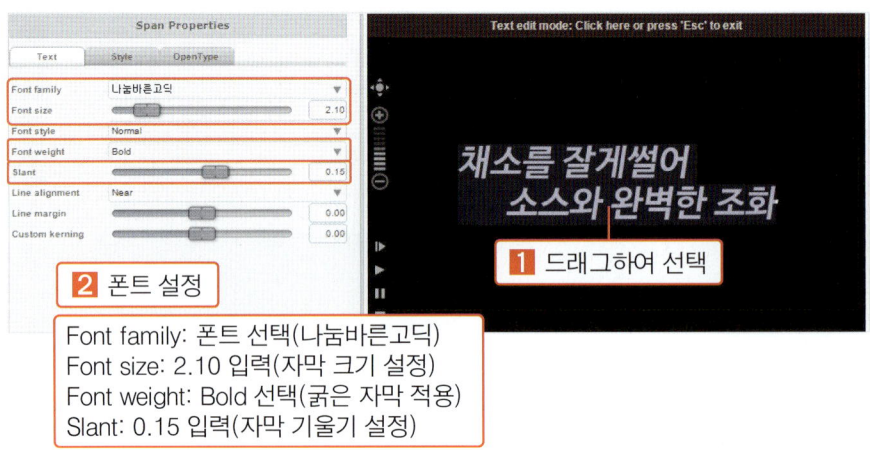

Font family: 폰트 선택(나눔바른고딕)
Font size: 2.10 입력(자막 크기 설정)
Font weight: Bold 선택(굵은 자막 적용)
Slant: 0.15 입력(자막 기울기 설정)

4 자막에서 "소스와 완벽한 조화" 글자만 선택한 후 Font size: 2.50을 입력하고, "와"만 선택하고 Font size에 2.0을 입력해서 글자를 줄여 줍니다.

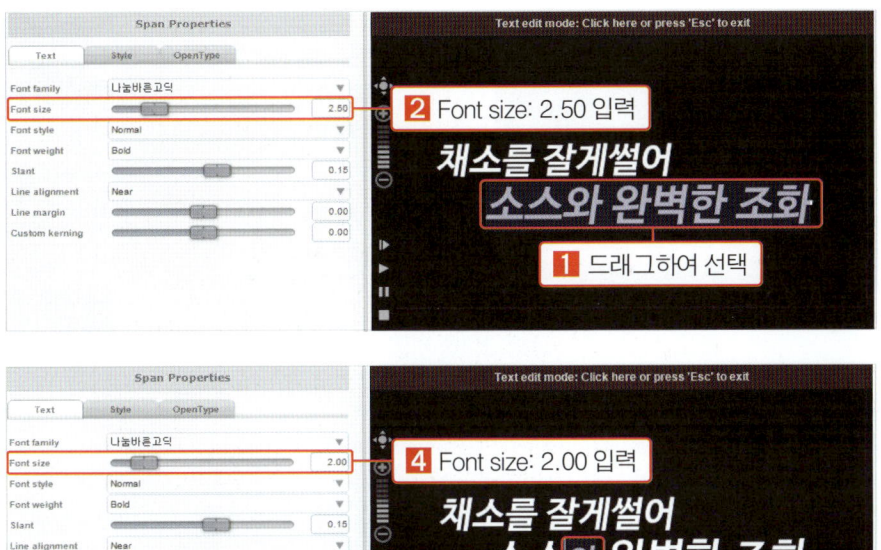

5 "채소를 잘게" 부분만 드래그하여 선택한 후 [Style] 탭을 클릭합니다. 그런 후 [Fill color]를 클릭해서 원하는 자막 색상을 선택하고 창을 닫습니다.

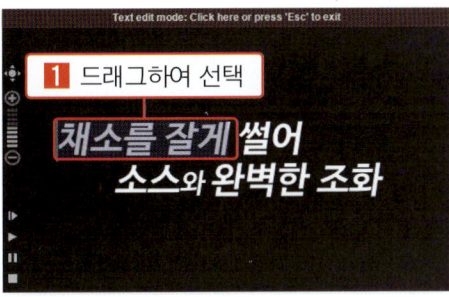 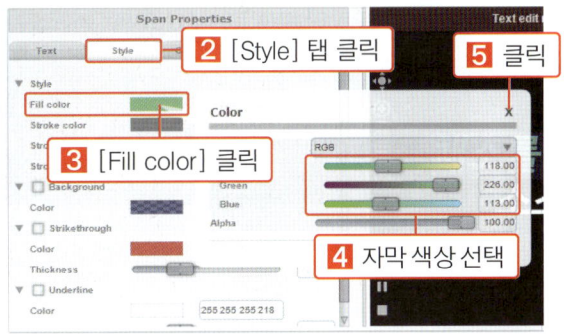

"완벽한 조화" 부분만 드래그하여 선택한 후 [Style] 탭의 [Fill color]를 클릭해서 원하는 자막 색상을 선택하고 창을 닫습니다.

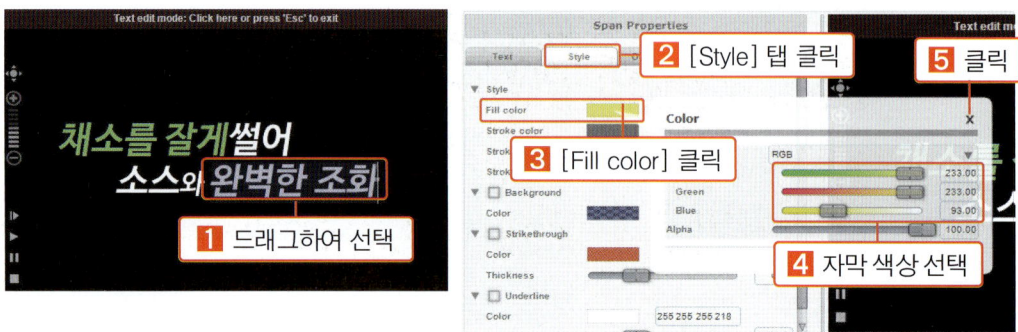

자막 색상 선택

> Note
> [Style] 탭의 Fill color는 자막의 색상을 선택하는 옵션입니다. 원하는 자막을 드래그하여 선택한 후, 자막 색을 변경할 수 있습니다.

7 그런 후 Esc 키를 눌러 자막 입력을 완료합니다. 그러면 예능 자막에서 볼 수 있는 하나의 자막에 여러 가지 색이 들어간 자막을 만들 수가 있습니다.

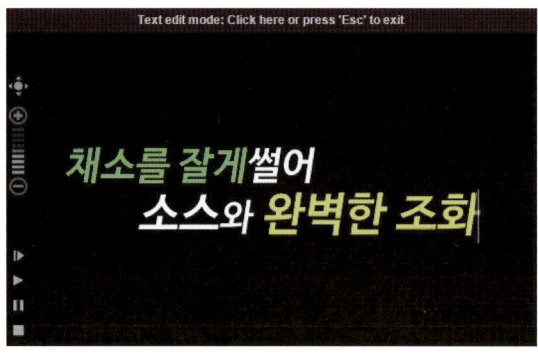

■ 자막에 그림자/테두리/두께 넣기

좀 더 입체감이 있는 자막 효과를 주기 위해 그림자/테두리/두께 넣기 과정을 진행해 보겠습니다.

1 작업할 글자를 선택하고 [Effects] 탭을 클릭하여 [Drop Shadow]에 체크하고 옵션 탭(▶)을 클릭해서 아래와 같이 설정합니다.

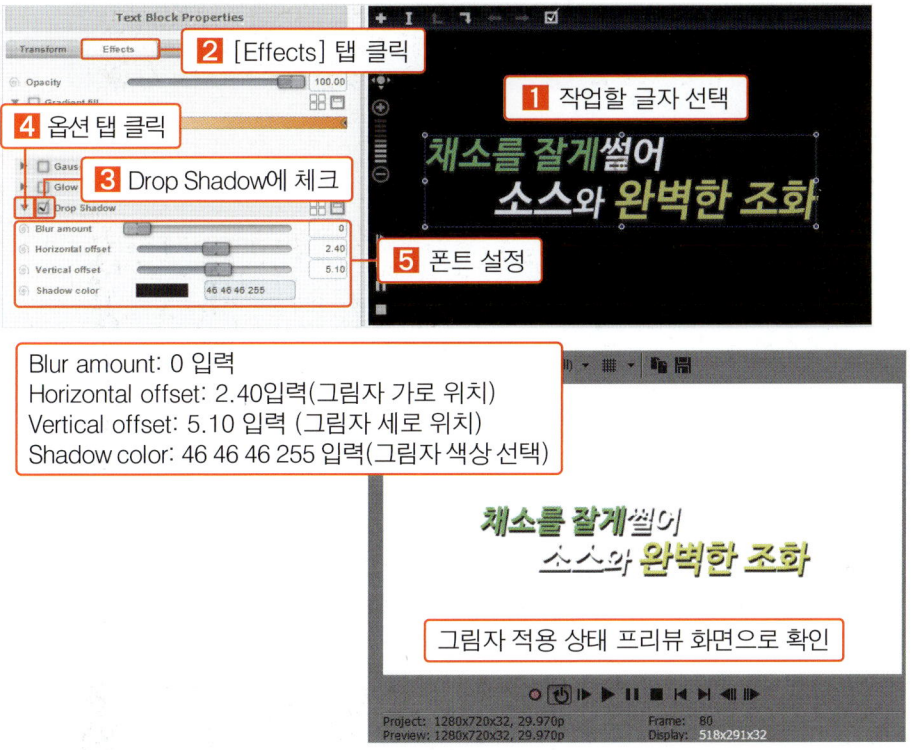

Blur amount: 0 입력
Horizontal offset: 2.40입력(그림자 가로 위치)
Vertical offset: 5.10 입력 (그림자 세로 위치)
Shadow color: 46 46 46 255 입력(그림자 색상 선택)

2 자막 수정(I) 버튼을 클릭한 후 자막을 드래그하여 선택합니다.

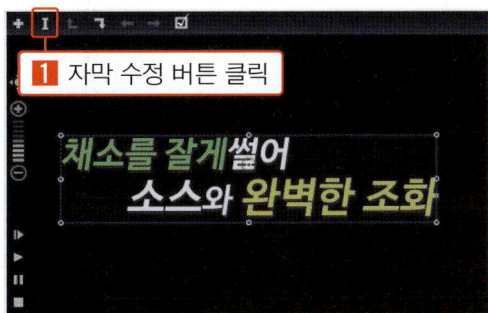
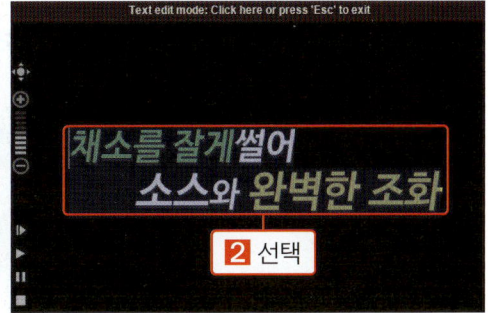

3 [Style] 탭의 [Stroke width] 스크롤 바를 우측 끝으로 밀어 테두리를 적용시켜 줍니다.

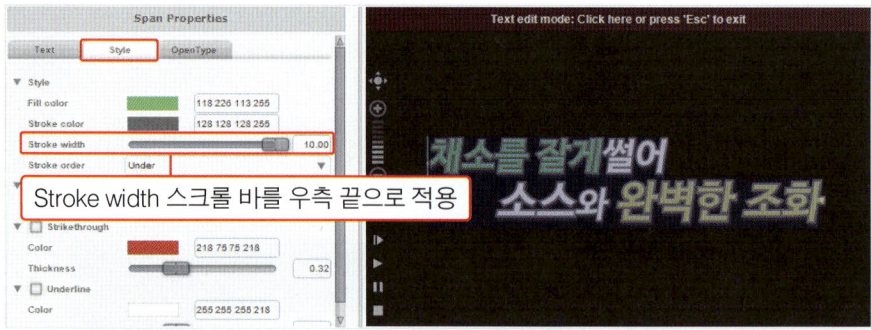

자막 테두리 지정

> **Stroke width:** 자막에 테두리를 적용할 때 사용합니다.

4 이어서 [Stroke color]를 클릭해서 그림자 색상과 동일한 테두리 색상(46 46 46 입력)을 적용시켜 주고 창을 닫습니다.

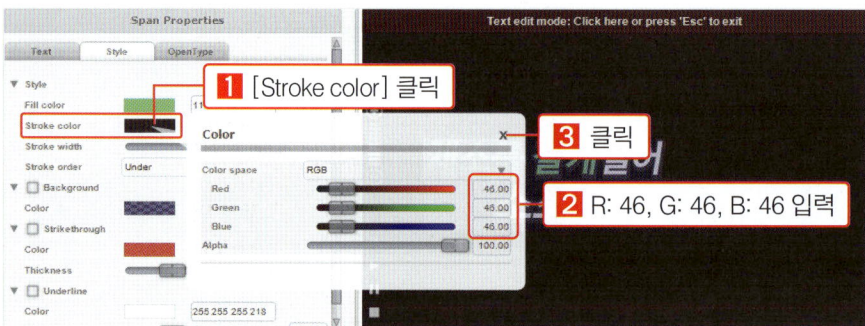

5 Esc 키를 눌러 자막 입력을 완료합니다. 그런 후 자막을 아래로 드래그해서 프리뷰 화면을 보면서 화면 하단에 자막을 위치시켜 줍니다.

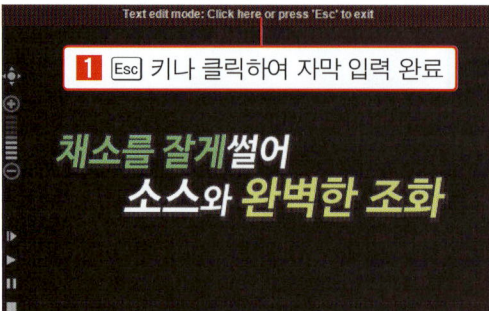 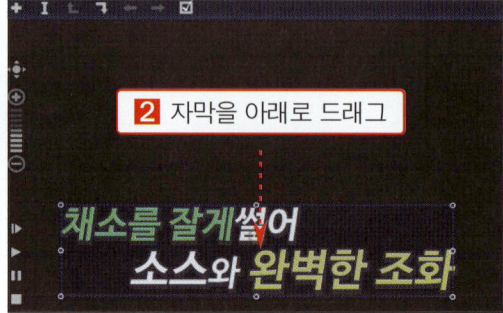

6 2번 트랙의 [Solid Color] 파일을 클릭하여 선택한 후, Delete 키를 눌러 삭제해 주고 [1영상/HDV40.wmv] 파일을 넣어 줍니다.

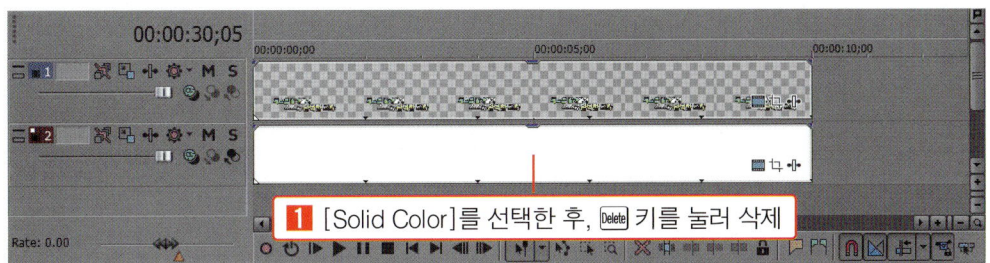

1 [Solid Color]를 선택한 후, Delete 키를 눌러 삭제

2 [1영상/HDV40.wmv] 파일을 넣어 준다.

7 그런 후 재생을 해보면 TV 예능 방송에서 볼 수 있는 느낌의 자막이 만들어진 것을 볼 수 있습니다.

✔ 최종결과 파일: [5프로젝트/Vegas Pro 14-18.veg]
　　　　　　　 [6완성영상/Vegas Pro 14-18.wmv]

Lesson 22. 영상의 엔딩 크레디트(스텝 롤) 만들기

스텝 롤이란 영화가 끝나고 제작진, 스태프 등의 이름이 밑에서 위로 올라가서 맨 위에서 사라지는 효과를 말합니다. 기본 프리셋인 Credit Roll을 사용해서 만들 수도 있지만 프로타입 타이틀러를 사용하면 보다 간편하면서 효과적으로 만드는 것이 가능합니다.

1 먼저 작업을 편리하게 진행하기 위해 메모장에 스텝 롤 내용을 입력한 후 Ctrl+A를 눌러 모두 선택해서 복사합니다. 정확한 실습 진행을 위해서 [8프로그램] 폴더에 있는 "스탭롤 예문.txt" 메모장을 열어서 내용을 복사해서 연습하시기 바랍니다.

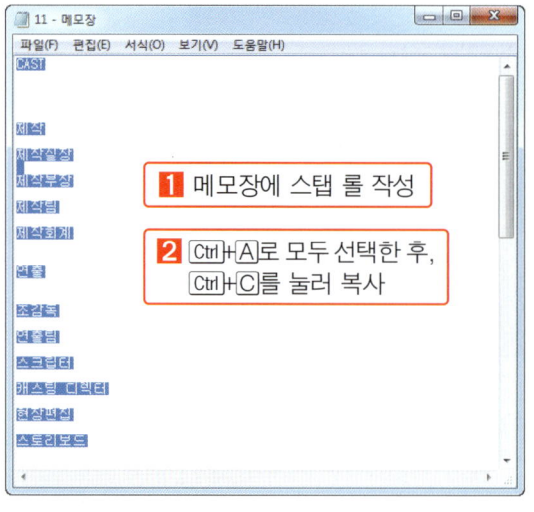

1 메모장에 스탭 롤 작성
2 Ctrl+A로 모두 선택한 후, Ctrl+C를 눌러 복사

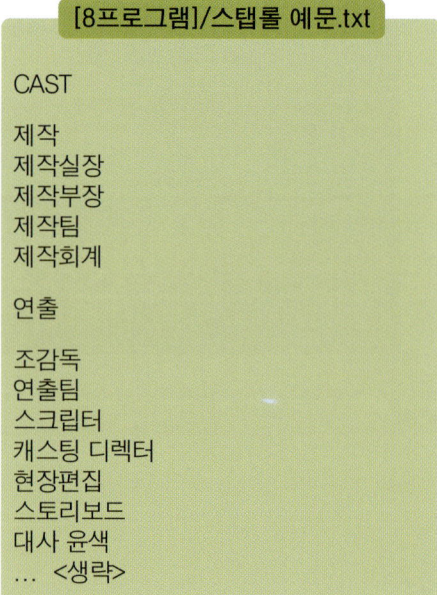

[8프로그램]/스탭롤 예문.txt

CAST

제작
제작실장
제작부장
제작팀
제작회계

연출

조감독
연출팀
스크립터
캐스팅 디렉터
현장편집
스토리보드
대사 윤색
… <생략>

2 먼저 [Media Generators] 탭에서 [ProType Titler]의 [Empty] 프리셋을 타임 라인에 넣은 후, 나오는 [ProType Titler] 창에서 자막 입력 창의 Add New Text Block(➕) 버튼을 눌러 기본 문자가 나오면 드래그하여 전체를 선택한 후 앞서 복사한 내용([8프로그램] 폴더의 '스탭롤 예문.txt')을 Ctrl+V로 붙여 넣기 합니다.

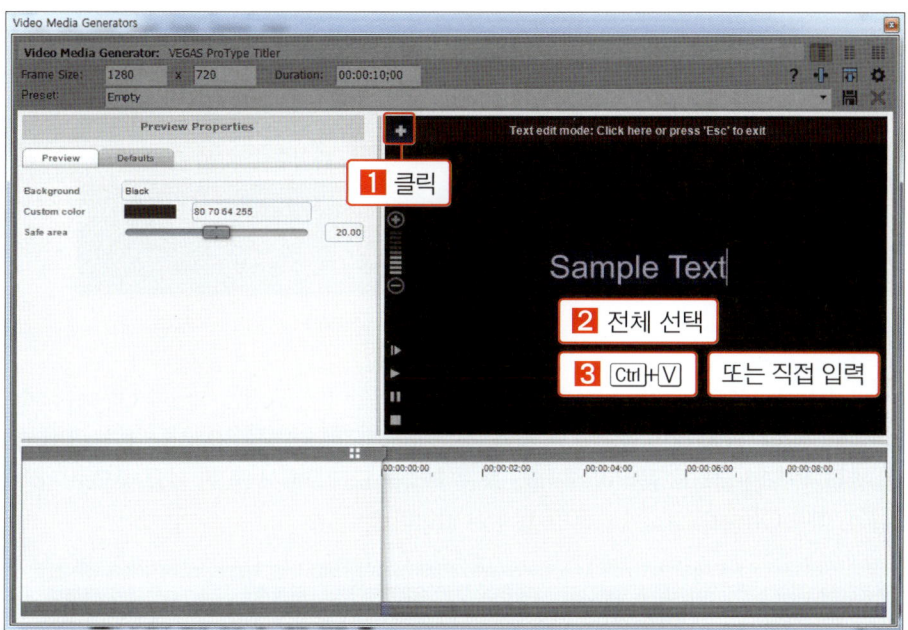

3 스탭 롤 예문을 입력한 후 Ctrl+A 눌러 입력한 자막을 전체 선택합니다. 그런 후 폰트와 글자 크기, 줄 간격을 설정하고 Pan(⊕) 버튼을 더블 클릭해서 화면을 중앙에 위치하도록 합니다. 그런 후 상단의 갈색 부분을 클릭하거나 Esc 키를 눌러 자막 글자 입력을 마칩니다.

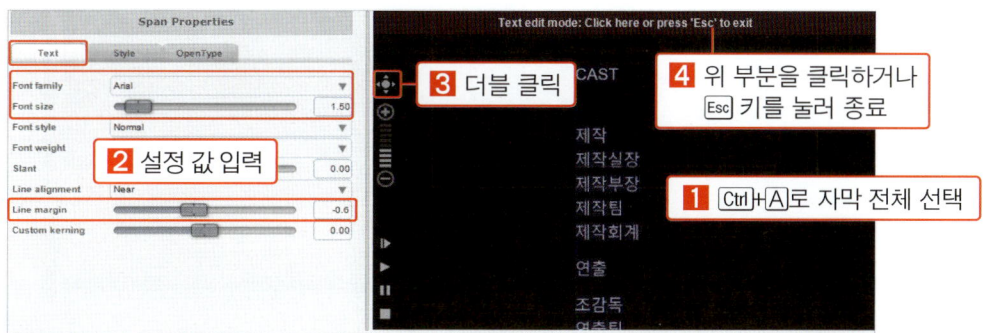

줄 간격 조정

> **Note** 줄 간격이 너무 넓다면 Line Margin에 마이너스(-) 값을 적용해서 간격을 좁힐 수 있습니다.

4 화면 안의 글자를 선택한 후 [Transform] 탭에서 [Offset]의 X 값의 스크롤 바를 우측으로 밀어 자막을 화면 우측에 위치시키고, Y 값의 스크롤 바를 좌측으로 움직여서 자막을 화면 맨 아래쪽에 위치시킵니다. 또는 X: 12.60, Y: -12.00을 입력하거나 화면 상의 자막을 드래그해서 위치를 설정합니다.

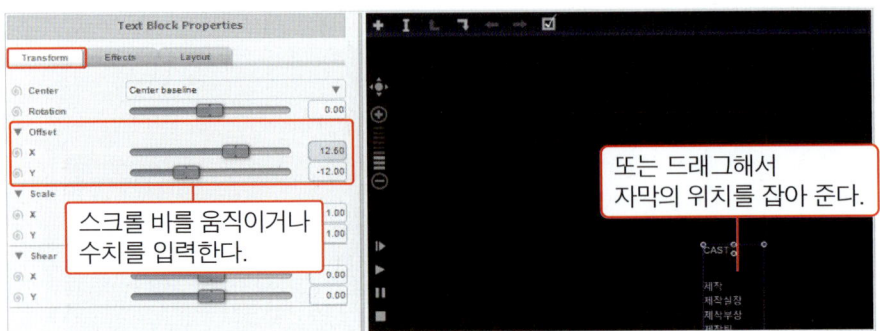

5 그런 후 [Offset]의 Y 옆에 있는 나선형( ) 버튼을 클릭합니다. 그러면 하단에 Offset 리스트와 타임 라인이 생성됩니다. 타임 라인 상단의 맨 끝을 클릭해서 에디트 라인을 위치시킵니다. Offset의 Y 값의 스크롤 바를 우측 맨 끝으로 움직여 줍니다. 또는 자막을 드래그해서 맨 위 화면 밖으로 자막을 이동시켜 줍니다. 이때 Offset의 X값 12.60은 변화가 없어야 합니다.

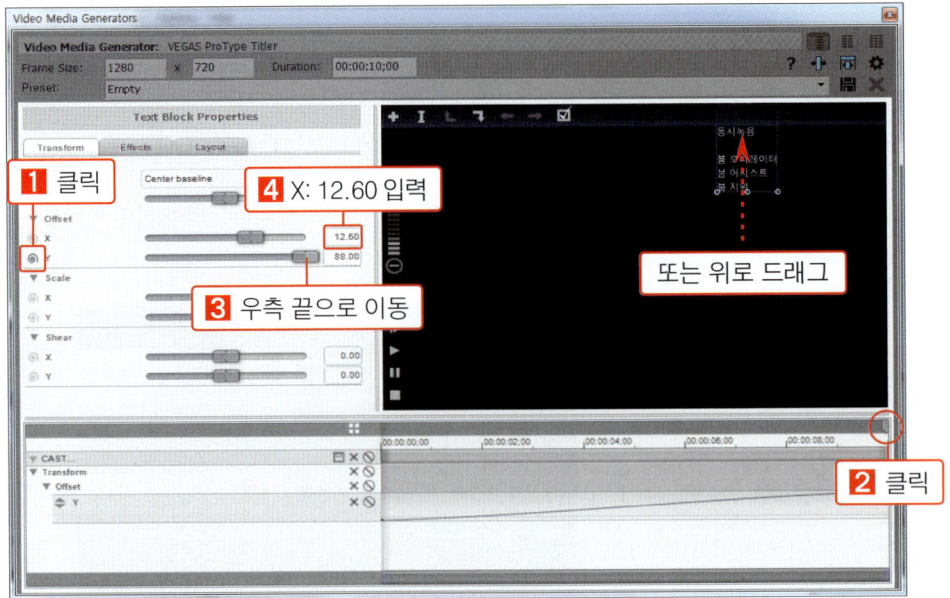

Offset 위치 값 지정

> Note: 스크롤 바는 +40에서 -40까지만 조절할 수 있어서 자막 길이가 길면 화면 밖으로 위치 조절이 안 됩니다. 이럴 경우에는 직접 수치를 입력하거나 자막을 드래그해서 위치를 조절합니다.

6 상단 [Duration]의 기본 시간이 "10"초로 되어 있는 부분에 "40"을 입력하고 창을 닫습니다.

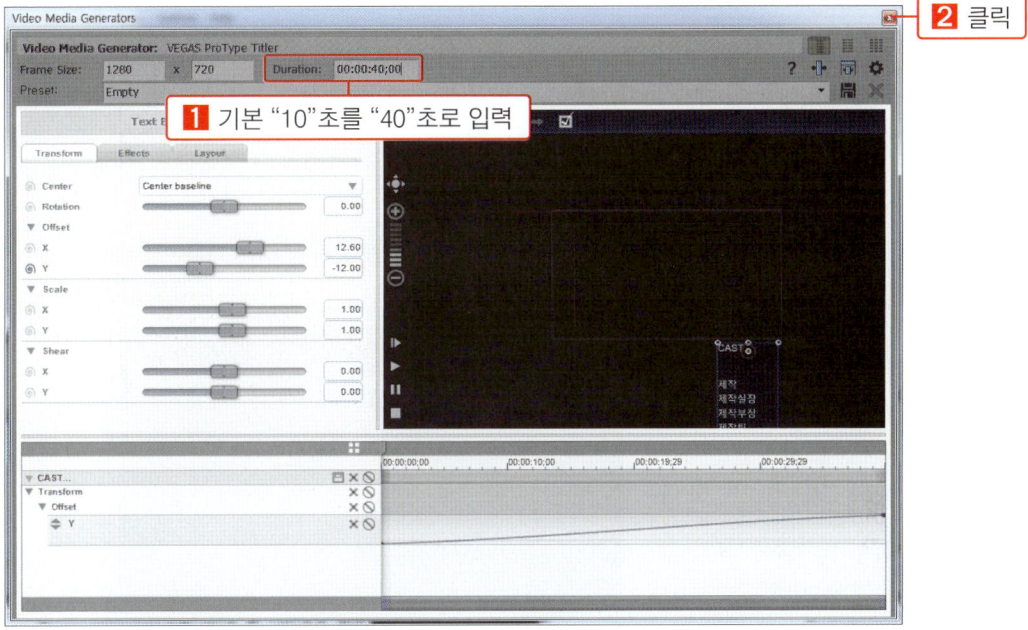

7 그런 후 자막 프리셋의 파일 끝( )을 입력한 시간 "40초"까지 드래그해서 맞춰 줍니다.

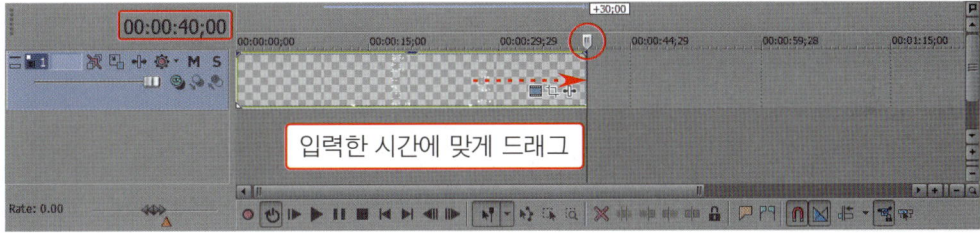

8 그런 후 플레이해 보면 입력한 자막이 아래쪽에서 위로 올라가는 스텝 롤 효과를 확인할 수 있습니다.

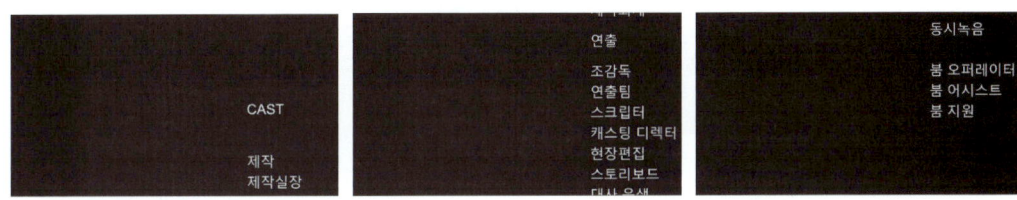

✔ 최종 결과 파일: [5프로젝트/Vegas Pro 14-19.veg]
[6완성영상/Vegas Pro 14-19.wmv]

■ ProType Titler 스탭 롤 스피드 조절

ProType Titler의 기본 자막 프리셋의 길이가 10초로 되어 있어서, 입력한 글자가 길면 자막이 나오다가 잘리거나 자막 올라가는 속도가 빠르게 나타나게 됩니다. 이럴 경우 ProType Titler 창 상단의 Duration 기본 시간이 "10"로 되어 있는 곳에 원하는 시간을 입력하면 속도를 느리게/빠르게 조절할 수 있습니다.

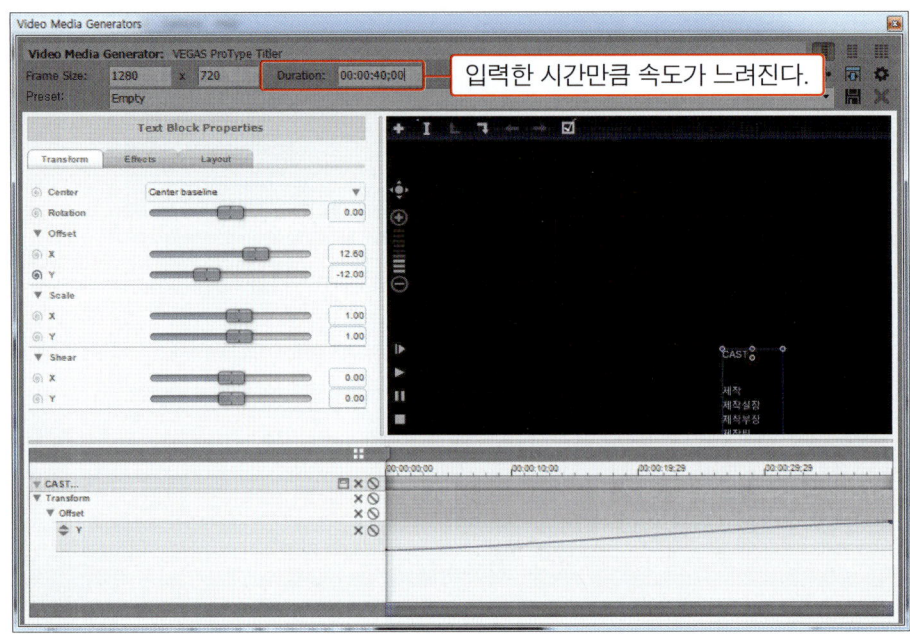

시간을 변경했다면 입력한 시간(예: 40초) 만큼 자막 파일의 길이를 늘려 줘야 합니다. 그러면 입력한 시간만큼 자막이 올라가는 속도가 느려지고 모든 자막이 다 나오게 됩니다. 재생해서 속도가 느리거나 빠르면 다시 ProType Titler 창의 Duration 값을 수정한 후 자막 길이도 수정해 주면 됩니다.

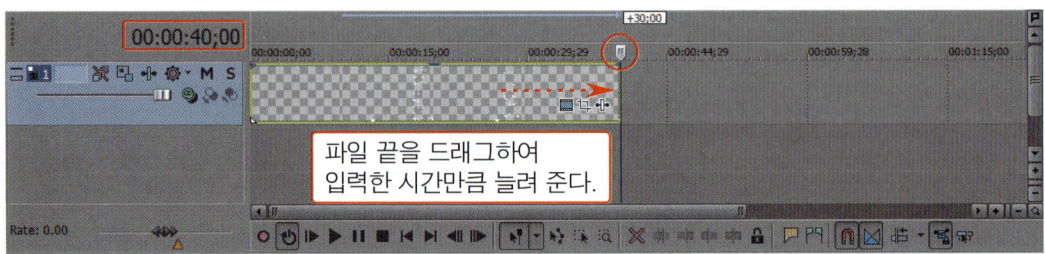

글자 입력 창의 자막 위치 기준선과 화면 경계선

> **Note**
> 글자 입력 창에서 마우스 휠을 앞으로 돌리면 화면이 확대되고 뒤로 돌리면 축소됩니다. 이를 이용해서 화면을 축소하면 가이드 박스 선 두 개가 나옵니다. 안쪽의 박스 선은 화면 안에서 자막의 위치를 잡아 주는 일반 기준선이며, 바깥쪽 박스 선은 화면의 경계선을 나타냅니다. 바깥쪽 박스 선을 넘어가게 되면 자막이 화면에서 잘려 나오게 됩니다.

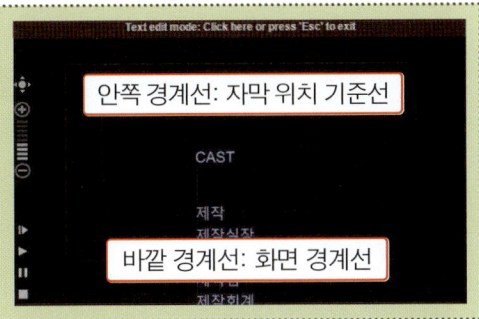

■ 스탭 롤 옆에 사진 넣기

스탭 롤 또한 연출에 따라서 다양한 형태로 만들 수가 있는데 스탭 롤 옆에 사진을 넣어 보도록 하겠습니다.

1 스탭 롤이 올라가면서 사진이 나오게 할 부분을 클릭해서 에디트 라인을 위치시킵니다. 그런 후 사진을 하나하나 불러와서 겹치게 크로스페이드를 적용시켜 줍니다.

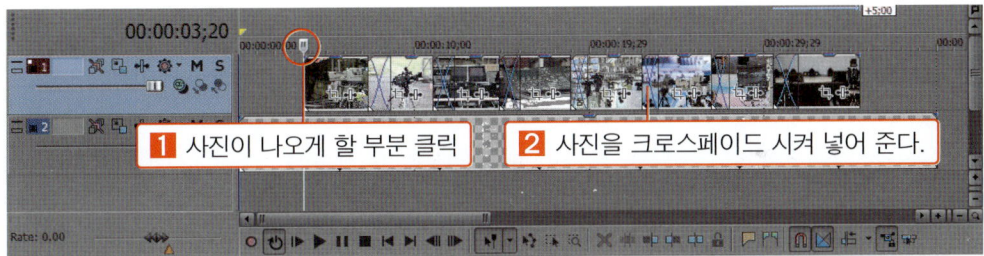

2 그런 후 첫 사진에 페이드 인(⬚)을, 끝 사진에 페이드 아웃(⬚)을 적용시켜 주고 트랙 모션(⬚) 버튼을 클릭합니다.

※ 페이드 인/아웃 처리는 [Lesson 03의 페이드 효과 처리하기]의 53쪽을 참조합니다.

3 트랙 모션 창에서 박스 크기를 적당히 줄인 후, 사진이 스탭 롤 좌측에 위치하도록 화면 박스를 드래그해서 위치를 잡아 주고 창을 닫습니다.

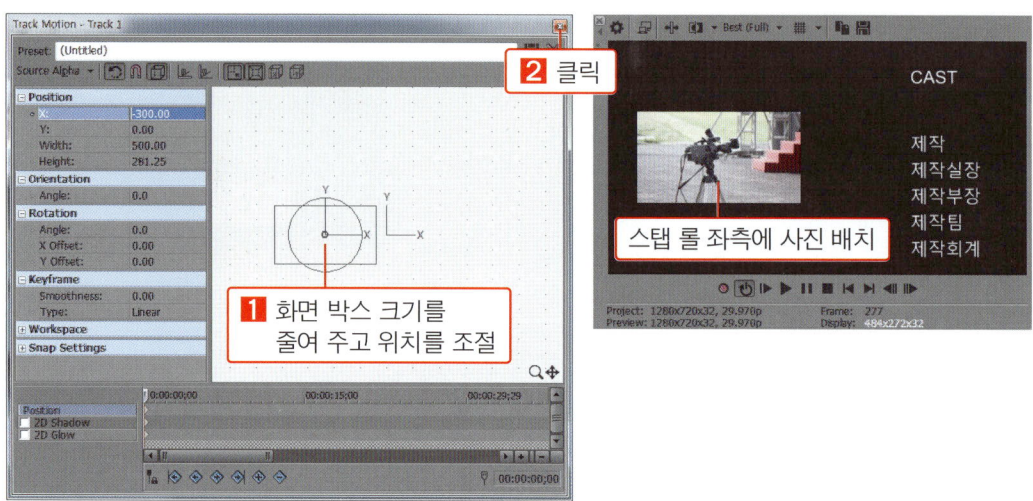

4 재생해서 확인해 보면 스탭 롤이 올라가면서 화면 좌측에 사진이 나오는 효과를 볼 수가 있습니다.

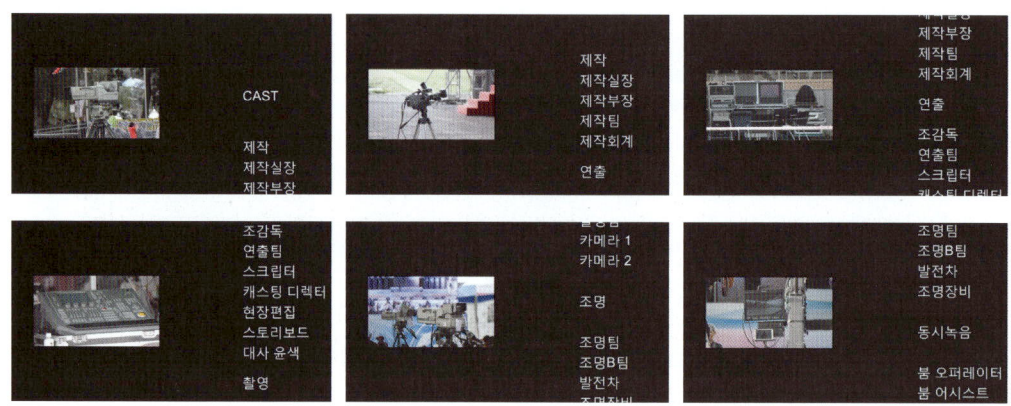

✔ 최종 결과 파일: [5프로젝트/Vegas Pro 14-14-20.veg]
　　　　　　　　[6완성영상/Vegas Pro 14-14-20.wmv]

자막 바 만들기 | Lesson 23

Vegas Pro 2014

Lesson 23 자막 바 만들기

영상 위에 자막만 넣을 경우 영상에 따라서 자막이 잘 보이지가 않을 때가 있습니다. 이럴 때 자막 바 위에 자막을 넣어서 사용하면 자막의 집중도를 높힐 수 있고 세련된 느낌을 줄 수 있습니다.

■ Track Motion을 이용한 투명한 자막 바 만들기

1 자막을 넣을 영상 파일을 불러온 후 Ctrl + Shift + Q를 눌러 트랙을 추가하고 [Media Generators] 탭에서 [Solid Color]에서 [White] 프리셋을 트랙에 넣어 줍니다.

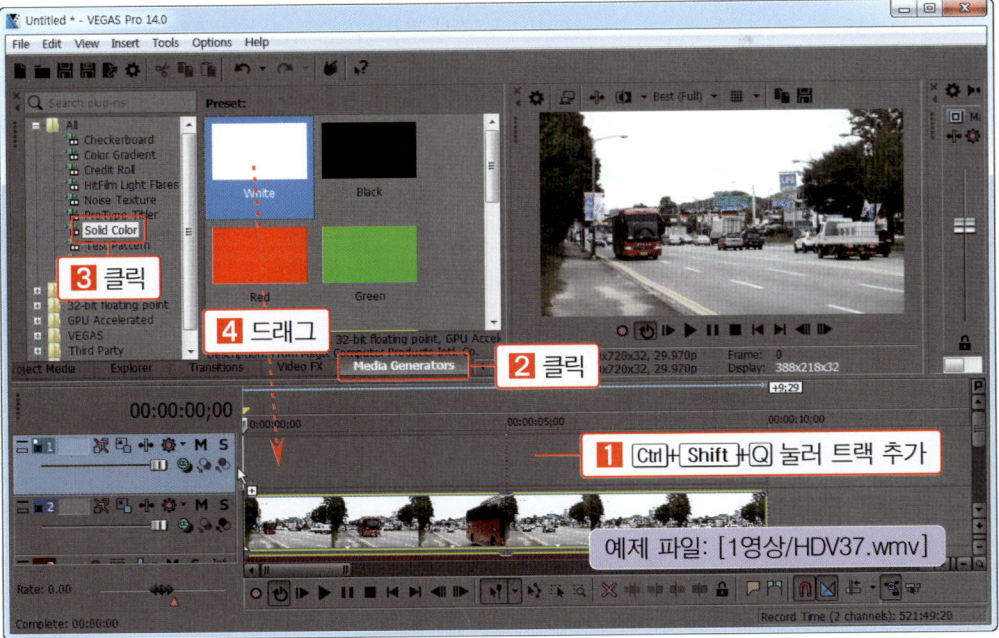

2 설정 창이 뜨면 [Color]를 클릭해서 자막 바의 색상을 선택하고 창을 닫습니다.

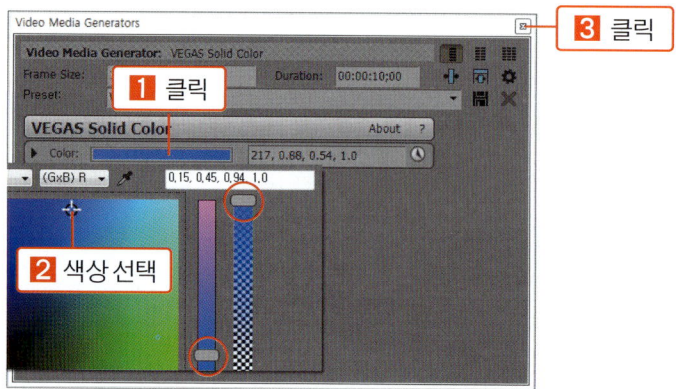

3 [Solid Color] 트랙의 트랙 모션( ) 버튼을 클릭합니다.

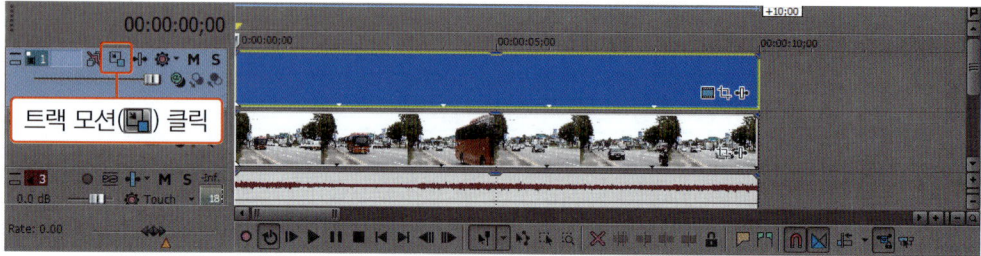

4 그런 후 비율 고정 Lock Aspect Ratio( ) 버튼을 클릭해서 해제시켜 준 후, [Position]의 Height에 100을 입력합니다. 그러면 가로 방향의 길쭉한 자막 바가 만들어 집니다. 자막 바를 아래로 드래그해서 화면 하단으로 위치를 잡아 주고 창을 닫습니다.

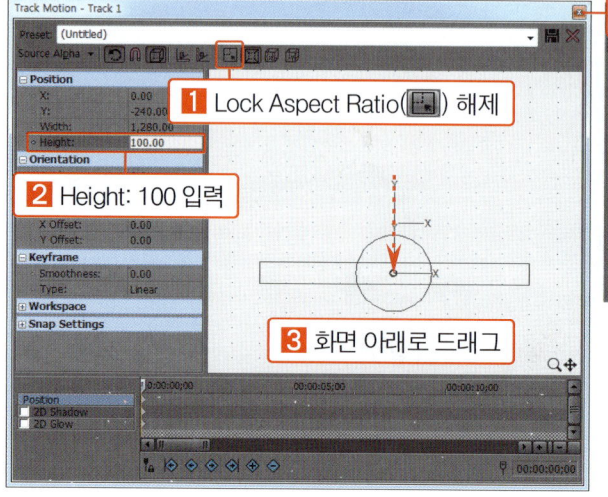

5 그런 후 [Solid Color] 파일의 타임 라인 눈금 아래에 마우스를 위치하면 모양이 표시되는데 이를 드래그해서 Opacity 조정선을 아래로 내려 투명도를 조절해 줍니다.

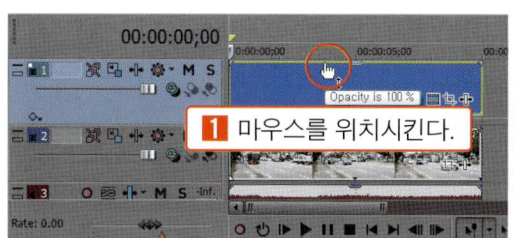
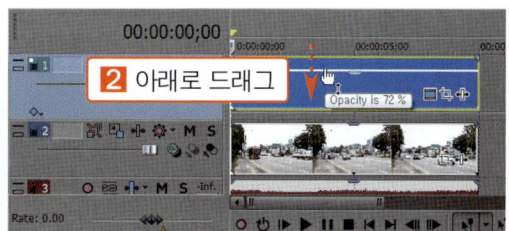

6 Ctrl + Shift + Q를 눌러 트랙을 추가하고 [Media Generators] 탭에서 [Titles & Text]의 [Default] 프리셋을 트랙에 넣어 줍니다.

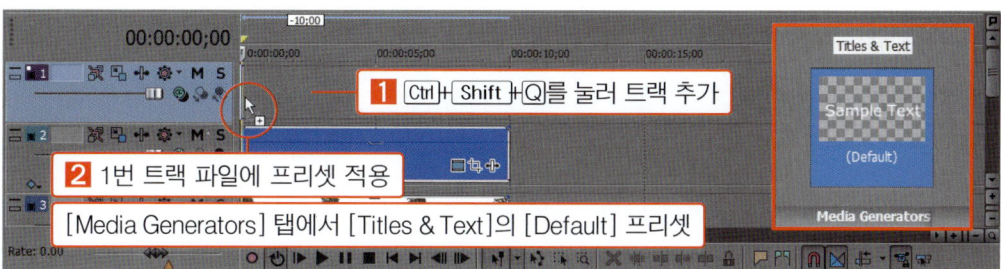

7 자막 입력 창의 기본 글자를 드래그하여 선택한 후, 원하는 자막을 입력하고 폰트, 폰트 크기, 색상을 설정합니다. 이후 [Location(▶)] 탭을 클릭해서 위치 포인트를 조절하여 자막 바 위에 자막을 맞춰 주고 창을 닫습니다.

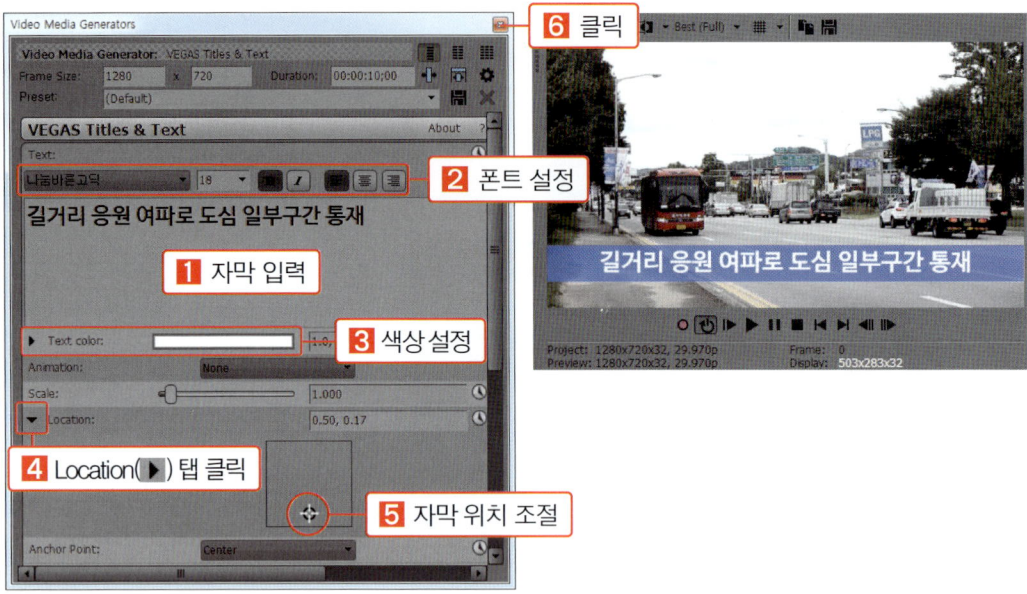

8 재생해서 확인해 보면 TV 뉴스에서 많이 볼 수 있는 투명한 자막 바 위에 자막이 나오는 모습을 볼 수 있습니다.

✔ 최종 결과 파일: [5프로젝트/Vegas Pro 14-21.veg]
　　　　　　　　[6완성영상/Vegas Pro 14-21.wmv]

■ Track Motion에서 자막 바 크기 조절하기

자막 바의 크기 조절은 비율 고정 Lock Aspect Ratio( ) 버튼을 클릭해서 눌러져 있는 걸 해제시켜 준 상태에서 [Position]의 Width(가로), Height(세로) 값을 조절해서 설정합니다.

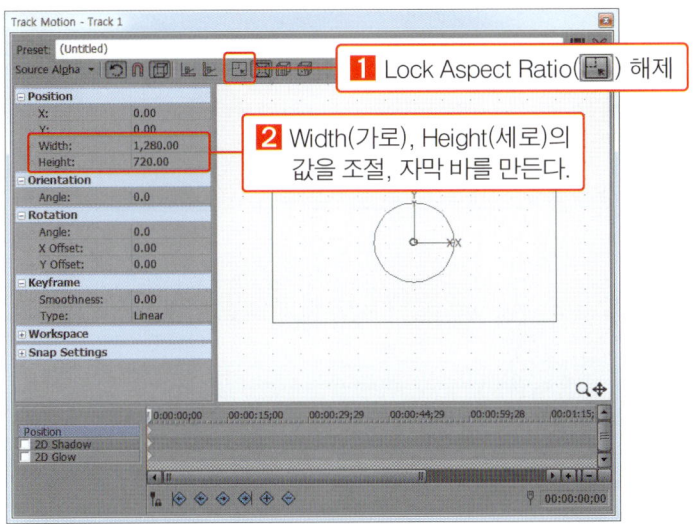

Width: 400, Height: 500 적용 결과

Width: 700, Height: 100 적용 결과

▓ Video FX로 라운딩된 자막 바 만들기

1 사진 파일을 불러온 후 Ctrl+Shift+Q를 눌러 트랙을 추가하고 [Media Generators] 탭에서 [Solid Color]에서 [White] 프리셋을 트랙에 넣어 주고 자막 바 색상을 분홍색으로 선택하고 창을 닫습니다.

2 [Video FX]에서 [Soft Contrast]의 [Warm Vignette] 프리셋을 Solid Color 파일에 적용합니다.

3 설정 창이 나오면 [Contrast] 스크롤 바를 좌측 끝으로 적용하고 [Vignette] 탭을 클릭합니다. 그런 후 [Exterior effect]에서 [Transparent]를 선택하고 [Softness] 스크롤 바를 좌측 끝으로 적용합니다.

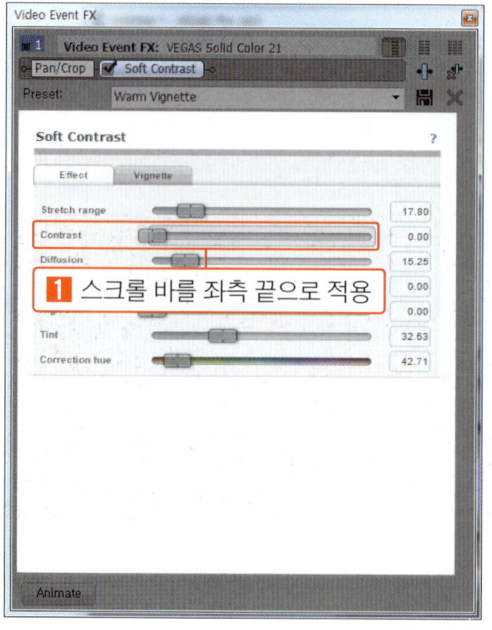 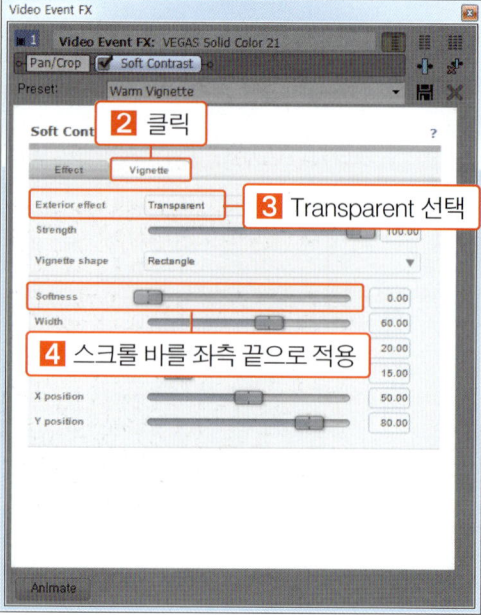

4 이어서 Width: 60, Height: 15를 입력해서 자막 바의 크기를 지정합니다. 그런 후 [Corner radius] 스크롤 바를 조절해서 모서리의 라운딩 값을 조절하고, X position 스크롤 바를 가운데쯤으로, Y Position은 우측으로 밀어 자막 바를 화면 아래쪽에 위치시킨 후 창을 닫습니다.

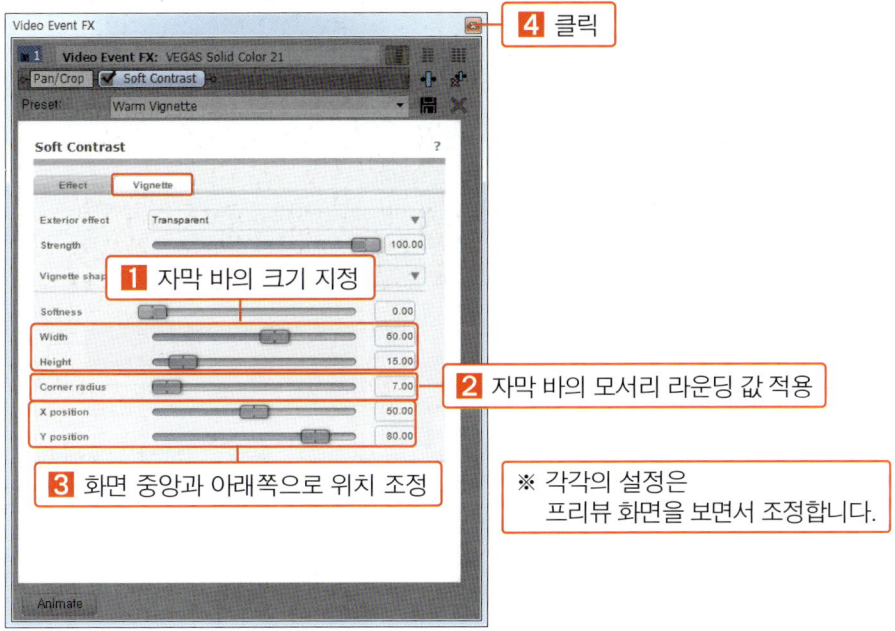

5 그러면 모서리가 라운딩된 자막 바가 만들어진 것을 볼 수 있습니다. 라운딩 조절은 [Corner radius] 스크롤 바에서 지정합니다.

✔ 최종 결과 파일: [5프로젝트/Vegas Pro 14-22.veg]
　　　　　　　　[6완성영상/Vegas Pro 14-22.wmv]

라운딩된 자막 바 만들기

> **Note**
> Track Motion을 이용해서도 자막 바를 만들 수는 있지만 라운딩을 줄 수는 없습니다. 자막 바에 라운딩을 주려면 [Media Generators] 탭에서 [Solid Color]에서 [White] 프리셋을 적용하여 색상을 지정하고 [Video FX] 창, [Vignette] 탭의 [Corner radius]에서 값을 지정합니다.

Lesson 24 정사각형 3D 큐브 만들기

3D 트랙 모션을 사용해서 만들 수 있는 효과 중 하나로, 3D 공간에 정사각형의 박스를 만들어 회전하는 모션을 적용시켜 영상을 보여주는 3D 큐브 만들기에 대하여 알아보도록 하겠습니다.

1 [File]-[New]를 클릭한 후 [Template]에서 [HDV 720-30p (1280x720, 29.970 fps)]를 선택해서 프로젝트를 불러옵니다.

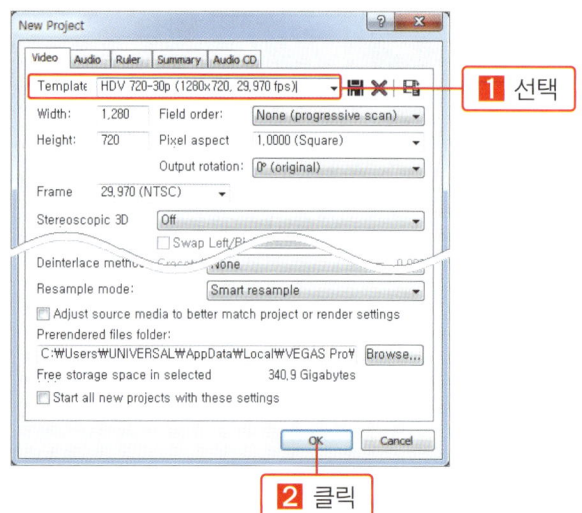

2 프로젝트를 불러 온 후 Ctrl+Shift+Q를 눌러 7개의 트랙을 생성합니다. 그런 후 [2사진] 폴더의 [IMG_112.jpg~IMG_117.jpg] 파일을 맨 상단의 1번 트랙만 비워 두고 2~7번 트랙에 넣어 줍니다.

3 Ctrl+A를 눌러 파일을 전체 선택한 상태에서 파일에서 마우스 우측 버튼을 클릭하여 [Switches]의 [Main Tain Aspect Ratio] 체크를 해제하여 사진을 꽉 차게 만들어 줍니다.

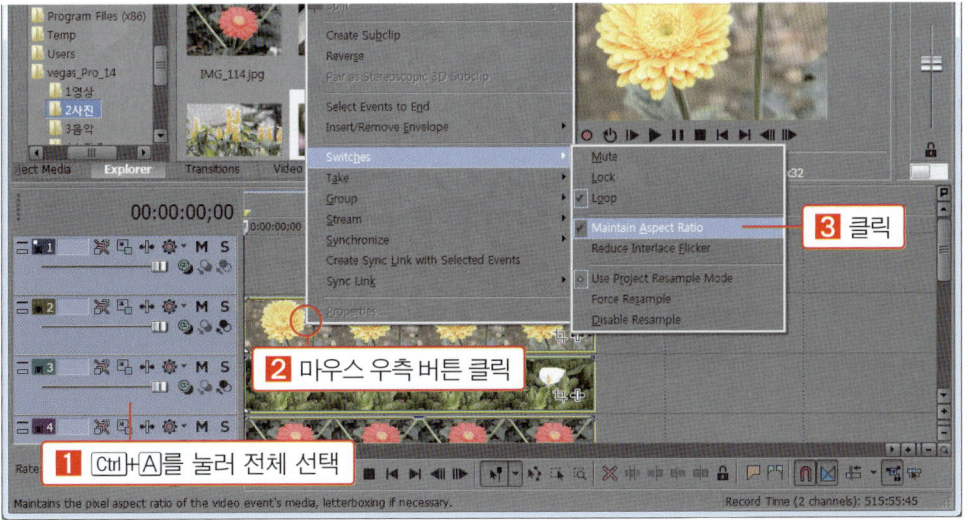

4 트랙이 모두 선택된 상태에서 2번 트랙의 [Make Compositing Child(🎭)] 버튼을 클릭하여 모든 트랙을 1번 트랙에 부자 관계로 묶어 줍니다.

Make Compositing Child(🎭)

> Note
> Ctrl+A로 트랙 전체를 선택한 상태이기 때문에 2번 트랙의 Make Compositing Child(🎭) 버튼을 클릭하면 1번 트랙에 모든 트랙이 한 번에 묶이게 됩니다. 트랙 전체가 선택 안 된 상태에서는 각 트랙의 Make Compositing Child(🎭) 버튼을 개별적으로 클릭해서 적용시켜야 합니다.

5 그런 후 1번 트랙의 Compositing Mode(🎭) 버튼을 클릭한 후 3D Source Alpha(3D)를 클릭해서 3D 모드로 전환시키고, 가장자리에 있는 Parent Compositing Mode(🎭) 또한 클릭해서 3D Source Alpha(3D)를 적용시켜 줍니다.

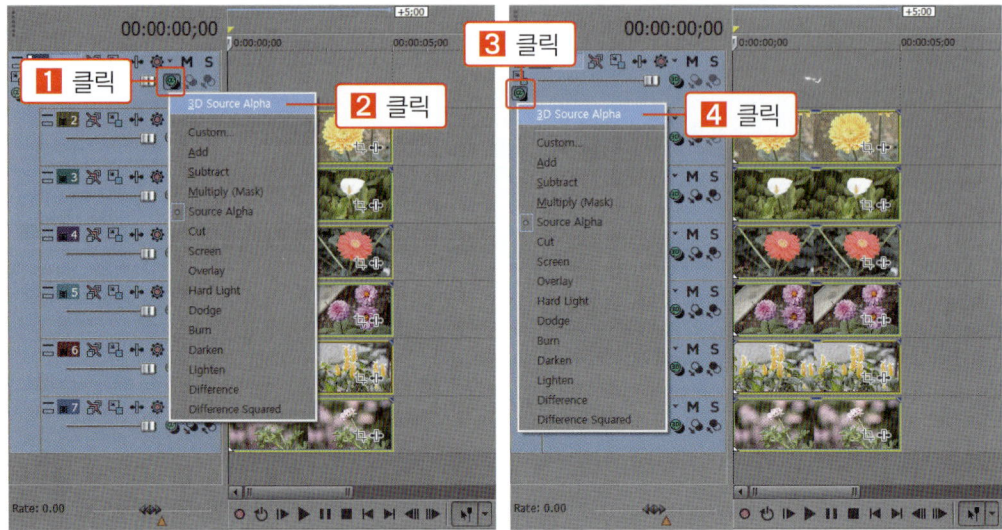

Compositing Mode( )와 Make Compositing Child( )

> Note
> Compositing Mode( ) 역시 전체 트랙이 선택된 상태에서 적용시키면 모든 트랙에 일괄 적용됩니다. 다만 Make Compositing Child( )를 눌러 묶여진 트랙의 가장자리에 있는 Parent Compositing Mode( )는 일괄 적용이 안 되기 때문에 클릭해서 설정해 줘야 합니다.

6 3D 큐브를 만드는 과정을 확인하기 쉽도록 1번 트랙의 Parent Motion( ) 버튼을 클릭합니다. 그런 후 [Position]의 Z에 900을 입력하고 창을 닫습니다.

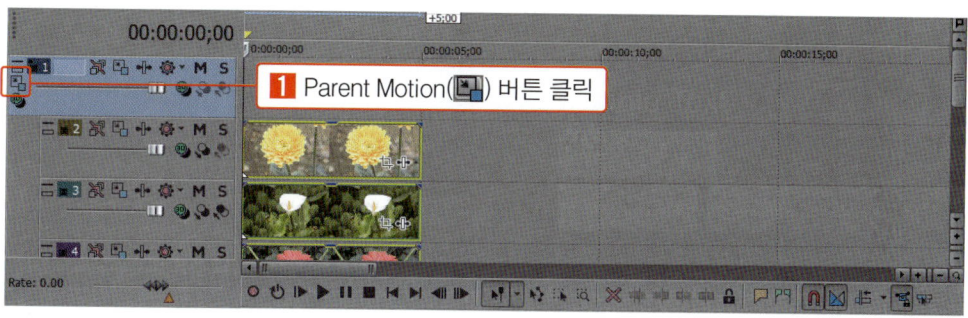

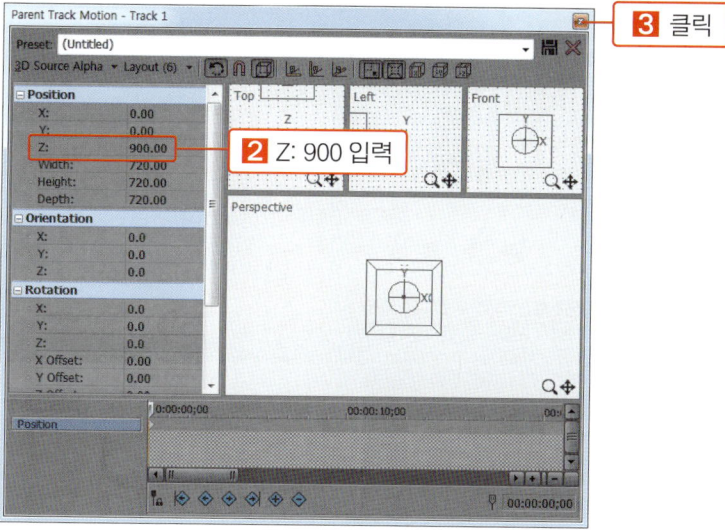

Position의 X, Y, Z

> Note
> 일반적인 2D 모드에서는 X축의 가로 방향과 Y축의 세로 방향 위치만 설정 가능하지만 3D 모드에서는 Z축의 깊이 값이 추가되어 3D 공간에 사진이나 자막 등을 입체감 있게 배치할 수 있습니다.

7 2번 트랙의 트랙 모션()을 클릭한 후 트랙 모션 창에서 Lock Aspect Ratio( ) 버튼과 Scale About Center( ) 버튼을 클릭하여 비율 고정을 해제시킨 후, [Position]의 Width: 800, Height: 800을 입력해서 정사각형 큐브 면의 크기를 설정하고 Z에 -400을 입력해서 기본 위치를 설정하고 창을 닫습니다.

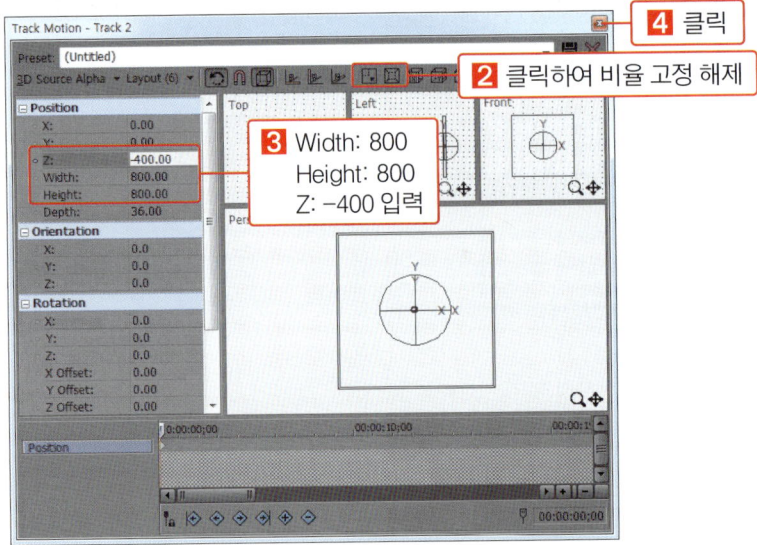

> **비율 고정 설정 상태**
>
> Note
> • 비율 고정 기본 상태(모두 설정된 상태) -
> • 비율 고정 해제 상태(모두 해제된 상태) -

8 3~7번 트랙의 트랙 모션(■) 버튼을 각각 클릭하여 트랙 모션 창에서 [Position]과 [Orientation] 부분에 정사각형의 큐브를 이루는 화면 위치 값을 입력합니다.

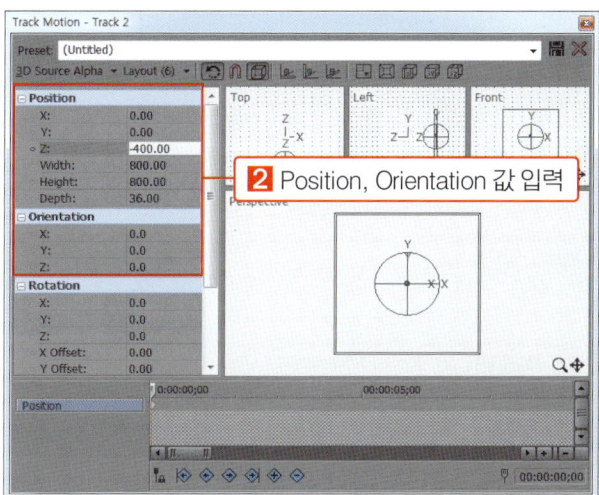

	2번 트랙	3번 트랙	4번 트랙	5번 트랙	6번 트랙	7번 트랙
Position						
X:	0.00	0.00	400.00	-400.00	0.00	0.00
Y:	0.00	0.00	0.00	0.00	400.00	-400.00
Z:	-400.00	400.00	0.00	0.00	0.00	0.00
Width:	800.00	800.00	800.00	800.00	800.00	800.00
Height:	800.00	800.00	800.00	800.00	800.00	800.00
Depth:	36.00	36.00	36.00	36.00	36.00	36.00
Orientation						
X:	0.0	0.0	0.0	0.0	0.0	0.0
Y:	0.0	0.0	90.0	90.0	-90.0	-90.0
Z:	0.0	0.0	-360.0	-360.0	90.0	90.0

3D 큐브 값의 이해

항목		2번 트랙	3번 트랙	4번 트랙	5번 트랙	6번 트랙	7번 트랙
Position	X			400	−400		
	Y					400	−400
	Z	−400	400				
	Width			800			
	Height			800			
Orientation	X						
	Y			90	90	−90	−90
	Z			−360	−360	90	90

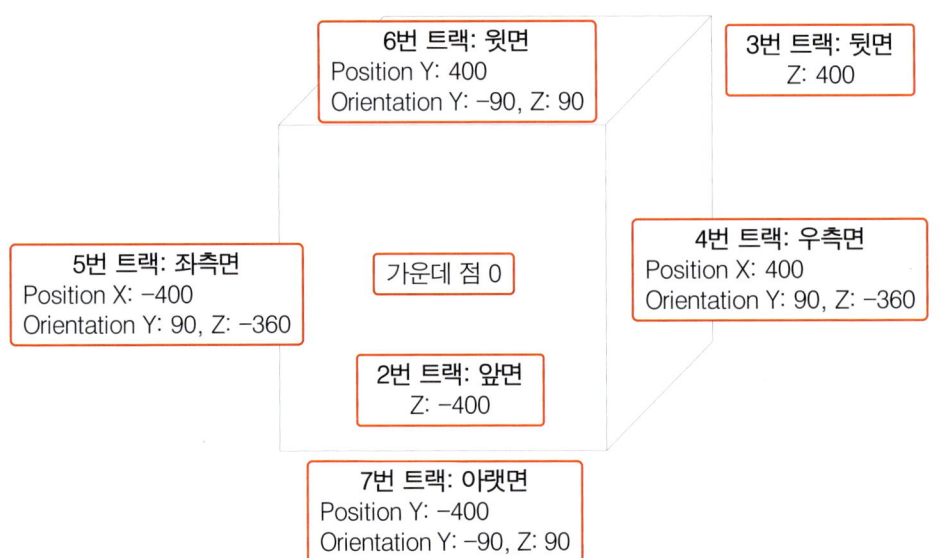

가로×세로 크기가 800×800인 화면을 가지고 정육면체를 만들기 위해서는 화면 가운데를 0으로 봤을 때 좌우(X), 위아래(Y), 안과 밖(Z)으로 400씩 떨어져야 딱 맞는 정육면체가 만들어지게 됩니다. 간단히 말하면 사용하려는 화면 크기의 절반에 해당하는 값을 +, −값으로 적용하면 되는 것입니다.

● 2, 3번 트랙 파일 배치 값

2번 트랙의 Z에 -400을 입력하면 화면 밖으로 -400만큼 떨어지게 되고, 3번 트랙의 Z에 400을 입력하면 화면 안쪽으로 400만큼 이동됩니다. 이렇게 해서 정육면체의 앞쪽과 맨 뒷면을 만듭니다.

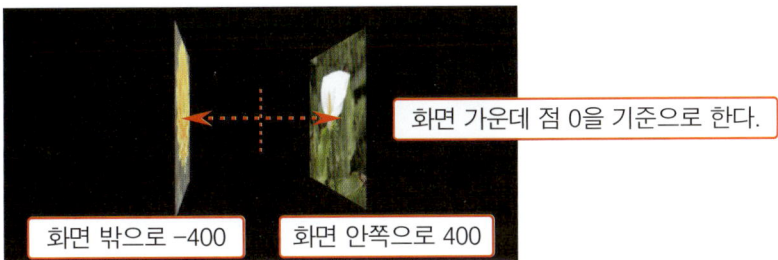

이해를 돕기 위해 화면을 돌린 모습

● 4, 5번 트랙 파일 배치 값

4, 5번 트랙은 우측과 좌측면을 나타내기 때문에 X값에 400, -400을 입력해야 합니다. 이때 사진이 정면을 보고 있기 때문에 좌우측 면을 만들기 위해서는 화면을 90도로 돌려 세워 줘야 합니다. 회전 값을 적용하는 Orientation의 Y에 90을 입력하면 화면이 세워지게 됩니다.

● 6, 7번 트랙 파일 배치 값

6, 7번 트랙은 위아래 면을 나타내기 때문에 Y에 400, -400을 입력해야 합니다. 이때 사진이 정면을 보고 있기 때문에 위아래 면을 만들기 위해 사진을 돌려서 눕혀 줘야 합니다. 회전 값을 적용하는 Orientation의 Y에 -90을 입력해 주면 화면이 눕혀집니다.

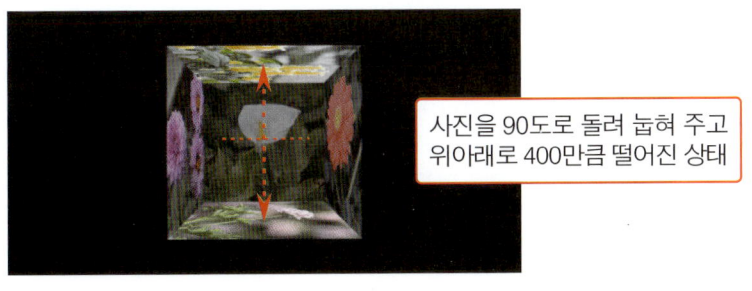

9 화면 위치 값을 입력해서 정사각형의 큐브를 만든 후 사진 파일의 비율을 정사각형에 맞춰 주기 위해 2번 트랙 파일의 이벤트 팬/크롭(╬)을 클릭합니다.

이벤트 팬/크롭(╬) 클릭

10 이벤트 팬/크롭 창에서 [Preset] 탭을 클릭하여 [1:1 Square aspect ratio]를 선택한 후 [F] 화면을 드래그해서 원하는 부분이 큐브 화면에 나오도록 조절한 후 창을 닫습니다.

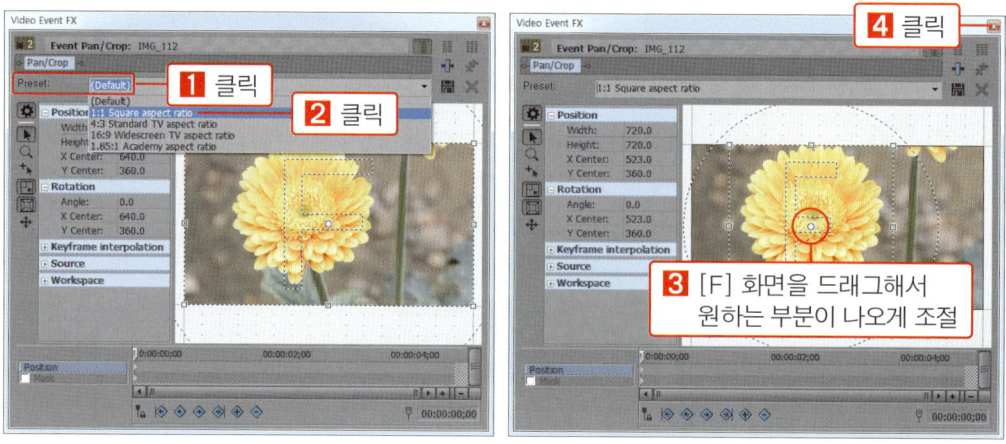

1 클릭
2 클릭
3 [F] 화면을 드래그해서 원하는 부분이 나오게 조절
4 클릭

11 3~7번 트랙 파일의 이벤트 팬/크롭을 각각 클릭해서 [1:1 Square aspect ratio] 적용 과정을 동일하게 적용시켜 사진 파일의 비율을 정사각형 비율에 맞춰 줍니다.

1 3~7번 트랙 파일의 이벤트 팬/크롭(╬) 클릭
2 [Preset]-[1:1 Square aspect ratio]를 동일하게 적용하고 [F] 화면 위치 조정

12 타임 라인 20;00초 부분을 클릭해서 에디트 라인을 위치시킨 후 사진 파일 끝에 마우스를 위치시켜 커서 모양( )이 바뀔 때 에디트 라인까지 우측으로 드래그해서 맞춰 줍니다.

1 타임 라인 20;00초 부분 클릭
2 파일 끝을 각각 우측으로 드래그하여 에디트 라인에 맞춰 준다.

파일 길이를 늘려 주는 이유

Note 사진 파일의 길이는 기본 5초로 되어 있는데 이는 파일 재생시 5초까지만 보인다는 뜻입니다. 5초 이상을 넘어가게 효과를 적용하려면 그만큼 파일 길이를 늘려 줘야 합니다.

13 그런 후 큐브가 돌아가는 모션을 적용시켜 주기 위해 1번 트랙의 Parent Motion( ) 버튼을 클릭합니다.

Parent Motion( ) 클릭

14 타임 라인의 08:00초 부분을 클릭한 후 [Rotation]의 Y에 -270을 입력합니다. 그러면 큐브 박스가 우측으로 270도 돌아갑니다.

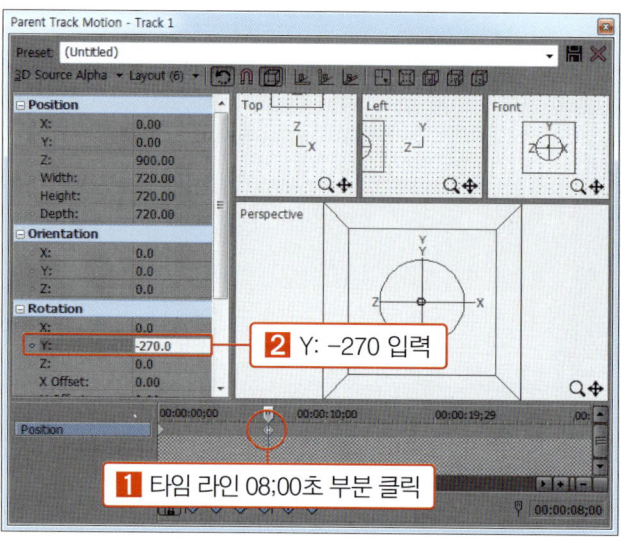

15 이어서 타임 라인의 16;00초 부분을 클릭한 후 [Orientation]의 X에 180을 입력하고, 다시 타임 라인의 19;00초 부분을 클릭하고 [Orientation]의 X에 -90을 입력하고 창을 닫습니다.

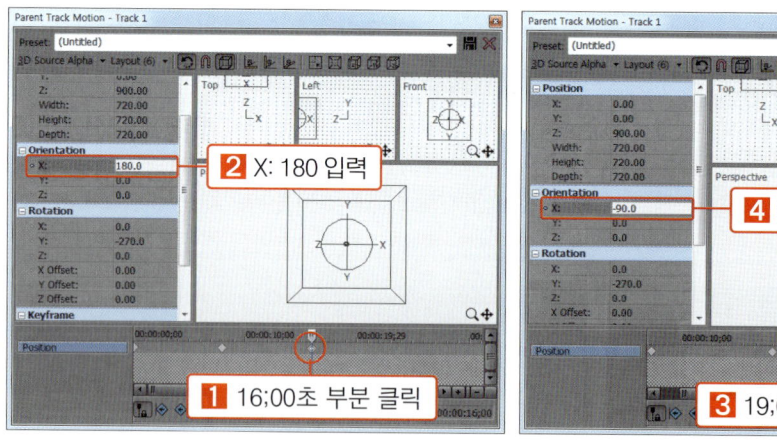

16 그런 후 7번 트랙 아래 빈 공간에 [Explorer] 탭에서 [2사진] 폴더의 [IMG_118.jpg] 파일을 드래그 해서 넣어 줍니다.

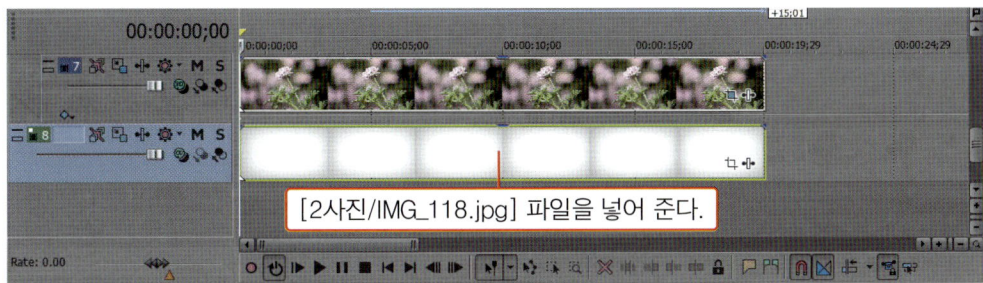

17 최종 결과물을 확인해 보면 정육면체의 큐브가 회전하는 효과가 만들어진 것을 볼 수 있습니다.

✔ 최종 결과 파일: [5프로젝트/Vegas Pro 14-23.veg]
　　　　　　　　[6완성영상/Vegas Pro 14-23.wmv]

■ 3D 트랙 모션의 효과를 계속해서 나타나게 하기

보통 3D 큐브처럼 트랙 모션을 사용해서 효과를 만들고 나면 한번만 효과가 나타나게 되는데, 효과를 사용자가 원하는 만큼 지속적으로 나타나게 하는 방법과 같은 효과를 복사해서 사용하는 방법을 알아보도록 하겠습니다.

1 효과를 반복해서 나타내기 위해 타임 라인 50;00초 부분을 클릭하여 에디트 라인을 위치시킵니다. 그런 후 사진 파일 끝에 마우스를 위치시켜 바뀔 때 에디트 라인까지 드래그해서 맞춰 줍니다.

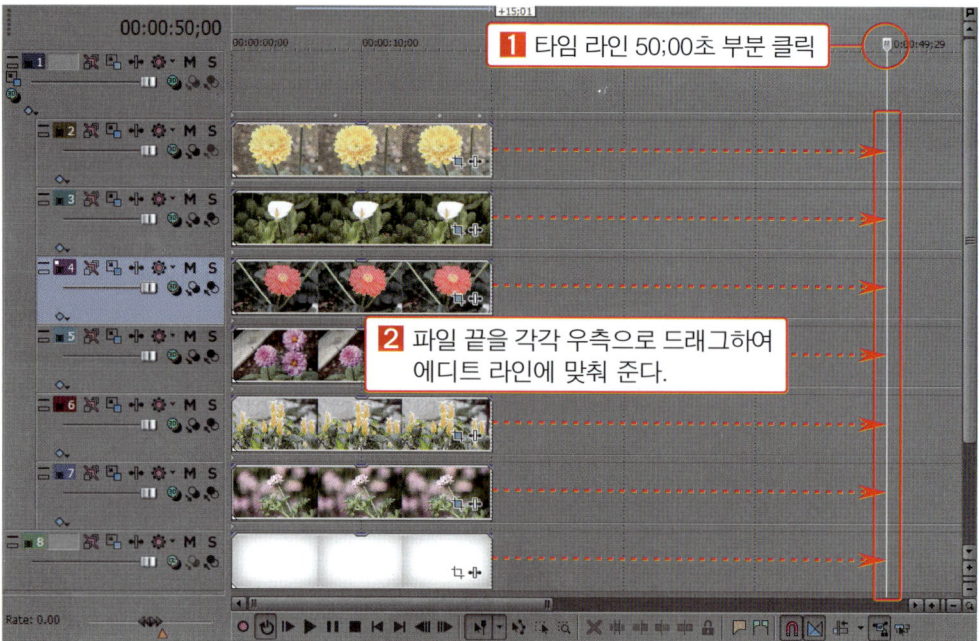

2 1번 트랙의 Parent Motion( ) 버튼을 클릭합니다.

3 추가로 효과가 나타나게 하려면 큐브를 돌려주는 모션을 적용했던 것처럼 타임 라인을 클릭하고 설정 값에 변화를 주면 효과를 추가로 줄 수가 있습니다.

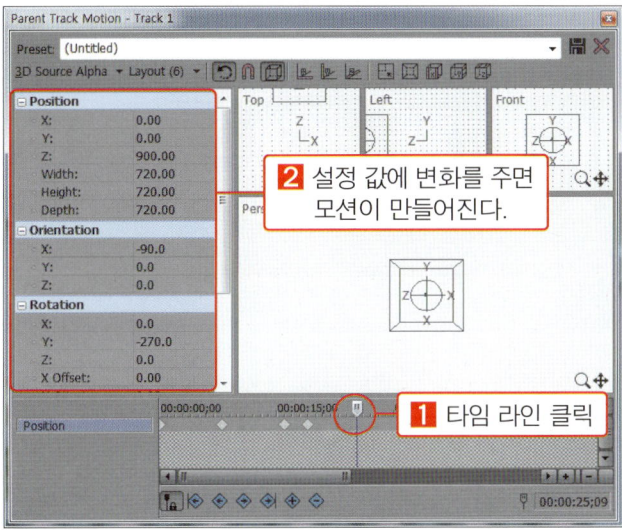

■ 동일한 효과 복사해서 사용하기

트랙 모션으로 만든 효과를 다른 곳에 적용하려면 다시 만들 필요 없이 이전의 효과를 복사해서 사용하면 됩니다.

1 Ctrl 키를 누른 상태에서 키 프레임을 하나하나 선택해서 Ctrl+C를 눌러 키 프레임을 복사합니다. 그런 후 타임 라인 22;00초 부근을 클릭하고 Ctrl+V를 눌러 붙여넣기하고 창을 닫습니다.

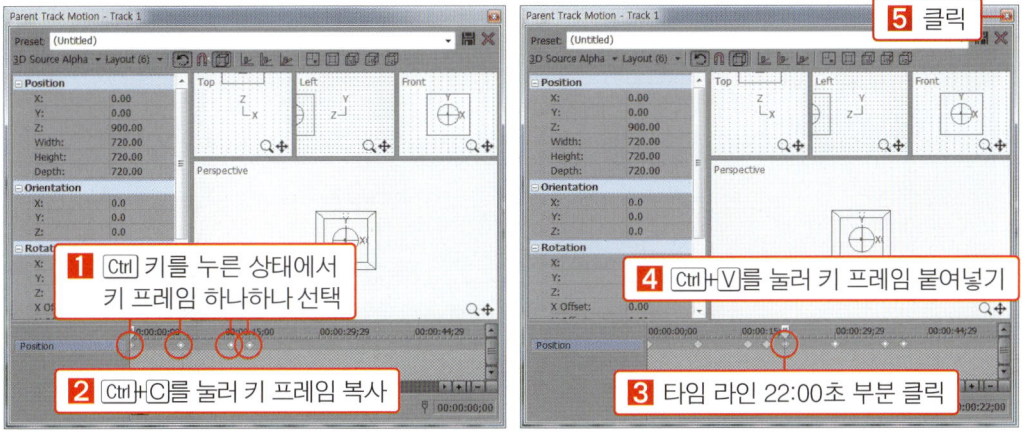

2 그러면 1번 트랙의 키 프레임 라인에 붙여 넣기 한 키 프레임이 나타나고 이 구간은 똑같은 트랙 모션 효과가 나타나게 됩니다.

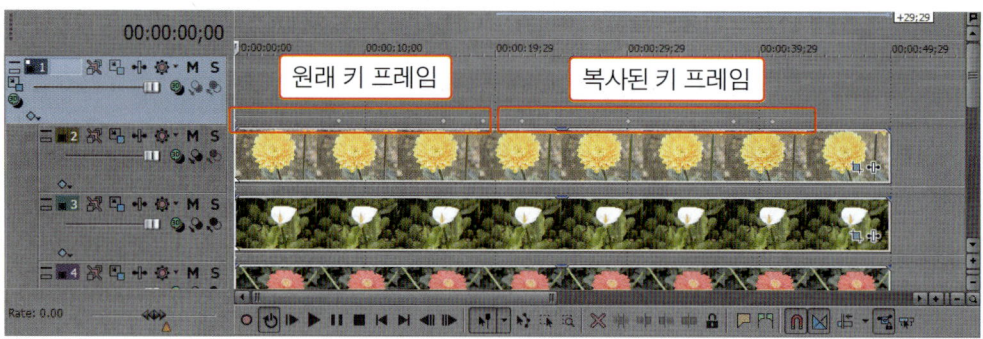

■ 트랙 모션 효과를 처음이 아닌 원하는 지점부터 나타나게 하기

트랙 모션 효과가 처음부터 시작하는 게 아니라 원하는 시점부터 나타나게 하려면 타임 라인에서 원하는 부분을 클릭하고 키 프레임 생성키를 눌러 줍니다. 그러면 생성된 키 프레임부터 시작점이 되어 효과가 시작되게 됩니다.

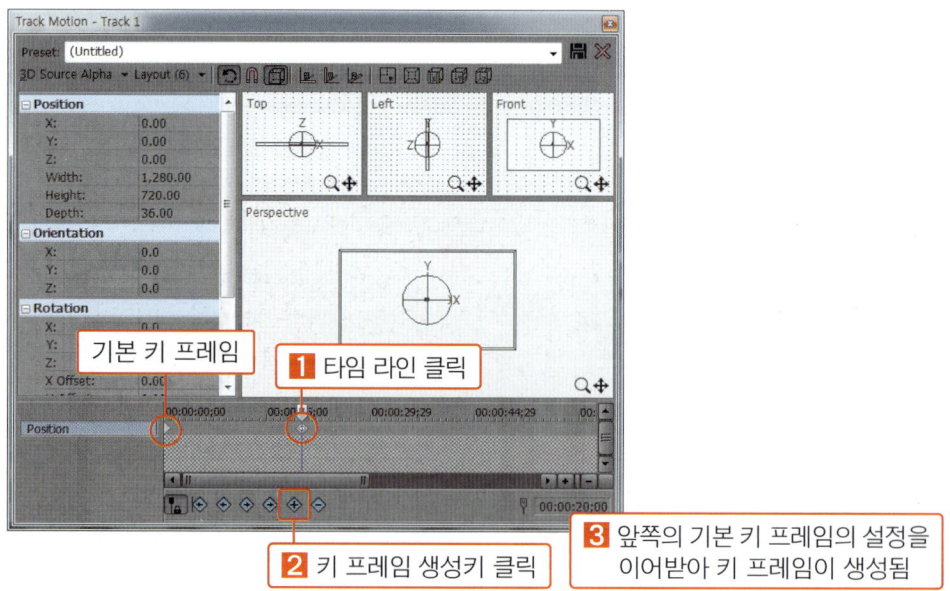

> ≋ **효과가 지정된 키 프레임 복사**
>
> - **복수 키 프레임 복사**: 복수 개의 키 프레임을 특정 키 프레임부터 사용하려면 키 프레임 각각을 Ctrl 키를 눌러 복사한 후, 붙여 넣기 하여 사용합니다.
> - **단순 키 프레임 생성**: 특정 위치에서 키 프레임 생성(⊕) 버튼을 누르면 이전 키 프레임의 속성을 그대로 이어받아서 새 키 프레임이 생성됩니다.

어둡게 찍힌 사진/영상을 밝게 보정하기 ┃ Lesson 25

Lesson 25 어둡게 찍힌 사진/영상을 밝게 보정하기

Vegas Pro 2014

어둡게 찍힌 사진은 포토샵 같은 이미지 편집 프로그램을 사용해서 밝게 보정하는 것이 가능하지만, 영상은 그렇지가 못해서 한번 어둡게 찍힌 영상은 사용을 안 하거나 아예 지워 버리는 경우가 많은데 이번 레슨에서는 어둡게 찍힌 영상을 밝게 보정하는 방법을 살펴보겠습니다.

1 어둡게 찍힌 영상이나 사진을 불러옵니다.(예: [1영상/HDV38.wmv]) 그런 후 [Video FX]에서 [Color Curves]의 [Default] 프리셋을 파일에 적용합니다.

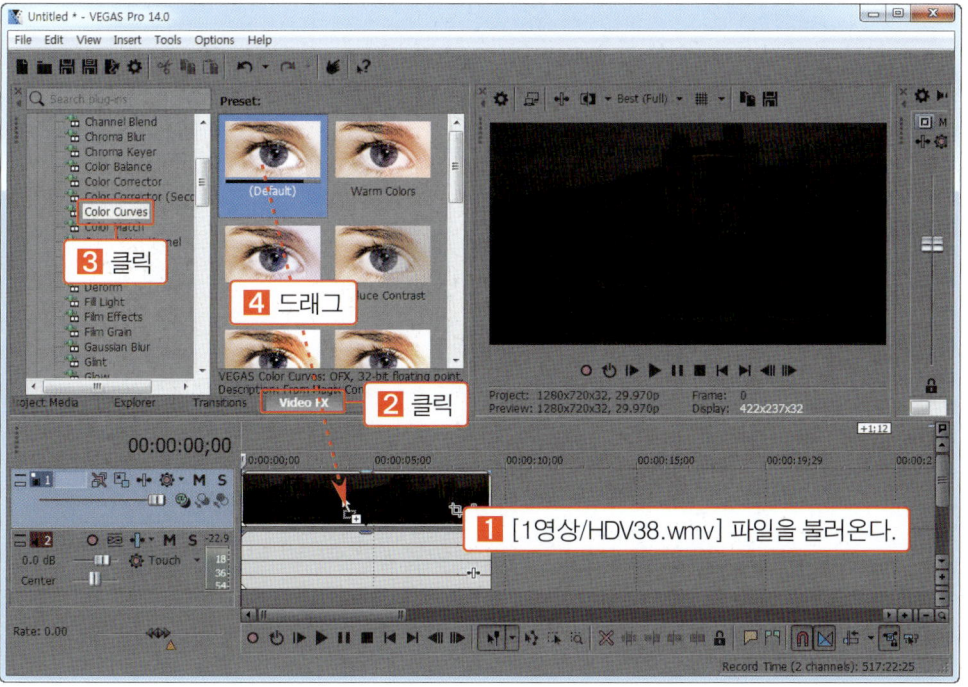

2 [Video Event FX] 설정 창이 나오면 라인에 있는 2개의 앵커 포인트 핸들을 클릭해서 화면 위쪽으로 움직여서 화면을 밝게 만들어 줍니다. 이때 앵커 포인트가 위로 올라갈수록 영상은 밝아지지만 화면이 뿌옇게 되기 때문에 적당히 조절하는 것이 좋습니다. 설정을 마친 후 창을 닫습니다.

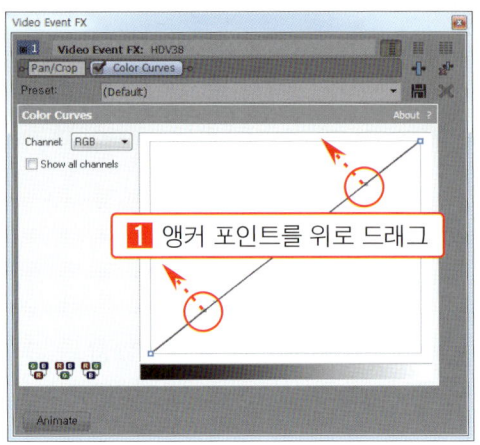
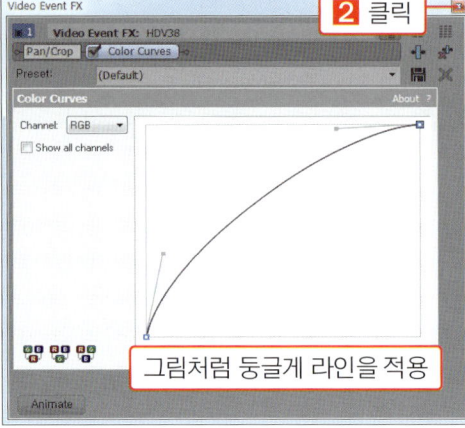

Color Curves

> **Note**: Red, Green, Blue 각 색상의 채널을 조절해서 영상의 밝기와 콘트라스트 등의 색상을 보정할 때 사용합니다. 앵커 포인트가 위로 올라갈수록 영상은 밝아지고 화면이 뿌옇게 됩니다.

3 그런 후 프리뷰 화면을 보면 영상이 밝아진 것을 볼 수가 있습니다.

Color Curves 적용 전

Color Curves 적용 후

4 화면이 뿌옇게 된 걸 잡아 주고 밝기 조절을 추가로 적용하기 위해서 [Video FX]에서 [Levels]의 [Default] 프리셋을 파일에 적용합니다.

5 설정 창에서 아래와 같이 설정하고 창을 닫습니다.

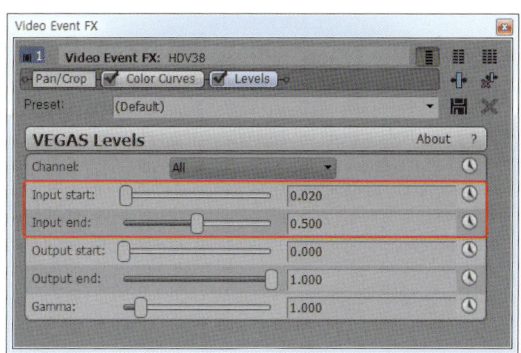

- [Input start] 스크롤 바를 우측으로 적당히 움직여 [Color Curves]로 밝기를 올린 영상 톤을 다운시켜 줍니다.(값이 클수록 어두운 부분이 더 어둡게 나타나므로 프리뷰 화면을 보면서 미세하게 조절합니다.)

- [Input end] 스크롤 바를 좌측으로 조절해서 화면 안쪽 밝기를 적당히 올려 줍니다. (값이 작을수록 특정 영역의 색이 너무 밝아지게 됩니다)

- 사용하려는 어둡게 촬영된 영상의 상태나 사진에 따라서 효과 설정이 달라지기 때문에 Input start, Input end를 적절하게 조절하는 것이 좋습니다.

6 재생해서 확인해 보면 어둡게 찍힌 영상이 자연스럽게 밝아진 것을 볼 수가 있습니다. 다만 이렇게 밝아진 영상에는 사용한 영상에 따라서 노이즈가 눈에 잘 띄거나 결과 값이 다를 수가 있습니다.

원본

Color Curves 적용

Color Curves + Levels 적용

✓ 최종 결과 파일: [5프로젝트/Vegas Pro 14-24.veg]
　　　　　　　　[6완성영상/Vegas Pro 14-24.wmv]

Lesson 26 렌즈 플레어 이펙트 활용하기

베가스 프로 14에는 고급 스타일의 [HitFilm Light Flares] 렌즈 플레어 효과가 기본 내장되어 있어서, 이를 사용하여 장면 전환 효과나 영화 같은 느낌의 분위기 연출이 가능합니다.

1 [2사진] 폴더에서 [IMG_134.jpg] 파일을 타임 라인에 넣어 준 후 파일의 이벤트 팬/크롭(⌷)을 클릭합니다.

2 나오는 창에서 Shift 키를 누른 상태로 포지션 [F] 화면의 모서리 조정점을 화면 안쪽으로 한번 드래그합니다. 그런 후 포지션 [F] 화면을 좌측 사진 끝부분으로 드래그하고, 타임 라인 끝부분을 클릭한 후 다시 포지션 [F] 화면을 우측 사진 끝부분까지 드래그하고 창을 닫습니다.

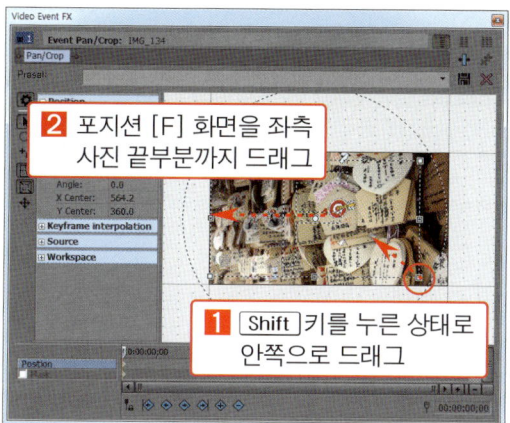
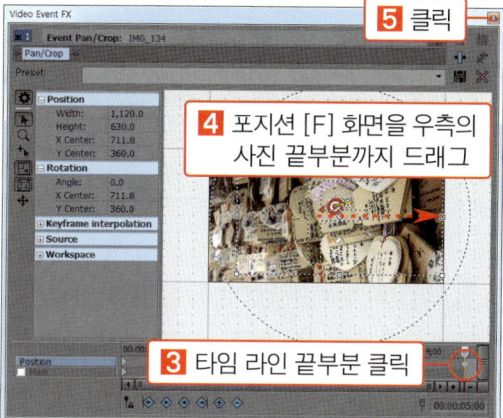

3 [2사진] 폴더에서 [IMG_135.jpg] 파일을 먼저 불러온 파일과 겹치게 크로스페이드를 적용시켜(크로스페이드 시간을 0;20 정도 적용) 넣어 주고 이벤트 팬/크롭(□)을 클릭합니다.

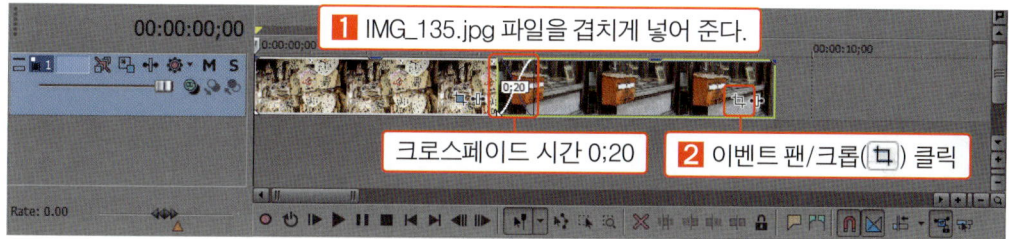

4 나오는 창에서 Shift 키를 누른 상태로 포지션 [F] 화면의 조정점 모서리를 화면 안쪽으로 한번 드래그합니다. 그런 후 포지션 [F] 화면을 우측 사진 끝부분으로 드래그하고, 타임 라인 끝부분을 클릭한 후 다시 포지션 [F] 화면을 좌측 사진 끝부분까지 드래그하고 창을 닫습니다.

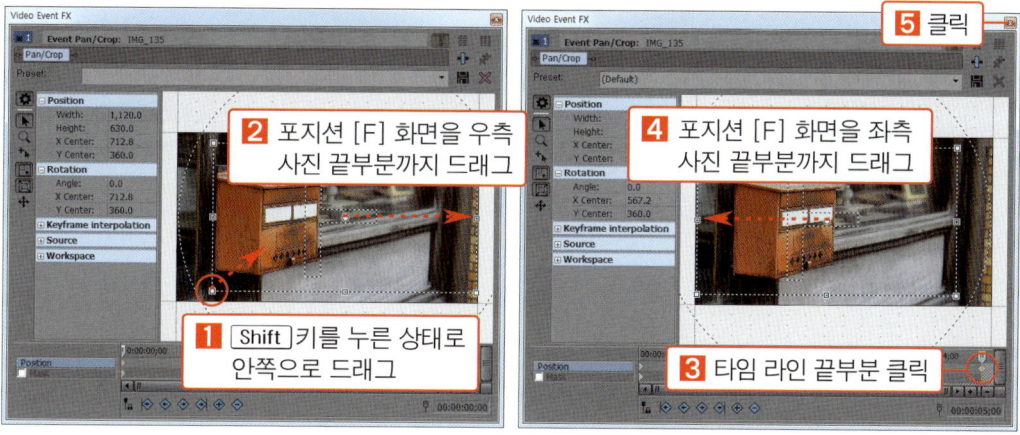

5 [Transitions] 탭에서 [Flash]의 [(Default)] 프리셋을 파일이 겹쳐진 크로스페이드 구간에 적용시킨 후, 설정 창이 나오면 창을 닫습니다.

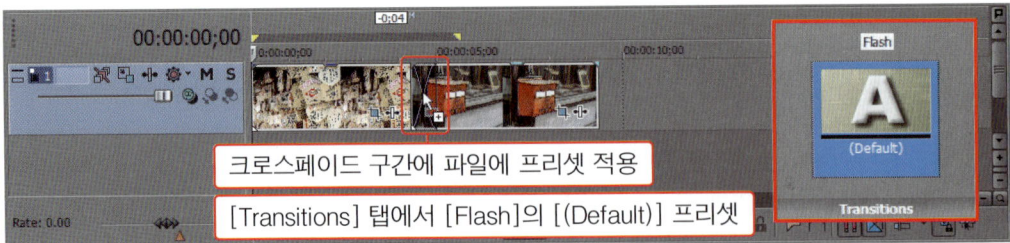

6 Ctrl + Shift + Q를 눌러 트랙을 추가한 후, 추가된 트랙에서 마우스 우측 버튼을 클릭, [Insert Empty Event]를 클릭하여 Empty Event 파일을 생성합니다.

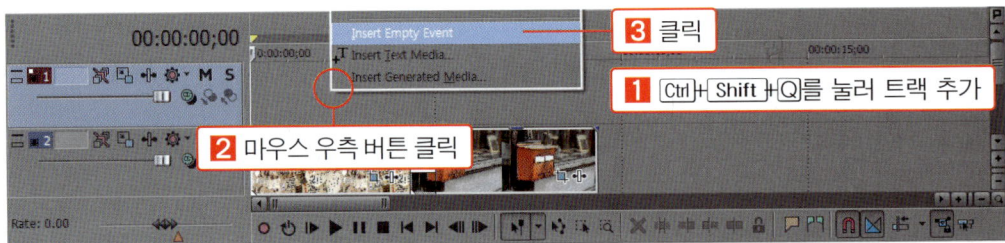

Empty Event

> 아무런 효과가 적용되어 있지 않은 투명한 빈 파일로, 영상 위에 독립적으로 효과를 적용하고자 할 때 사용하는 파일입니다.

7 그런 후 [Video FX] 탭에서 [HitFilm Light Flares]의 [Default] 프리셋을 Empty Event 파일에 적용합니다.

8 [Flare Type]에서 [Hypnotic green]을 선택합니다. 그런 후 [Intensity]에 1.90을 입력해서 광원의 밝기를 올려 주고 [Scale]에 0.60을 입력해서 Flare의 크기를 키워 준 후, [Hotspot Position(▶)] 탭을 클릭합니다.

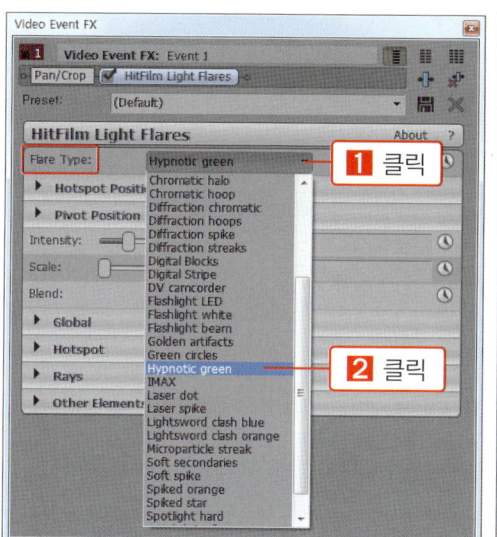 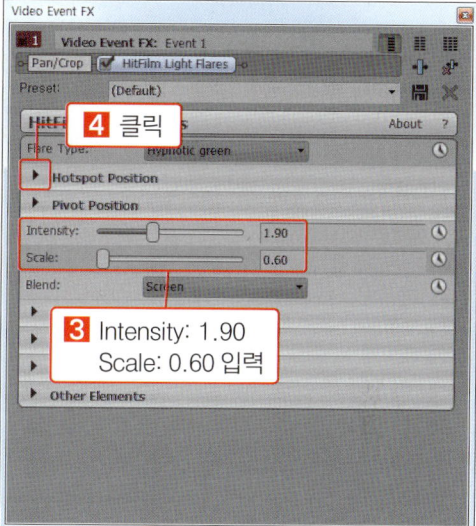

9 Center의 Animate(⏲) 버튼을 눌러 타임 라인을 나오게 한 후 위치 포인트를 좌측 상단 구석으로 이동시켜 줍니다. 그런 후 타임 라인 02;10초 부분을 클릭해서 에디트 라인을 위치시킨 후, Center의 위치 포인트를 우측 상단 구석으로 이동시켜 주고 창을 닫습니다.

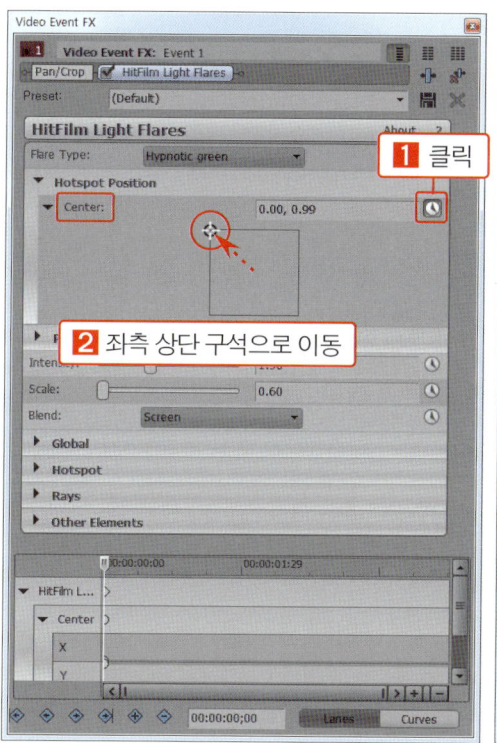 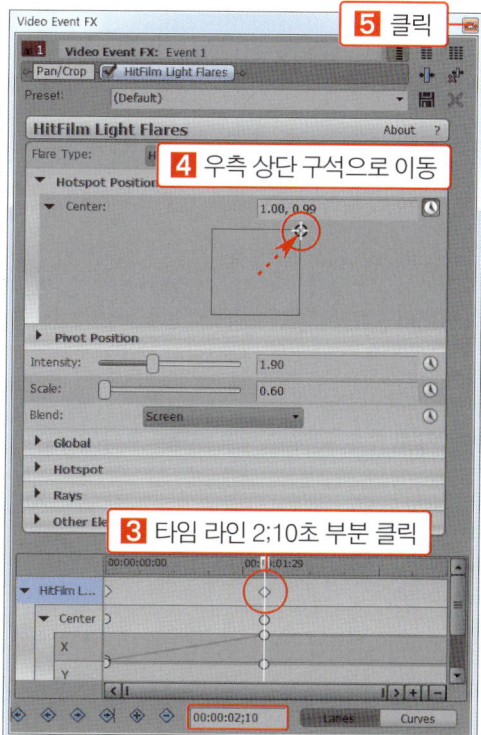

10 타임 라인의 01;07초 부분을 클릭하여 에디트 라인을 위치시킨 후, Empty Event 파일의 중앙을 오른쪽으로 드래그해서 에디트 라인에 맞춰 줍니다.

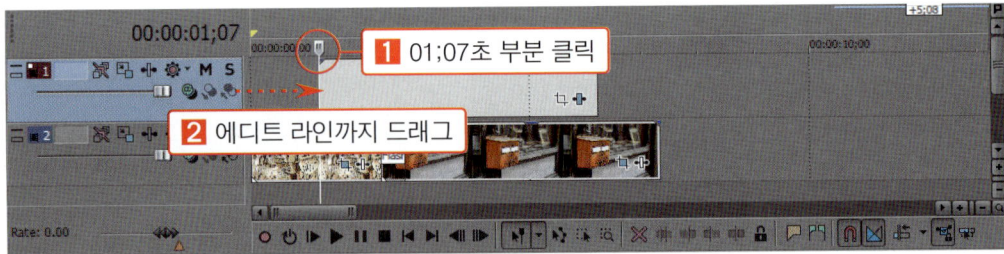

11 타임 라인 03;15초 부분을 클릭하여 에디트 라인을 위치시킨 후, 파일의 끝에 마우스를 위치시켜 ↔ 모양으로 바뀔 때 에디트 라인까지 드래그합니다.

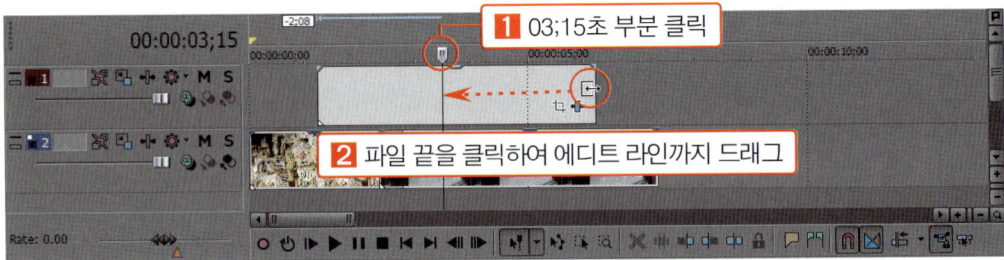

12 마우스를 파일 앞쪽과 뒤쪽 상단 모서리에 위치시켜 ↔, ↔로 바뀔 때 페이드 인/페이드 아웃을 적용시켜 줍니다. 이때 페이드 타임은 00;15초 정도로 적용시켜 줍니다.

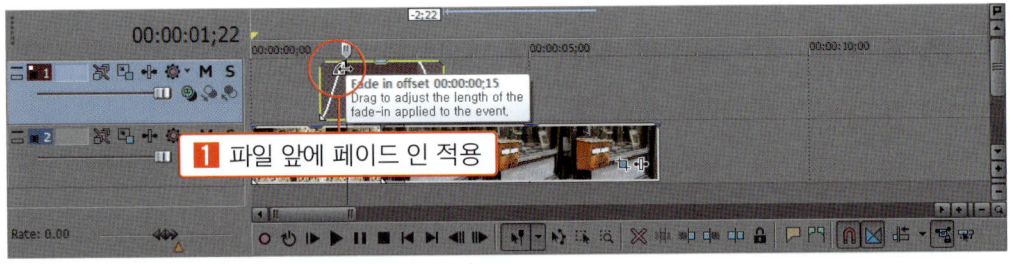

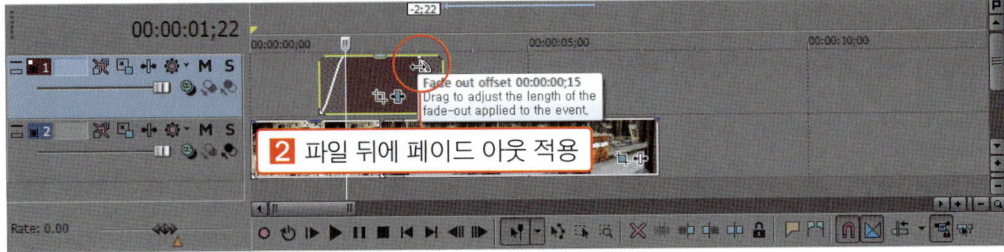

13 최종 결과물을 확인해 보면 화면을 가로 지르는 렌즈플레어 효과가 나타나면서 번쩍이는 효과와 함께 다른 장면으로 바뀌는 효과를 볼 수 있습니다.

✔ 최종 결과 파일: [5프로젝트/Vegas Pro 14-25.veg]
　　　　　　　　　[6완성영상/Vegas Pro 14-25.wmv]

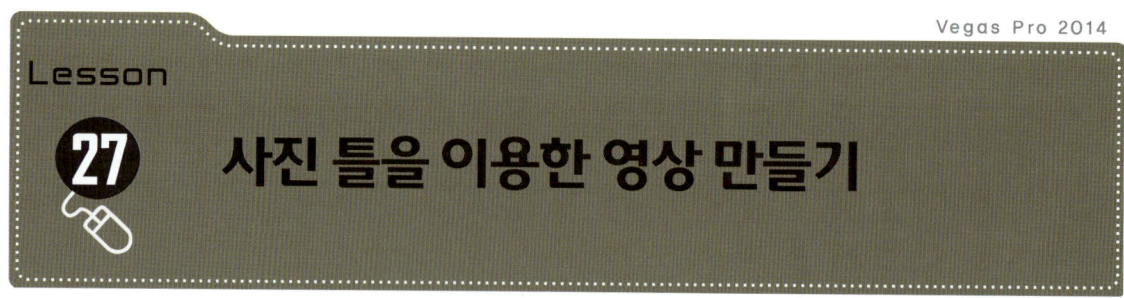

Lesson 27 사진 틀을 이용한 영상 만들기

포토샵을 사용해서 활용하기 좋은 화면 틀을 만들어서 베가스에서 활용하는 방법을 알아보도록 하겠습니다.

■ 포토샵에서 사진 틀(*.PNG) 만들기

1 포토샵을 실행한 후 [파일(F)] - [새로 만들기(N)]를 클릭하여 [새로 만들기] 창에서 베가스에서 작업할 프로젝트 해상도와 동일하게 [폭(W): 1280, 높이(H): 720, 배경 내용(C): 투명]을 선택한 후 [확인] 버튼을 클릭합니다.

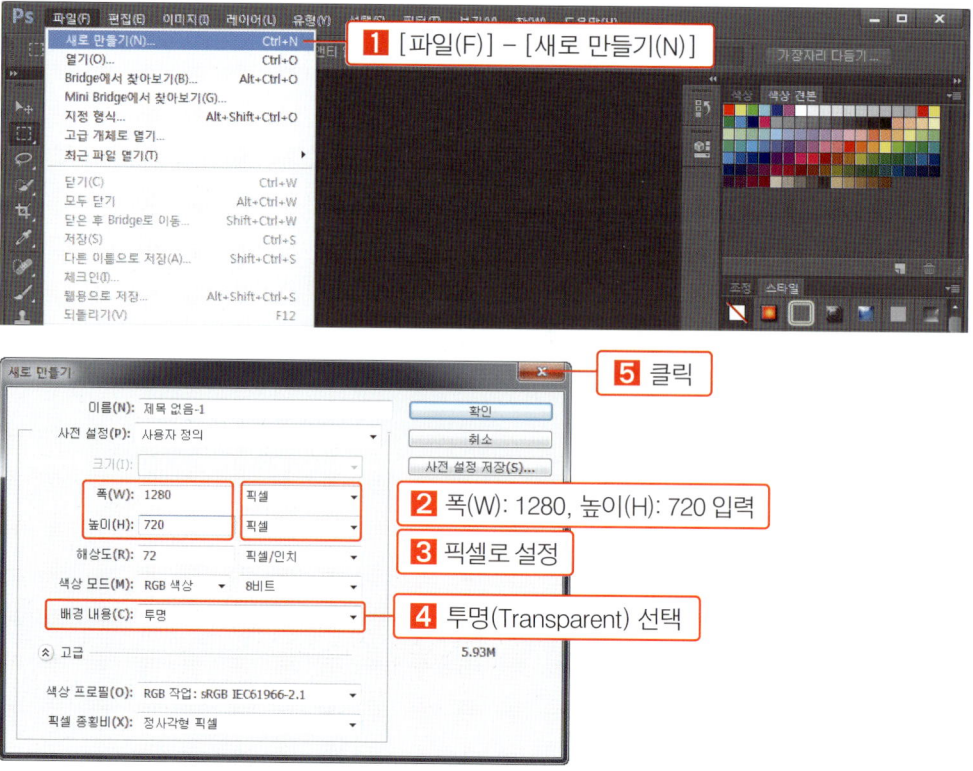

2 그런 후 [페인트 통 도구(G), 🪣]를 선택한 후 [색상 견본]에서 흰색을 선택하고, 레이어 화면을 클릭해서 흰색으로 만들어 줍니다.

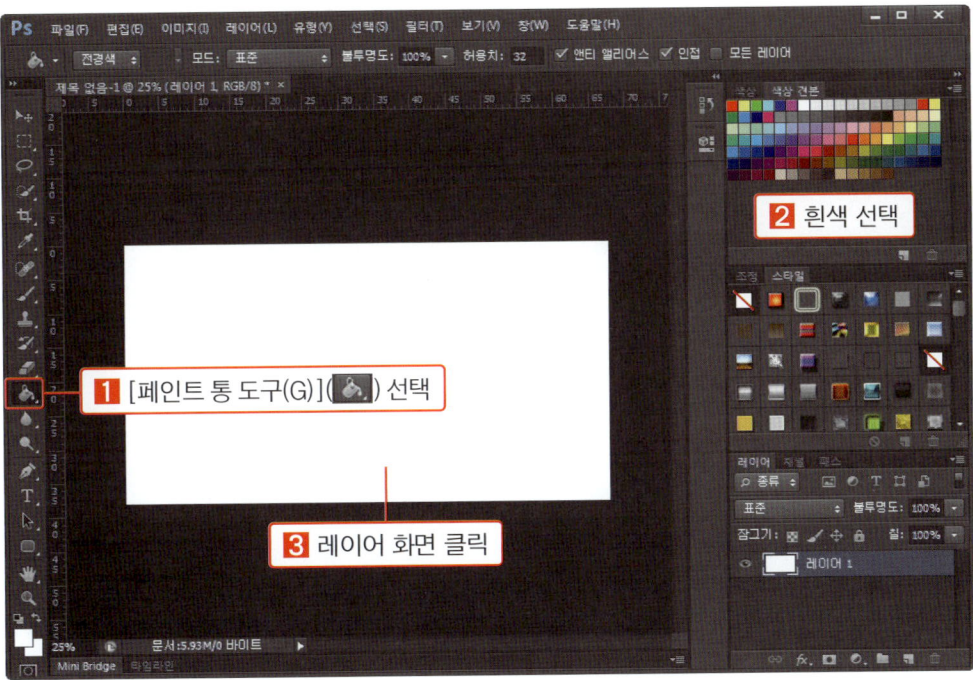

3 포토샵 좌측의 [이동 도구(V), ⊹]를 클릭한 후 눈금자 부분을 클릭해서 우측으로 드래그하면 기준선이 빠져나오게 됩니다.

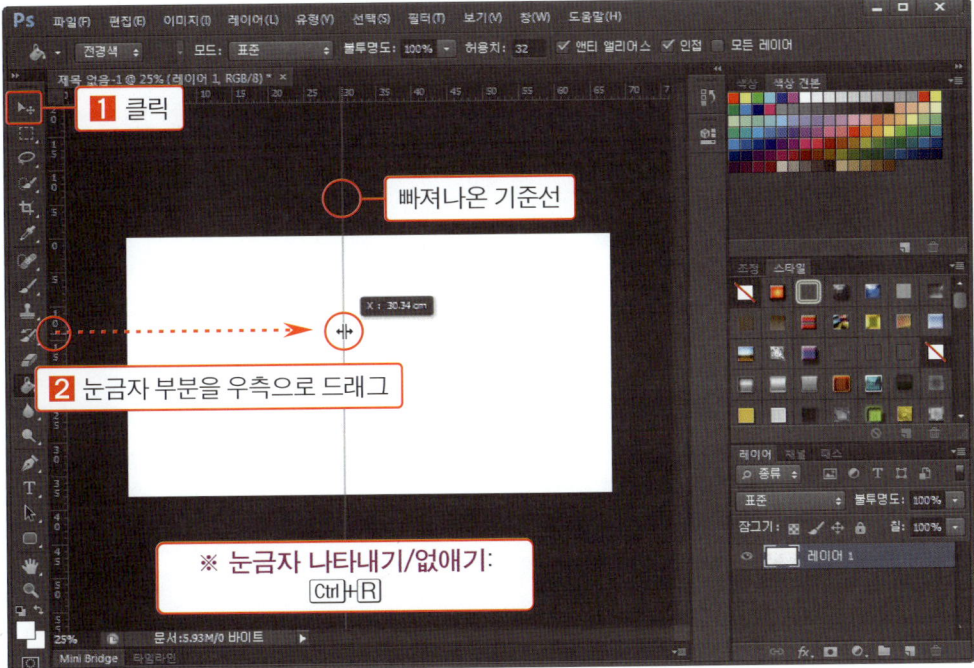

4 분할 화면을 만들기 위하여 기준선으로 분할 영역을 만들어 줍니다.
※ [8프로그램] 폴더의 [성장동영상 앨범.PSD] 파일 참조

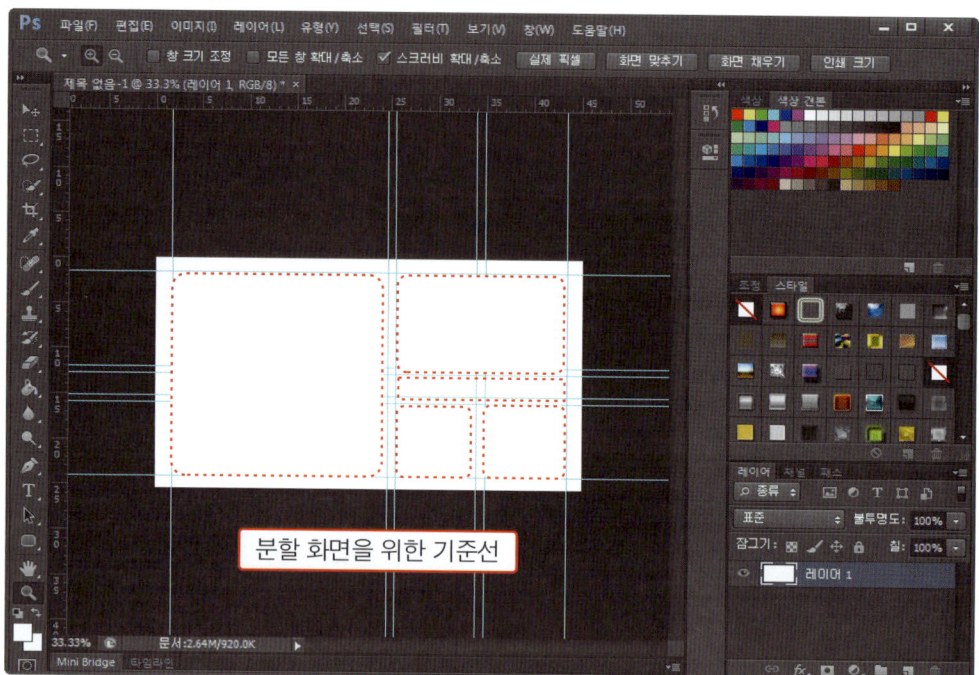

5 [모서리가 둥근 직사각형 도구( )]를 클릭한 후 상단에서 [패스]를 선택합니다. 그런 후 [반경]에 15를 입력한 후 기준선의 분할 화면 영역을 드래그하여 선택해 줍니다.

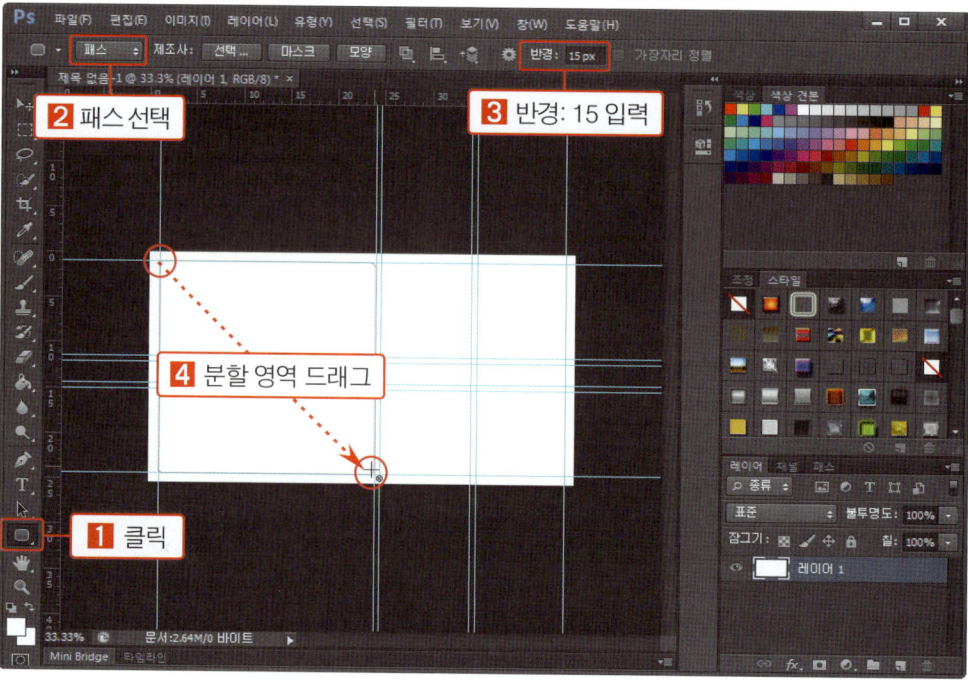

6 그런 후 선택한 분할 영역 안에서 마우스 우측 버튼을 클릭하여 [선택 영역 만들기]를 선택합니다. [선택 영역 만들기] 창이 나오면 [확인]을 클릭합니다.

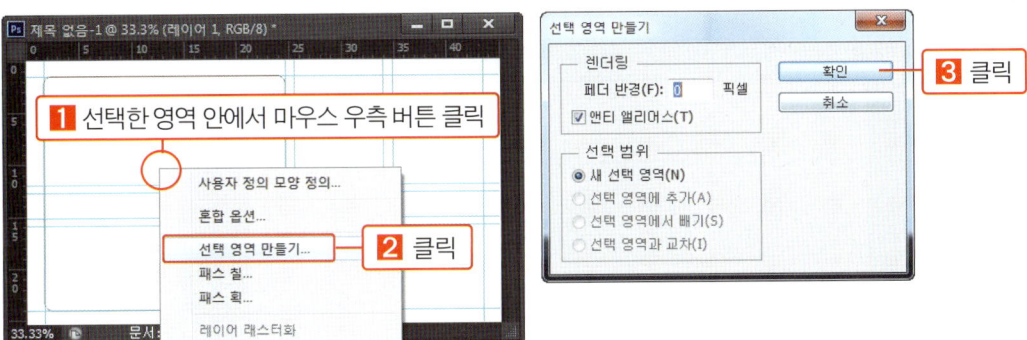

7 그러면 선택한 영역이 실선으로 표시가 됩니다. [지우개 도구(E),]를 클릭한 후 실선으로 선택된 분할 영역 안을 문질러서 흰색을 지우고 투명한 레이어만 보이도록 합니다.

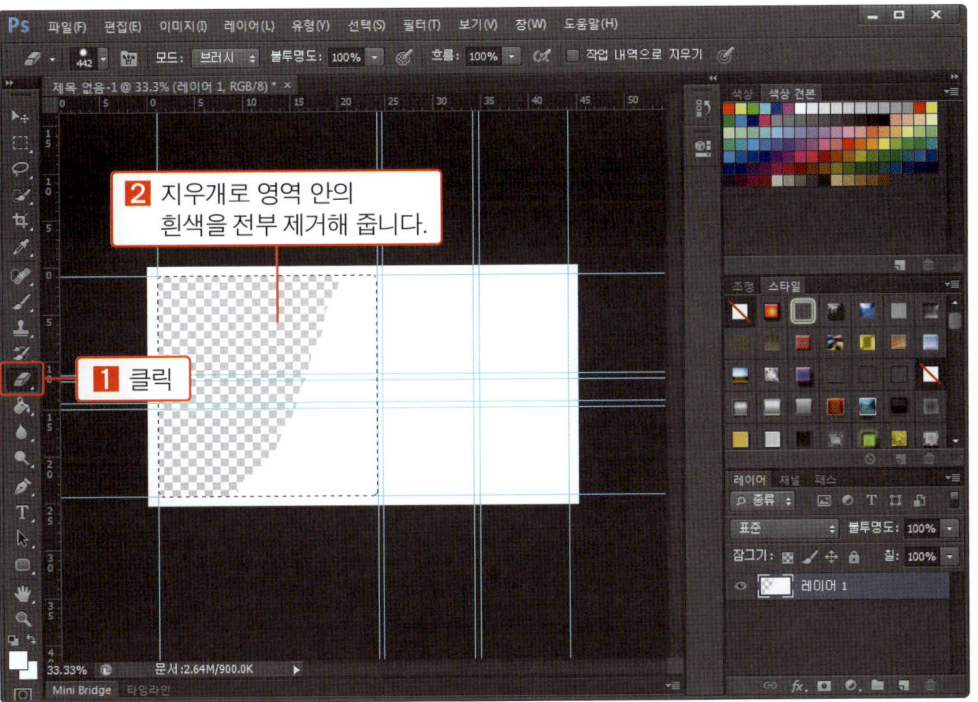

8 5~7번 과정을 반복하여 아래처럼 분할 영역을 만들어 줍니다.

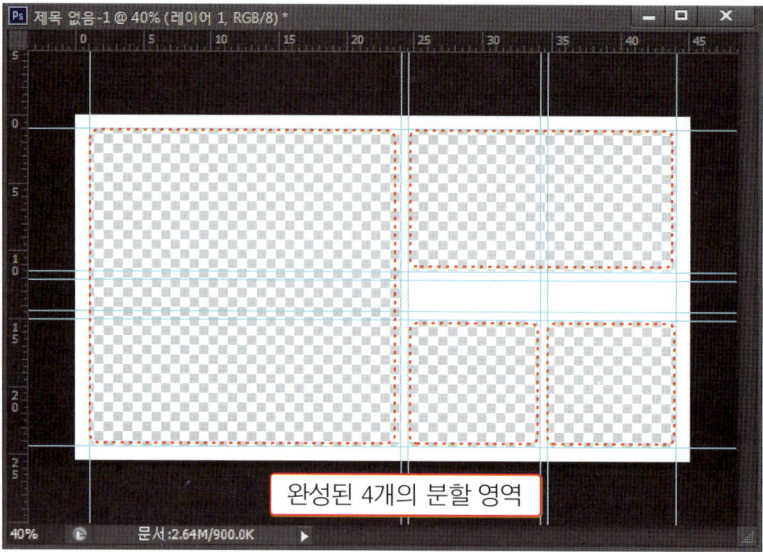

완성된 4개의 분할 영역

9 [모서리가 둥근 직사각형 도구( )]를 클릭한 후 상단에서 [픽셀]을 선택합니다. 그런 후 [색상 견본]에서 분홍색을 선택한 후 분할 화면 영역을 드래그하여 색을 채워 줍니다.

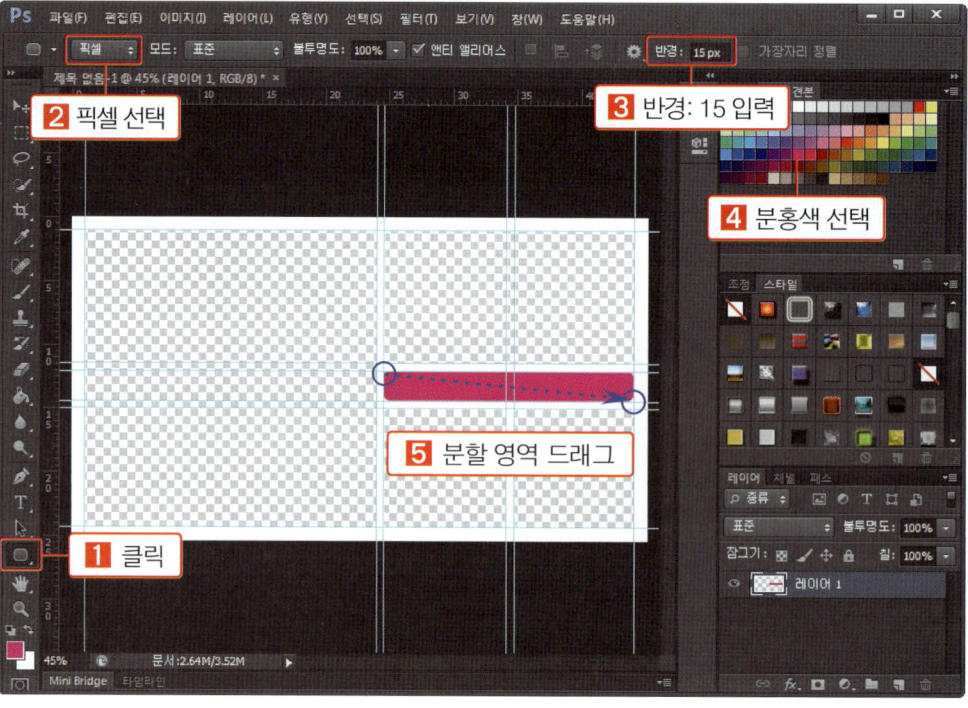

10 모든 과정을 마친 후 [파일(F)]-[다른 이름으로 저장(A)]을 클릭해서 PSD 또는 PNG 형식의 파일로 저장합니다.

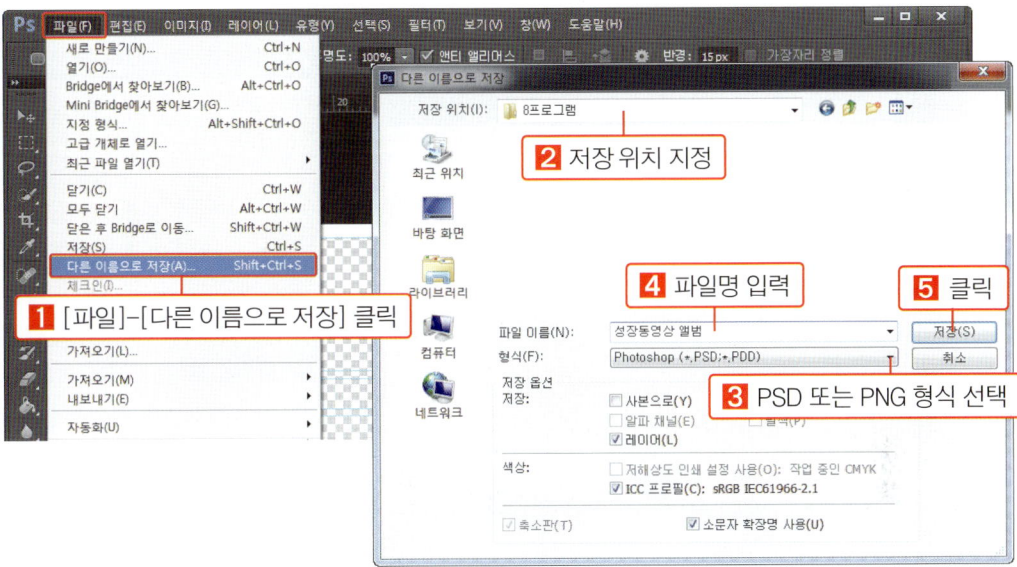

■ 사진 틀을 베가스에서 활용하기

1 베가스에서 [File]-[New]를 클릭하여 [Template]에서 포토샵으로 작업한 틀과 같은 해상도인 [HDV 720-30p (1280x720, 29.970 fps)]를 선택해서 프로젝트를 실행합니다.

2 그런 후 [8프로그램] 폴더의 [성장동영상 앨범.PSD] 파일을 불러온 후, 그 아래에 [1영상] 폴더의 [HDV39.wmv] 파일을 넣어 줍니다.

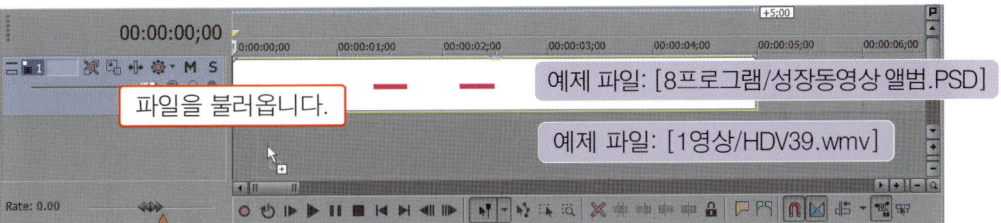

3 이어서 불러온 영상 파일의 이벤트 팬/크롭( )을 클릭합니다.

4 그런 후 포지션 [F]의 조정점 포인트를 화면 밖으로 드래그해서 영상 화면 크기를 줄여서 앨범 틀 좌측 분할 화면 크기에 맞춰 줍니다. 이때 화면 크기를 줄여서 딱 맞출 수 없기 때문에 프리뷰 화면을 참조하면서 최대한 화면 크기를 줄여 화면 틀 안에 영상이 나오게 조절합니다.

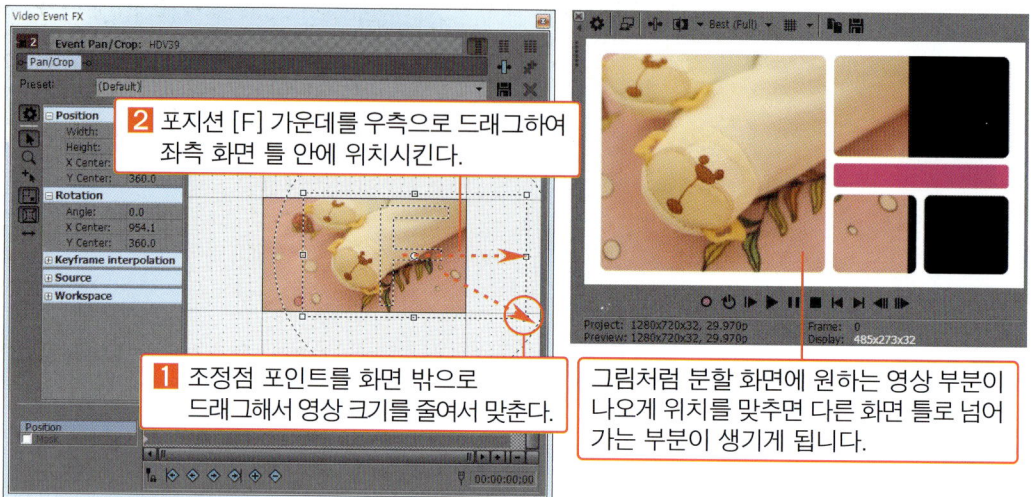

5 화면 틀을 삐져나온 부분을 제거하기 위해 [Mask]에 체크하고 직사각형 마스크 툴(▢)을 클릭해서 화면 전체에 마스크를 적용합니다.

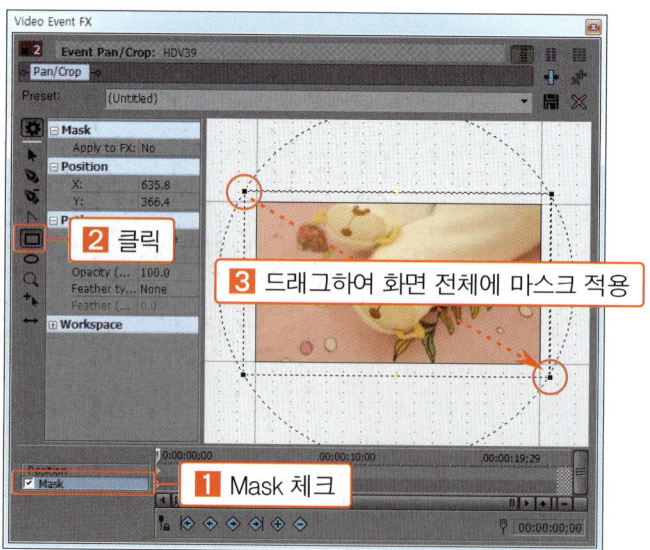

6 그런 후 우측의 마스크 조정점 포인트를 클릭해서 화면 안쪽으로 드래그하면 영상 화면이 삭제되어 화면 틀에 맞게 됩니다. 위아래, 좌측 조정점도 마찬가지로 화면 안쪽으로 드래그해서 영상 화면이 나오는 부분까지 맞춰 주고 창을 닫습니다.

7 [2사진] 폴더에서 [IMG_136.jpg] 파일을 영상 트랙 아래에 넣어 주고 파일의 이벤트 팬/크롭(□)을 클릭합니다.

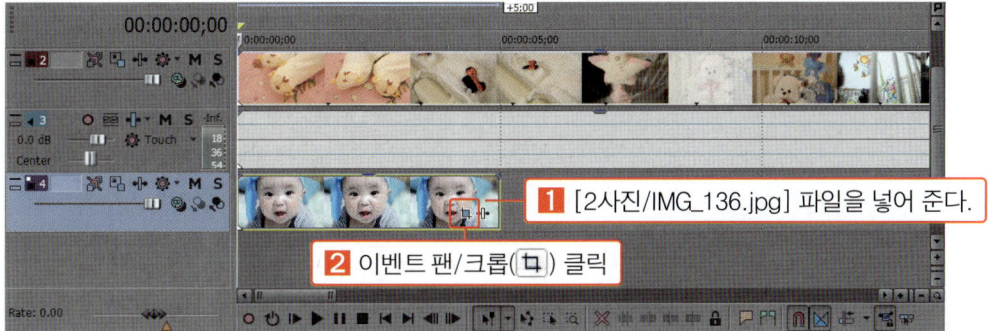

8 그런 후 4~6번 과정과 동일한 방법으로 포지션 [F] 화면의 조정점 포인트를 화면 밖으로 드래그하여 사진을 줄여 주고 포지션 [F]를 이동시켜 분할 화면에 맞춰 줍니다. 이어서 [Mask]에 체크해서 마스크를 적용시켜 화면 틀에 사진을 맞춰 주고 창을 닫습니다.

사진을 줄이고, 분할 화면에 맞추고, 마스크 적용, 다시 사진을 줄여 틀에 맞춘다.

9 [2사진] 폴더에서 [IMG_137, IMG_138.jpg] 파일을 불러와서 이전 과정과 동일한 방법으로 나머지 분할된 화면에 사진을 맞춰 주는 과정을 완료시켜 줍니다.

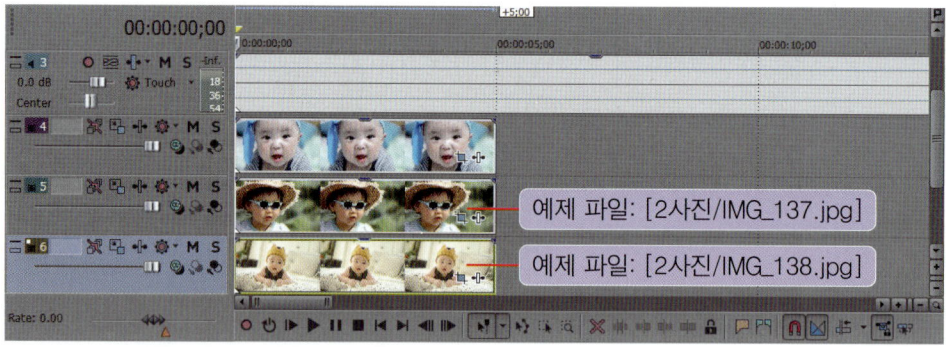

예제 파일: [2사진/IMG_137.jpg]
예제 파일: [2사진/IMG_138.jpg]

사진을 줄이고, 분할 화면에 맞추고, 마스크 적용, 다시 사진을 줄여 틀에 맞춘다.

10 사진 틀에 맞춰 주는 과정이 끝나면 Ctrl+Shift+Q를 눌러 트랙을 추가한 후, [Media Generators] 탭에서 [Titles & Text]의 [Default] 프리셋을 드래그해서 넣어 줍니다.

11 나오는 창에서 원하는 자막(예: 네가 바로 최고의 선물)을 입력하고 폰트와 크기를 조절한 후 자막 위치를 조절하는 [Location(▶)] 탭을 열어서 위치 포인트를 우측으로 움직여서 분홍색 자막 바에 자막을 위치시켜 주고 창을 닫습니다.

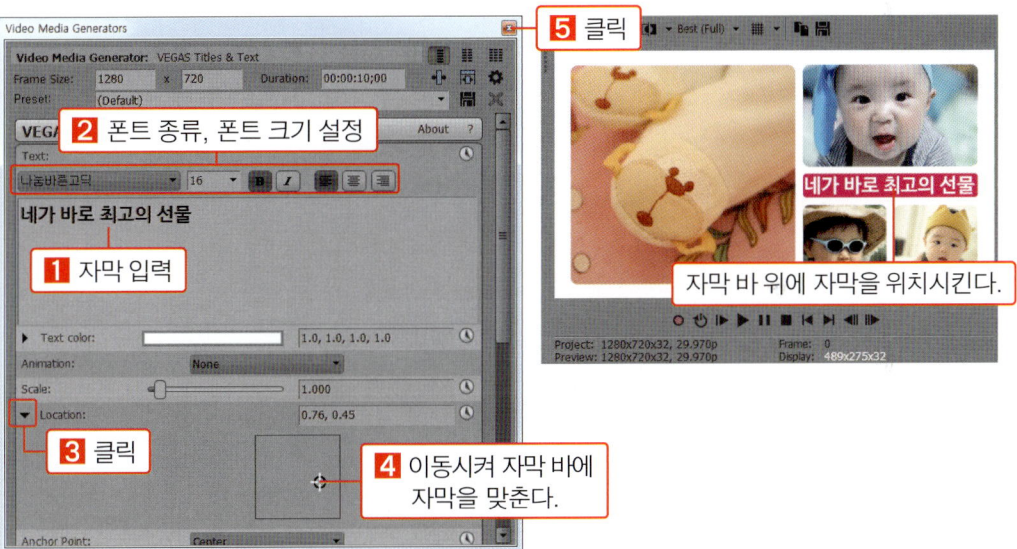

12 사진 틀인 포토샵 파일과 사진, 자막 파일의 끝( )을 드래그해서 영상 파일 길이에 맞춰 줍니다.

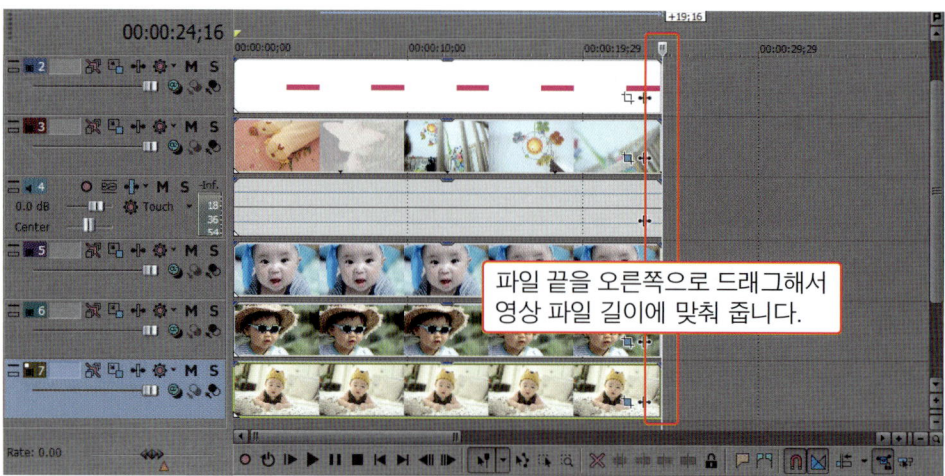

파일 끝을 오른쪽으로 드래그해서 영상 파일 길이에 맞춰 줍니다.

13 재생해서 확인해 보면 사진 틀의 좌측에는 영상이, 우측에는 사진이 같이 나오는 걸 볼 수가 있습니다.

좌측에 영상, 우측에 사진이 표시되는 영상

✔ 최종 결과 파일: [5프로젝트/Vegas Pro 14-26.veg]
　　　　　　　　[6완성영상/Vegas Pro 14-26.wmv]

Vegas Pro 2014

Lesson 28 마스크를 이용한 분할 화면 만들기

마스크를 사용하면 세련된 느낌의 분할 화면을 만들어 사용할 수 있는데, 이번 레슨에서는 대각선 방향으로 2분할된 화면을 만들어 활용하는 방법을 배우도록 하겠습니다.

1 메뉴 [File]-[New]를 클릭하여 [Template]에서 [HDV 720-30p (1280x720, 29.970 fps)]를 선택해서 프로젝트를 불러옵니다.

2 그런 후 [2사진] 폴더에서 [IMG_140.jpg] 파일과 [IMG_141.jpg] 파일을 불러온 후 Ctrl + Shift + Q를 눌러 트랙을 추가하고 [Media Generators]에서 [Solid Color]의 [Yellow] 프리셋을 1번 트랙에 넣어 줍니다.

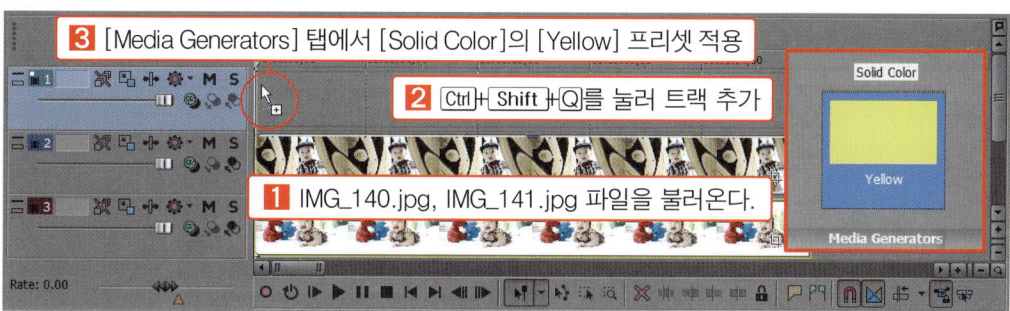

3 그런 후 1번 트랙의 트랙 모션( )을 클릭합니다.

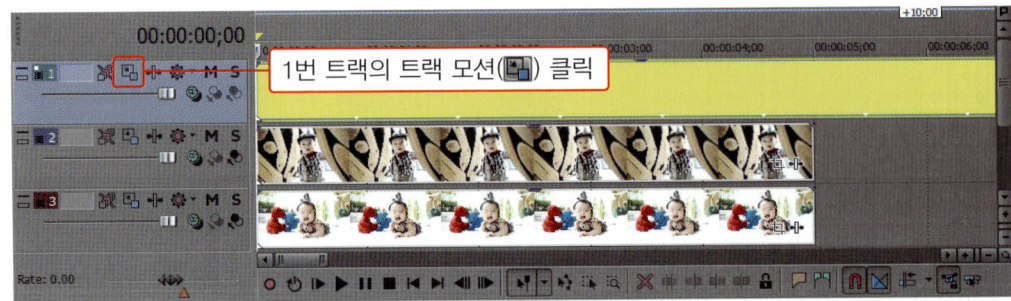

4 나오는 [트랙 모션] 창에서 상단의 Lock Aspect Ratio( ) 버튼이 클릭되어 있는 걸 해제한 후, [Position]의 Height에 15를 입력해서 분할 화면 가이드 선을 만들어 주고 [Orientation]의 Angle 에 -70을 입력해서 가이드 선을 기울여 주고 닫기( ) 버튼을 눌러 창을 닫습니다.

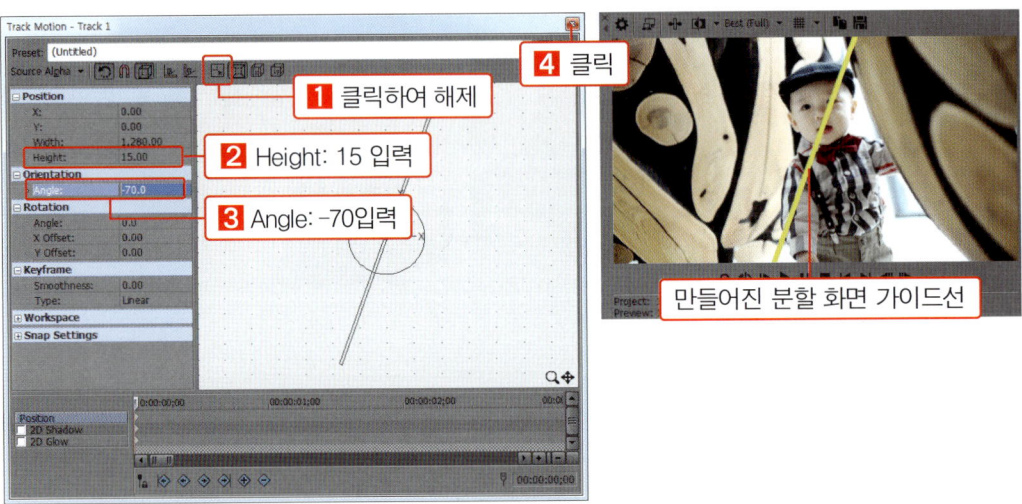

5 2번 트랙 파일의 이벤트 팬/크롭( ) 버튼을 클릭합니다.

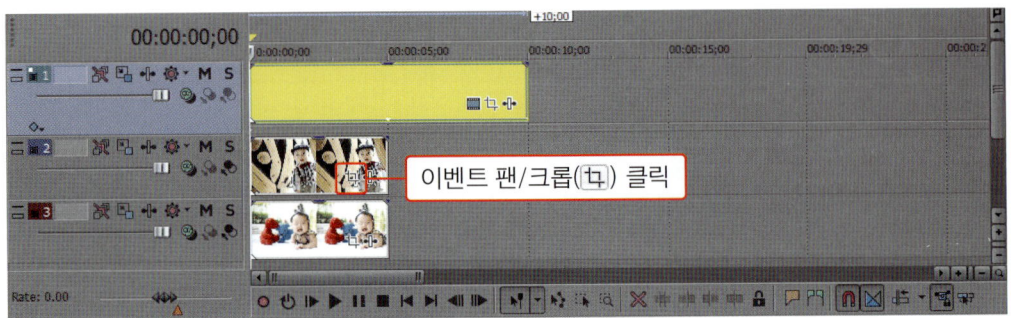

마스크를 이용한 분할 화면 만들기 — Lesson 28

6 나오는 창에서 포지션 [F]의 화면을 우측으로 드래그해서 가이드 선의 좌측 부분에 사진에서 보여줄 부분의 위치를 잡아 줍니다.

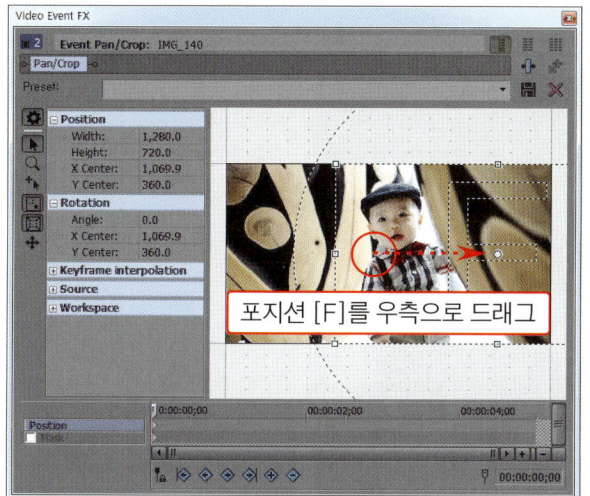
포지션 [F]를 우측으로 드래그

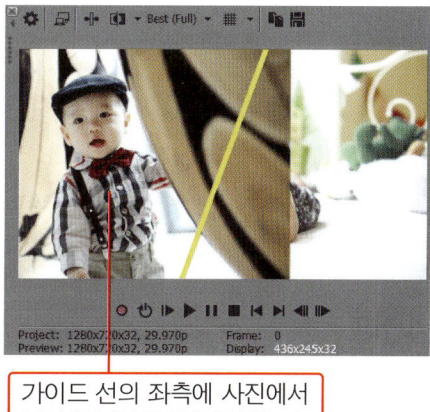
가이드 선의 좌측에 사진에서 보여줄 부분의 위치를 잡는다.

7 [Mask]를 클릭하여 마스크 기능을 활성화 시킨 후, 직사각형 마스크 툴(□)을 클릭하여 사진의 좌측에 절반만큼 드래그해서 마스크를 적용합니다.

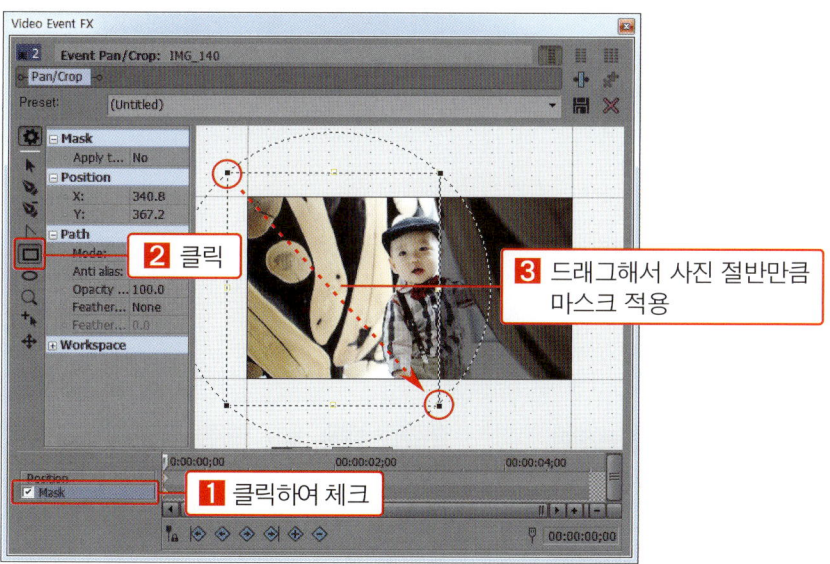
1 클릭하여 체크
2 클릭
3 드래그해서 사진 절반만큼 마스크 적용

8 그런 후 Normal Edit Tool( )을 클릭합니다. 이어서 우측 상단의 마스크 조정점에서 살짝 벗어난 곳에 마우스를 위치시켜 삼각형 탭( )으로 바뀔 때 클릭합니다. 그러면 원형의 조정선이 없어지고 직사각형의 마스크 선만 나오게 됩니다.

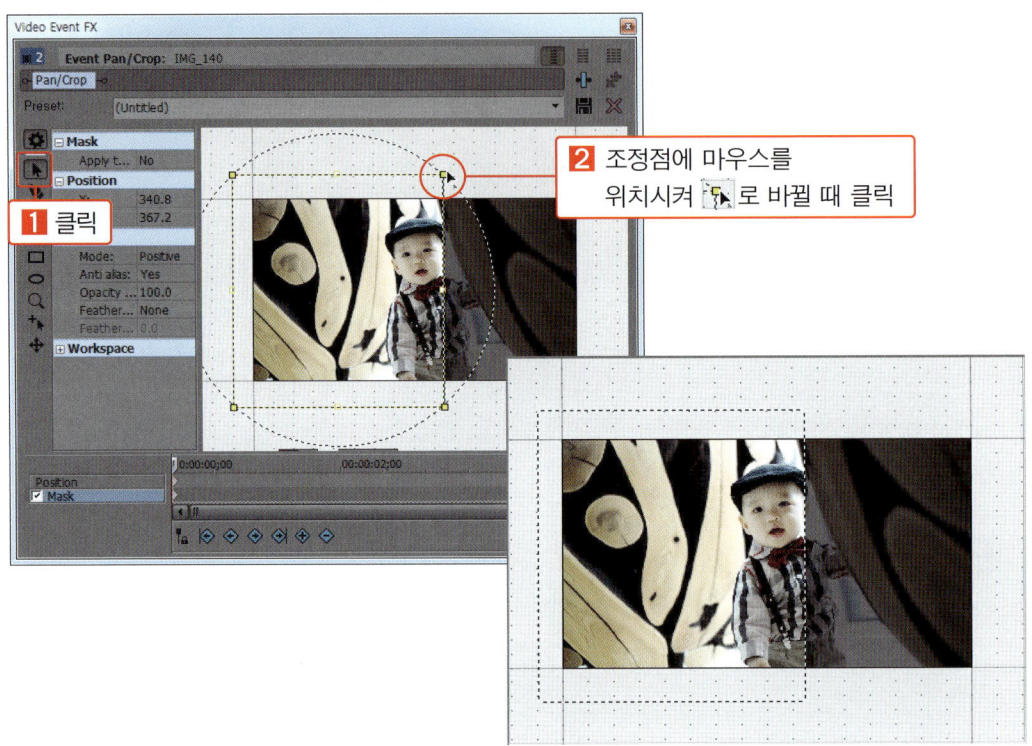

삼각형 탭( ) 나오게 하기

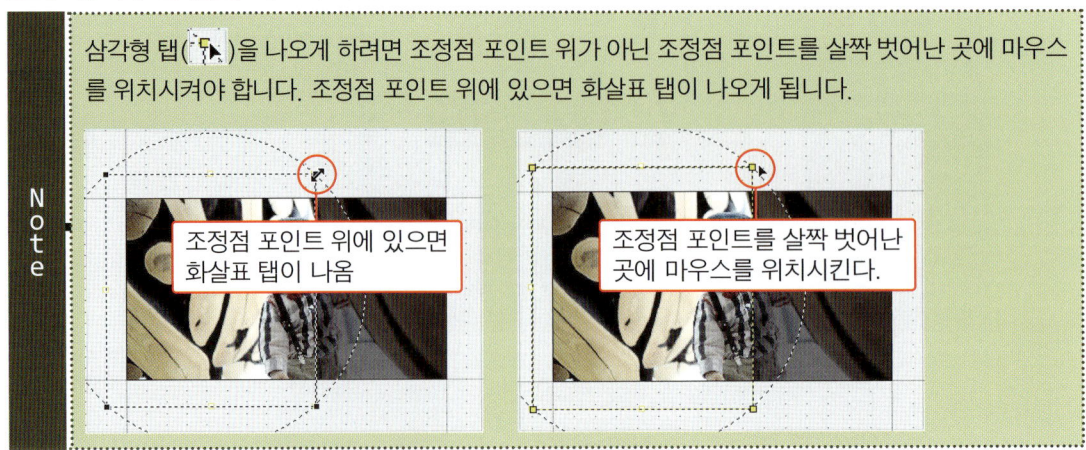

9 마스크 영역의 우측 상단 모서리를 클릭한 후, 나오는 조정점 포인트를 우측으로 드래그해서 프리뷰 화면의 가이드 선에 맞게 마스크 범위를 조절합니다. 이어서 아래쪽 마스크 조정점 포인트도 우측으로 드래그해서 가이드 선에 맞춰 줍니다.

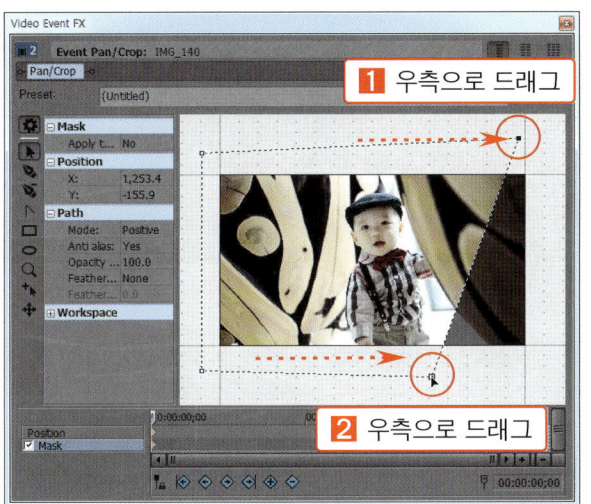

10 하단의 [Position] 부분을 클릭하여 포지션 [F] 화면을 나오게 한 후, 타임 라인 끝부분을 클릭합니다. 그런 후 Shift 키를 누른 상태에서 조정점 포인트를 화면 안쪽으로 한번 밀어 넣어서 줌 인 모션을 만들어 주고 창을 닫습니다.

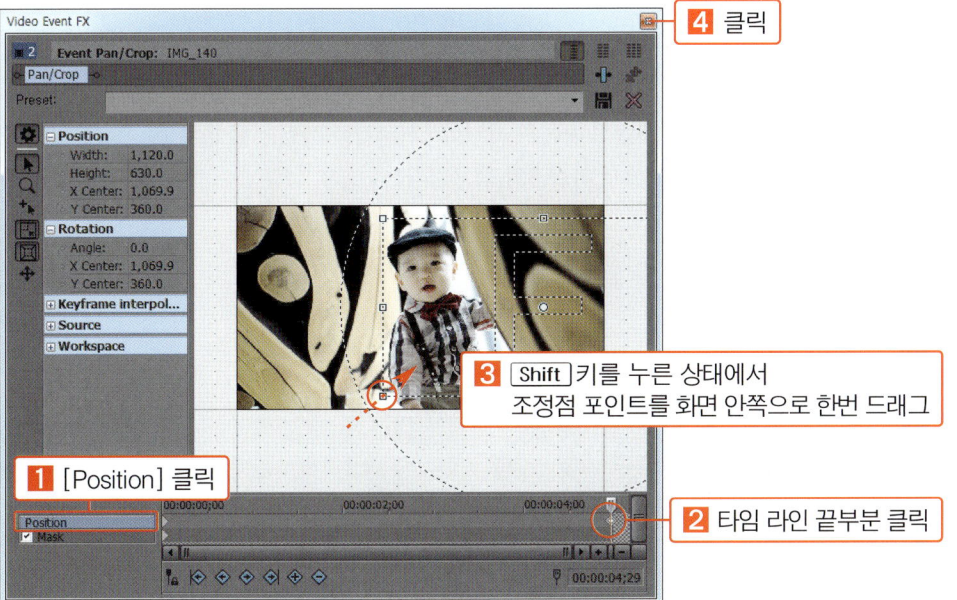

11 3번 트랙 파일의 이벤트 팬/크롭( ) 버튼을 클릭합니다.

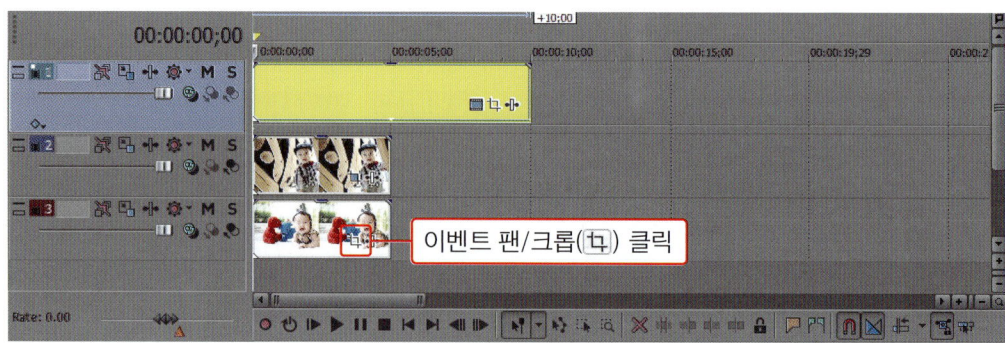

12 나오는 창에서 포지션 [F]의 화면을 좌측으로 드래그해서 가이드 선의 우측 부분에 사진에서 보여줄 부분의 위치를 잡아 줍니다.

13 [Mask]를 클릭하여 마스크 기능을 활성화 시킨 후, 직사각형 마스크 툴( )을 클릭합니다. 그런 후 사진의 우측에 절반만큼 드래그해서 마스크를 적용합니다.

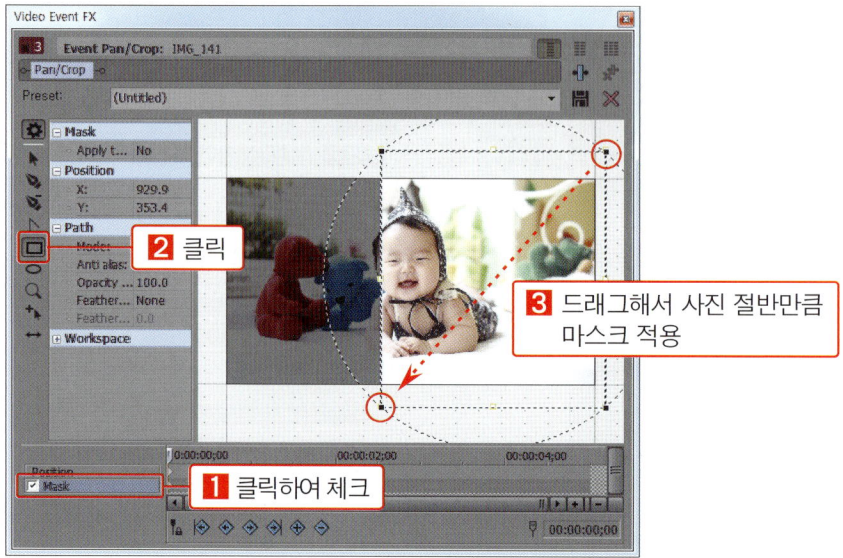

14 그런 후 Normal Edit Tool(▶)을 클릭합니다. 이어서 우측 상단의 마스크 조정점에서 살짝 벗어난 곳에 마우스를 위치시켜 삼각형 탭(▶)으로 바뀔 때 클릭합니다. 그러면 원형의 조정선이 없어지고 직사각형의 마스크 선만 나오게 됩니다. 그런 후 마스크 적용 범위를 조절해서 가이드 선에 일치시켜 주는 과정을 진행합니다.

15 [Position] 부분을 클릭하여 포지션 [F] 화면을 나오게 한 후 Shift 키를 누른 상태에서 조정점 포인트를 화면 안쪽으로 한번 밀어 넣어 줍니다. 그런 후 타임 라인 끝부분을 클릭하고 Shift 키를 누른 상태에서 조정점 포인트를 화면 밖으로 한번 드래그해서 줌 아웃 모션을 만들어 주고 창을 닫습니다.

16 타임 라인 00;15초 부근을 클릭해서 에디트 라인을 위치시킨 후, 2번 트랙의 파일을 우측으로 드래그해서 에디트 라인에 맞춰 줍니다.

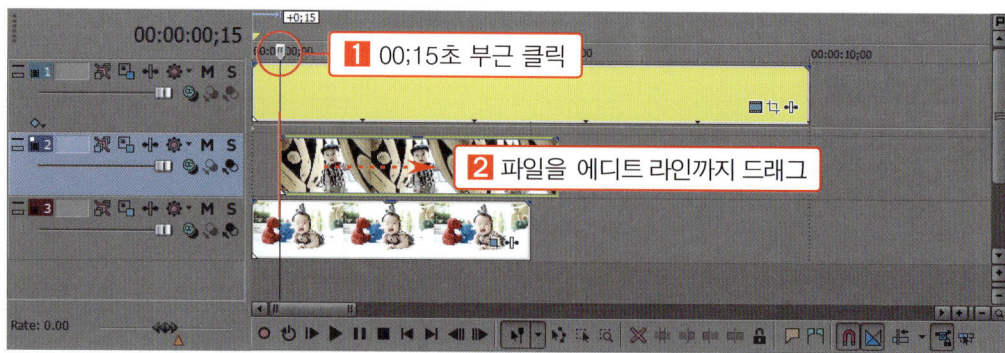

17 1~3번 트랙 파일의 앞쪽 상단에 마우스를 위치시켜 로 바뀔 때 우측으로 드래그해서 페이드 인을 적용시켜 줍니다. 이때 페이드 타임은 00;15초 정도로 적용시켜 줍니다.

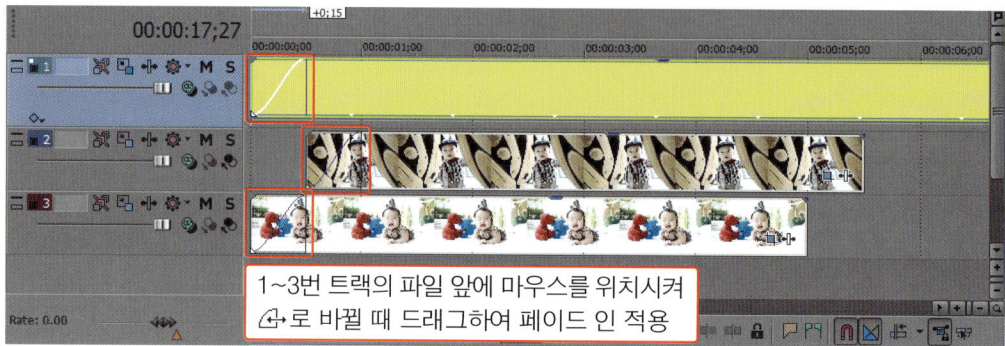

18 [Transitions]에서 [Linear Wipe]의 [Top-Down, Hard Edge] 프리셋을 2번 트랙 파일의 앞쪽 페이드 인 부분에 적용합니다. 그런 후 나오는 설정 창에서 [Angle]에 280을 입력하고 창을 닫습니다. 같은 방식으로 동일한 프리셋을 3번 트랙 앞쪽 페이드 인 부분에도 적용하고 설정 창에서 [Angle]에 120을 입력하고 창을 닫습니다.

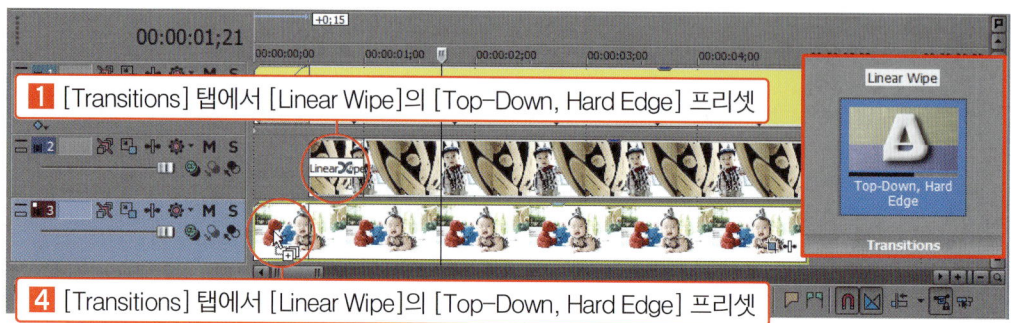

마스크를 이용한 분할 화면 만들기 | Lesson 28

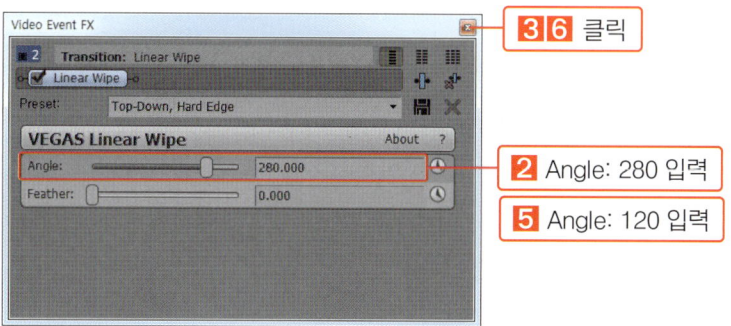

19 3번 트랙 아래에 [2사진] 폴더에서 [IMG_139.jpg] 파일을 넣어 줍니다.

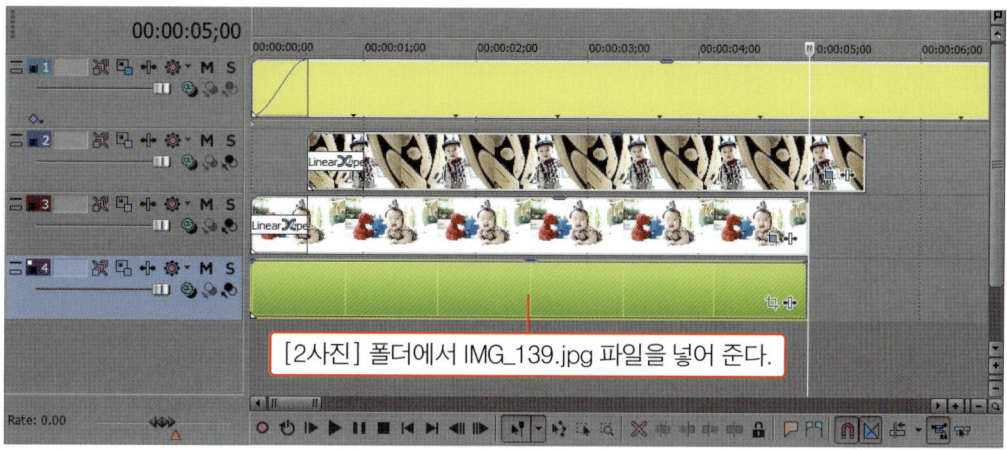

[2사진] 폴더에서 IMG_139.jpg 파일을 넣어 준다.

20 그런 후 재생해서 확인해 보면 블라인드처럼 사진이 나타나면서 줌 인과 줌 아웃 모션이 적용된 효과가 만들어 진 것을 볼 있습니다.

✔ 최종 결과 파일: [5프로젝트/Vegas Pro 14-28veg]
　　　　　　　　[6완성영상/Vegas Pro 14-28.wmv]

Lesson 29 액자 합성 효과 만들기

이번 레슨에서는 액자에 사진을 합성시켜서 화면 전체가 줌인되는 액자 합성 효과 만들기에 대하여 배워 보도록 하겠습니다.

1 메뉴 [File]-[New]를 클릭하여 [Template]에서 [HDV 720-30p (1280x720, 29.970 fps)]를 선택해서 프로젝트를 불러옵니다.

2 그런 후 [2사진] 폴더에서 [액자.png] 파일과 [IMG_143.jpg] 파일을 불러옵니다.

3 2번 트랙 파일의 이벤트 팬/크롭( ) 버튼을 클릭합니다.

4 포지션 [F] 화면에서 조정점을 화면 밖으로 드래그하여 사진 크기를 줄여 액자의 위아래 부분에 사진을 맞춰 주고 창을 닫습니다.

5 [Video FX] 탭에서 [Soft Contrast]의 [Warm Vignette] 프리셋을 2번 트랙 파일에 드래그하여 적용합니다.

6 나오는 창에서 [Contrast] 스크롤 바를 좌측 끝으로 적용해서 보정 효과를 제거한 후, [Vignette] 탭을 클릭합니다. 그런 후 [Exterior effect]에서 [Transparent]를 선택하고 [Softness] 스크롤 바를 좌측 끝으로 적용합니다.

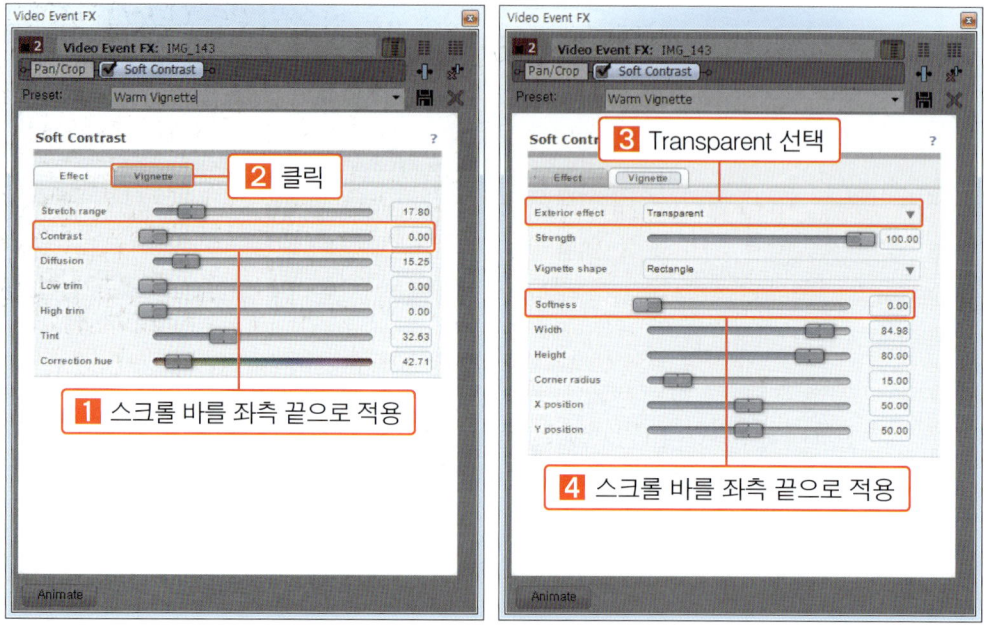

7 이어서 [Corner radius] 스크롤 바를 좌측 끝으로 적용하고 [Width] 스크롤 바를 좌측으로 밀어서 액자에서 삐져나온 좌우측 사진을 제거해서 액자에 맞춰 주고 창을 닫습니다.

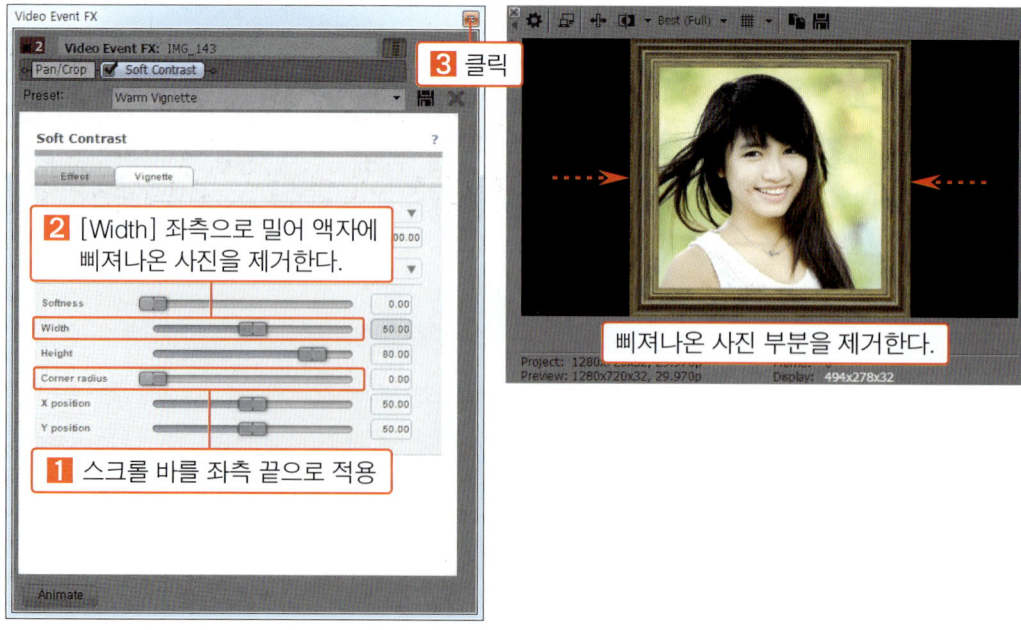

8 [2사진] 폴더에서 [IMG_142.jpg] 파일을 2번 트랙 아래에 넣어 줍니다.

9 Ctrl + Shift + Q를 눌러 트랙을 추가한 후 2, 3번 트랙의 Make Compositing Child() 버튼을 클릭하여 1번 트랙에 부모 자식 관계로 묶어 줍니다.

10 1번 트랙의 Parent Motion() 버튼을 클릭합니다.

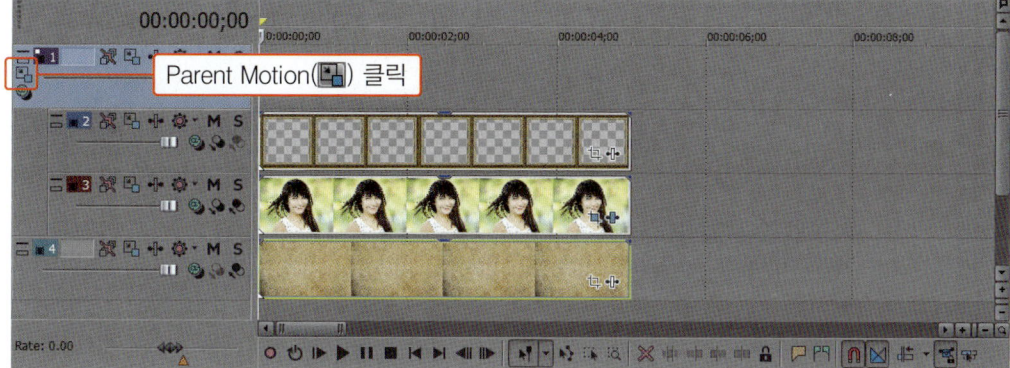

11 나오는 창에서 Width: 500, Height: 500을 입력해서 액자 크기를 줄여 주고, [2D Shadow]에 체크한 후 Blur(%)에 8을 입력해서 그림자 강도를 조절해 주고 창을 닫습니다.

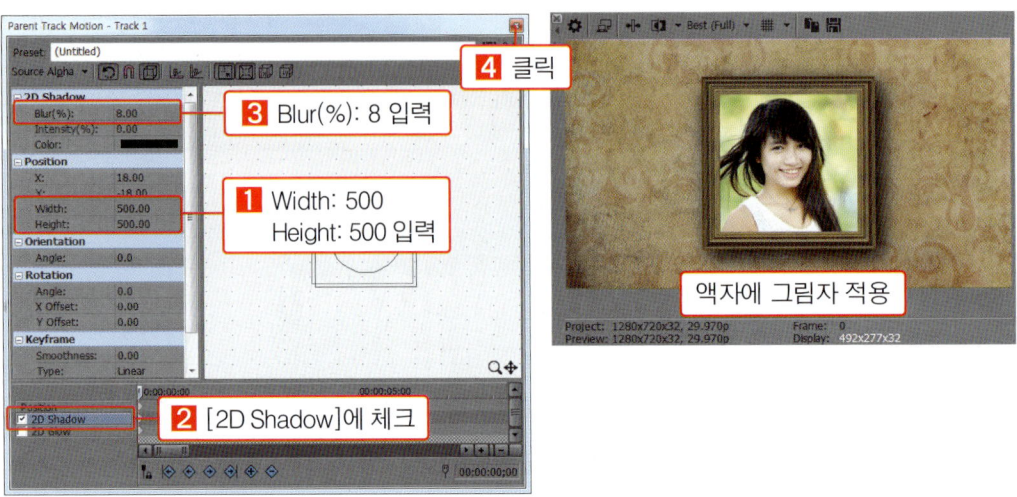

12 Ctrl+Shift+Q를 눌러 트랙을 추가한 후, 묶여진 트랙의 가장자리를 클릭해서 트랙 전체를 선택합니다. 그런 후 2번 트랙의 Make Compositing Child( )를 클릭합니다.
이어서 5번 트랙의 Make Compositing Child( ) 버튼을 클릭하여 위쪽 트랙에 하나로 묶어 줍니다.

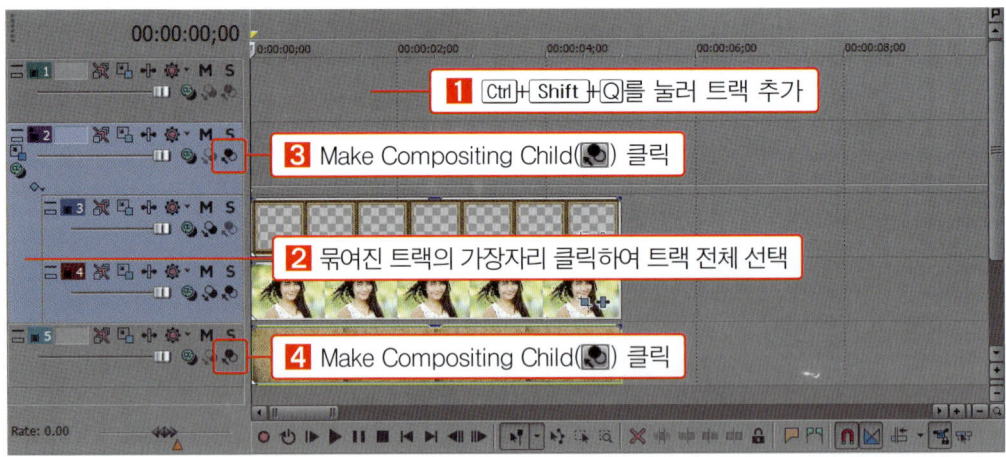

13 그런 후 1번 트랙의 Parent Compositing Mode(　)를 클릭하여 [3D Source Alpha]를 적용하고 [Parent Motion]을 클릭합니다.

14 나오는 창에서 타임 라인 05;00초 부분을 클릭하고 [Position]의 Z에 -200을 입력해서 줌 인 모션을 만들어 주고 창을 닫습니다.

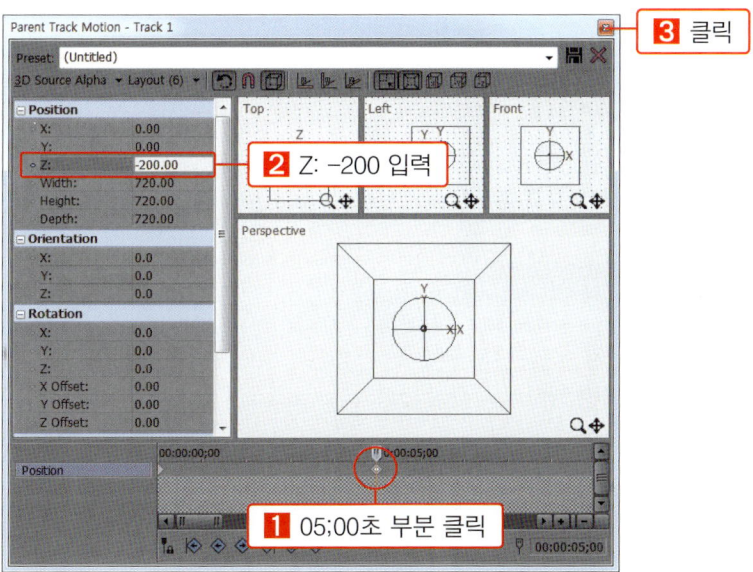

15 [Video FX]에서 [Soft Contrast]의 [Warm Vignette] 프리셋을 1번 트랙에 적용해서 비네팅 효과를 적용시켜 주고 [Vignette] 탭을 클릭하여 [Strength]에 80을 입력해서 비네팅 강도를 조절하고 창을 닫습니다.

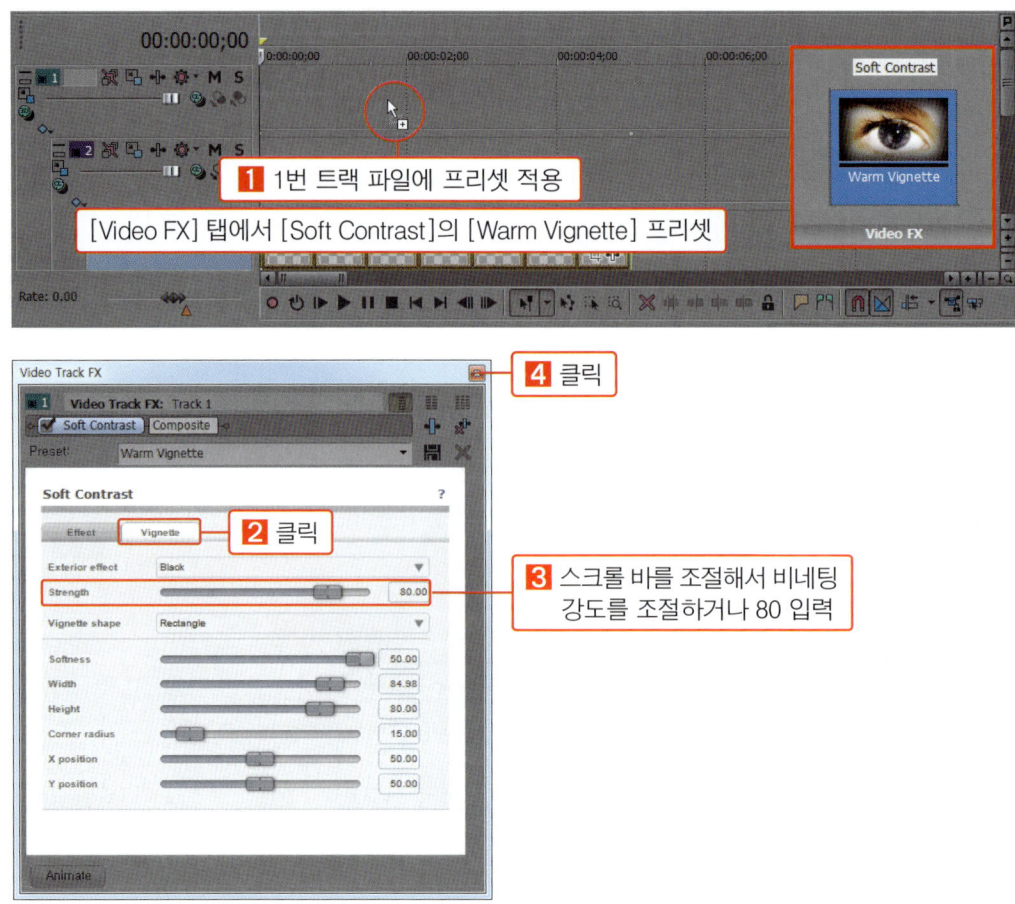

16 17 그런 후 재생해서 확인을 해보면 액자에 사진이 합성되어 크로즈업 되는 액자 합성 효과가 만들어진 것을 볼 수 있습니다.

✔ 최종 결과 파일: [5프로젝트/Vegas Pro 14-30.veg]
　　　　　　　　[6완성영상/Vegas Pro 14-30.wmv]

포커싱 라이트 효과 만들기 — Lesson 30

Lesson 30 포커싱 라이트 효과 만들기

Vegas Pro 2014

드라마 엔딩이나 뮤직비디오 등에서 특정 부분에만 밝게 빛이 들어 왔다가 다시 어두워지면서 다시 다른 장면이 나타나는 감성적인 연출 효과를 볼 수 있습니다. 이번 레슨에서는 이런 포커싱 라이트 기법에 대해 알아보도록 하겠습니다.

1 메뉴 [File]-[New]를 클릭하여 [Template]에서 [HDV 720-30p (1280x720, 29.970 fps)]를 선택해서 프로젝트를 불러옵니다.

2 그런 후 [2사진] 폴더에서 [IMG_144.jpg ~ IMG_146.jpg] 파일을 불러옵니다.

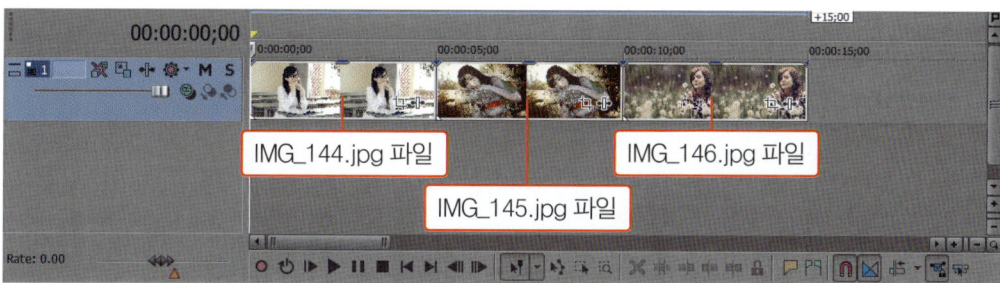

IMG_144.jpg 파일
IMG_145.jpg 파일
IMG_146.jpg 파일

3 [Video FX]에서 [Bump Map]의 [Spotlight Up (flat)] 프리셋을 첫 번째 사진 파일에 적용합니다.

첫 번째 사진에 프리셋 적용
[Video FX]에서 [Bump Map]의 [Spotlight Up (flat)] 프리셋

4 나오는 창에서 [Ambience]에 0을 입력하고 [Intensity]에 0.280을 입력합니다. 그런 후 Intensity의 Animate( ) 버튼을 눌러 타임 라인을 나오게 한 후 타임 라인 끝부분을 클릭하고 [Intensity] 스크롤 바를 좌측 끝으로 적용하고 창을 닫습니다.

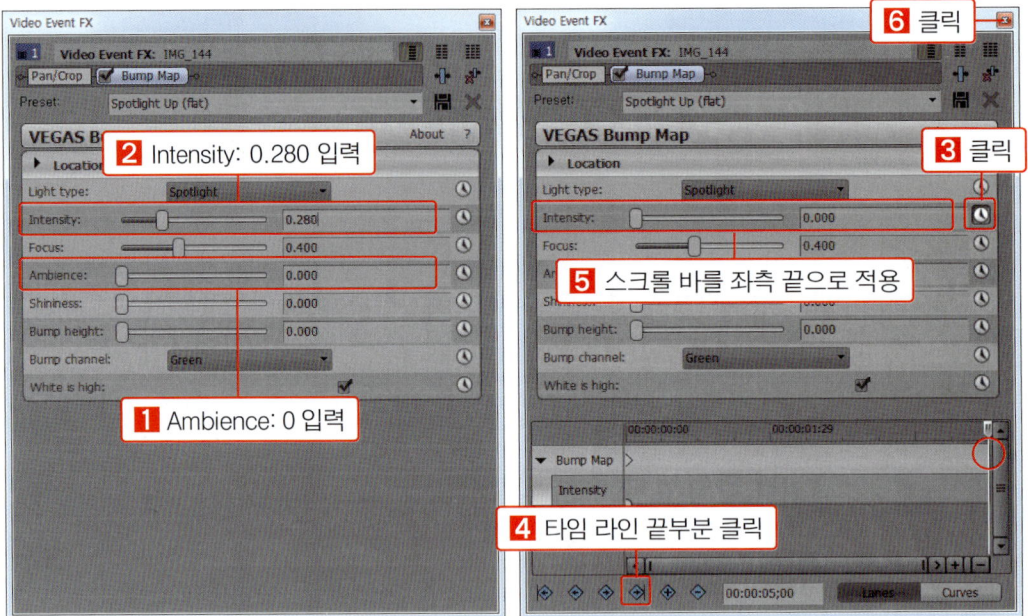

5 [Video FX]에서 [Bump Map]의 [Spotlight Up (flat)] 프리셋을 두 번째 사진 파일에 적용합니다.

6 나오는 창에서 [Ambience]에 0을 입력하고 [Intensity]에 0.280을 입력합니다. 그런 후 Location(▶) 탭을 클릭한 후 나오는 Source(▶) 탭을 클릭하여 위치 설정 창을 나오게 해서 위치 조정 포인트를 대각선 방향 위쪽으로 이동시켜 줍니다.

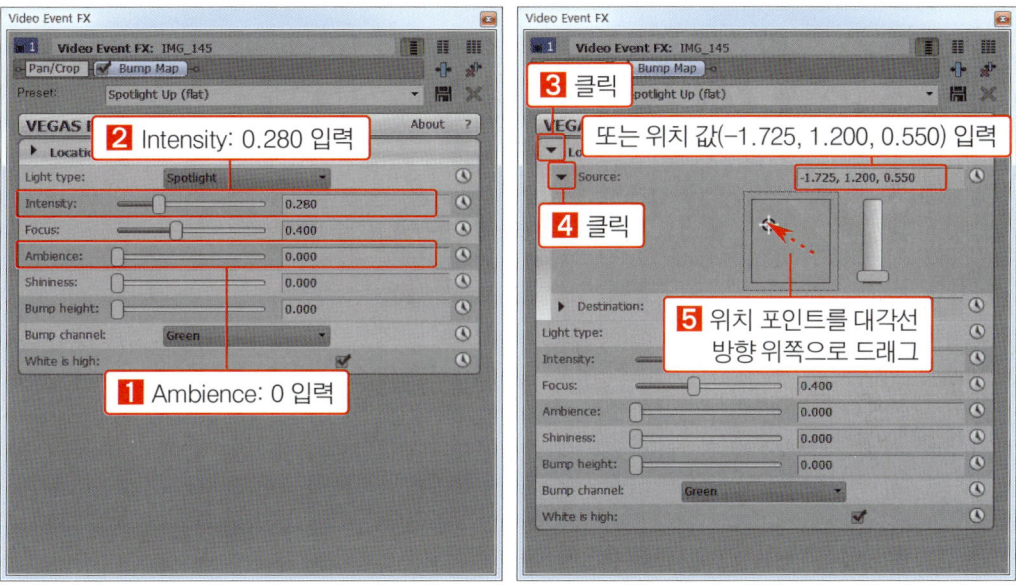

7 이어서 [Intensity]의 Animate(◎) 버튼을 클릭하여 타임 라인이 나오면 [Intensity] 스크롤 바를 좌측 끝으로 적용합니다. 그런 후 타임 라인 02;00초 부분을 클릭하여 [Intensity]에 0.280을 입력합니다.

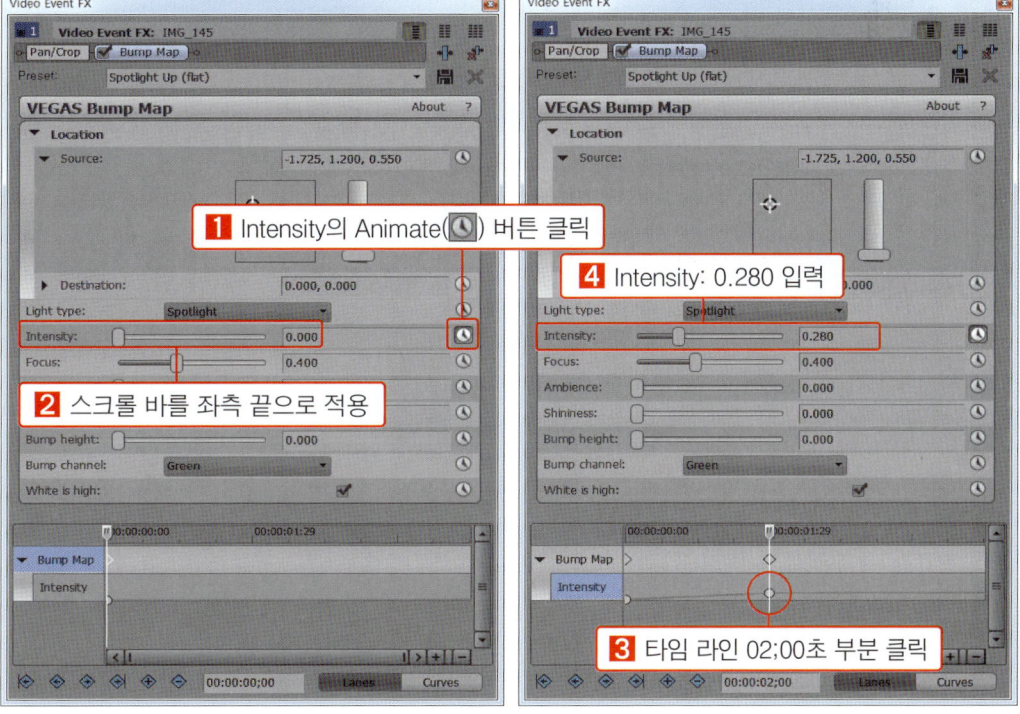

8 이어서 타임 라인 끝부분을 클릭하고 [Intensity] 스크롤 바를 좌측 끝으로 적용한 후 창을 닫습니다.

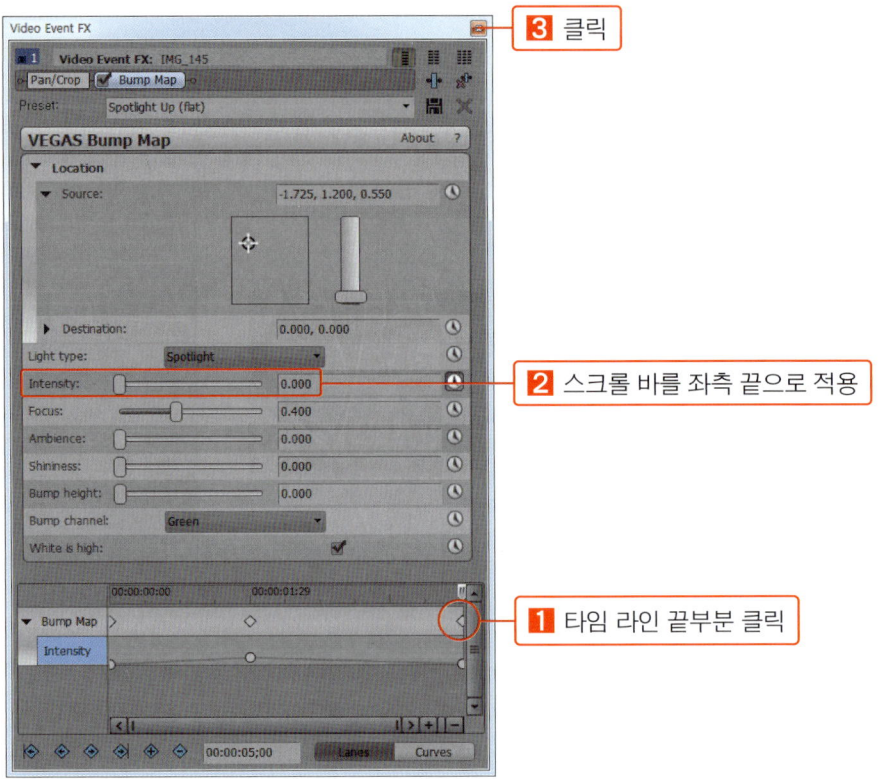

9 [Video FX]에서 [Bump Map]의 [Spotlight Up (flat)] 프리셋을 세 번째 사진 파일에 적용합니다.

10 나오는 창에서 [Ambience]에 0을 입력하고 [Intensity]에 0.280을 입력합니다. 그런 후 Location (▶) 탭을 클릭한 후 나오는 Source(▶), Destination (▶) 탭을 클릭하여 위치 설정 창을 나오게 해서 [Source]의 위치 조정 포인트를 우측 상단 대각선 방향으로 이동시켜 줍니다. 또는 위치 (-0.070, 1.660, 0.550) 값을 입력해서 설정하고 [Destination]의 위치 조정 포인트를 우측으로 이동시켜서 화면 우측 사진에 빛이 위치하게 합니다. 또는 위치 (0.550, 0.130) 값을 입력해서 설정합니다.

포커싱 라이트 효과 만들기 | Lesson 30

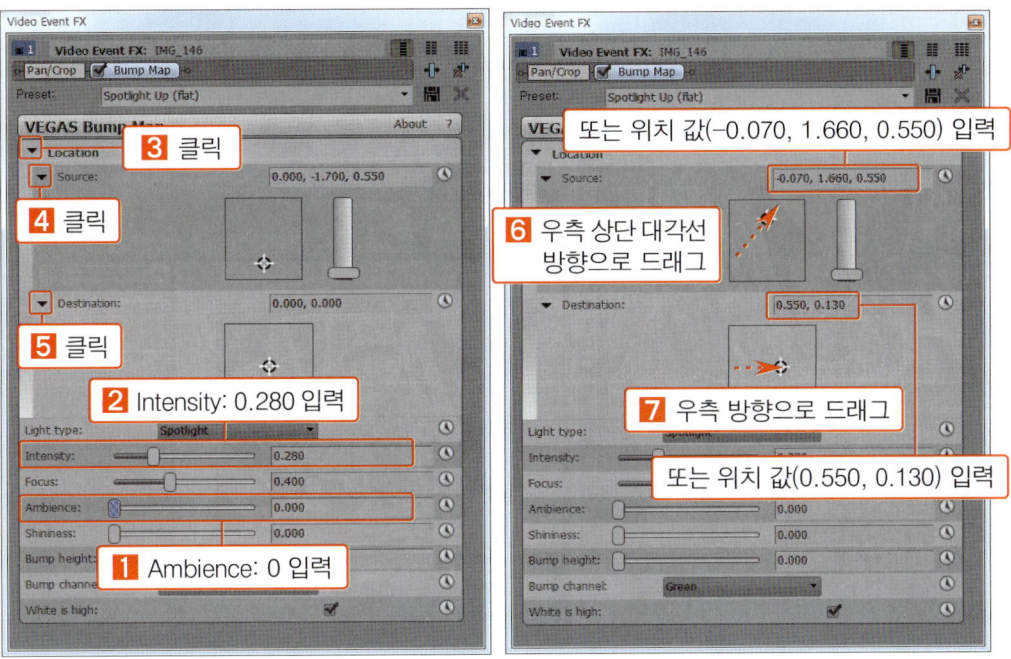

11 이어서 [Intensity]의 Animate( ) 버튼을 클릭하여 타임 라인을 나오게 한 후 [Intensity] 스크롤 바를 좌측 끝으로 적용합니다. 그런 후 02;00초 부분을 클릭하여 [Intensity]에 0.280을 입력합니다.

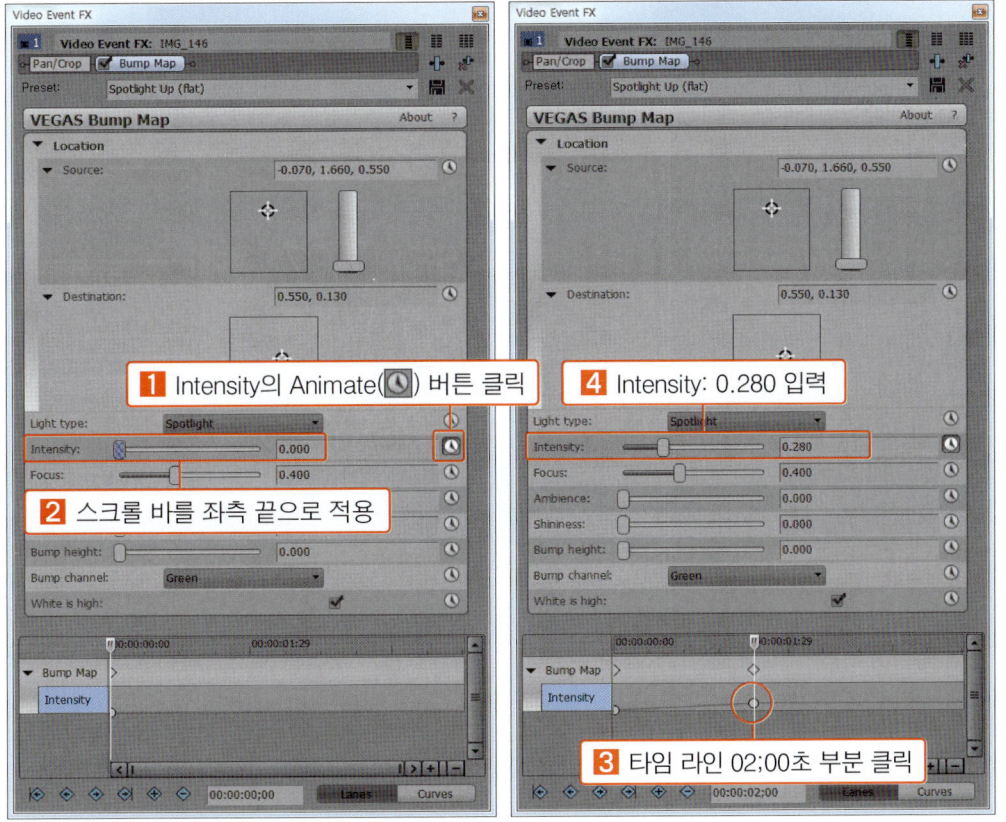

12 타임 라인 끝부분을 클릭하고 [Intensity] 스크롤 바를 좌측 끝으로 적용한 후 창을 닫습니다.

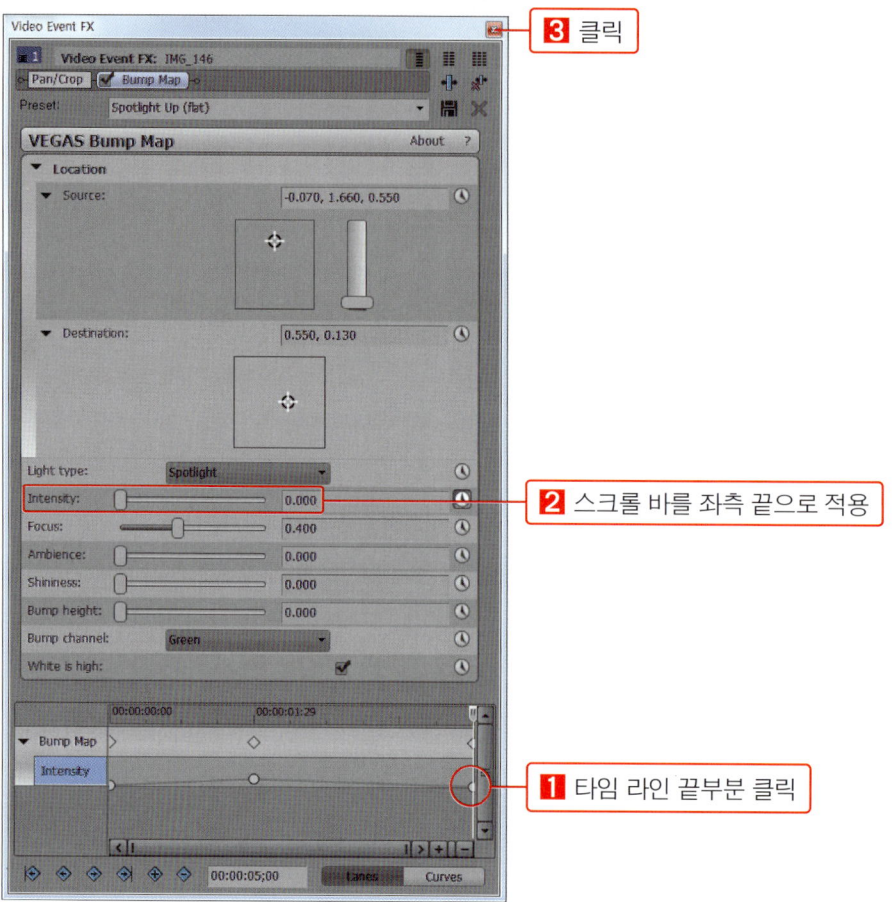

13 첫 번째 파일의 이벤트 팬/크롭( ) 버튼을 클릭합니다.

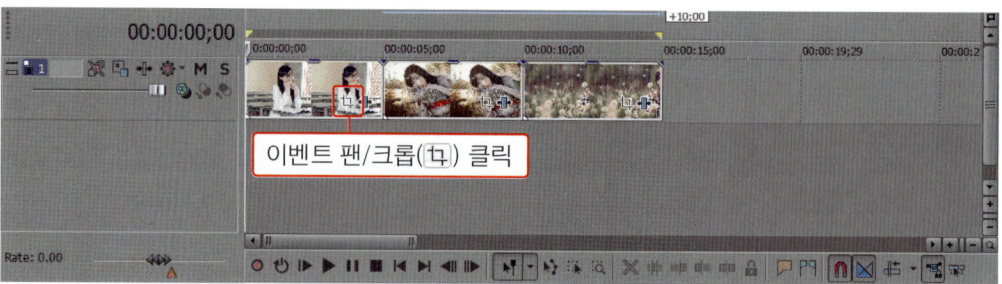

14 나오는 창에서 타임 라인 끝부분을 클릭한 후 Shift 키를 누른 상태에서 포지션 [F] 화면의 조정점 포인트를 화면 안쪽으로 한번 드래그하여 줌 인 모션을 만들어 주고 창을 닫습니다.

15 두 번째 파일의 이벤트 팬/크롭( ) 버튼을 클릭합니다.

16 나오는 창에서 Shift 키를 누른 상태에서 포지션 [F] 화면의 조정점 포인트를 화면 안쪽으로 한번 드래그한 후 포지션 [F] 가운데를 좌측으로 드래그해서 사진 끝에 맞춰 줍니다. 그런 후 타임 라인 끝 부분을 클릭하고 포지션 [F] 가운데를 우측으로 드래그해서 사진 끝에 맞춰 주고 창을 닫습니다.

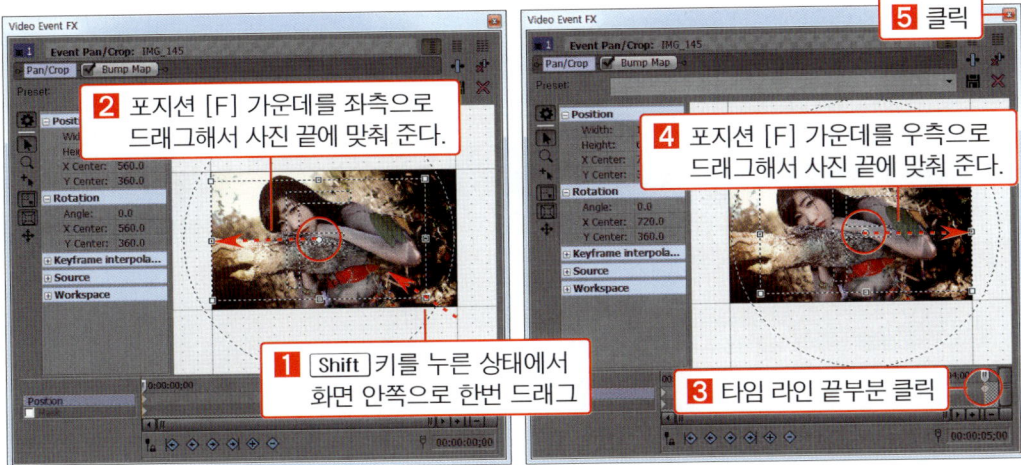

17 세 번째 파일의 이벤트 팬/크롭( ) 버튼을 클릭합니다.

18 나오는 창에서 Shift 키를 누른 상태에서 포지션 [F] 화면의 조정점 포인트를 화면 안쪽으로 한번 드래그한 후, 포지션 [F] 가운데를 위쪽으로 드래그해서 사진 끝에 맞춰 줍니다. 그런 후 타임 라인 끝 부분을 클릭하고 포지션 [F] 가운데를 아래로 드래그해서 사진 끝에 맞춰 주고 창을 닫습니다.

19 Ctrl + Shift + Q를 눌러 트랙을 추가한 후 [7영상소스] 폴더에서 [mov01.wmv] 파일을 넣어 줍니다. 그런 후 1번 트랙의 Compositing Mode( )를 클릭, [Screen]을 선택하여 영상 소스를 합성시켜 줍니다.

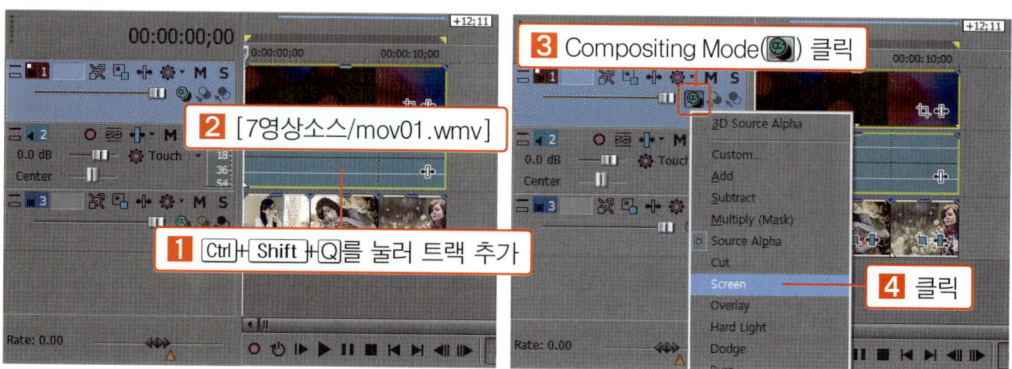

20 재생을 해서 확인해 보면 특정 부분에 빛이 들어오면서 사진이 나왔다가 사라지면서, 다시 다른 사진이 나오는 효과를 볼 수가 있습니다.

✔ 최종 결과 파일: [5프로젝트/Vegas Pro 14-31.veg]
　　　　　　　　[6완성영상/Vegas Pro 14-31.wmv]

Lesson 31 마이 리틀 텔레비전의 캐릭터 점핑 효과 만들기

MBC 예능 프로인 마이 리틀 텔레비전에서 캐릭터들이 왁자지껄하게 떠들면서 점핑 효과가 나타나는 재미있는 캐릭터 효과를 볼 수 있습니다. 베가스에서 이와 같은 효과를 어떻게 만들 수 있는지 살펴보겠습니다.

1 메뉴 [File]-[New]를 클릭하여 [Template]에서 [HDV 720-30p (1280x720, 29.970 fps)]를 선택해서 프로젝트를 불러옵니다.

2 그런 후 [2사진/캐릭터] 폴더에서 [MT-01.jpg] 파일을 불러온 후, 그 파일의 이벤트 팬/크롭( ) 버튼을 클릭합니다.

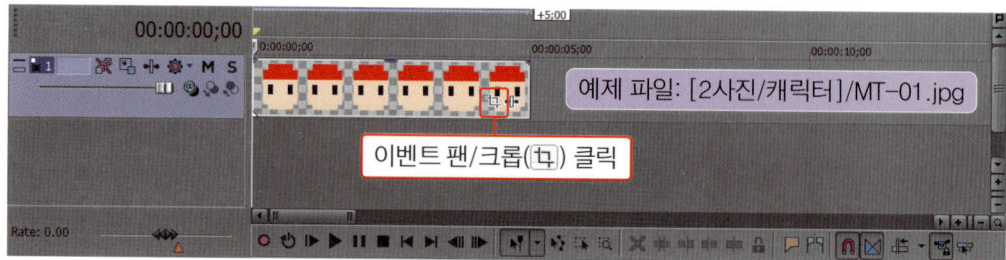

예제 파일: [2사진/캐릭터]/MT-01.jpg

이벤트 팬/크롭( ) 클릭

3 나오는 창에서 [Position]의 Width에 3000을 입력해서 이미지 크기를 적당한 크기로 줄여 줍니다. 그런 후 타임 라인 00;10초 부분을 클릭하고 [Position]의 Y Center에 800을 입력해서 캐릭터가 위로 올라가는 모션을 만들어 줍니다.

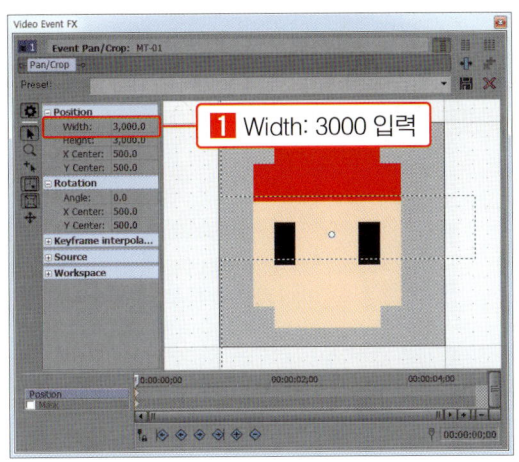 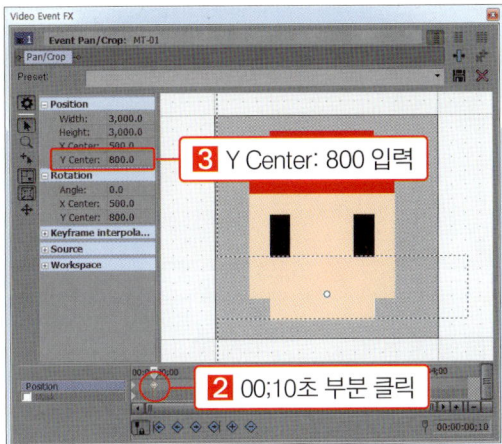

캐릭터 크기 줄이기

> **Note** 이벤트 팬/크롭 창의 [Position]의 Width에 값을 입력해서 캐릭터의 크기를 줄일 수 있지만, 사용하는 캐릭터 파일에 따라서는 파일 크기를 줄이는 최대값에 한계가 있어서 더 이상 줄일 수가 없는 경우가 있을 수 있습니다. 이때는 트랙 모션을 클릭해서 캐릭터 크기를 줄여 주면 됩니다.

4 이어서 타임 라인 00;20초 부분을 클릭한 후 [Position]의 Y Center에 500을 입력해서 제자리로 돌아오는 모션을 만들어 줍니다. 그런 후 타임 라인의 맨 앞쪽 키 프레임에서 마우스 우측 버튼 클릭하여 [Hold]를 선택합니다.

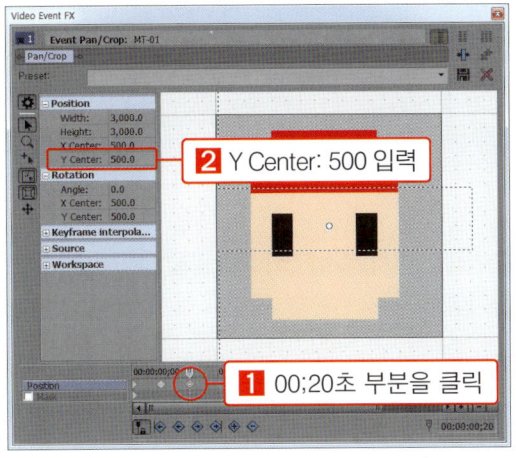 

5 그러면 키 프레임이 붉은색으로 바뀌게 됩니다. 나머지 2개의 키 프레임에서도 마우스 우측 버튼을 클릭하여 동일하게 [Hold]를 적용시켜 줍니다. 그런 후 Ctrl 키를 누른 상태에서 키 프레임을 하나하나 클릭해서 선택한 후 Ctrl+C를 눌러 키 프레임을 복사합니다.

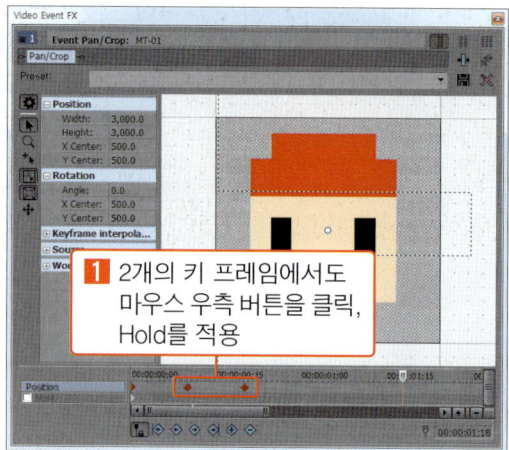
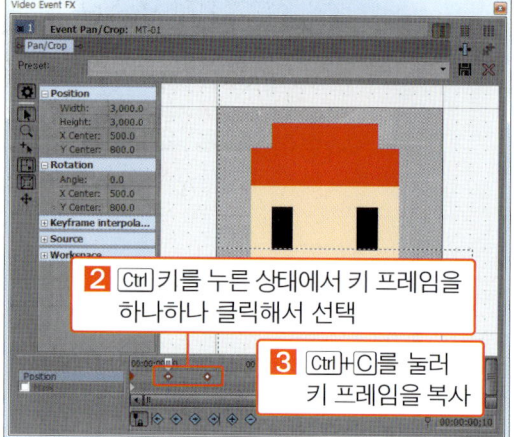

6 타임 라인의 01;00초 부분을 클릭하고 Ctrl+V를 눌러 키 프레임을 붙여넣기 합니다. 타임 라인의 동일한 간격으로 01;20초 부분을 클릭하고 Ctrl+V를 눌러 키 프레임을 다시 붙여넣기 합니다.

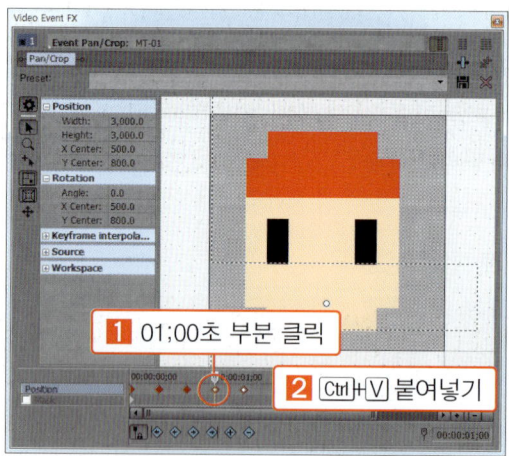
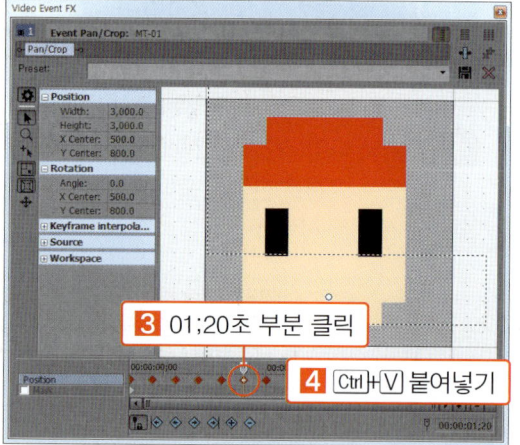

7 같은 방식으로 타임 라인을 10초 간격으로 클릭해 가면서 복사한 키 프레임을 Ctrl+V를 눌러 타임 라인 끝까지 붙여넣기 해서 채워 주고 창을 닫습니다.

8 트랙 모션(📼)을 클릭합니다.

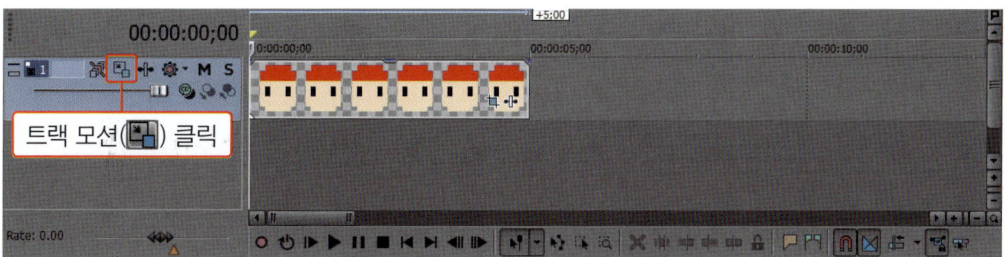

9 나오는 창에서 화면 박스를 좌측 하단으로 드래그해서 캐릭터의 위치를 잡아 주고 창을 닫습니다. 그러면 기본 점핑 모션 캐릭터가 만들어지게 됩니다.

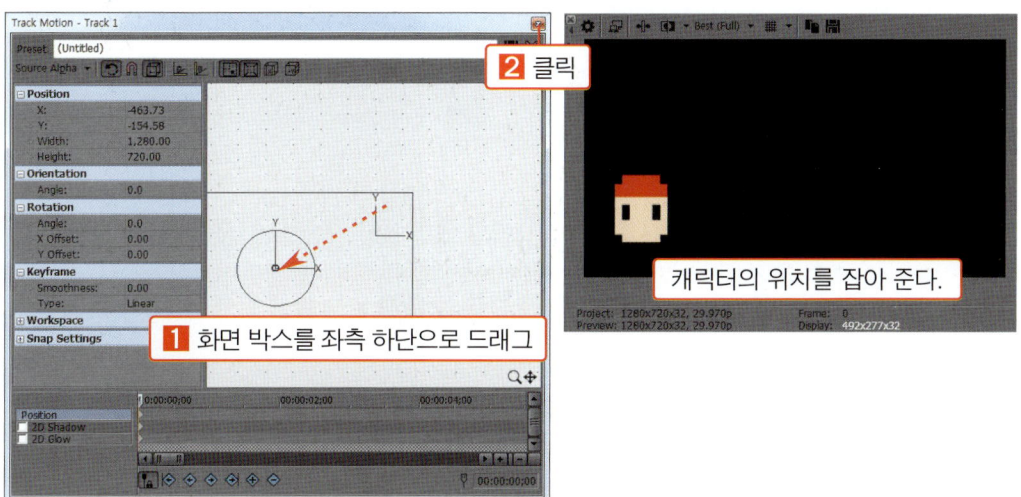

10 Ctrl + Shift + Q를 눌러 트랙을 추가한 후 [2사진/캐릭터] 폴더에서 [MT-07.jpg] 파일을 불러옵니다. 불러온 파일의 이벤트 팬/크롭( ) 버튼을 클릭합니다.

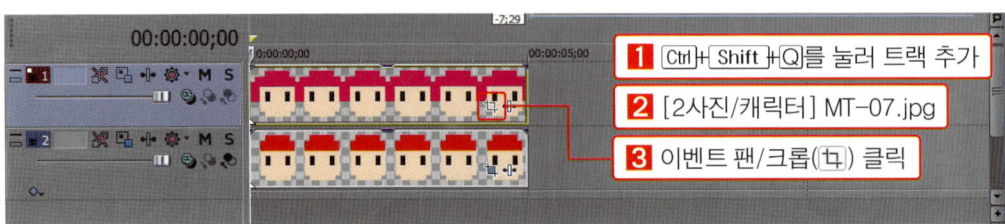

11 그런 후 3번 과정부터 4번 과정을 동일하게 진행해서 [Position]의 Width에 3000을 입력해서 이미지 크기를 줄여 줍니다. 이때 타임 라인은 00;10초가 아닌 00;5초를 클릭해 주고 [Position]의 Y Center에 800을 입력하고 다시 타임 라인 00;10초를 클릭한 후 [Position]의 Y Center에 500을 입력해서 제자리로 돌아오는 기본 모션을 만들어 줍니다. 그런 후 5번 과정부터 7번 과정처럼 동일한 방법으로 키 프레임을 일정한 간격으로 붙여넣기를 해준 후 창을 닫고 트랙 모션을 클릭해서 캐릭터를 원하는 부분에 위치시켜 줍니다.

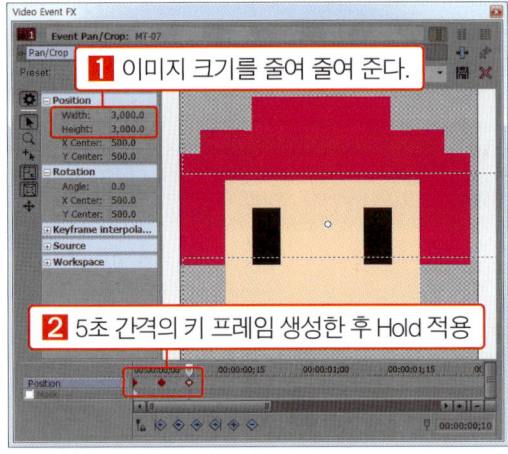
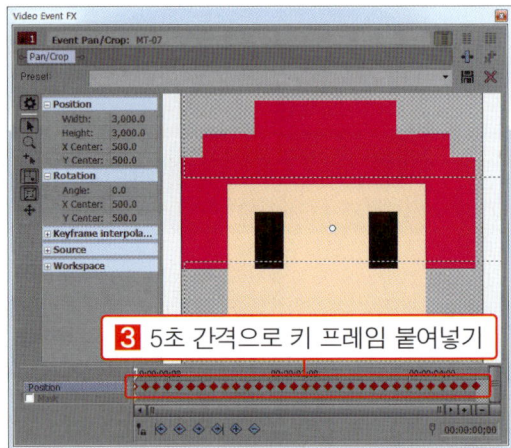
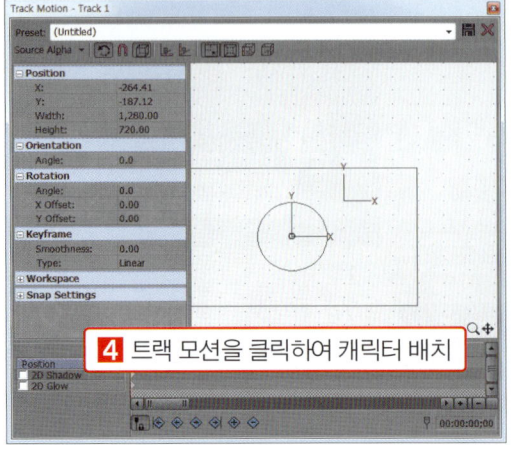
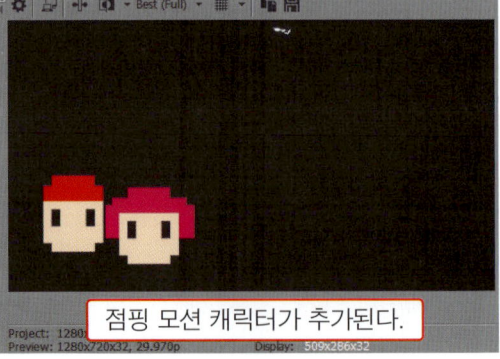

12 다시 Ctrl + Shift + Q를 눌러 트랙을 추가한 후 [2사진/캐릭터] 폴더에서 원하는 캐릭터 파일 파일을 불러옵니다. 이후 앞서의 과정을 참조(이벤트 팬/크롭(﹃) 버튼을 클릭- 캐릭터 크기 축소, 키 프레임 생성-기본 모션을 만들고 키 프레임을 일정한 간격으로 붙여넣기)하여 과정을 진행한 후, 트랙 모션을 클릭해서 캐릭터를 프리뷰 화면에 배치해 주는 과정을 동일하게 진행해 줍니다. 이때 불러온 캐릭터 파일마다 기본 모션을 만드는 시간 간격을 5초, 10,초, 15초 등으로 다르게 설정해 줘야 캐릭터가 들쭉날쭉하게 점핑하는 효과가 나타나게 됩니다.

1 Ctrl + Shift + Q를 눌러 트랙 추가
2 [2사진/캐릭터]에서 원하는 파일을 불러온다.
3 이벤트 팬/크롭(﹃) 클릭

파일을 불러와서 점핑 모션 캐릭터를 앞서의 과정을 참조하여 완성한다.

13 점핑 캐릭터를 더 불러와서 앞 과정을 반복하여 원하는 만큼 만들어 준 후, 맨 아래 트랙에 [1영상] 폴더에서 [HDV41. wmv] 파일을 넣어 줍니다.

예제 파일: [1영상]/HDV41.wmv

14 재생을 해보면 마이 리틀 텔레비전 방송처럼 캐릭터들이 점핑하는 효과를 볼 수 있습니다.

✔ 최종 결과 파일: [5프로젝트/Vegas Pro 14-32.veg]
　　　　　　　　[6완성영상/Vegas Pro 14-32.wmv]

Part 04

베가스 문제 해결 및 활용 Tip

Lesson 32
베가스에서 자주 발생하는 문제 해결법

Vegas Pro 2014

베가스에서 영상이 불러와지지 않을 때

베가스에서 영상이 불러와지지 않는 문제의 대부분은 코덱과 관련이 있습니다. 영상 편집을 위해서는 기본적으로 영상에 사용된 코덱이 설치되어 있어야 하는데, 코덱의 종류가 다양하고 일일이 찾아서 설치가 힘들기 때문에 통합 코덱을 설치하면 영상이 안 불러와지는 문제를 대부분 해결할 수 있습니다.

통합 코덱으로는 K-Lite 통합 코덱과 스타 코덱 등 사용자가 많은 것을 사용하는 것이 좋습니다.

K-Lite 코덱	http://www.codecguide.com
스타 코덱	http://www.starcodec.com

베가스 초기화하기

베가스를 사용하다 보면 알 수 없는 오류가 자주 발생하거나 또는 버튼을 잘못 눌러서 평소에 없던 이상한 증상이 나타나는 경우가 생길 수 있습니다. 전체적으로 알 수 없는 문제가 생겼을 때는 베가스를 초기화해서 베가스를 설치했던 초기 상태로 되돌려서 사용하는 것이 가능합니다.

1 베가스 초기화 방법은 Ctrl + Shift 키를 누른 상태에서 바탕 화면의 베가스 실행 아이콘을 더블 클릭합니다.

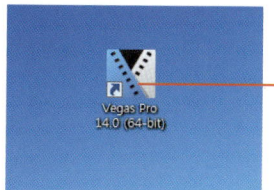

Ctrl + Shift 키를 누른 상태에서
바탕 화면의 베가스 실행 아이콘을 더블 클릭

2 그런 후 초기화할 것인가를 묻는 창이 나오면 [Delete all cached application data]에 체크한 후, [Yes]를 클릭하면 베가스가 초기화되어 실행됩니다.

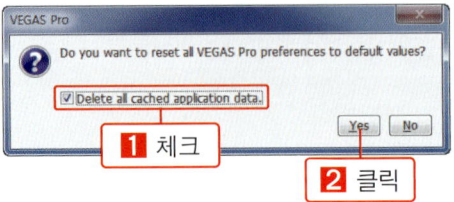

베가스 기본 화면 레이아웃 초기화하기

베가스를 사용하다 실수로 키를 잘못 눌러서 [Transitions] 창이나 [프리뷰] 창이 없어지거나 또는 창이 다른 곳에 들어가는 등 베가스 화면이 이상하게 바뀌었을 때는 베가스 레이아웃 초기화를 실행하여 처음 설치한 베가스 기본 화면으로 되돌릴 수 있습니다.

상단 메뉴 [View]-[Window Layouts]-[Default Layout]을 클릭합니다. 그러면 베가스 화면이 처음 상태로 돌아가게 됩니다. 단축키는 Alt+D, D입니다.

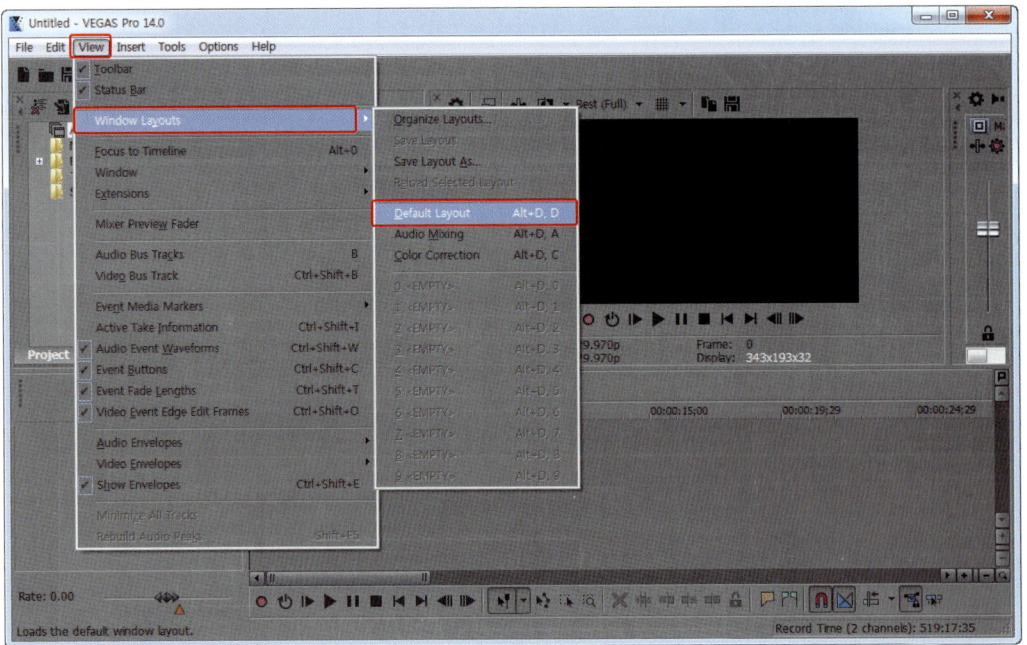

▋▋ 프리뷰 화면이 사라졌을 때

잘못 클릭해서 프리뷰 화면이나 Transitions, Video FX 창들이 사라졌을 때 해결 방법입니다.

상단 메뉴 [View]-[Window]를 클릭하면 메뉴 창 목록이 나와 있는 데 여기서 나타낼 창을 체크해 주면 됩니다. 하나의 창이 아닌 또 다른 창도 표시하려면 다시 한 번 [View]-[Window]를 클릭하여 해당 창 목록을 체크해 주면 됩니다.

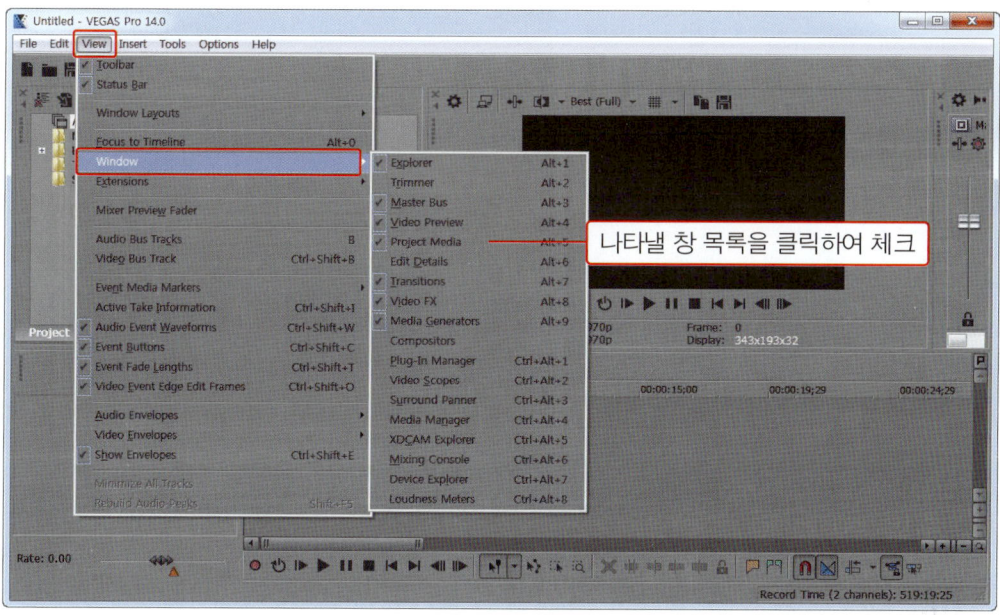

▋▋ 빠져 나온 창을 원래 위치에 넣고자 할 때

빠져나온 창이나 창의 위치를 옮기고자 할 때는 Ctrl 키를 누른 상태에서 창 상단을 드래그해서 원하는 곳에 넣어 주면 됩니다.

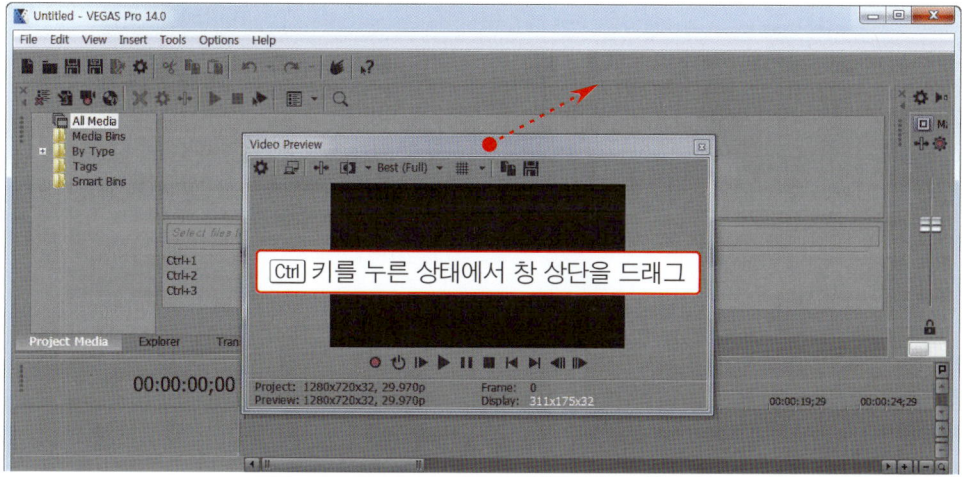

적용한 효과가 프리뷰 화면에 나타나지 않을 때

파일에 Video FX 같은 효과를 적용했지만 프리뷰 화면에는 적용한 효과가 나타나지 않거나 프리뷰 화면 반쪽 부분에만 효과가 나타날 때의 해결 방법입니다.

프리뷰 화면에 적용한 효과가 나타나지 않거나 프리뷰 화면의 한쪽 부분에만 효과가 나타나는 경우는 프리뷰 화면의 효과 확인 옵션인 Split Screen View(▣▼)가 눌러져 있기 때문입니다. 프리뷰 화면 전체에 적용된 효과가 나타나게 하려면 Split Screen View(▣▼) 버튼을 클릭하여 눌러져 있는 걸 해제시켜 주면 됩니다.

트랙이 갑자기 A-B 트랙으로 나눠졌을 때

갑자기 트랙이 A-B 트랙으로 분리되어 나타났을 때 해결법입니다.

트랙 리스트에서 마우스 우측 버튼을 클릭하여 [Expand track layers]의 체크를 해제시켜 줍니다.

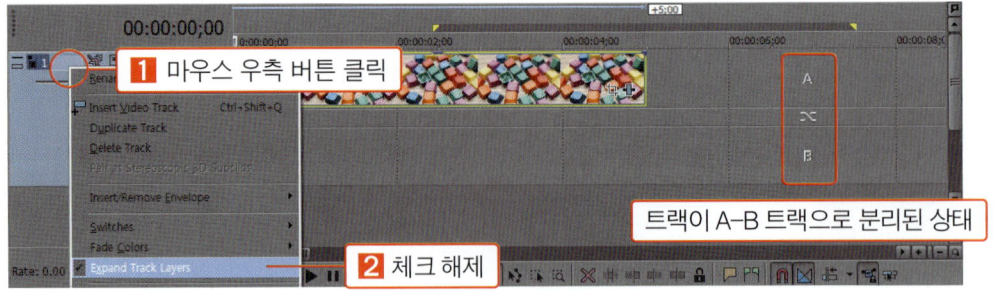

[Expand track layers]

> **Note**: 이 기능은 하나의 트랙을 A, B 트랙으로 나눠주는 기능으로, 보통은 1개의 트랙에 하나의 파일을 사용하지만 트랙을 1개 더 확장시켜 별도의 효과를 적용한 파일 구간을 만들 때 사용할 수 있습니다.

트랙이 검게 잠기더니 프리뷰 화면에 아무 것도 나오지 않을 때

버튼을 잘못 눌렀는지 원인을 모르게 트랙이 검게 잠겨 있고 프리뷰 화면에는 아무 것도 안 나올 때, 베가스 초기화를 했음에도 증상이 해결되지 않을 때의 해결 방법입니다.

아래 그림처럼 파일이 있는 트랙이 어둡게 되어 있고 트랙 프리뷰 화면에는 영상이 나오지 않을 때는 상단 메뉴의 [Options]-[Mute All Video]를 눌러 체크된 것을 해제시켜 주면 됩니다.

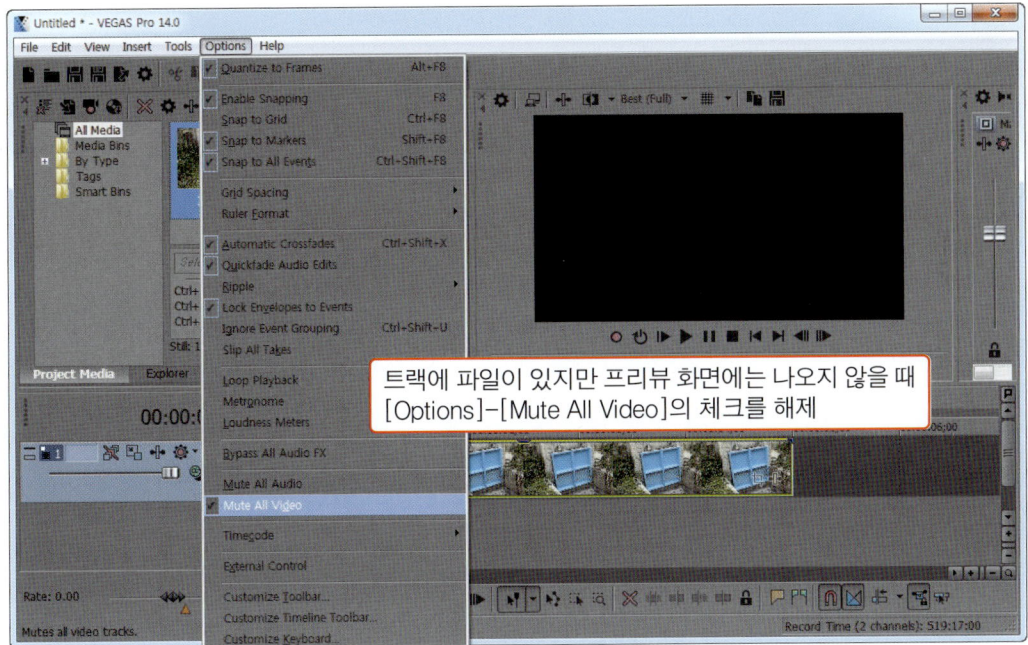

트랙에 파일이 있지만 프리뷰 화면에는 나오지 않을 때 [Options]-[Mute All Video]의 체크를 해제

파일에 있어야 할 아이콘들이 사라졌을 때

키를 잘못 눌러서 파일에 있어야 할 아이콘(Generated Media(■), Event Pan/Crop(■), Event FX(■))들이 갑자기 사라졌을 때의 해결 방법입니다.

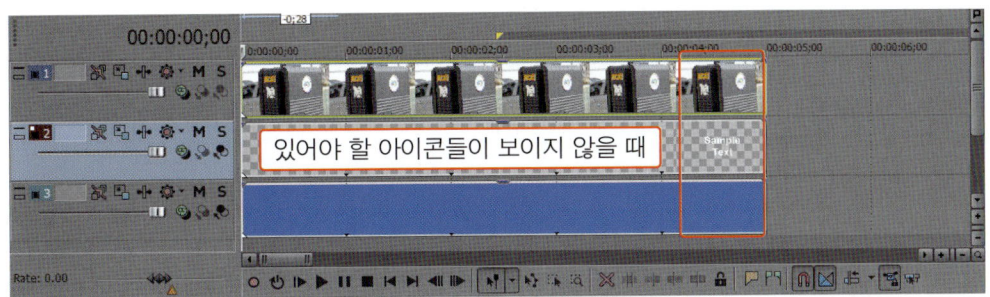

있어야 할 아이콘들이 보이지 않을 때

파일 끝 쪽에 있어야 할 아이콘들이 보이지 않을 때는 Ctrl+Shift+C를 눌러 줍니다. 그러면 아이콘들이 다시 나타나게 됩니다.

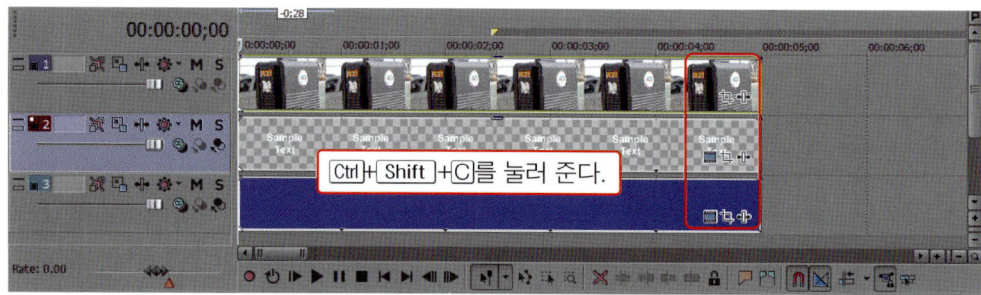

이벤트 팬/크롭 화면에서 [F] 화면이 좌우 또는 위아래 한쪽 방향으로만 움직일 때

[Video Event FX] 창에서 툴 바의 아이콘 중 방향을 설정하는 Move Freely(✥) 아이콘의 설정에 따라서 움직이는 방향이 고정됩니다.

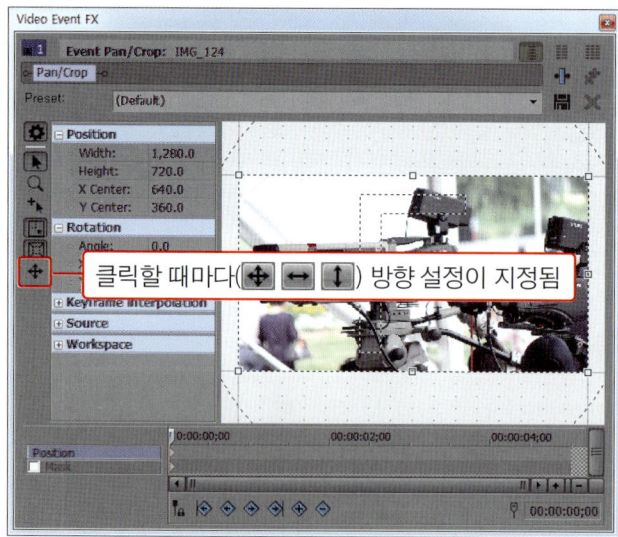

- ✥ : 전체 방향으로 움직이도록 설정
- ↔ : 좌우 방향으로만 움직이도록 설정
- ↕ : 위아래 방향으로만 움직이도록 설정

프리뷰 화면이 선명하지 않고 깨져 보이고 더듬거림이 심할 때

베가스에서는 PC의 사양에 맞게 원활한 프리뷰가 가능하도록 자동으로 프리뷰 화면을 저화질로 보여주게 됩니다. 그래서 선명한 화면으로 보려면 사용자가 프리뷰 화면의 화질을 변경을 해줘야 합니다.

프리뷰 화면 상단의 프리뷰 화면 설정 부분을 클릭해서 [Best]-[Full]을 클릭해 주면 선명한 프리뷰 화면을 볼 수 있습니다.

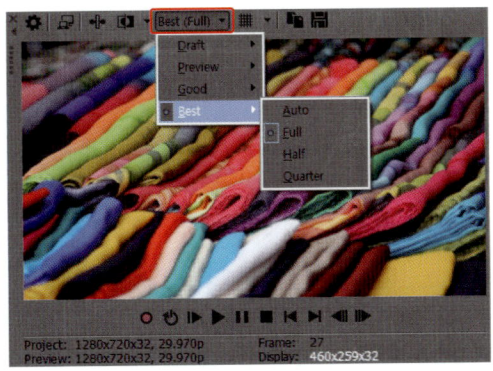

다만 [Best]-[Full]이 가장 좋은 화질이지만 그만큼 PC에 부담이 돼서 화면 끊어짐이 발생하는 등의 원활한 프리뷰가 안 될 수 있습니다. 이럴 때는 Good, Preview, Draft로 화질 설정을 변경해서 사용하면 효율적인 프리뷰 화면을 볼 수 있습니다.

트랙 아래에 별도의 트랙 창이 생겼을 때

작업 도중 버튼을 잘못 눌렀을 때 타임 라인 창 아래에 별도의 트랙 창이 나오는 걸 볼 수 있습니다. 이는 Bus Track이라 불리는 것으로 트랙에 불러온 파일 전체에 별도의 효과를 동일하게 적용할 때 사용 하는 것입니다.

Video Bus Track은 Ctrl+Shift+B를 누르면 사라지고 Audio Bus Track은 B키로 On/Off 시킵니다.

Lesson 33 베가스 활용을 위한 꿀 Tip

 베가스에서 지원하지 않는 영상과 오디오 사용하기

베가스로 영상 편집을 하면서 가장 큰 불편함 중 하나가 바로 영상이나 오디오가 불러와지지 않는 문제입니다. 이런 경우 K-Lite나 스타 코덱 등의 통합 코덱을 설치하면 해결되지만, 일부는 코덱이 설치되어 있음에도 영상이나 오디오 파일이 불러와지지 않는 문제가 나타나기도 합니다. 이럴 때는 문제가 된 영상 파일을 변환해서 사용하는 것이 좋습니다.

 팟 인코더를 이용한 동영상 변환

팟 인코더는 Daum에서 무료로 배포하고 있는 인코더 프로그램입니다. 대부분의 영상 파일의 변환이 가능하며 사용법이 간단해서 초보자도 어렵지 않게 사용할 수 있습니다.

[다운로드] http://tvpot.daum.net/application/PotEncoder.do

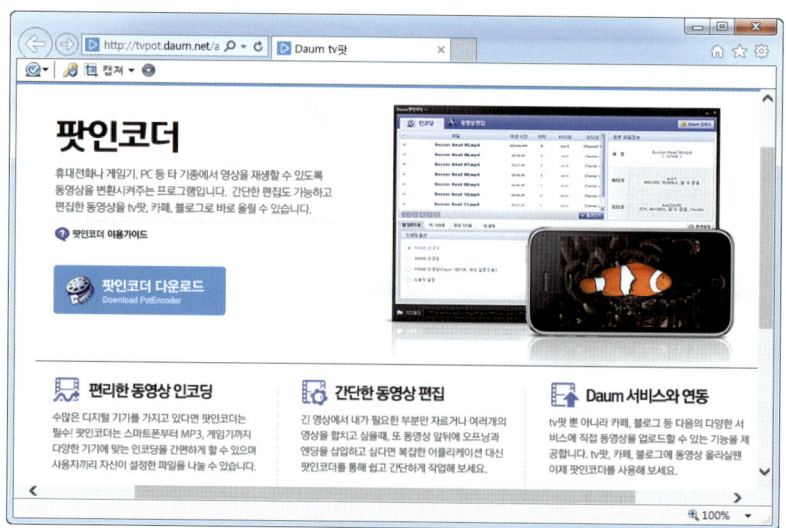

1 팟 인코더를 실행하여 [불러오기]를 클릭하여 변환할 영상 파일을 불러온 후 [환경설정]을 클릭합니다.

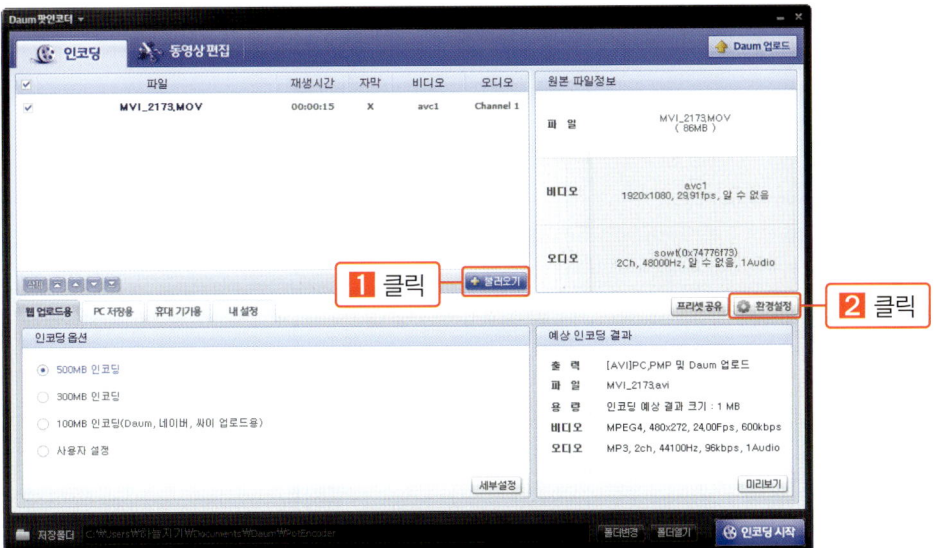

2 [환경설정] 화면의 형식에서 [WMV]를 선택하고 화면 크기에서 [원본 크기 사용]을 선택합니다. 그런 후 [+] 버튼을 클릭하여 비디오 코덱과 오디오 코덱 설정 화면을 나오게 합니다.

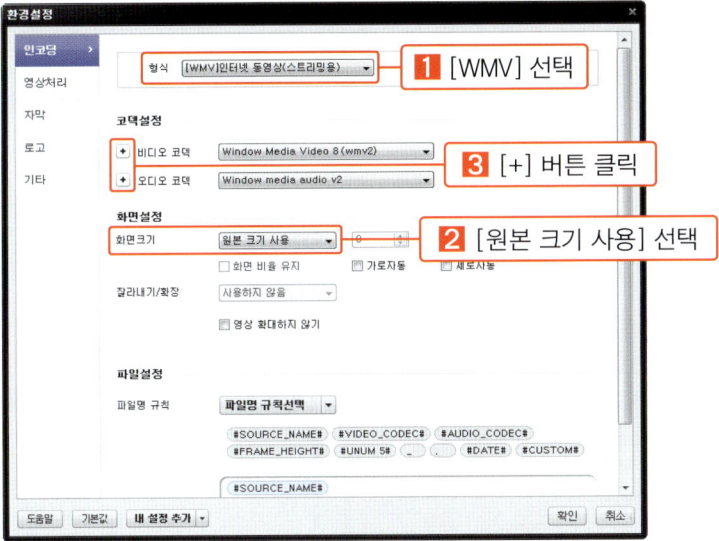

3 비디오 코덱 설정에서 [비트 레이트]에 2000 이상의 숫자를 입력하고 [프레임(fps)]에서 [원본 비율 유지]를 선택합니다. 그런 후 [리사이즈 필터]에서 [LANCZOS(인코딩 속도 느림, 선명한 화질)]을 선택하고 [오디오 코덱 설정의 음질]에서 128 이상을 선택한 후 [확인]을 클릭합니다.

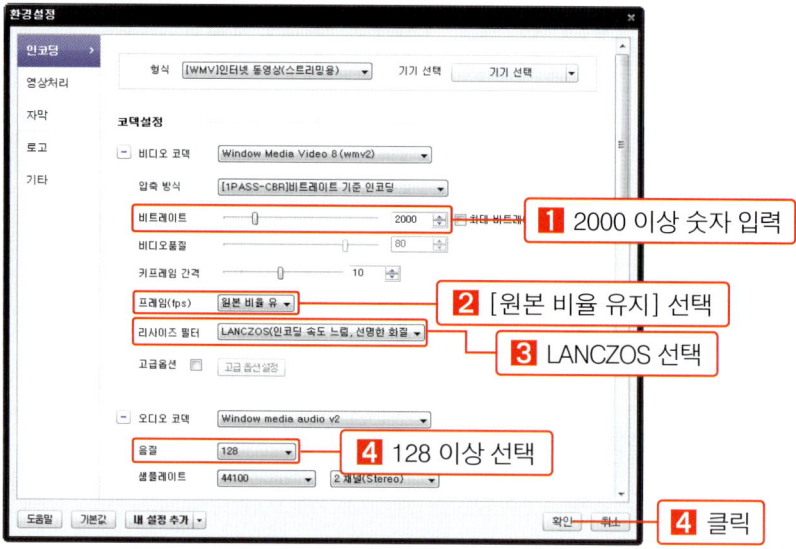

비트 레이트

> Note
> 영상의 화질을 설정하는 항목으로 화질을 좋게 하려면 2000 이상의 3000~5000을 입력하는 것이 좋습니다. 다만 화질 값이 클수록 파일 용량은 그만큼 늘어나므로 적당한 값을 입력하는 것이 좋습니다.

4 모든 설정을 마친 후 [인코딩 시작] 버튼을 클릭합니다. 그러면 인코딩 진행 과정을 볼 수 있는 창이 나타나고 파일 변환 과정이 진행됩니다. 인코딩이 끝나면 알림 창이 나오고 [폴더열기]를 클릭해서 변환된 파일을 확인할 수 있습니다.

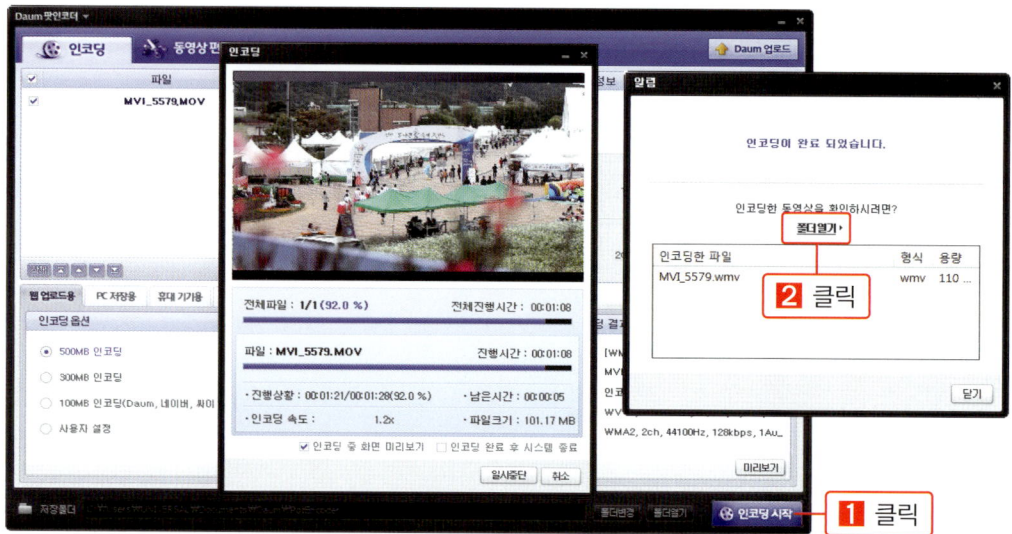

■ 팟 인코더를 이용한 오디오 변환

베가스에 영상은 불러와지지만 오디오가 불러와지지 않는 경우가 있는데 이때는 영상은 변환하지 말고 오디오만 변환시켜서 사용하면 됩니다.

영상 파일을 불러온 후 환경 설정의 형식에서 [MP3 오디오 추출]을 선택한 후, 인코딩을 하면 영상에서 오디오만 변환해서 추출할 수가 있습니다.

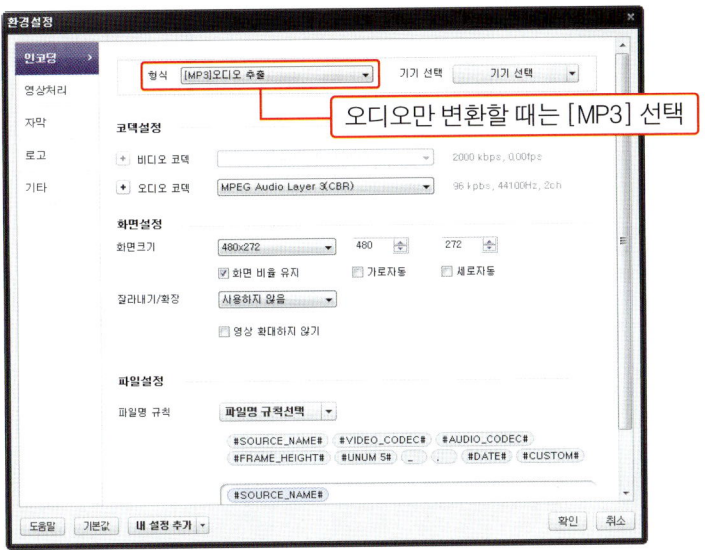

추출된 오디오 파일

Note : 이렇게 추출된 오디오 파일은 베가스에서 영상을 불러온 후 다시 추출된 오디오 파일을 별도로 넣어 줘야 합니다.

■ 동영상에서 원하는 부분만을 변환시키기

재생 시간이 긴 원본 파일이라면 전체가 아닌 일부분만을 선택해서 인코딩할 수도 있습니다.

1 팟 인코더를 실행한 상태에서 [동영상 편집] 메뉴에서 [불러오기]를 클릭해서 파일을 불러 옵니다. 그런 후 우측의 불러온 파일을 좌측 화면으로 드래그해서 넣어 줍니다.

2 그런 후 [시작] 버튼을 클릭한 후 노란색 삼각형 포인트를 드래그해서 시작 부분을 지정하고, [끝] 버튼을 클릭하여 노란색 삼각형 포인트를 드래그해서 끝 부분을 지정한 후 [삽입] 버튼을 눌러 변환할 부분을 선택해 줍니다. [환경설정]을 클릭하여 변환 코덱을 설정해 주고 [인코딩 시작] 버튼을 클릭합니다.

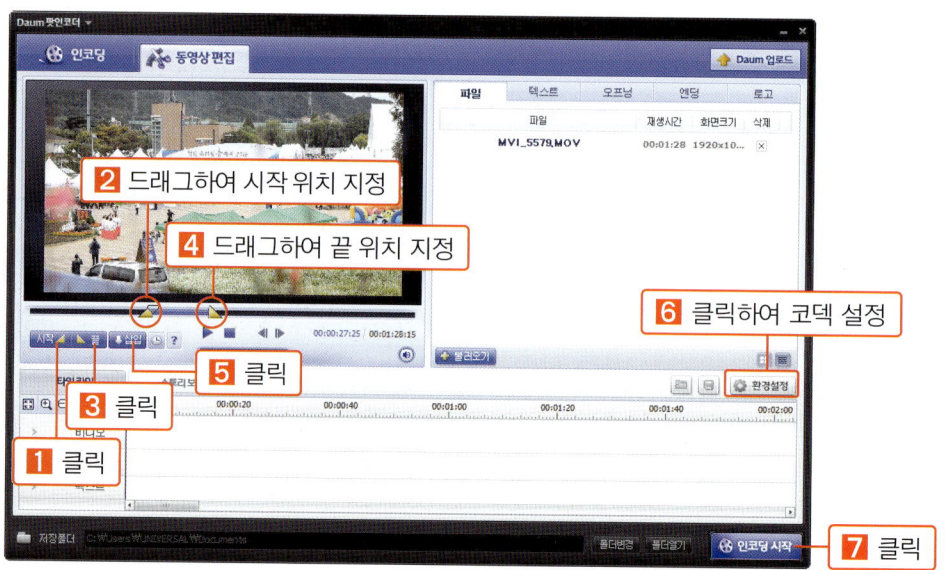

 화면 녹화 프로그램 반디캠 활용하기

화면 녹화 프로그램인 반디캠을 사용하면 게임 영상이나 인터넷 등의 영상을 녹화해서 베가스에서 활용할 수 있습니다. 다만 기본 설정으로 녹화하면 베가스에서 영상을 불러 올 수가 없는데, 베가스에서 사용할 수 있게 녹화할 수 있는 설정 방법을 알아보도록 하겠습니다.

[다운로드]   www.bandicam.co.kr

1 반디캠을 실행한 후, 녹화 코덱 설정을 하기 위해 [비디오]를 클릭한 후 [설정]을 클릭합니다.

2 포맷 설정이 나오면 [MP4]에 체크하고 [크기: 원본 크기], [FPS: 29.97] 선택, [압축 형식: H264(AMD APP)]를 선택하고 [품질: 100]으로 설정한 후 [확인]을 클릭합니다.

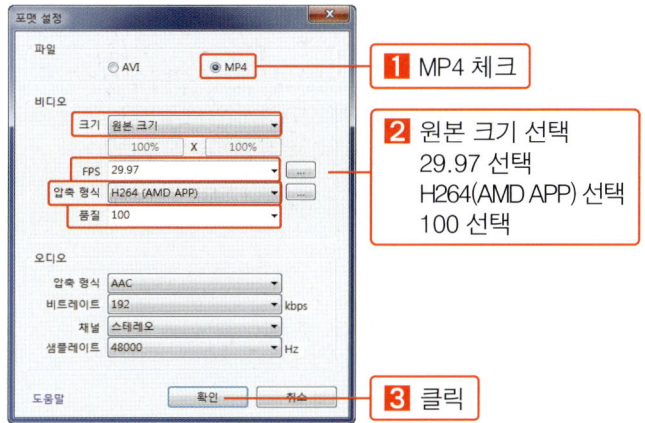

3 인터넷에서 플레이되는 영상을 녹화하기 위해, 녹화할 영상으로 이동한 후, [화면 녹화 모드]를 클릭합니다. 이후 녹화 영역 창을 브라우저의 영상에 맞게 크기를 조절하여 배치시키고 ●REC 를 클릭한 후, 영상을 플레이시키면 녹화가 진행됩니다.

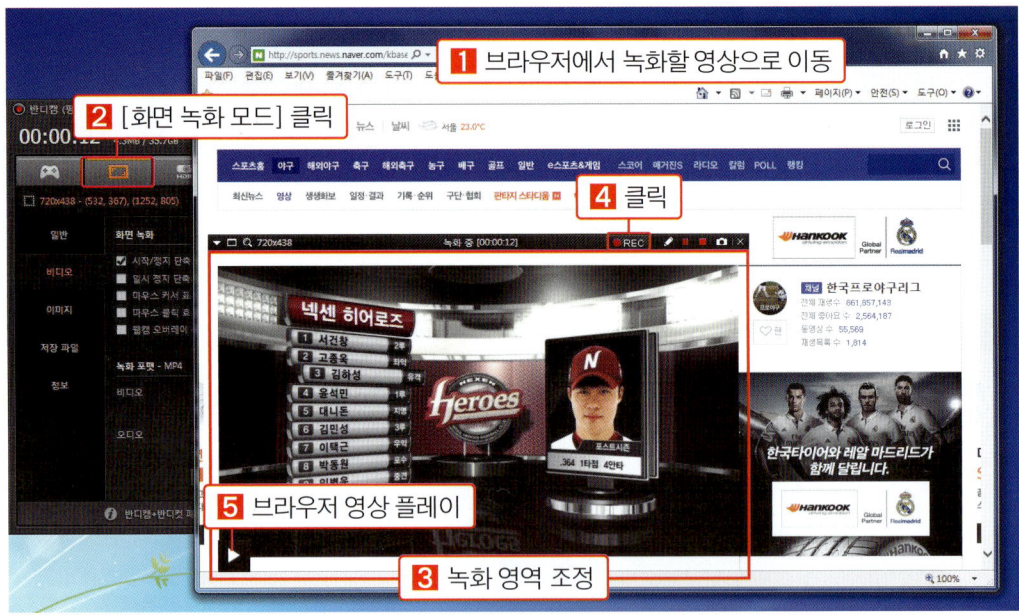

4 그런 후 녹화를 종료해서 저장된 동영상 파일을 베가스에 불러오면 정상적으로 사용할 수 있습니다.

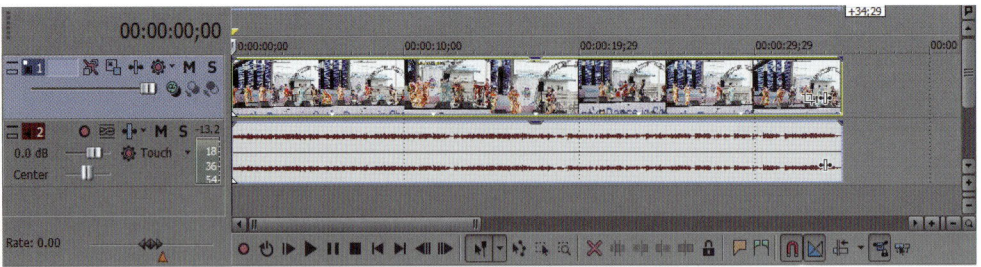

영상 소스 다운로드

> **Note**
> 반디캠은 영상을 녹화하는 프로그램입니다. 화면에서 플레이시켜 녹화하는 것이 아니라 해당 영상을 다운로드하려면 [4K Video Downloader] 프로그램을 활용하면 됩니다.
>
> [4K Video Downloader] 프로그램의 사용법은 213쪽에 설명되어 있습니다.

3 프로젝트 파일 활용하기

다른 사람이 만든 고급 효과를 똑같이 사용하려면 그 작업을 한 프로젝트 파일을 구해서 활용하는 방법이 있습니다. 프로젝트 파일에는 작업에 사용한 원본 파일(영상, 사진, 음악)이 없더라도 적용된 모든 효과들이 고스란히 들어 있기 때문에 영상, 사진, 음악 등만 교체해 주면 원하는 효과의 영상을 손쉽게 완성할 수 있습니다.

1 베가스를 실행한 후 Open() 버튼을 클릭합니다.

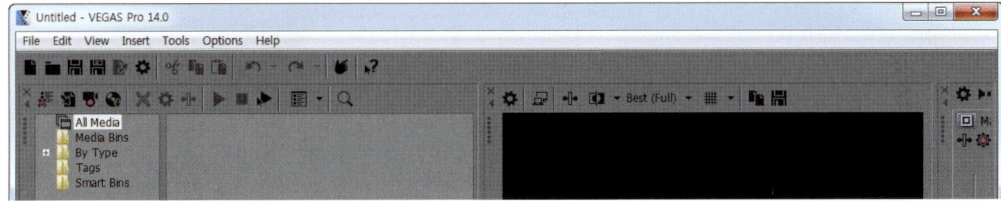

2 나오는 창에서 [8프로그램] 폴더의 [바람개비 효과.veg] 파일을 선택한 후 [열기(O)]을 클릭합니다.

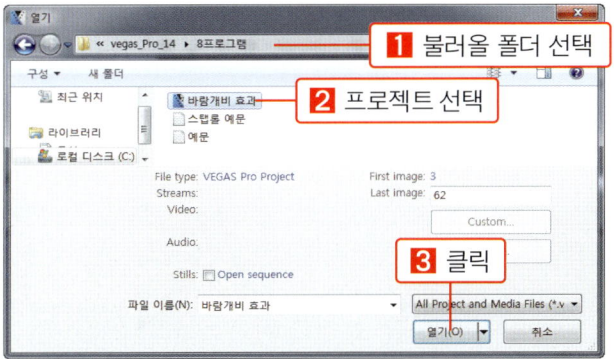

3 프로젝트 파일에서 사용한 파일이 해당 경로에 없을 경우 아래와 같은 창이 나타납니다. 여기서 [Ignore all missing files and leave them offline]에 체크한 후 [OK] 버튼을 클릭합니다.

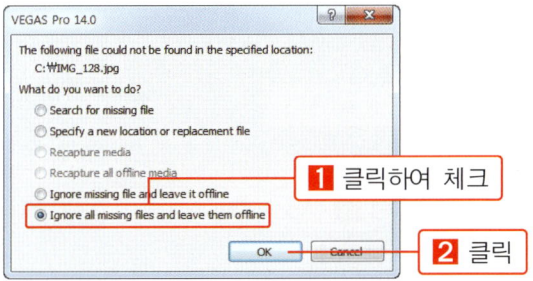

Ignore all missing files and leave them offline

> **Note**
> 프로젝트 파일에서 사용한 원본 파일(영상, 사진, 음악 등)은 무시하고 프로젝트만을 불러올 때 체크합니다. 흔히 인터넷 등에 공개된 프로젝트 파일은 사용자가 작업한 사진 등은 제공하지 않는 경우가 대부분입니다. 이럴 때 작업한 방법(적용한 효과 등)만을 참조하기 위해 이 옵션을 체크하여 프로젝트 파일을 열기합니다.

4 프로젝트 파일이 열리면 자막 프리셋 같은 베가스의 기본 효과들을 나타나지만 프로젝트에서 사용한 원본 파일이 없기 때문에, 파일이 있어야 할 위치에는 흰색의 Media Offline((Media Offline)) 파일로 표시되어 나타나게 됩니다.

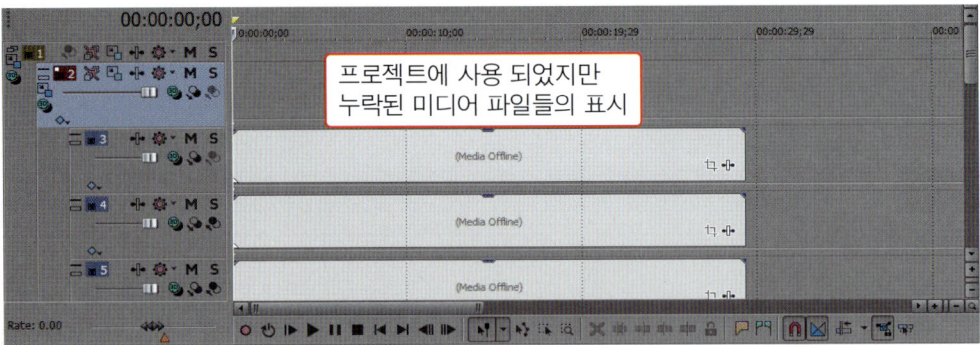

5 [Explorer] 탭에서 교체하고자 하는 파일을 마우스의 우측 버튼으로 클릭한 상태로 타임 라인의 Media Offline((Media Offline)) 파일 위에 겹치게 드래그합니다. 그런 후 마우스 우측 버튼의 손을 떼면 나오는 창에서 [Add as Takes]를 클릭합니다.

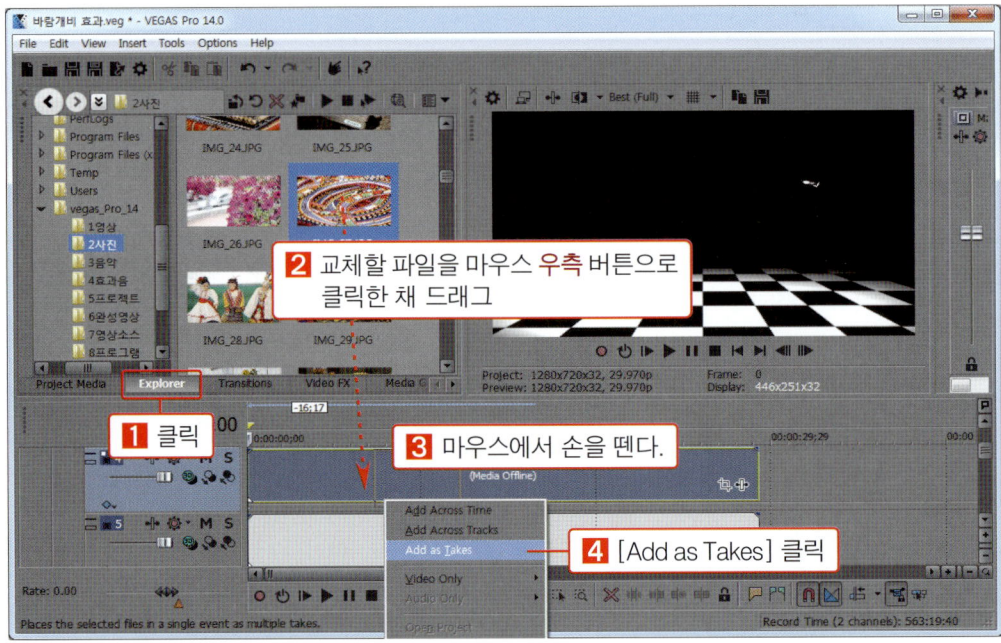

6 그러면 원하는 영상이나 사진 파일로 교체됩니다. 이런 식으로 트랙에 있는 모든 Media Offline (Media Offline) 파일을 원하는 파일로 교체하면 프로젝트의 효과는 그대로 유지한 채 사용할 수 있습니다.

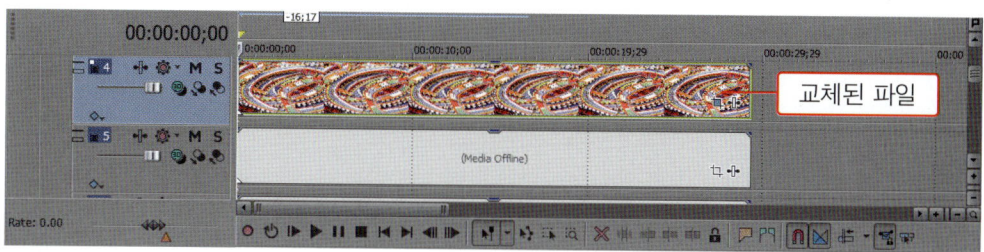

교체된 파일

7 프로젝트에 사진 파일을 교체했을 때 사용한 사진 파일의 해상도가 다르기 때문에 사진 파일을 프리뷰 화면에 맞게 다시 조정해 줘야 합니다.
먼저 Ctrl+A를 눌러 파일을 전체 선택한 후, 메뉴 [Tools]-[Scripting]-[Remove Letterboxing]을 클릭합니다.

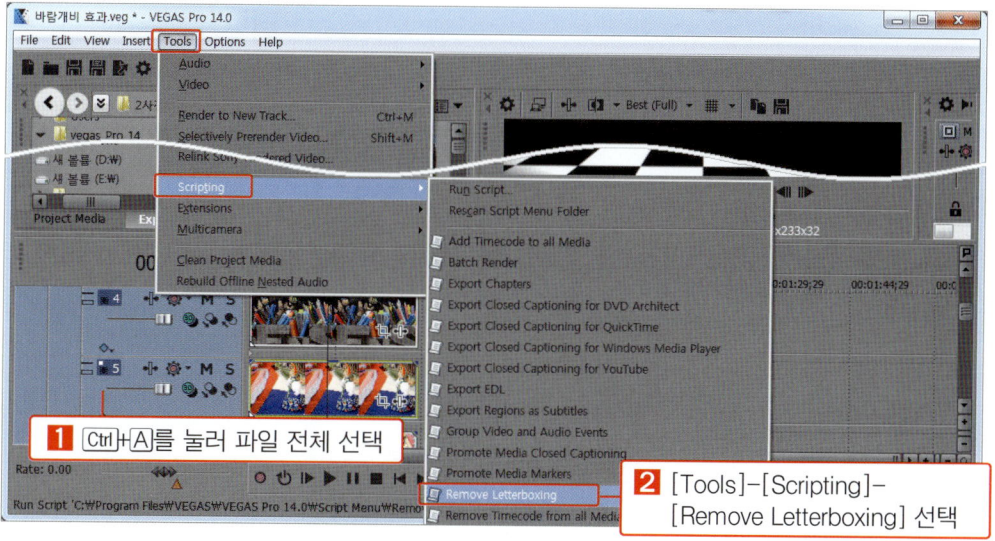

1 Ctrl+A를 눌러 파일 전체 선택

2 [Tools]-[Scripting]-[Remove Letterboxing] 선택

Scripting - Remove Letterboxing

> **Note**
> Scripting이란 특정 기능을 수행하는 효과들이 메뉴로 구성되어 있어서 해당 스크립트를 선택하면 바로 효과가 적용되는 기능입니다.
>
> • **Remove Letterboxing**: 사진의 비율을 프리뷰 화면 해상도에 맞게 자동으로 사진을 조정해 주는 스크립트입니다.

8 그런 후 교체한 파일의 각각에서 이벤트 팬/크롭()을 클릭합니다.

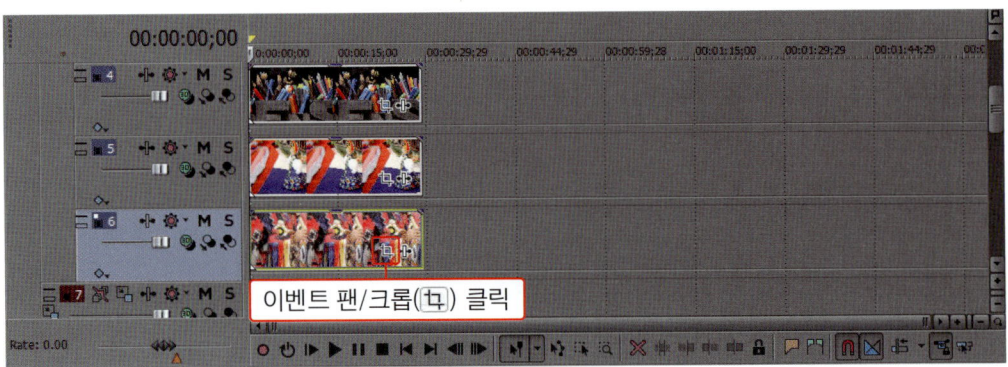

9 [이벤트 팬/크롭] 창이 열리면 프리뷰 화면에 사진을 꽉 차게 만들어 주는 Match output Aspect가 자동으로 적용되어 있는 걸 볼 수가 있습니다. 포지션 [F] 화면을 드래그해서 사진에서 원하는 부분이 화면에 나오도록 설정하고 창을 닫습니다.

10 모든 파일 교체를 마친 후 이벤트 팬/크롭(니) 등으로 위치를 조정한 후, 재생해서 확인하면 프로젝트의 효과가 그대로 나타나는 것을 볼 수 있습니다.

프로젝트 파일의 활용

> Note
>
> 프로젝트 상에 이미 파일이 있더라도 위와 같은 방법으로 파일을 교체해 주면 처음부터 효과를 다시 적용할 필요 없이 원하는 영상을 손쉽게 만들 수 있습니다.

■ 포지션 [F] 설정을 초기화시키기

사용하는 프로젝트에 따라서는 사진을 교체했을 때 비정상적으로 화면이 확대되어 보이는 경우가 있을 수 있습니다. 이런 경우 포지션 [F]가 한쪽에 몰려 있게 되는데 이럴 때는 다음과 같이 처리합니다.

1 파일의 이벤트 팬/크롭(⌘)을 클릭하여 [Preset] 탭에서 [Default]를 클릭하여 초기화시켜 줍니다.

2 그런 후 마우스 우측 버튼을 클릭하여 [Match output Aspect]를 선택하여 다시 프리뷰 화면에 꽉 차게 설정해 주면 됩니다.

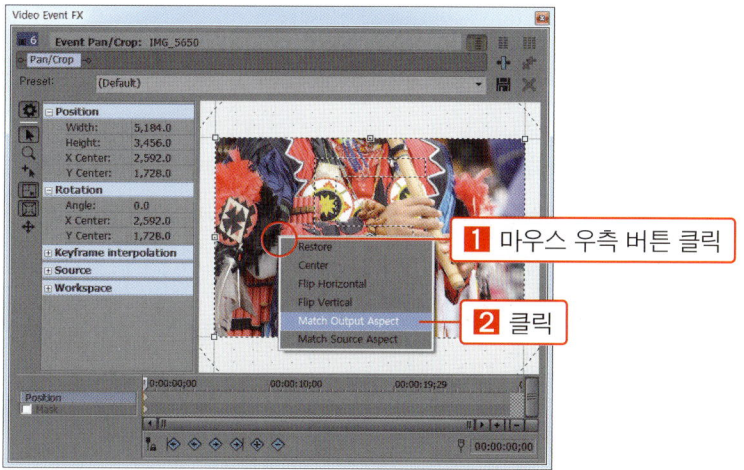

플러그인 활용하기

플러그인이란 베가스의 트랜지션, 비디오 FX와 같은 효과들을 무료 또는 상용 프로그램으로 만들어 베가스의 기본 효과 이외의 다양한 효과를 사용할 수 있게 해주는 프로그램을 말합니다. 이런 플러그인을 사용하면 베가스에서 부족한 효과나 기능들을 보완해 주게 되므로 좀 더 다양한 영상 편집이 가능하게 됩니다.

대표적인 플러그인 제작사로는 NewBlue, Pxixelan, ProDAD, Red giant software, Boris FX 등이 있습니다.

플러그인 제작사	사이트 주소
NewBlue	http://www.newbluefx.com
Pxixelan	http://www.pixelan.com
Borisfx	http://www.borisfx.com
ProDAD	http://www.prodad.de
Red giant software	http://www.redgiantsoftware.com

영상 보정 플러그인 - Film Looks

영상 보정 플러그인 Film Looks Free 다운로드

1 플러그인을 다운로드 하기 위해 주소 창에 http://vegasaur.com을 입력해서 VEGASAUR 사이트에 접속한 후 [Download]를 클릭합니다.

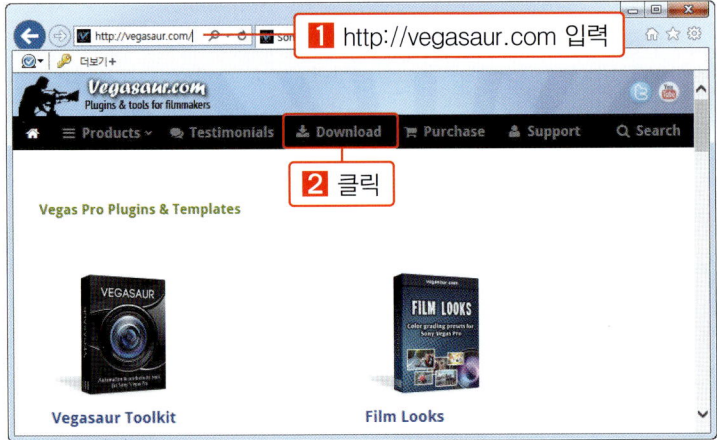

2 그런 후 [Film Looks Free]를 클릭한 후 NOTE: Click here에서 [here]를 클릭합니다.

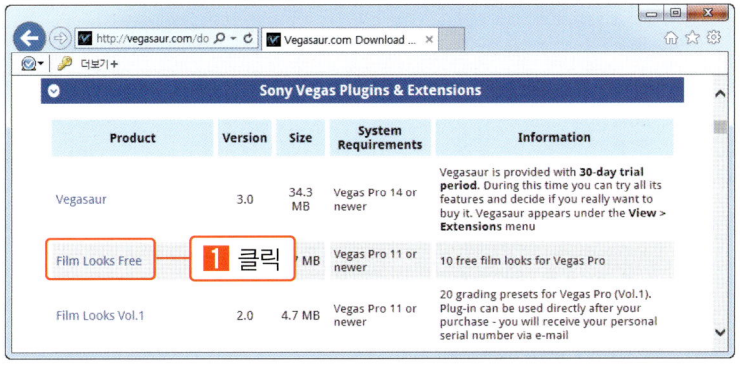

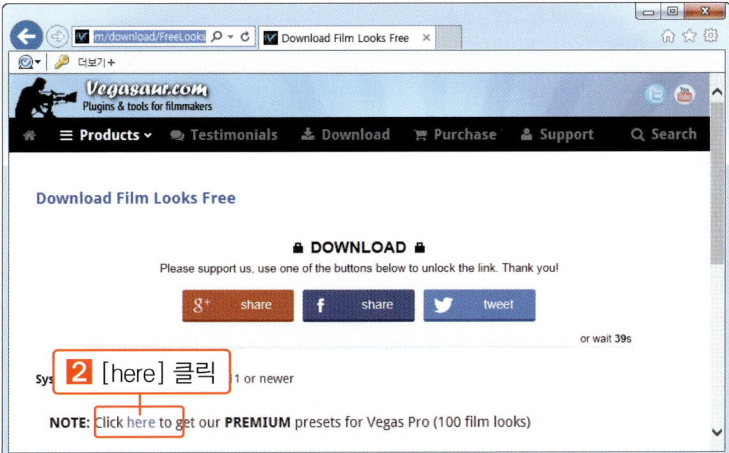

3 그런 후 나오는 화면에서 [Download]를 클릭해서 바탕 화면에 저장한 후, 이를 더블 클릭하여 설치를 진행합니다.

4 설치 진행 창이 나오면 [I accept the agreement]에 체크하고 화면 설명에 따라 몇 번의 [Next]를 클릭하면 설치가 종료됩니다.

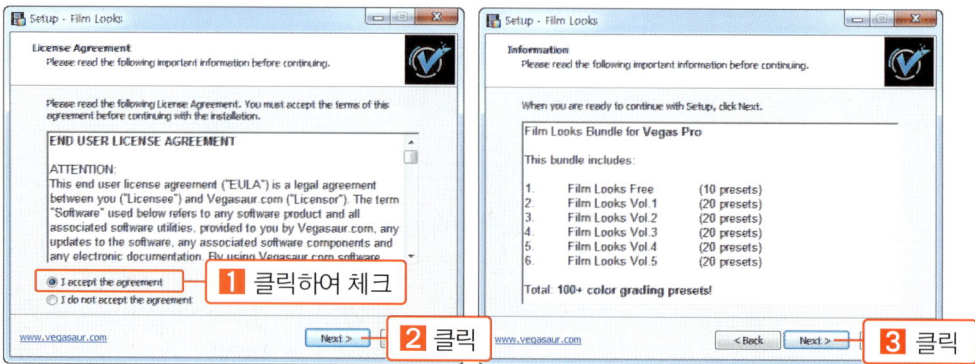

5 플러그인을 설치한 후 베가스를 실행하면 [View]-[Extensions]-[Film Looks]으로 등록된 것을 확인할 수 있습니다.

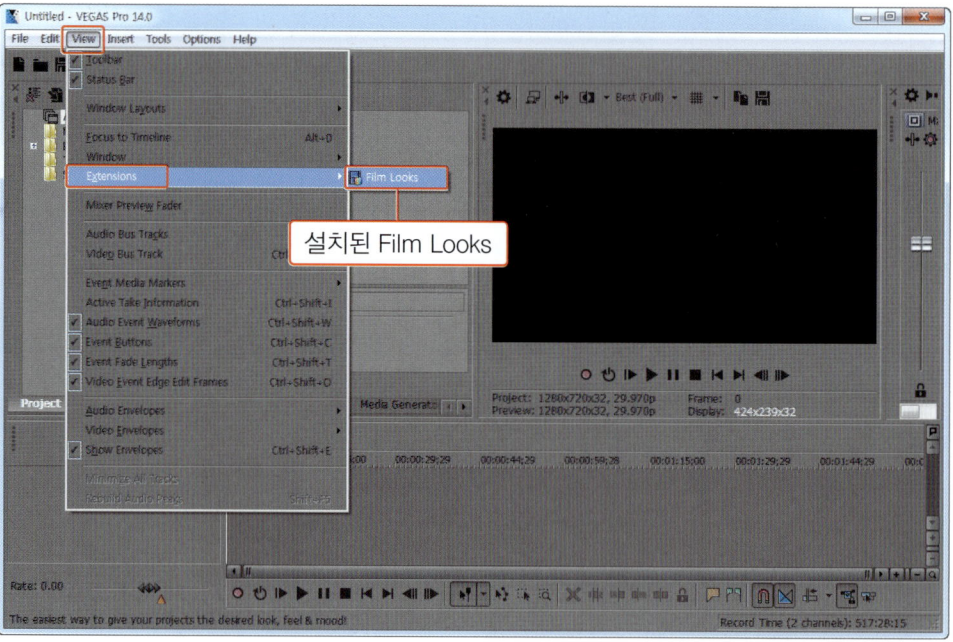

Film Looks 플러그인 사용법

Film Looks를 설치했으면 베가스에서 어떻게 활용하는지를 알아보겠습니다.

1 영상이나 사진 파일을 불러온 후 [View]-[Extensions]-[Film Looks]을 클릭합니다.

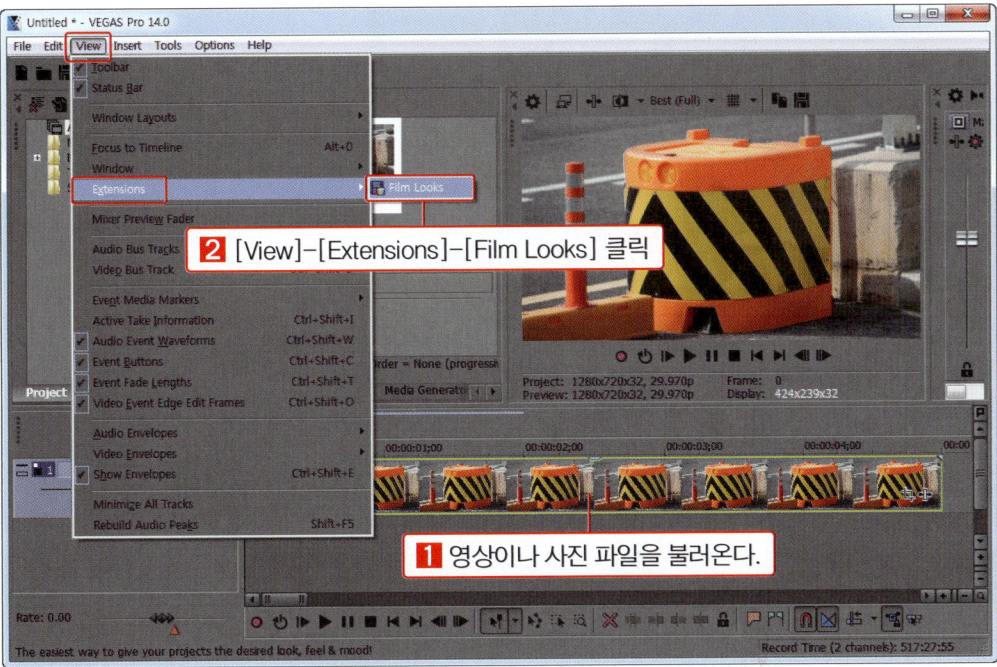

2 [Film Looks] 플러그인 창에서 10개의 프리셋 중 원하는 프리셋을 더블 클릭해서 적용한 후, 창을 닫습니다.

3 그러면 선택한 프리셋 효과로 영상이 보정되어 나타나게 됩니다.

AAV ColorLab 플러그인

영상에서 특정 부분의 색을 컬러 또는 흑백으로 간편하게 보정할 수 있는 무료 플러그인입니다.

[다운로드]   http://code.google.com/p/colorlab/downloads/list

플러그인을 설치하면 [Video FX] 탭의 [AAV ColorLab]의 [(Default)] 프리셋을 파일에 적용하여 사용합니다.

■ 특정 영역의 색상 변경

플러그인 설정 창에서 [Source] 부분을 클릭하면 Red, Green, Blue, Cyan, Magenta, Yellow 6가지의 소스 색상이 나오는데 영상에서 특정 부분의 색과 동일한 색상을 선택합니다. 그런 후 Hue 스크롤 바를 조절하면 영상에서 선택한 색상이 다른 색상으로 바뀌게 됩니다.

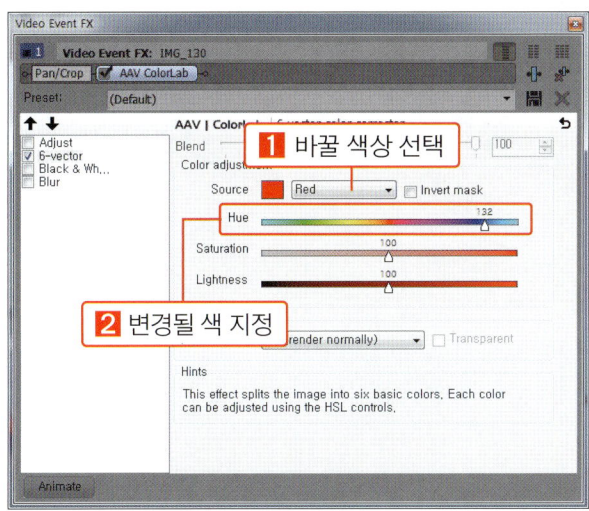

■ 특정 영역 흑백/컬러 처리하기

[Source]에서 영상에서 특정 부분의 색과 동일한 색을 선택한 후 [Invert mask]에 체크하고 [Saturation] 스크롤 바를 맨 좌측 끝으로 밀어주면, 선택한 색 부분만 컬러로 표시되고 주변부는 흑백으로 처리됩니다.

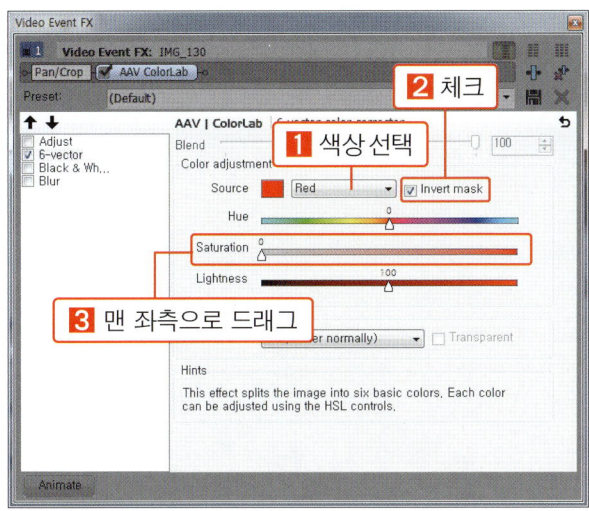

✔ 최종 결과 파일:
[5프로젝트/Vegas Pro 14-27.veg]
[6완성영상/Vegas Pro 14-27.wmv]

사진과 영상을 나만의 추억 동영상으로
베가스 프로 14

양두석 지음   정가 / 22,000원

펴낸 곳 / 인투북스
펴낸 이 / 이 갑 재

전 화 / 070-8246-8759   팩 스 / 031-925-8751
홈페이지 / www.intobooks.co.kr

2016년 11월 28일 초판 인쇄
2016년 12월 5일 1판 1쇄 발행
ISBN 978-89-6906-011-9

내용 문의: [하늘지기 영상공방] 블로그의 메모 게시판
http://blog.naver.com/7andsoul

이 책의 무단 복사 및 전재를 금합니다.